日本史研究叢刊 16

戦国期畿内の政治社会構造

小山靖憲 編

和泉書院

戦国期畿内の政治社会構造　目次

第三部　周辺諸国と和泉国

付　編

序論　戦国期畿内・和泉国研究の課題

一　戦国期畿内研究の展望

廣田浩治

一六世紀を主な時代とする戦国時代日本の研究は、戦前期には室町時代研究の一部として扱われていたが、戦前における内藤湖南の時代区分論[1]、中村吉治の先駆的な封建社会研究[2]、戦後の科学的歴史学（社会構成史研究）を経て、一五世紀末期から一六世紀末期（統一政権の成立）までを、室町時代とは段階を画する中世の最末期としての戦国時代とみる時期区分が定説となった。戦後の研究は、戦国大名の支配、惣村と土豪（地主・小領主）、民衆闘争（土一揆・一向一揆）・町共同体（都市）・経済構造の研究を深め、民衆を歴史の担い手とする民主的な戦国期研究の基礎が築かれた[3]。戦国史研究は様々な学説と潮流を生み出したが、戦国期の社会と民衆をどう考えるか、戦国期の権力をどう規定するか、近世社会への移行をどう理解するかで、論者ごとに見解の隔たりが大きい。日本史研究上の他の時代と比べても研究対象とする地域ごとに学説や見解の相違が著しく、全体的な歴史像の総合化が極めて困難な状況にある。

本論集は和泉国を主対象に戦国期の畿内を考えることを目的としているが、畿内は前近代日本を通じて最も先進的な地域とみなされ、戦国期においても京都をとりまく「日本国」の首都圏であった。大正デモクラシー期以降の国一揆・土一揆・惣村研究や都市（堺・大坂）研究、産業経済史研究、戦中期の皇室・公家研究が、今日からみると戦国期畿内研究の嚆矢といえるかも知れない[4]。戦国期を皇室の式微から武家の勤皇の時代とみる皇国史観の席巻下では自由な研究に大きな制約があったが、のちに畿内社会固有の課題領域と意識される上記の課題[5]は研究の草創期からすでに注目されていた。

戦後の民主化と歩調を揃えて、権門勢家・寺院・共同体（村落・都市・商工民）の文書を活用しながら、社会・経済構造や民衆生活史の研究は飛躍的に進んだ。惣村研究は発達した商品経済と深く関わる畿内の村落を主な対象とし、惣村に留保される剰余得分の争奪をめぐる階級構造論（土豪・地主・小領主論）を提起し、国一揆（惣国・郡中惣）を惣村内部の矛盾の止揚形態あるいは民衆闘争に基礎をおく自治権力と位置づけた(6)。

都市研究は、首都京都や奈良・堺をはじめ多彩な都市の解明が進み、特に京都の商工業生産の先進的な発展という事実をふまえて、首都市場圏論や都市共同体論が登場した(7)。近年では織豊系城郭によって完成をみる大名城下町に伍する先端的な都市ネットワークモデルとして、摂河泉の寺内町をつなぐ「大坂並体制」論が提示されるに至った(8)。また都市や交通路の周縁部に定住し権門や寺院に奉仕する多様な賤民身分（非人・河原者）も畿内の特質であり、近世賤民制への移行（被差別部落起源の問題）を考える上でも、畿内は最も重要なフィールドである(9)。

ただし、惣村や都市などの先進的な発展という事実は、今日でこそ自治体史や地域史研究の隆盛により共通認識になっているが、畿内の戦国期研究においてそれが当初から明確に意識されたのではない。中世封建制形成史研究が早くから畿内特質論を追究したのと異なり(10)、畿内社会の発展と構造は戦国時代のメルクマールとは見なされなかった。むしろ室町時代の一部に過ぎなかった戦国期が独自の時期と認知される上で重要な貢献を果たしたのは戦国大名研究である。中村吉治が貫高制・検地・領国法・行政機構・軍事組織・領国経済などを包括した戦国大名像を体系的に示して以降、戦国大名論は畿内以外の地域の諸大名や武家権力の研究に適用された。戦国時代という時期区分は、まず戦国大名（大名領国制）の時代という意味で定着してきたのである。

戦国大名が近世幕藩体制の前提をなす地域的封建権力として独立の領国を築いたとされたのと対照的に(11)、畿内の戦国期権力の研究は大きく立ち遅れた。応仁の乱により室町幕府が崩壊の道を辿る畿内では幕府に代わる強大な大名権力が生まれず、その政局は混乱を極め、畿外からの大名権力（織田氏）の征服によって畿内の戦乱にようやく終止符が打たれるという理解が主流を占め、畿内の戦国政治史は長らく低調であった。

畿内の戦国期権力論を低迷から今日の隆盛へと転回させたのは、幕府―守護体制の枠組を重視する戦国期幕府論[12]および戦国期守護論[13]である。戦国期幕府論は将軍・京兆の権力構造を論じて信長政権の直接の前提となる幕府（および細川・三好氏）の畿内支配を追究し、戦国期守護論は戦国大名論を本格的に批判し、室町幕府―守護体制からの変質形態として戦国期権力を理解する。戦国期守護論は文書発給論の方法や戦国領主概念を提起して地域の別を問わない普遍的な権力論の構築を志向する議論だが、前代の政治体制の規定性が強く残る畿内近国の守護研究に受容される一面もある。

戦国期の畿内の政治秩序にとって無視できないのが、「日本国」の権威の核心にあたる将軍・天皇の権威の問題である。将軍（京都）と大名（地方）の官職制的関係（「礼の秩序」）は戦国大名論においても指摘され、将軍の官位・特典付与、贈答儀礼、外交や講和調停により領主層が「日本国」の枠内に統合されるとする評価がある[14]。天皇の独自の権威も文化・宗教の編成と絡めて論じられており、また没落しつつあるとはいえ数多の公家・寺社権門の所領支配も部分的に残存し、京都や畿内の文芸・芸能・故実などもや公家・門跡・幕府官僚を発信源として地方へ垂直的に伝播する[15]。戦国末期にも将軍・天皇・京都が体現する正統性の獲得は諸大名の上洛戦争の目的となっている。

大坂本願寺や紀伊根来寺など戦国期に隆盛を極める寺院権力の存在も、畿内の特質である。本願寺と幕府・守護の関係の研究により、本願寺が戦国期幕府と畿内政界に組み込まれた領主的存在であることが明らかとなった[16]。畿内政界は幕府・守護のみならず権門・寺社も構成員とするのである。かつては信長（武士勢力）と本願寺・一向一揆（百姓勢力）の戦争を通じて統一政権が成立するとの仮説が有力であったが[17]、その後の本願寺・一向一揆研究と畿内政治史研究の両面から批判され、有効性を問われている。

近世への移行の問題としては、戦国大名から統一政権が生まれるとの見解に、畿内の一向一揆や百姓勢力（地主連合）を圧伏して統一政権が成立するとの見解が対峙してきた。後者の問題点は前述したが、戦国大名論に立つ前者の見解も、室町幕府体制の解体が即、地域的封建権力（戦国大名＝「地域国家」「国民国家」）の形成や大名間の本格的領土戦争に直結しないことを説明できない(18)。戦国期守護論や畿内政治史研究を敷衍すれば、一六世紀中盤までの戦国時代前半は、天下統合戦争の段階と異なり、前代の体制の規定を受けながら領主権力が自立・併存する独自の段階とみることができる(19)。

また近年の中近世移行期村落論は、土豪層（侍衆）ではなく村共同体が在地社会の主体であり、村が自治だけでなく自力を有することを解明し、近世社会への移行を「変革」「断絶」だけでなく「連続」の位相で理解することを可能にした(20)。自力の村落論は従来の畿内中心的な惣村論に比べ、東国や九州など「辺境」「後進」地帯の村落研究にも応用可能な議論を提示している。さらに中世社会は災害・飢饉・戦争が慢性化した時代であり、戦争が民衆生活を破壊する実相やそうした災禍を回避するシステムについても急速に実態究明が進んだ(21)。これは戦後歴史学が自明の前提とした生産力発展史観に対する批判でもある。戦国期の畿内を先進地域とみる場合でも、今世紀の新たな戦争と貧困（対テロ戦争とグローバリズム）という状況を想起すれば、戦争・災害・飢饉をめぐる議論はきわめて重要である。畿内ではこうした研究は低調だが、本論集では廣田浩治論文が「境目」論に学びながら和泉国の戦争と一揆を論じている。

経済・技術・文化が最も成熟した先進地域にして、「日本国」の首都圏で、一定の権威を有する天皇と将軍がおり、自治的な村落と都市が叢生した高密度の地域であると、戦国期の畿内はひとまず位置づけられる。しかしそれは中世前期から室町期にも該当するのであり、論じられるべきは戦国期固有の地域構造でなくてはならない(22)。

村落・在地社会論については、村の自治と自力が地域の先進・後進を問わず普遍的に立論されるとき、畿内の村落の特質はどこに求められるのか。自力や「クミ」の議論に学びつつも、例えば村落の高密度な構成や村落の致富の構造（都市・流通との関係）などについて掘り下げた検討が課題になる（本論集の廣田浩治論文参照）。都市論は畿内社会論に不可欠の分野であるが、近年の畿内都市論は多核的な都市モデルを提起するとともに、畿内社会の富を集積する自立的な諸都市に基礎をおく畿内の守護・守護代権力の地域支配を、大名領国よりも先進的な支配構造と位置づけた(23)。地方の戦国大名に比して農民支配などの面で弱体とされた畿内の戦国期権力像を、都市社会と権力の関係研究を通じて克服する道が拓かれつつある。また畿内各地に林立する寺院権力も、建築・土木技術・学芸や社会救済・福祉の面で世俗権力に優る存在であり(24)、畿内社会固有の課題として追究する必要がある。権力論と政治史についても、個々の地域権力研究を超えた広域的な政治史と秩序構造(25)を、武家権力のみならず国一揆・寺院勢力・都市豪商も含めて構想せねばならない（この点は本論集の古野貢・天野忠幸・藤田達生論文を参照）。

畿内戦国史の追究は必然的に、列島社会内での畿内の位置づけや他地域との関係の究明を随伴するが、その際に列島内の諸地域や境界領域が多様な展開を遂げてゆく事実は十分に踏まえねばならない(26)。旧来の畿内先進地帯論が周辺の地域に「辺境」「後進」のレッテルを貼ってきたことは謙虚に反省されるべきである。畿内が政治的に他地域の上位に立つという特異性に絡まる問題（先行する律令国家や権門体制に規定された政治構造が生み出す地域間の格差や収奪の問題）に留意しなくてはならず、畿内が常に最先端の地域なのかどうかは慎重に検討せねば、他地域の研究者の反発を招くだけである。

政治的には一六世紀後半からの東国大名の畿内進出（畿内西国の経済への依存の克服運動）が天下統合の重要な契機となったのは周知の事実である。一方、西国の諸権力は東アジア世界へ積極的に参入して畿内から自立化し、畿内経済に収斂されない西国の経済構造が形成される(27)。また経済構造の基本諸原理の変化、守護在京制（武家軍隊の京都駐留）の崩壊、畿内各地の諸都市の叢生により、京都経済および経済構造そのものが変質することが指摘され、都市堺のように畿内縁辺部の都市は畿外地域との関係を強め、首都経済は拡散化の方向を示していく(28)。歴史の転回を担う気運・

条件・勢力は必ずしも先進地帯でなく他の地域から擡頭することがある。「世界史」の成立やこれに直接相対した戦国の境界領域の社会や権力の問題も、京都・畿内を核とする「日本国」の統合や権威と無縁ではない[29]。こうした他地域の研究に学びつつ、列島の全体史の同時代的な構造の中で畿内の戦国史を見つめ直すことが問われているのである。

注

（1）内藤湖南「応仁の乱について」（史学地理学同攻会講演、一九二一年、『東洋文化史』中央公論社、二〇〇四年）。応仁の乱を日本史を二分する画期とする時期区分論を提起した。

（2）中村吉治『近世初期農政史研究』（岩波書店、一九三八年）、『日本封建制再編成史』（三笠書房、一九三九年）。

（3）戦後の研究を方向づけた業績として、鈴木良一「純粋封建制成立における農民闘争」（『社会構成史大系』一九四九年、日本評論社）と安良城盛昭「太閤検地の歴史的前提」（『歴史学研究』一六三・一六四号、一九五三号）を挙げておく。

（4）三浦周行「戦国時代の国民議会」（一九一二年、『国史学上の社会問題』岩波書店、一九九〇年）、中村吉治『土一揆研究』（校倉書房、一九七四年）所収の諸論文、牧野信之助『武家時代社会の研究』（刀江書院、一九二八年）収録の論文、鈴木良一『日本中世の農民問題』（高桐書院、一九四八年）、清水三男『日本中世の村落』（一九四二年、のち岩波書店）、三浦周行『大阪と堺』（岩波書店、一九八四年）所収の諸論文、小野晃嗣『日本産業発達史の研究』（至文堂、一九四一年）、奥野高広『皇室御経済史の研究』（一九四二・四四年、国書刊行会）、原勝郎『東山時代における一縉紳の生活』（創元社、一九四一年）など。

（5）こうした事象を「先進地帯」にしか現れないとみる見方（外山幹夫『中世の九州』教育社、一九七九年）は、地方の中世史研究者の平均的な認識であった。

（6）畿内の村落論の枠組に関わる業績には石田善人「郷村制の形成」（『岩波講座日本歴史　中世4』岩波書店、一九六三年）、三浦圭一『中世民衆生活史の研究』（思文閣、一九八一年）、仲村研『中世惣村史の研究』（法政大学出版局、一九八四年）、朝尾直弘「惣村から町へ」（『日本の社会史6　社会的諸集団』岩波書店、一九八八年）など。土一揆・国一揆論では特に注（3）鈴木論文、稲垣泰彦「応仁・文明の乱」（『岩波講座日本歴史』中世3、一九六三年）、村田修三「惣と土一揆」（『岩波

講座日本歴史　中世3』岩波書店、一九七六年）、湯浅治久『中世後期の地域と在地領主』（吉川弘文館、二〇〇二年）など。
（7）脇田晴子『日本中世商業発達史の研究』（お茶の水書房、一九六九年）、『日本中世都市論』（東京大学出版会、一九八一年）。
（8）峰岸純夫「一向一揆」（『岩波講座日本歴史　中世4』岩波書店、一九七六年）、仁木宏『空間・公・共同体』（青木書店、一九九七年）など。
（9）中世後期畿内の賤民研究の枠組に関わる業績として、大山喬平「中世の身分制と国家」（『岩波講座日本歴史　中世4』岩波書店、一九七六年）、網野善彦『中世の非人と遊女』（明石書店、一九九四年）、『黒田俊雄著作集第六巻　中世共同体論・身分制論』（法蔵館、一九九五年）所収の論文を挙げておく。
（10）工藤敬一「鎌倉時代の領主制」（初出一九六一年、『荘園制社会の基本構造』校倉書房、二〇〇二年）、三浦圭一「中世における畿内の位置」（初出一九六五年、注（6）三浦著書）、河音能平『中世封建社会の首都と農村』（東京大学出版会、一九八四年）、戸田芳美『初期中世社会史の研究』（東京大学出版会、一九九一年）。
（11）永原慶二『日本封建社会論』（東京大学出版会、一九五五年）、『大名領国制』（日本評論社、一九六七年）、石母田正「解説」『中世政治社会思想　上』（岩波書店、一九七二年）、永原『戦国期の政治経済構造』（岩波書店、一九九七年）。
（12）今谷明『室町幕府解体過程の研究』（岩波書店、一九八五年）。
（13）今岡典和・川岡勉・矢田俊文「戦国期研究の課題と展望」（『日本史研究』二七八号、一九八五年）、矢田『日本中世戦国期権力構造の研究』（塙書房、一九九八年）、川岡勉『室町幕府と守護権力』（吉川弘文館、二〇〇二年）、小谷利明『畿内戦国期守護と地域社会』（清文堂、二〇〇三年）。
（14）注（11）石母田「解説」、市村高男「戦国大名研究と列島戦国史」（『武田氏研究』三〇号、二〇〇四年）、本論集の天野忠幸論文など。
（15）中世公家日記研究会編『戦国期公家社会の諸様相』（和泉書院、一九九二年）、脇田晴子『天皇と中世文化』（吉川弘文館、二〇〇三年）、湯川敏治『戦国期公家社会と荘園経済』（続群書類従完成会、二〇〇五年）、本論集大利直美論文。
（16）石田晴男「『天文日記』の音信・贈答・儀礼からみた社会秩序」（『歴史学研究』六二七号、一九九一年）、神田千里『信長と石山合戦』（吉川弘文館、一九九二年）、『一向一揆と戦国社会』（吉川弘文館、一九九八年）、『日本の中世11　戦国乱世を生きる力』（中央公論新社、二〇〇二年）。

(17)　この理解は朝尾直弘「将軍権力の創出」（初出一九七〇・七二・七四年、『将軍権力の創出』岩波書店、一九九四年）や、荘園領主―一向一揆―地主の提携の可能性を説く村田修三「戦国大名研究の問題点」（『新しい歴史学のために』九四号、一九六四年）の地主連合王国論（本願寺法王国論）で提起された。しかし一向一揆＝百姓勢力論は実態との乖離が大きく（注(16) 神田著書）、またあまりに畿内中心主義的な立論であり過ぎ、他の地域への適用ができない。一向一揆などよりも九州や奥羽の民衆の方がはるかに統一政権の犠牲者というに相応しい。

(18)　戦国大名を「国民国家」とするのは勝俣鎮夫『戦国時代論』（岩波書店、一九九六年）以降の東国大名研究であり、戦国期幕府・守護論と戦国大名＝主従制国家論（注(11) 永原著書）をともに批判し、自立した惣村を統合する権力を戦国大名とする。（池上裕子『戦国時代社会構造の研究』（校倉書房、一九九九年）など）。しかし自立した村落の上に立つ権力が戦国大名でなくてはならないのなら、畿内においてこそ戦国大名がいち早く形成されねばならない筈である。

(19)　戦国大名研究の多くが一六世紀後半の事例をそれ以前に敷衍して戦国大名概念を拡大適用しているが、戦国大名概念が戦国時代を通して使用に耐え得る概念かどうか、疑問とせざるを得ない。とすると注(1) 内藤湖南の時期区分説（およびこれを踏まえる注(11)(17)(18) の各学説）も根底から見直されるべきだろう。天下人（軍事的カリスマ）の登場と「兵営国家」化に近代ファシズムの源流をみる藤田達生『本能寺の変の群像』（雄山閣、二〇〇〇年）や、戦国期を権力体制の発展期とみなさない本論集の廣田浩治論文なども、中世から近世への移行（変革）を歴史の発展とみなす進歩史観への批判を提起している。

(20)　藤木久志『豊臣平和令と戦国社会』（東京大学出版会、一九八五年）、『戦国の作法』（平凡社、一九八七年）、『戦国の村を行く』（朝日新聞社、一九九七年）、『村と領主の戦国世界』（東京大学出版会、一九九七年）、注(18) 勝俣著書。藤木・勝俣の研究を機に、民衆の武器所持の実態解明とともに中世を武士と百姓が身分的に分離した社会とする中世的兵農分離論が定着してきた。藤田達生「兵農分離と郷士制度」（初出一九九七年、『日本中・近世移行期の地域構造』（校倉書房、二〇〇〇年）も近世村落における「村の侍」身分の存在を説く。中世を兵農未分離とする近世兵農分離論（封建革命論）は中世史・近世史双方から批判されている。

(21) 注(20)藤木『戦国の村を行く』、『雑兵たちの戦場』(朝日新聞社、一九九五年)、『飢餓と戦争の戦国を行く』(朝日新聞社、二〇〇一年)、峰岸純夫『中世災害・戦乱の社会史』(吉川弘文館、二〇〇一年)など。

(22) 村の自力論と飢饉論には、戦国期村落の特質なのか中世村落一般の議論なのか曖昧な面がある。激しい戦争を東国の戦国史と戦国大名論の与件とする注(21)峰岸著書以下の研究も、自力救済の展開と武士の発生を説く中世前期の東国史研究と説明論理が似通っており、真に戦国期研究の方法なのか、疑問である。戦国期幕府将軍権力研究にしても鎌倉幕府将軍・得宗研究の論理構成とさして変わらない。

(23) 仁木宏「戦国期摂河泉都市のオリジナリティ」(「ヒストリア」一八六号、二〇〇一年)、「室町・戦国時代の社会構造と守護所・城下町」(第一二回東海考古学フォーラム『守護所・城下町を考える』第一分冊シンポジウム資料集、二〇〇四年)など。考古学と都市論をふまえた移行期畿内社会像の新たな総合化の試みである。本論集でこれに関連する点は古野貢・天野忠幸論文を参照。

(24) 平泉澄『中世に於ける社寺と社会の関係』(至文堂、一九二六年)、伊藤正敏『中世の寺社勢力と境内都市』(吉川弘文館、一九九九年)、『日本の中世寺院』(吉川弘文館、二〇〇〇年)。農業史・木綿史・生業技術史や三浦注(6)著書および『日本中世の地域と社会』(思文閣、一九九四年)にもかかわらず畿内の技術史研究は低調だが、寺院研究が技術史に活かされていないことにも問題がある。ただし平泉・伊藤(この両者は論理構造が酷似する)ともに寺院社会を戦国期に衰滅するとし、その知識や技術が次代に継承されることの認識は欠如している。

(25) この点に関しては自治体史の通史叙述・史料刊行や博物館展示により、戦国大名論が扱う地域に劣らぬ地道な蓄積が重厚にあり、研究を深める条件は熟している。

(26) 市村高男「戦国期の地域権力と「国家」・「日本国」」(「日本史研究」五一九号、二〇〇五年)。本論集の古野貢・天野忠幸・藤田達生論文は大阪湾から東瀬戸内海地域を畿内・西国のなかでも独自の地域(細川・三好氏の支配圏)とみる。

(27) 長谷川博史『戦国大名尼子氏の研究』(吉川弘文館、二〇〇〇年)、岸田裕之『大名領国の経済構造』(岩波書店、二〇〇一年)。

（28）　桜井英治『日本中世の経済構造』（岩波書店、一九九五年）、中島圭一「室町時代の経済」（『日本の時代史11　一揆の時代』吉川弘文館、二〇〇三年）、早島大祐「中世後期社会の展開と京都」（『日本史研究』四八七号、二〇〇三年）、伊藤幸司『中世日本の外交と禅宗』（吉川弘文館、二〇〇二年）。

（29）　村井章介『国境を超えて　東アジア海域世界の中世』（校倉書房、一九九七年）、『海からみた戦国日本』（ちくま書房、一九九七年）。

二　戦国期畿内の権力論研究

古野　貢

ここでは、本論集の主たる内容である権力論・政治史にかかわって、戦国期畿内の権力論を整理・展望する。

まず戦国期の権力論・政治史についての大きな研究潮流として、戦国期に出現し、独自に地域支配を行う地域権力を大名権力と評価する戦国大名論を考えなければなるまい。

主従制的権力論を提示し、戦国大名論を主導した永原慶二[1]や、これを継承して主従制に基づく軍事編成を大名権力構造として重視する池享[2]らの理解は、主従制的原理に基づく領主制的権力が積み上げられた最終発展段階として成立するのが戦国大名だとする。これに対して、勝俣鎮夫は戦国法理念や戦国期検地の検討から、戦国大名を統一権力へ連続する地域権力（領国国家論）として評価した[3]。また勝俣によるこの時期成長してきた惣村や自力の村と対峙する地域権力として戦国期の大名権力を措定する理解は、藤木久志による自力の村論[4]とともに、戦国期の地域権力の存立を地域社会の矛盾解決装置として位置づけるものともいえ、八〇年代以降盛行した地域社会論[5]に大きな影響を与えた[6]。これに対し、最近では則竹雄一が主従制的権力論、および自力の村論双方に批判的立場から、給人層を軸とする領国政策の実際面を重視する必要性を説いている[7]。

戦国大名研究の進展は、戦国期を室町期から区分して固有の時代として定立させ、戦国大名とされる権力の固有性（支配領域の範囲の確定や権力基盤、先進的とされる政策など）を追究してきた。そもそも「戦国期」という時代呼称自体、戦国大名が出現して頻発する争乱状況を表現したものであって、戦国大名（とされる地域権力）が存在した東国・中部や西国・九州が想定地域となっており、戦国大名とされる大名権力の検討が個別に進められてきたことに特徴がある。(8)

しかし村井良介は、戦国大名の権力構造や発展段階の差の追究が、中世から近世にかけての発展段階論のなかに無前提に措定することにつながるとして、「何を戦国大名とするのがいかなる課題にとって有効か」と立論し直すことを提唱した。この村井の課題設定は、「戦国大名」とはなにかを定立しないまま、戦国大名研究が進展してきたことへの反省を迫るものであり、後述する同時期の室町幕府―守護体制論や戦国期守護論に対しても同質の問題提起となる重要な指摘である。(9)

戦国大名論に対する権力構造理解の面からの批判として提唱されたのが、今岡典和・川岡勉・矢田俊文による戦国期守護論である。(10)戦国期守護論は、戦国期も幕府―守護体制が変質しつつも存続するとの理解に立ち、それまで戦国大名とされていた地域権力が、守護職に淵源をもつ諸権限によって権力化していたと指摘した。すなわち曖昧なまま使用されていた戦国大名概念を否定し、幕府―守護体制の編成原理の延長線上に戦国期の地域権力を位置づけたのである。ただし、三氏の戦国期守護論は一六世紀前半に「強大な守護権力」が存在したとの認識を除けば、それぞれ理解が異なっている。戦国領主や家中の検討から戦国期守護を概念化した矢田に対し、(11)今岡は守護職補任を前提として幕府―守護体制への編成を条件とする。(12)また川岡は「天下成敗権」、「国成敗権」による地域編成を想定しており、地域支配を担う守護、および地域権力の存在を重視している。(13)長谷川博史の指摘にあるように、(14)戦国期の曖昧な権力概念である戦国大名への批判を前提としながら、戦国期守護論自体厳密に概念規定を行いきれていない。

次に地域的偏差の問題として、戦国大名が出現しなかったとされる畿内地域においては、戦国大名の成長にともなって室町幕府や朝廷権力が衰退するとの理解から、戦国期の政治的混乱状況を体現する地域として描かれ、戦国大名のような研究上の権力概念が提示されることはなかった。

戦国時代は、中央からの支配や統制に属さない戦国大名の存在が強調される時代であるが、従来、戦国大名研究は、いかに中央から自立し、統一権力・近世権力へ近似性がある権力かという追究がなされてきた。近年では池上裕子が中近世移行期社会の総合的位置づけを喚起したことをはじめ[15]、久留島典子の包括的把握[16]、池による戦国期全体像の提示[17]など、戦国期権力論の総合的把握が試みられてきている。であるからこそ、同時代の社会構造をできるだけ一括して理解するために、「戦国大名がおらず、中央権力の影響力が残った」畿内地域の権力構造を明らかにする必要がある。この点にこそ、戦国期畿内に着目して、固有の権力・政治状況を明らかにする意義があるといえよう。

その際注意すべきは、戦国大名が出現しなかったから畿内が特殊な地域であったという皮相的な理解ではなく、戦国期により普遍的な社会構造に引きつけて理解できる整理を行う必要があるということである。

それでは畿内戦国期はどのような地域・時期として理解されてきたのか。

それは幕府や朝廷の衰退から、政治的混乱状況が前提として描かれる。たとえば鈴木良一は、戦国期を応仁の乱以降信長による天下統一までとするが、少なくとも戦国期前半は、畿内における幕府政治をめぐる細川氏など守護権力の権力闘争として把握している[18]。必ずしも戦国大名の出現が戦国期を特質づけるものとしては理解されていない。信長が統一権力となった要因を畿内国人の持つ力量を獲得したことに求めるという、畿内地域が持っていた統一権力出現の原動力（この点は近年の統一権力理解で、たとえば都市史研究などから指摘されてきている点である）を指摘している。

こうした状況のもと、畿内政治権力を概念化したのが今谷明である。今谷が細川氏の室町幕府内の位置づけを提示した「京兆専制」論[19]は、応仁の乱後、幕府の実権を握った細川管領家（京兆家）が実質的に幕府を壟断し、専制権力を築いて畿内政権として確立したとする。そして細川京兆家の専制権力は家臣であった三好氏が継承し、「細川・三好体制」と呼ぶべき権力体制が戦国期畿内に存在したとの理解が示された[20]。今谷の示したこの権力構造は、史料の博捜を根拠に鈴木などが提示した戦国期畿内の政治権力状況を整理し、立ち後れていた畿内政治史の構造的理解を想定させるものであり、戦国大名概念に対する畿内の幕府、およびそれに結集する守護権力による畿内領国化の議論として広く受け入れられてきた。

戦国期畿内政治史や権力構造について、新たな地平を切り開いた今谷説であるが、大きな問題も孕んでいた。そのひとつは、戦国大名研究を相対化するなかで措定された畿内権力論であったがゆえに、結果として畿内を戦国大名の存在しない、いわば特殊な地域であるとの設定がなされてしまったことである。今谷以前より畿内特殊論は存在したものの、「京兆専制」論や「細川・三好体制」説により、畿内は幕府を壟断した細川氏および三好氏による専制権力によって構造化されたとした。一方畿内以外の地域について、畿内と同じレベルでの権力構造が示されなかったため、こちらも幕府や守護に収斂しない、戦国大名権力による地域分割を前提とする戦国期の政治社会構造の存在が想定されるに至った。

もうひとつの問題は、細川氏およびそれに連続する三好氏を専制権力とする課題設定についてである。この点については、近年、二つの方向から批判が出されてきている。第一は細川氏権力を相対化し、畿内の他権力の自立性を説くもの。第二は細川氏権力の構造を追求することから、細川氏権力そのものを評価しようとするものである。前者は、設楽薫(21)や山田康弘(22)に代表される室町幕府や将軍権力の自立性・独自性を重視する議論と、守護権力発給の文書の分析や諸動向の丹念な評価から、畠山氏が幕府で果たした役割や分国での自立性を詳細に分析した小谷利明(23)・弓倉弘年(24)による議論があげられる。

一方、細川氏権力そのものを扱う議論は、今谷以前に小川信が提示した足利氏一門守護の発展条件を同族連合体制とする規定をうけ(25)、末柄豊は京兆家が庶流守護家を統制し、この統制解体が京兆家の畿内領国化につながるとの理解を示した(26)。また山下知之は阿波守護家を素材に末柄の京兆家による統制論を批判し、京兆家と庶流守護家との協調関係を強調する(27)。また小川(28)や古野貢(29)らによって備中守護家の権力構造の研究も進められてきた。さらに和泉守護に関しては、従来確定されていなかった守護の実名や系譜関係の同定作業を精力的にすすめる岡田謙一[30]や、守護家の沿革徴証を追究する森田恭二[31]により、人的構成の考証研究確認は飛躍的に進みつつある。しかしこれらの研究は、いずれも庶流守護家からの視角であり、細川氏権力を特質付ける京兆家権力を検討し、当該期の畿内地域における権力構造を解明することが要請されてきた。

こうした視角のもと、畿内（特に京兆家分国である摂津）を中心に細川氏権力の構造を検討した古野の近業がある。[32]古野は将軍権力や他守護家などによる幕府―守護体制下での権力支配の多寡を争うのではなく、有力となった細川氏の権力構造の特質こそを明らかにすべきであるとした。そして小川による細川氏同族連合体制を前提に、一五世紀中葉段階の幕府―守護体制の危機的状況下、「京兆家―内衆体制」という体制を再構築したことが幕府―守護体制の主導を可能にしたと論じた。また「京兆家―内衆体制」の本質は京兆家内衆諸家による庶流守護家内機構や、各地域・都市での代官などへの横断的配置にあるとし、今谷のいう細川氏の「京兆専制」体制論を構造的に批判した。古野は、細川氏権力は戦国期幕府―守護体制を支えることが自らの権力的源泉であったため、「京兆家―内衆体制」の解体、細川氏権力の衰退、幕府―守護体制の解体が連動するとの理解を示した。よって天文一八年（一五四九）の江口合戦以降、三好氏は幕府や将軍、幕府―守護体制を前提としないで権力化したとし、今谷のいう「細川・三好体制」は成立しないとしている。また同様に天野忠幸も、三好氏の権力基盤の検討から細川氏権力と三好氏権力との間に段階差をみている。[33]

このように、定説化していた細川氏（および三好氏）に基軸を置いた戦国期畿内専制論に対しては、専制化・畿内領国化という地域支配権力の構造そのものへの批判的視角から検討が加えられてきている。

さてこうしてみてくると、戦国期の権力論研究においては戦国大名論に対して戦国期守護論、畿内以外の大名権力出現地域と幕府―守護体制の残滓が残る畿内地域という枠組みのもとに検討が進んできたことがわかる。戦国期に出現し、独自に地域支配を行う地域権力を大名権力と評価する戦国大名論が、この時期の政治権力論を特質づける議論としてこれまで位置づけられてきたことに対し、戦国大名論に対する批判的論説として、権力構造理解の面からは戦国期守護論が、地域的偏差の面からは戦国大名が出現していない代表的地域としての畿内の権力構造研究があげられるのである。このように整理するのは、畿内権力論の特質を明らかにすることに加え、戦国期畿内における権力論研究が畿内のみで完結することなく、戦国期社会における普遍的議論として検討の俎上に乗せることを目指さんがためである。

こうした研究状況を打開する方法の一つとして、たとえば流通論や都市論などは、対峙する権力構造概念の双方に直接的にかかわることを予想させる諸要素としてあげることができる。流通論でいえば佐々木銀弥(34)や脇田晴子(35)による荘園制に基づく畿内への求心構造論に対して、鈴木敦子が必ずしも京都（畿内）へ求心系列化しないで、各地域で一定度完結する地域経済圏の存在を提示している(36)。また早島大祐は戦国期段階で京都の都市経済機能は低下し、求心化しえない状況であったことを論じた(37)。畿内とそれ以外の地域に政治権力構造上の差があったとしても、それを克服して列島内の流通構造として成立する条件を横断的に、精緻に検討する必要があろう。

都市論に関しては、畿内を中心に寺内町や城下町、その他港湾都市など、さまざまな性格の諸都市が発見されてきた(38)。これは文献史学だけではなく、考古学や建築史学、歴史地理学といった周辺領域との協業の側面が大きい。都市と権力との関係は、権力による地域支配における都市掌握において大きな意味を持ち、地域社会の構築に大きな役割を果たす。注目すべきは守護所シンポの開催にともなう、列島内の政治的都市の抽出である(39)。すでに今谷により守護所の分立が地方都市の起点となるとの指摘があったものの、これを広く援用可能にしたことは大きい。もちろん戦国大名の居所が守護所であったとは限らないし、守護所（とされる）都市がその時期、その地域で実際にどのような機能を果たしていたのか検討は必要である。しかし一定の基準で事例を抽出し、同じ条件で検討することで、異なる政治権力個々の比較も可能となろう。

一方でたとえば浄土真宗の盛行にかかわる本願寺や一向一揆の存在[40]や、根来寺などの地方寺院の権力化[41]、あるいは惣国一揆[42]などといった、明らかに他地域とは異なる戦国期に固有のこのような存在・現象が、なぜ畿内（近国）でのみ発生したのか。その条件を探ることで、畿内地域とそれ以外の地域との「差」を見出すことが可能となる。

このようにみてくると、やはり戦国期の「日本」をいかに統合的に捉えるか、が問われることとなる。市村高男が整理した、「礼の秩序」のもとに、「強い分権性を前提としたルースな求心性こそ、戦国期「日本国」の統合のあり方であった」のが戦国期社会のあり方であり、強い分権性とルースな求心性はそれぞれの地域によって個別的な容貌を持つ[43]。それは戦国期畿内においても同様なのである。

註

（1）永原慶二「大名領国制の史的位置」（『歴史評論』三〇〇、一九七五）、同「大名領国制の構造」（『岩波講座日本歴史』中世四、一九七六）。いずれも『戦国期の政治経済構造』（岩波書店、一九九七）所収。

（2）池享「大名領国制研究の視角」（『大名領国制の研究』（校倉書房、一九九九）、同「戦国期の地域権力」（『日本史講座』第五巻「近世の形成」、東京大学出版会、二〇〇四）。

（3）勝俣鎮夫「戦国法」（『岩波講座日本歴史』中世四、一九七六）。のち『戦国法成立史論』（東京大学出版会、一九七九）所収、同『戦国時代論』（岩波書店、一九九六）。

（4）池上裕子『戦国時代社会構造の研究』（校倉書房、一九九九）、黒田基樹『戦国大名と外様国衆』（文献出版、一九九七）、同『戦国大名領国の支配構造』（岩田書院、一九九七）、同『戦国期東国の大名と国衆』（岩田書院、二〇〇一）、稲葉継陽『戦国時代の荘園制と村落』（校倉書房、一九九八）など。

（5）藤木久志『豊臣平和令と戦国社会』（東京大学出版会、一九八五）、同『戦国の作法』（平凡社、一九八七）、同『雑兵たちの戦場』（朝日新聞社、一九九五）、同『村と領主の戦国世界』（東京大学出版会、一九九七）など。

（6）歴史学研究会日本中世史部会運営委員会ワーキンググループ「『地域社会論』の視座と方法」（『歴史学研究』六七四、一九九五）。
（7）則竹雄一『戦国大名領国の権力構造』（吉川弘文館、二〇〇五）。
（8）「国衆」論を展開する黒田（前掲註（4））や、先の給人制の重視から新たな領国構造を見通す則竹（前掲註（7））、「公儀」の評価による大名権力の評価を進める久保健一郎の研究（『戦国大名と「公儀」』（校倉書房、二〇〇一））などがあげられる。また西国に目を移すと、毛利氏研究では秋山伸隆（『戦国大名毛利氏の研究』（吉川弘文館、一九九八））、尼子氏を素材に戦国大名と守護職との関係を論じた長谷川博史（『戦国大名尼子氏の研究』（吉川弘文館、二〇〇〇））、大友氏に関する三重野誠の研究（『大名領国支配の構造』（校倉書房、二〇〇三））などがあげられる。特に西国の戦国大名論においては、岸田裕之（『大名領国の経済構造』（岩波書店、二〇〇一））や長谷川によって、戦国大名が畿内を目指して戦い、統一を図ったとする運動方向を唯一の理解とはせず、西国から東アジアを見据えて大名領国が形成されたとの理解も示されている。この他にも戦国期の地域権力が大名権力と評価できるかをめぐっての議論も盛んとなっている。
（9）村井良介「戦国大名研究の視角―国衆『家中』の検討から―」（『新しい歴史学のために』二四一、二〇〇一）。また、二〇〇四年度日本史研究会大会中世史部会共同研究報告（『日本史研究』五一〇、二〇〇五）と、二〇〇四年三月例会（『日本史研究』五一九、二〇〇五）も同様の問題意識のもとに準備されたものである。あわせて参照されたい。
（10）今岡典和・川岡勉・矢田俊文「戦国期研究の課題と展望」（『日本史研究』二七八、一九八五）。
（11）矢田俊文『日本中世戦国期権力構造の研究』（塙書房、一九九八）。
（12）今岡典和「戦国期の幕府と守護―近江守護六角氏を素材として―」（『ヒストリア』九九、一九八三）、同「戦国期の守護権力―出雲尼子氏を素材として―」（『史林』六六―四、一九八三）。
（13）川岡勉『室町幕府と守護権力』（吉川弘文館、二〇〇二）。
（14）長谷川博史前掲註（8）著書序論。
（15）池上裕子前掲註（4）著書。
（16）久留島典子『一揆と戦国大名』（『日本の歴史』一三、講談社、二〇〇一）。

(17) 池享前掲註（2）「戦国期の地域権力」。
(18) 鈴木良一「戦国の争乱」（『岩波講座日本歴史』中世四、一九六三）。
(19) 今谷明『室町幕府解体過程の研究』（岩波書店、一九八五）。
(20) 今谷前掲註（19）著書。
(21) 設楽薫「足利義尚政権考」（『史学雑誌』九六―七、一九八五）、同「将軍足利義材の政務決裁」（『史学雑誌』九八―二、一九八七）、同「将軍足利義材の没落と将軍直臣団」（『日本史研究』三〇一、一九八七）、同「『政所内談記録』の研究―室町幕府『政所沙汰』における評議体制の変化について―」（『年報中世史研究』一六、一九九一）、同「将軍足利義教の『御前沙汰』体制と管領」（『年報中世史研究』一八、一九九三）、同「将軍足利義晴の政務決裁と『内談衆』」（『年報中世史研究』二〇、一九九五）など。
(22) 山田康弘『戦国期室町幕府と将軍』（吉川弘文館、二〇〇〇）。
(23) 小谷利明『畿内戦国期守護と地域社会』（清文堂、二〇〇三）。
(24) 弓倉弘年「室町時代紀伊国守護・守護代に関する基礎的考察」（『和歌山県史研究』一七、一九九〇）、同「天文年間河内半国守護体制再考」（『南紀徳川史研究』七、二〇〇一）など。
(25) 小川信『足利一門守護発展史の研究』（吉川弘文館、一九八〇）。
(26) 末柄豊「細川氏の同族連合体制の解体と畿内領国化」（『中世の法と政治』吉川弘文館、一九九二）。
(27) 山下知之「細川氏同族連合体制についての一考察」（『鳴門史学』一四、二〇〇〇）、同「阿波守護細川氏の動向と守護権力」（『四国中世史研究』一六、二〇〇一）。
(28) 小川信「中世の備中国衙と惣社造営」（『國學院史学』八九―一一、一九八七）。
(29) 古野貢「中世後期の地域支配と守護権力」（『ヒストリア』一六二、二〇〇〇）。
(30) 岡田謙一「室町後期の和泉下守護細川民部大輔基経」（『日本歴史』五六六、一九九五）、同「統源院殿春臺常繁小考―和泉下守護細川氏の法名を手がかりに―」（『ヒストリア』一六七、一九九九）、同「細川高国派の和泉守護について」（『ヒストリア』一八二、二〇〇〇）など。

(31) 森田恭二「和泉守護細川氏関連史料の基礎的考証」(『泉佐野市史研究』三、一九九七)、同「和泉守護細川氏の系譜をめぐる諸問題」(『帝塚山学院大学人間文化学部研究年報』二、二〇〇〇)、同「和泉守護関連史料の再検討」(『帝塚山学院大学研究論集［文学部］』三八、二〇〇三)。
(32) 古野貢「室町幕府―守護体制と細川氏権力」(『日本史研究』五一〇、二〇〇五)。
(33) 天野忠幸「戦国期三好氏の領国支配と家臣団」(二〇〇四年度戦国織豊期研究会報告レジュメ)、同「三好氏の畿内支配とその構造」(『ヒストリア』一九八、二〇〇六)。
(34) 佐々木銀弥『中世商品流通史の研究』(法政大学出版局、一九七二)。
(35) 脇田晴子『日本中世商業発達史の研究』(お茶の水書房、一九六九)。
(36) 鈴木敦子『日本中世社会の流通構造』(校倉書房、二〇〇一)。
(37) 早島大祐「中世後期社会の展開と京都」(『日本史研究』四八七、二〇〇三)。
(38) 仁木宏『空間・公・共同体』(青木書店、一九九七)、同「戦国期摂河泉都市のオリジナリティ」(『ヒストリア』一八六、二〇〇一)などに代表される一連の都市史研究。
(39) 第一二回東海考古学フォーラム『守護所・城下町を考える』シンポジウム資料集、二〇〇四)。
(40) 矢田俊文「戦国期宗教権力論」(『講座　蓮如』四、平凡社、一九九七)など。
(41) 小山靖憲『中世寺社と荘園制』(塙書房、一九九八)、近藤孝敏「根来寺勢力の和泉国進出と地域支配（上）」(『和歌山県立博物館研究紀要』八、二〇〇二)、廣田浩治「地域の公権力としての中世根来寺」(『根来寺文化研究所紀要』二、二〇〇五)など。
(42) 湯浅治久『中世後期の地域と在地領主』(吉川弘文館、二〇〇二)。
(43) 市村高男「戦国期の地域権力と『国家』・『日本国』」(『日本史研究』五一九、二〇〇五)。

三　和泉国の戦国史研究と本編論文

廣田浩治

ここでは本論集の主たる対象である和泉国の戦国史研究につき、これまでの議論の整理を行い、本論集に収録した各論文を紹介する。

和泉一国を見据えた地域史研究は、一九六〇〜八〇年代の三浦圭一の研究により切り拓かれた(1)。三浦の研究は中世封建制形成史研究と問題関心を共有しながら畿内特質論あるいは摂河泉中世史の一環をなし(2)、鎌倉期から戦国期までを通して和泉国に固有の研究課題を追究した。特に惣村内部の構造と矛盾の追究、農業と開発の技術史、地域的分業流通、賤民制の研究、および一国のトータルな地域像の叙述に特徴がある。

次いで八〇年代から九〇年代前半までの三浦と小山靖憲・熱田公らの日根荘・根来寺研究は戦国期における紀伊国北部と和泉国南部という、摂河泉三国の国境を超える地域の形成を明らかにした(3)。この三浦・小山らの業績が研究の古典的段階である。これは史的唯物論の方法を受け継ぐ実証研究であり、「泉州志」以来の郷土史観そして戦前以来の楠木氏尽忠史観(4)の克服に道を開き、戦後民主主義を担う中世史学の実践となった。

三浦が和泉国の未解放部落史研究を主導したように、この古典的段階の研究は領主―農民の階級関係、共同体、社会的分業を論理の軸とする社会構成史の手法によって地域史像の総合的把握を目指すとともに、民衆生活史と民衆闘争の視点をはじめて樹立した。三浦が執筆した『和泉市史』第一巻（一九六五年）を嚆矢として中世在地文書・民衆史史料の発見調査が格段に進み、特に日根荘の領主九条政基の在荘日記である「政基公旅引付」と熊取谷の土豪文書「中家文書」の活用が、和泉中世史を根底から塗り替えた。(5) 以後も高水準の自治体史が刊行されたが、(6) 三浦・小山の議論は在地社会構造研究のレベルでは今なお和泉中世地域史に古典的位置を占めている。

古典的段階の研究は和泉一国というまとまりを対象とし、階級構造論と民衆生活史論を基礎に、民衆闘争・惣村形成・地主支配・根来政権という在地の土豪層を軸とする史的展開を描き出した。しかし紀伊国以外の近隣諸国（摂津・河内・四国）との具体的関係は明確でなく、戦国期の地域権力（守護・守護代）の追究が手薄なまま残された。

九〇年代以降の研究はまさにこの点を補い深めてきた。戦国期幕府・守護研究の隆盛を受けて、今谷明・矢田俊文・岡田謙一・森田恭二・山中吾朗・藤田達生・古野貢・廣田浩治らが、細川家庶流家である和泉両守護・守護代（松浦氏）・守護所・守護被官・権力編成・地域支配・四国（細川・三好分国）との関係についての実証研究を進めた。(7) 本論集でもこうした課題をテーマとする論考を多く収録している。河内・紀伊守護畠山氏研究も和泉国に対する畠山氏の関与を明らかにした。(8) 根来寺研究でも矢田・島田次郎・近藤孝敏・廣田が根来寺の地域権力化・和泉国支配・戦争につき究明を進めている。(9)「摂河泉」三国史観（大阪府の歴史的原型論）の枠組は再検討を迫られている。

和泉の中世地域社会論は、多次元的な地域的分業流通の問題や和泉一国の地域史を論じた三浦の研究を始点とする。(10) 次いで矢田俊文は戦国の村を自立的行動主体とみる一方、旧来の国郡制と異なる広域経済圏や「クミ」（村落間連帯）の枠組を媒介に権力論と在地社会論の接合を試みる。(11) 矢田は和泉・紀伊の宗教的地域権力にも注目しており、その後、和泉国内の寺院権力を「寺院社会」あるいは「寺内」の概念で評価し地域社会との関係を考える研究が現れている。(12)

都市研究では、三浦が堺や寺内町を、周辺村落の包摂に立つ都市型の地域社会や流通構造を形成するとした。(13) 今谷明は守護所（堺・大津・佐野）の分立を地方都市発展の基点とする。(14) 仁木宏は寺内町ネットワーク（「大坂並」体制）から摂河泉の都市の先進性を論じ、武家権力が地域経済の中から生まれる諸都市に依存して支配を行う点に畿内社会の特質を見出す[15]。貝塚寺内などでも中近世移行期を見通した寺内町研究が進んでいる[16]。都市と村落、都市と権力の関係論も地域社会像の構築に欠かせない。

和泉国の荘園・村落研究では日根荘研究が常にこれをリードしているが、議論の軸点は荘園支配論から村落論へと転換し、「政基公旅引付」から村の自力と戦国の作法を読みとることに成功してきた[17]。日根荘遺跡の保存運動や泉佐野歴史教室を実践している「泉佐野の歴史と今を知る会」の日根荘研究の蓄積も重厚で、特に日根荘故地での周到な調査に裏打ちされた井田寿邦の村落史・開発史研究が目覚ましい[18]。

村落自治論に研究の首座を譲った荘園支配構造論も、日根荘と九条家を主対象とした田沼睦の先駆的業績を筆頭に、安西欣治・島田次郎・廣田らの研究があり、相互に見解を異にしつつも荘園制の変質と存続およびその規定性を追究する流れをなしている。廣田は戦国期に先行する中世後期の和泉国の荘園支配体制の特質を「和泉国衙領体制」とし、その体制の崩壊後も個別荘園の存在が地域社会の財政運営と密接に関係していたとする[19]。

中近世移行期研究では寺内町の他、藤田達生の研究が国衆論・村落史・開発史・領国支配・税制と多方面で成果をあげている[20]。統一政権の成立と「根来政権」の崩壊を説く断絶説から、断絶と連続の両面をふまえた議論へと研究が進んでいる。

以上の研究動向を踏まえて、現時点での和泉戦国史の課題を指摘する。

戦国期を論じる前提として、先行する室町期の荘園制（土地領有制度）との関係を意識した議論はまだまだ乏しく、日根荘の荘園構造研究も地域権力や地域社会の研究から孤立した感がある。地域権力や地域社会の変質を論じる際にも、戦国時代前期にはまだ存続している都市領主（幕府・権門・寺社）の支配（荘園制・国衙領支配）の規定性とその解体が及ぼす作用を議論する必要がある[21]。

権力論と社会構成論の再統合の問題は、矢田の広域経済圏と「クミ」の議論、仁木の都市論と広域支配論があるものの、九〇年代以降の守護制度沿革研究の中でこの分野は低迷した。今谷以来の制度研究の手法の限界がここにあり、三浦・小山の研究ばかりか村の自力と村落間関係を論じる近年の戦国期村落論との繋がりをも欠く。単体の村落よりも広い地域圏を地域権力（戦国領主）の支配基盤に据える矢田の議論も、領主―農民関係や村落内部構造論の再構成には踏み込まない。日根荘を主対象とする村の自力や村落間関係をめぐる議論も、和泉国に特有の権力構造との接点を見出さないまま戦国社会一般の議論に傾き、和泉固有の地域史研究の潮流と切り結ばない(22)。

在地社会と村落の研究では、山間部に自己完結した「寺院社会」の存在をみる研究にせよ、「自力の村」の研究にせよ、和泉国の地域的特質を考える方向性が希薄で、それぞれ寺院社会・戦国期社会一般の議論という性格が強い(23)。寺院社会（宗教的地域権力）の存在はむしろ河内・紀伊の山間部にも共通するもので、寺院間の交渉関係の究明や相互の比較研究も未着手である。日根荘や熊取谷を扱った近年の村落論も、構造の地域的特質への問いは後景に退いている。地域武家権力の拠点が海辺部の都市と平野部の交通路に集中し、寺院権力が山間国境部に林立するといった固有の地域構造のなかに、村落・在地社会・「クミ」を位置づけてゆくべきだろう。特に「政基公旅引付」と「中家文書」には、村人の個人史から地域社会にまで至る情報が無尽蔵にあり、これらを活かした社会史や村落研究はまだまだ未知の可能性を秘めている(24)。

都市と流通の問題では、堺が和泉一国を超える畿内の港湾（環大坂湾・瀬戸内海・南海交通の要衝）に発展し、大坂本願寺の「大坂並」体制に連なる寺内町が形成され、国内海辺部では大津・岸和田・貝塚・佐野・海生寺（嘉祥寺）などの諸都市が叢生する。堺（西国・東アジア経済）や大坂（畿内地域経済）への求心化と諸都市ごとの分権拡散化が同時に進み、都市堺を掌握しても和泉国を支配し切れない構造が生まれる(25)。泉南の海辺都市は紀伊国北部の港湾との関係を強めるが(26)、こうした地域的（地方都市的）交通への着眼は、大坂や堺に収斂されないモメントに迫る方法として有効性があろう。

和泉国は畿内の縁辺に位置し、日根郡では守護・松浦氏と根来寺が対峙し複数の領主権力による「二重成」[27]が問題化し、都市堺をはじめ海辺部も中国・四国勢力（細川・大内・三好氏）の上陸進出地点となるなど、西国・紀伊の諸勢力の「境目」（境域）という性格を帯びる。堺などの諸都市を擁する和泉国の先進性が強調される反面、紀伊国北部との親近性（「紀泉」地域というべき側面）も指摘でき、俗に「畿内先進地帯」あるいは「摂河泉」に一般化できない特質がある。先進性と辺境性（境域性）が同居する和泉国の特質は（まとまりのある「国」かどうかも含めて）掘り下げる価値があるだろう。

最後に、現在こうした地域史は幅広い市民に支えられ、市民運動や遺跡保存の実践と関わりながら進められるであろう。特に和泉国には荘園遺跡として著名な日根荘遺跡があり、紀伊国の根来寺遺跡および紀ノ川流域荘園遺跡も近い。荘園遺跡の保存は開発が生む農村景観の崩壊という危機に対する景観保存の実践であり、文化財行政・市民運動ともにそのことは変わらない[28]。荘園遺跡の多角的な研究と保存にとって日根荘遺跡や紀ノ川流域荘園は最良のフィールドであり、日根荘や根来寺の遺跡保存に熱意を燃やした小山靖憲の提言を継承してゆかなくてはならない[29]。

本論集の各論文はここに列挙した課題の総てに答えるものではないが、「和泉守護・松浦氏と支配体制」「戦国期和泉の地域と社会」「周辺諸国と和泉国」の三部構成とし、戦国期権力と地域社会、和泉国と周辺諸国との関係についての論文を収録している。

第一部「和泉守護・松浦氏と支配体制」には四編の論文を配した。古野貢「細川氏庶流守護家の権力構造」は、細川京兆家―内衆体制と広域支配に和泉両守護を位置づけ、両守護支配の非完結性を説く。森田恭二「和泉守護代替り関連史料の再検討」は両守護歴代の全体的な沿革を考証する。岡田謙一「細川澄元（晴元）派の和泉守護細川元常父子について」は一旦四国に没落して和泉国を回復した守護家に焦点を当て、従来の制度研究の欠を補う。山中吾朗「和泉国松浦氏小考」は専論に乏しい守護家滅亡後の守護代松浦氏の当主と一族を検討し、研究が手薄の三好・織田政権期の和泉国内政治史に迫る。

第二部「戦国期和泉の地域と社会」では四編の論文を配する。廣田浩治「戦国期和泉国の基本構造」は、中世後期的支配体制の解体後の、畿内西国の政治圏内の動きに規制された和泉国内の公権の拡散化と和泉国の「境目」化から、支配秩序と在地構造の転換を見通す。大利直美「「政基公旅引付」にみる歌会と連歌張行」は日根荘に在荘した九条政基の連歌会・和歌会を素材に、領主の直務支配と寄合の文芸の意味を検討する。坂本亮太「戦国期公家領荘園と荘内寺社」は、同じく公家領荘園の日根荘における領主の諸寺社編成を構造的にとらえ、中世の各段階に照応した荘園制的寺社秩序の展開と変容を描く。宮田克成「中近世移行期の和泉五社と神宮寺」は、日根荘内の和泉五社である大井関社の別当寺の性格や根来寺との関係を考察し、近世初頭における大井関社の変容を論じる。

第三部「周辺諸国と和泉国」には四編の論文を配する。田中慶治「和泉国上守護代宇高氏と興福寺官符衆徒棟梁古市氏」は、室町期の守護代宇高氏の守護からの離反・没落と復活の過程を追い、守護・守護代の支配系列からはみえない守護代層の横断的関係を考える。弓倉弘年「畿内に出陣した紀州衆」は畿内政治圏外にある紀州衆の結合関係を雑賀衆を結節点とし将軍や守護畠山氏にも連なる人的諸関係の連鎖として把握し、紀州「惣国」一揆ではない緩やかな関係とする。天野忠幸「十河一存と三好氏の和泉支配」は三好政権の畿内・東瀬戸内海広域支配に十河一存と和泉松浦氏を位置づけ、三好氏による和泉国の地域再編や堺衆など都市の把握を論じる。藤田達生「織田信長の東瀬戸内支配」は三好氏の東瀬戸内海支配が信長に継承され、三好氏が信長の四国支配をめぐる織田政権内部の派閥抗争に組み込まれるとする。

そして最後に研究の便として、和泉守護・守護代・根来寺・畠山氏など和泉国における地域公権力の受発給文書の一覧を掲載し、戦国期和泉国の地図を巻末に付した。各論考に現れる文書や地名については、これらを参照していただきたい。

一二編の論文相互には内容の重複や見解の相違するものもあるが、敢えて統一はしていない。むしろそのことが新たな論点を提起するであろうと考えている。

注

（1）三浦圭一『中世民衆生活史の研究』（思文閣、一九八一年）、『日本中世賤民史の研究』（部落問題研究所、一九九〇年）、『日本中世の地域と社会』（思文閣、一九九四年）。

（2）河音能平『中世封建社会の首都と農村』（東京大学出版会、一九八四年）、戸田芳美『初期中世社会史の研究』（東京大学出版会、一九九一年）。

（3）注（1）三浦著書、熱田公「紀州の一大勢力根来の僧兵」（「歴史読本」一九七七年臨時増刊号）、「根来寺と日根荘」（「日本史研究」三一〇号、一九八八年）、研究代表者熱田公『根来寺に関する総合的研究』（科学研究費補助金（総合研究A）研究成果報告書、一九八三年）、小山靖憲『中世寺社と荘園制』（塙書房、一九九八年）。

（4）近世地誌類の歴史観および尽忠史観による歴史像の歪曲への批判も中世史研究の課題であった。

（5）「旅引付」研究については中世公家日記研究会編『政基公旅引付　本文篇・研究抄録篇・索引篇』（和泉書院、一九九六年）および『新修泉佐野市史』第五巻中世Ⅱ（二〇〇一年）を参照。中家文書研究では『熊取町史』史料編（一九九〇年）および史料編補遺（二〇〇〇年）の発刊および藤田達生「太閤検地と中世売券」（『日本中・近世移行期の地域構造』校倉書房、二〇〇〇年）の意義が大きい。

（6）『大阪府史』第三・第四巻（一九七九・八一年）、『高石市史』第一巻（一九八九年）、『岸和田市史』第二巻（一九九六年）、『熊取町史』本文編（二〇〇〇年）、注（5）『新修泉佐野市史』第五巻中世Ⅱ、『和泉市の歴史1　横山と槙尾山の歴史』（二〇〇五年）など、自治体史が和泉国地域史の牽引力となっている。『和歌山県史』中世（一九九四年）や『粉河町史』第一巻（二〇〇三年）など紀伊国の自治体史の成果にも学ぶべきである。

（7）今谷明『守護領国支配機構の研究』（法政大学出版局、一九八六年）所収の「和泉国半国守護考」（初出一九七八年）および「畿内近国における守護所の分立」（初出一九八五年）、矢田俊文『日本中世戦国期権力構造の研究』（塙書房、一九九八年）、『日本中世戦国期の地域と民衆』（清文堂、二〇〇一年）、岡田謙一「室町後期の和泉下守護細川民部大輔基経」（『日本歴史』五六六号、一九九七年）、「統源院殿春臺常繁小考―和泉下守護細川氏の法名を手がかりに―」（『ヒストリア』一六七号、一九九九年）、「和泉上守護代宇高氏についての基礎的考察」（『日本歴史』六二三号、二〇〇〇年）、「細川高国派の和泉守護について」（『ヒストリア』一八二号、二〇〇二年）、森田恭二「和泉守護細川氏関連史料の基礎的考証」（『泉佐野市史研究』三号、一九九七年）、「和泉守護細川氏の系譜をめぐる諸問題」（『帝塚山学院大学人間文化学部研究年報』二号、二〇〇〇年）、「和泉守護関連史料の再検討」（帝塚山学院大学研究論集［文学部］三八集、二〇〇三年）、山中吾朗「戦国期和泉国における一浄土宗僧侶の和歌と布教」（『泉佐野市史研究』五号、一九九九年）、藤田達生「戦国期守護支配の構造」（初出二〇〇〇年、注（5）著書）、「渡り歩く武士」（初出二〇〇〇年、『日本近世国家成立史の研究』校倉書房、二〇〇一年）、古野貢「細川氏内衆庄氏の展開と地域支配」（『年報中世史研究』二七号、二〇〇二年）、廣田浩治「中世後期の和泉国大津・府中地域」（『市大日本史』八号、二〇〇五年）など。

（8）注（7）岡田「細川高国派の和泉守護について」、小谷利明「畠山稙長の動向」（矢田俊文編『戦国の権力と文書』高志書院、二〇〇四年）、「畿内戦国期守護と室町幕府」（『日本史研究』五一〇号、二〇〇五年）。

（9）矢田「戦国期宗教権力論」（『講座　蓮如』第四巻、平凡社、一九九七年）、島田次郎「荘園制的収取体系の変質と解体」（『講座日本荘園史4　荘園の解体』吉川弘文館、一九九九年）近藤孝敏「根来寺勢力の和泉国進出と地域支配（上）」（『和歌山県立博物館紀要』八号、二〇〇二年）、廣田「地域の公権力としての中世根来寺」（『根来寺文化研究所紀要』二号、二〇〇五年）、「中世根来寺の戦争と武力」（『和歌山地方史研究』五〇号、二〇〇五年）。寺院を境内都市とし行人・聖が主役の寺院勢力を高く評価する伊藤正敏『中世の寺社勢力と境内都市』（吉川弘文館、一九九九年）、『日本の中世寺院』（吉川弘文館、二〇〇〇年）の議論も今後の争点になるだろう。

（10）三浦「一六世紀における地域的分業流通の構造」（初出一九七六年、注（1）『日本中世賤民史の研究』）。

（11）注（7）矢田『日本中世戦国期権力構造の研究』、『日本中世戦国期の地域と民衆』の「戦国期の地域の成立」（初出一九八五年）、「戦国期の村と政治」（初出一九八七年）「戦国期の村と地域」（初出一九八八年）、「惣墓の成立」（一九九六年）。

（12）注（9）矢田「戦国期宗教権力論」、山下有美「古代・中世の寺院社会と地域」（『歴史評論』六二三号、二〇〇二年）、注

（6）『和泉市の歴史1　横山と槇尾山の歴史』、木嶋谷と水間寺の地域研究から「寺内村」概念を提起した代表蔵持重裕『開発・環境の変化による山村・里村間の情報・交流と摩擦の研究』（科学研究費補助金基盤研究C研究成果報告書、二〇〇三年）。

（13）注（10）三浦論文および「日本中世における地域社会」（初出一九八〇年、注（1）『日本中世の地域と社会』）。

（14）注（7）今谷「畿内近国における守護所の分立」。和泉国の守護所・武家居館・都市の一覧については第一二回東海考古学フォーラム『守護所・城下町を考える』（二〇〇四年）第二分冊「守護所・城下町集成」の廣田作成「和泉国」を参照。

（15）仁木宏「戦国期摂河泉都市のオリジナリティ」（『ヒストリア』一八六号、二〇〇一年）、「寺内町と城下町」（有光友学編『日本の時代史12　戦国の地域国家』吉川弘文館、二〇〇三年）など。

（16）貝塚願泉寺を本部とする貝塚寺内町歴史研究会の蓄積が大きく、特に近藤孝敏「貝塚寺内の成立過程について」（『寺内町研究』創刊号、一九九五年）。

（17）服部英雄「『政基公旅引付』が記さなかった下剋上の中世村落」（『遥かなる中世』一号、一九七七年）、勝俣鎮夫「戦国時代の村落」（初出一九八五年、『戦国時代論』岩波書店、一九九六年）、注（11）矢田「戦国の村と政治」、藤田達生「和泉国日根荘について」（『ヒストリア』一一六号、一九八七年）、藤木久志『戦国の作法』（平凡社、一九八七年）、『戦国の村を行く』（朝日新聞社、一九九七年）、『村と領主の戦国世界』（東京大学出版会、一九九七年）など。

（18）泉佐野の歴史と今を知る会の活動と日根荘保存運動については少し前のものだが、樋野修司「関西新空港建設の下で」（『岩波講座日本通史別巻2』、岩波書店、一九九四号）、小山靖憲・平雅行編『日根野と泉佐野の歴史1　歴史の中の和泉』『日根野と泉佐野の歴史2　荘園に生きる人々』（和泉書院、一九九五年）を参照。井田の業績では特に『百姓中と番頭中──戦国初頭の村落関係文書の検討』（『泉佐野の歴史と今を知る会資料』二五号、一九九四年）、「村落の日常生活」（『中世の風景を読む5　信仰と自由に生きる』新人物往来社、一九九五年）、『大木の開発と歴史』（『泉佐野の歴史と今を知る会資料』五四号、二〇〇二年）を挙げておく。

（19）田沼睦「公家領荘園の研究」（『書陵部紀要』一二号、一九六〇年）、「中世の人間移動」（『郷土史研究講座3　中世郷土史研究法』朝倉書店、一九七〇年）、安西欣治『崩壊期荘園史の研究』（岩田書院、一九九四年）、島田注（9）論文および

「十五・十六世紀における権門領主の私的武力について」（『荘園制と中世村落』吉川弘文館、二〇〇一年）、廣田注（7）論文および「中世後期の九条家家僕と九条家領荘園」（『国立歴史民俗博物館研究報告』一〇四集、二〇〇三年）。

（20）注（5）（7）藤田達生『日本中・近世移行期の地域構造』『日本近世国家成立史の研究』。

（21）注（7）廣田論文、『泉大津市史』第一巻上（二〇〇四年、南北朝～戦国期は廣田が執筆）。三浦の和泉国地域史の枠組を批判し、権力構造や地域社会の叙述の組み替えを試みたものである。

（22）藤木久志・黒田基樹編『定本　北条氏康』（高志書院、二〇〇四年）などの議論が日根荘と東国とで自力の村と大名権力を直結させて理解するが、双方の地域構造の違いや和泉国の地域的特質（地域権力と村を媒介する「クミ」の存在など）を看過している。本論集の廣田浩治論文を参照。

（23）注（6）『和泉市の歴史1　横山と槙尾山の歴史』や注（9）山下論文は、黒田俊雄の地域史方法に全面的に依拠する（黒田「歴史学における思想と方法」初出一九七〇年、『黒田俊雄著作集第八巻　歴史学の思想と方法』法蔵館、一九九五年）。しかしその「寺院社会」論が有効なのは黒田の寺社勢力論が適合しやすい地域を扱う限りにおいてであろう。また三浦・小山・矢田の議論や守護研究などの成果を継承せずして「あたらしい地域史」を唱えるのは、和泉国の地域史として問題である。

（24）「泉佐野の歴史と今を知る会」の連載論文「移行期の群像」（同会会報一六四号（二〇〇一年）～）は「中家文書」売券史料の人物を丹念に割り出す作業を続けている。

（25）中世都市堺研究には伝統的に自治都市論と国際交易都市論があるが、湾岸の国内諸都市との関係は見過ごされている。また上記二つの理解は論理上全く異質のもので、一つの歴史像を結んでいないように思える。都市自治論には畿内社会的要素があるが、交易都市論には伊藤や西国の大名権力研究が問題にする西国や海域世界と堺との関係史の問題が含まれる。こうした都市堺の歴史像の懸隔を埋める作業も必要ではあるまいか。

（26）「鷺森別院文書」天正六（一五七六）年九月二六日本願寺顕如書状・下間頼廉書状（『和歌山市史』第四巻）。紀伊の湊物中・雑賀惣中・岡・松江・加太、和泉の嘉祥寺・吹井（深日）、その他「諸浦警固中」に宛てた文書である。戦国最末期、紀伊雑賀の船団が泉南・紀北の港湾を拠点化していた。

（27）水藤真『戦国の村の日々』（東京堂、一九九九年）。

（28）大阪府埋蔵文化財協会『日根荘総合調査報告書』（一九九四年）、泉佐野市教育委員会『史跡日根荘遺跡保存管理計画書』（二〇〇三年）、泉佐野市教育委員会『日根荘遺跡範囲確認調査・詳細分布調査報告書』（二〇〇五年）、荘園研究会・歴史館いずみさの『日根荘の遺跡と史料』（二〇〇五年）。日根荘遺跡のうち下大木地区の水田は二〇〇五年度からの圃場整備事業の着工で景観が一変した。まことに残念である。

（29）小山靖憲『中世史雑抄』（私家版、二〇〇一年）の日根荘遺跡に関する諸論文、「紀ノ川流域の荘園と文化的景観」（「きのくに文化財」三八号、二〇〇四年）。

第一部　和泉守護・松浦氏と支配体制

細川氏庶流守護家の権力構造

古野　貢

はじめに

一五世紀中葉以降、室町幕府―守護体制のもとで政治的に主導的立場に立ったのは細川氏権力であった。細川氏は、幕府―守護体制が嘉吉の乱、応仁文明の乱という動揺と分裂の過程で諸勢力系列化の一方の主役となり、勝利した結果、幕府―守護体制を主導することとなる。細川氏権力のこうしたあり方を可能としたのは、同時期に細川氏権力が形成した「京兆家―内衆体制」による。(1)この体制は、京兆家を中心に、京兆家内衆が紐帯《ちゅうたい》となって庶流守護家が結集し、細川氏が一体となって分国の支配と維持にあたり、これを基盤に幕府―守護体制の保全を図ろうとしたものである。この「京兆家―内衆体制」の特徴は、京兆家内衆が庶流守護家の各分国において守護代や奉行人、各種代官などを務めることで結束が図られるのが基本であった。しかし複数の庶流分国を持つ細川氏にとっては、固有の条件を持つ個々の分国それぞれの権力構造を明らかにする必要がある。

本稿で扱う和泉国は、細川氏庶流分国のひとつである。京兆家分国である摂津に隣接し、大阪湾の最奥に位置する港湾都市堺を擁している。また河内・紀伊など幕府内で細川氏と対抗する畠山氏分国とも接している。かつて筆者は、細川氏内衆の存在形態を検討した際、和泉国で在国守護奉行人を務める庄氏について検討し、京兆家内衆の庶流守護家における一定の役割を示した。[2]それを踏まえて、本稿では、庶流守護分国和泉の形成と展開の過程、および権力構造を明らかにすることを目的とする。

細川氏権力は守護分国の単なる集積で成立しているわけではない。一五世紀中葉以降は、「京兆家―内衆体制」による有機的結合が確認できる。複数の分国をもつ細川氏権力全体のなかに庶流分国和泉国の権力構造を位置づけることにより、当該期守護権力の地域的展開とその重層性を理解することが可能となると考えられる。

第一章　守護分国和泉の支配構造

第一節　和泉半国守護の確立

一　両守護制

応永一五年（一四〇八）、細川頼長は和泉半国守護職を補任された。[3]和泉国で両守護制が採られた理由については、守護職と都市堺をめぐって、すでにいくつかの見解が示されている。まず今谷明氏は、守護所である堺を一名の守護に独占させることを回避するための措置としている。[4]しかしこの理解は今谷氏自身疑義を持っているように、細川氏ではない別の守護をなぜ配置しなかったのかという疑問だけではなく、わざわざ二人の守護を領域的、権限的に分別せず配置したことへの説明にはなっていない。

これに対し、細川京兆家と和泉守護家との問題として捉え直そうとした末柄豊氏[5]は、細川氏同族連合体制のもとで、惣領家（京兆家）による庶流守護家（和泉守護家）統制の方策を、堺の円滑な支配の実現に求めている。しかし京兆家による庶流守護家統制として、頼長・基之の支配権拡大を阻止するとするものの、このことが細川氏同族の守護が二人補任されたことの説明にはなっていない。また堺については、応永二一年（一四一四）以前[6]、おそらく和泉国に両守護制が採られた応永一五年頃、南北朝期以来和泉守護の管轄であった摂津国住吉郡が摂津守護管轄に移っていたことを前提に、堺を和泉守護家と京兆家が分有すると同族内の対立を来すおそれがあるため、両守護制が採られたとする。

これに対して廣田浩治氏は、今谷氏の説く幕府主導の和泉守護牽制説は政治環境からの一般論であり、末柄氏の細川氏主体の一門守護統制策も、戦国期細川氏管領家の権力強化という結果論に引きずられていると批判する[7]。そして南北朝内乱期の激戦地であり、有力守護の反乱拠点であった和泉国の安定を保全するために、堺を拠点に二個の管領家庶流の守護軍団を配備し、河内・紀伊畠山氏との均衡をはかるという政治意志の作用を想定している。和泉国内状況を前提に、周囲の他守護との関係から細川氏同族による守護配置の必要性を説くのは首肯できるが、やはり堺を拠点とすること、複数の守護の必要性について、さらに言及する必要があると考える。

二　都市堺

細川氏に和泉国守護職が宛行われた応永一五年（一四〇八）当時、幕府内部において細川氏と対抗していた勢力（斯波氏や畠山氏など）からすれば、和泉国が細川氏分国となることが確定した段階で、幕府―守護体制内における都市堺に対する細川氏の影響力をできるだけ抑えることが要請されていた。しかし細川氏への守護職補任決定ののちは、京兆家とは別家であることが次善の策としてあげられる。半国守護という形で守護職を細分化することで、堺への権利関係を細分化させ、細川京兆家への堺支配の非集中化・希薄化が目指されたと考えられる。これは当時の最重要な港湾都市のひとつである堺を擁し、摂津国・和泉国という大阪湾岸に連続する分国をもつことになった細川氏権力による、堺の一括管理・独占化の阻止が必要とされたからである。同族ではあるものの京兆家とは異なり、京兆家に直結しない守護家を形成することが期待されたと考えられる。

さてこの構成（両守護制）に従って、堺は以後両守護によって所管されるが、結局のちには京兆家内衆（香西氏など）により、実質的に直轄化される。一五世紀中葉以降細川氏権力内においては、同族連合体制を維持する装置として「京兆家―内衆体制」が採用されるが、和泉国において地域区分・権限区分のない両守護という体制は、そのまま枠組だけが残り、維持されてきたと考えられるのである。

「京兆家―内衆体制」のもとで堺は、実質的には北荘と同様に南荘でも京兆家内衆が代官を務めることになった(8)ことにより、相対的に和泉守護の細川氏権力全体のなかでの地位はますます低くなる。こうした細川氏分国全体のなかでの和泉国の地位の低さが、和泉出身国人が他分国へ配置されない要件のひとつとなっていると考えられる。

以上のように和泉両守護制は、堺を重視する京兆家の意向が強く反映された体制であり、和泉両守護の補任は、他守護家との関係をもにらんだ極めて政治的な体制であった。

第二節　和泉守護権力と国人

一　守護の国内基盤

次に和泉守護細川氏の基盤について確認する。上守護を例にとると、守護職補任の後の応永一八年（一四一一）に、阿波・讃岐・伊予三ヶ国の当知行所領等が安堵されている(9)。これは頼長の死後の代替わりに伴う安堵と考えられる(10)。永享一〇年（一四三八）には和泉国半国守護職、および同様の三ヶ国当知行所領等が持有の次の教春に安堵されていることから(11)、和泉半国守護職とともに、阿波・讃岐・伊予三ヶ国の当知行所領等は上守護家家督に相伝されるものであったことがわかる。

さらに応永二二年（一四一五）、上守護職を継いだ持有は、幕府から「和泉国々衙職半分」を「預け置」かれ、本所年貢の「弁済」も任されている。[12]「和泉国々衙職」とは朝廷と幕府に共通の和泉国内の財政基盤であり、ここを預け置かれたのは公的基盤の下地管理を任されたことになる。「半分」とあることから、残りは下守護に預け置かれたのだろう。

このように守護職を補任された国内だけではなく、細川氏一族の他分国にも所領を持つという形態は、たとえば備中守護家が備中国内の頼之知行分闕所に加え、讃岐国小松荘、同国高篠郡一分地頭職・公文職や、伊予国新居郡、同国西篠荘嶋山郷を安堵されていることや、[13]守護家ではないが、野州家（京兆家庶流）の相伝所領が備中国浅口郡・同闕所分・同国矢田郷、伊予国宇摩郡・同闕所分、摂津国小林上下荘であることなどと共通する。[14]細川氏の基盤となる相伝所領・諸職は、補任された守護分国に完結するのではなく、一族の諸分国に散在し、細川氏分国全体として一体化する構成を持っていたといえるのである。

二　守護権力の人的構成

①守護代

まず、上守護代を務めたのは宇高氏である。宇高氏については、すでに岡田謙一氏によって出自や細川氏との関係について詳細な検討がなされている。[15]それによれば、細川頼長が上守護に補任された応永一五年（一四〇八）当時、守護代は生石家光であったが、[16]翌応永一六年、守護代は宇高光勝に改替されている。[17]以後宇高氏は一貫して上守護代としての地位を確保していくこととなる。光勝は応永一八年の頼長の死亡にともなって出家し、以後安芸入道通光を名乗るが、[18]これ以後、九条家領日根荘の年貢送状や、[19]松尾寺と穴師堂との間で起きた国物講師職をめぐる訴訟、[20]さらには開口神社に法楽連歌月次料田を寄進していることなどから、[21]上守護代としての活動を確認することができる。

次に下守護代であるが、こちらは上守護代とは若干異なる様相をみせる。細川基之が和泉下守護に補任された当時の守護代は斎藤玄霖であるが[22]、永享元年（一四二九）には上守護代宇高光勝と同様、松尾寺と穴師堂との惣講師職をめぐる相論に久枝蔵人助がみえ、斎藤玄霖から守護代が交代している[23]。また文安四年（一四四七）の久米田寺への禁制は上守護代宇高有光と斎藤河内守基実とが連署したものであり、一五世紀中葉段階に至っても、地域・遵行権による上下守護の管轄の差異はない。またこの禁制から、下守護代には再び斎藤基実が還補されていることがわかる。

一五世紀中葉までの下守護代は斉藤氏と久枝氏が交代で勤めている。また斎藤氏で確認できるように、守護代家としての継承が認められる。上守護と異なって二氏の交代ではあるものの、細川氏が和泉国で守護職を得て以降、忠実に職務を果たす守護代は、守護細川氏が和泉において安定的に守護権を行使していくことに大きな役割を果たしたといえる。

和泉守護は、地域的にも遵行の面でも差異がないとされているが、在地においては上守護代は宇高氏、下守護代は斎藤氏、久枝氏（のちには香西氏も）が務めているように、上守護・下守護それぞれに系列化していることがわかる。この守護代を務める者は、細川氏の権力構造においては、広義の細川氏「内衆」に分類できる存在である。主家の側近被官を指す内衆は、細川氏においては特異な存在形態をもつ[24]。自らの本国・本拠を持ちながら、これとは別に細川氏一族の他の分国に「派遣」され、そこで守護代や奉行人などを務める。宇高氏は伊予国新居郡（愛媛県宇高町）の出身、斎藤氏は管領家（京兆家）、備中守護家奉行人の一族、久枝氏は伊予守護河野氏の一族で同国和気郡久枝郷（愛媛県松山市）の出身、香西氏は丹波守護代香西氏の一族と思われる。和泉守護代にもみられるこうした存在形態は、細川氏内衆に特徴的に認められるのである。

②和泉国人

一方、守護代などを勤める内衆ではない、国人のあり方についても確認しておく。細川氏が和泉守護となって以降、和泉国人にとっては守護細川氏への結合か、国人連合としての存立か、の選択が課題となるが、守護被官として直結する国人は多くなく、むしろ一揆形成を追求することとなる。

たとえば現堺市の美木多別所あたり（大鳥郡美木多（和田））を本貫地とする和田氏は和田荘の諸職を保持している し、和田氏と対立していた田代氏は大鳥荘への介入を通じて勢力を伸ばし、応長元年（一三一一）の大鳥荘下地中分ののちも付近の土豪と取り合いを続けている。(25) こうして得た諸職を基盤として、和泉国人は連合して一揆を形成する。文明五年（一四七三）助松貞勝等が青蓮院に出した上泉郷内包近名所務に関する請文(26)からは、助松氏が同郷を基盤とし、代官に補任されていることがわかる。第三条には「国一揆兵粮米之事、縦雖被相懸之申除、不可及立用候」とあり、この請文が出される以前から、すでに「国一揆」が形成されていた。またこれに先立つ康正三年（一四五七）付の、「日根郡」の国人による一揆契約状(27)が残っている。淡輪、箱作、鳥取、樫井、新家、上郷、日根野の各氏が見いだせる。「就公私万事成水魚之思、可為一味同心者也」とあるように、彼らは一揆契約を結び、それを維持しようとしている。和泉国において有力な国人は守護権力へ直結するのではなく、国人同士で結集する途を選択した者が多い。これは和泉南部の日根郡の例であるが、こうしたあり方は他の地域でも同様に存在したと考えられる。

細川氏権力は、他の分国においても京兆家内衆を守護代などに補任して在地に置いて分国との媒介項とし、国人との直接の主従関係による結合を積極的に進めることはしなかった。これは京兆家を核として細川氏同族連合体制を追求する、細川氏による権力維持方式の特徴であった。このように在地国人を直接把握しないで守護権力が確立しうるのは、一定度進んだ経済・流通拠点や地域社会など、環境に左右される部分が大きい。東瀬戸内海沿岸から大阪湾、さらに京都への通路という当時の大動脈を分国として保持した細川氏権力は、豊かな経済・流通環境を背景に、京兆家内衆による拠点掌握による分国支配を進めていったと考えられるのである。

第二章　「京兆家―内衆体制」と守護分国和泉

第一節　惣国一揆と和泉守護

南北朝の内乱を経て確立した幕府―守護体制のもとで和泉守護に補任された細川氏は、両守護制を保ちつつ、国内支配に務めた。すでに触れたように、応永一五年（一四〇八）に両守護に補任され、同一八年に阿波・讃岐・伊予三ヶ国の当知行分を安堵されたのち、同二二年には和泉国内の国衙職半分を預け置かれ、本所年貢の弁済も任されている。[28]このように和泉国の守護支配においては、国衙領、およびそれに連なる領域や諸勢力の把握が重要な位置を占めた。[29]しかし応仁の乱にともなう和泉を含む畿内の戦闘は、守護細川氏の分国和泉支配を解体し、新たな一揆の結合を促すことになる。

応仁の乱の開始に伴って、和泉上守護細川常有と下守護頼久は、細川京兆家の勝元に従い、東軍方として参戦している。常有嫡子の政有（のちに上守護家を相続）は、乱開始前の応仁元年三月にすでに軍勢を率いて上洛しているし、[30]乱開始後の五月には和泉守護勢が東軍主力として加わっているように、[31]両守護は当初から京都周辺の戦闘に加わっていた。和泉国人である淡輪長重・日根野国景らも動員され、負傷を負いつつ奮闘している。[32]また同年七月に大内政弘の上洛に対しては、頼久は守護代斎藤久和を派遣して、和田助直とともに堺を要害化して防備を固めるように申し送っている。[33]また文明三年六月には畠山義就の武将、甲斐庄氏が和泉国へ進攻してきたことにより、和泉守護代が討ち取られてしまった。[34]このことにより、和泉国の細川氏支配体制は危機的状況に陥ることとなった。文明九年（一四七七）には、大内政弘や畠山義就が本国へ下向し、応仁の乱は一応の終結を迎えるものの、河内に下向した畠山義就は河内国内を制圧、九月・一〇月には和泉堺を攻撃し、[35]被官の甲斐庄氏と越智家栄が和泉守護職を競望している。[36]

この応仁の乱中に在京して国内に不在の両守護に代わり、和泉国には、両守護代のもとに編成された国人集団を基盤として、「国一揆」が成立する。この「国一揆」は、文明五年の請文にあるように、応仁の乱に連動する両守護の不在や河内南部からの畠山義就方の乱入など、和泉国内の危機対策を契機として成立したと考えられる。「国一揆兵粮米之事、縦雖被相懸之申除、不可及立用候、[37]」などとみえる、国一揆による兵糧米の徴発などはその端的な例といえよう。

こうしたなか、文明九年から一六年にかけて、和泉国人三六人衆は国内寺社領へ広く兵粮米を賦課した。坂本荘（和泉市）・大鳥下条（堺市）・日根荘（泉佐野市）・鳥取荘（阪南市）などである。文明九年には国衙代官清秀数（幕府奉行人）が兵粮米負担を在地に転嫁しようとして抵抗をうけるなど、[38]国人以下の諸勢力の活動も活発化している。また八木郷・加守郷（岸和田市）・上条郷（和泉市）・深井郷は「押領在所」とされていて、国一揆方による押領を含むと考えられる。このような国内の不安定化と、それへの対応としての国一揆が、幕府や守護権力、国衙代官による国内支配構造を揚棄して成立する。文明一四年には管領畠山政長が義就追討のために和泉に出陣、堺、久米田などに陣取る[39]が、国一揆は解体せず、「惣国」として国支配の実権（段銭賦課権など）を入手するのである。そして文明一五年（一四八三）の「和泉国国衙分事」によると、吉見荘（田尻町）・新免上郷（泉佐野市上郷）・菱木・万代荘（以上堺市）などでは地下請が成立していることがわかる。このようにして確立した和泉「惣国」は、府中や大津地域の国人が中心的存在であった。これは国衙領のもとで在庁を務める国人や、本所領代官などが多く存在したことに由来しよう。

しかしこの和泉「惣国」は長く持続することはできなかった。文明一六年に下守護が持久から基経へ交代し、一二月には上守護元有が助松氏と馬場氏の所領を没収して建仁寺永源庵に寄進したことで、[40]和泉「惣国」の中心である大津が両守護方に奪回された。翌一七年堺に下った元有・基経は、まず三月に加守郷春木（岸和田市）の春木氏を「誅[41]」

して多賀氏を配置し、[42]九月には加守郷内の磯上氏・藤岡氏などの所領も没収した。[43]抵抗する和田氏や田代氏を服属させたのちの一〇月、ついに上神城（堺市）に籠もる「一揆」方を降伏させて、和泉「惣国」を崩壊させたのである。この守護方の対応は、一応東軍（細川方）の勝利の形で終結した応仁の乱後、幕府―守護体制内で主導的に、新たに系列化を進める細川氏権力のもとで、分国支配の安定化を目指しててこ入れされたものといえる。

この時期細川氏権力は、政元を中心に「京兆家―内衆体制」を形成し、細川氏同族の分国支配を強化することで幕府内での他守護家に対する優位性を確保しようとしていた。[44]この「京兆家―内衆体制」は、細川氏の幕府内での優位性維持を追求しながら、幕府―守護体制を維持する装置である。和泉「惣国」の崩壊は、「京兆家―内衆体制」確立による細川氏分国支配構造の再編にともなうものであった。一五世紀中葉以降の幕府―守護体制は、細川氏の優越のもとに維持・運営されるという意味で、それ以前の守護合議体制とは異なる。この一五世紀中葉以降の政治体制を「後期幕府―守護体制」[45]と仮称しておきたい。和泉国で両守護制が復活したことで、「後期幕府―守護体制」のもとでの両守護による国人編成など、新たな支配構造が構築されてくることになる。

第二節　守護権力による国内再編成

和泉国内で新たに再構成された幕府―守護体制のもと、守護権力は国人をどのように編成しているのであろうか。本節では『板原家文書』に残る「六日番交名」[46]を素材に検討を加える。

一　「六日番交名」の特質

「六日番交名」は、一五世紀末、下守護細川基経期に作成された、下守護方被官人の勤番目録である。[47]計八三名の被官が五つの番に分けて編成され、書き上げられている。先の日根郡の和泉国一揆の構成員であった者もこの番編成に加わっており、一つの番およそ一〇数人が、六日ずつ勤番していたものである。注目したいのは、この「交名」に守護代を務めた勢力の名前がないことである。前項で考察した宇高氏（上守護代）や久枝氏（下守護代）は、この「交名」にはみえない。守護代などを務める層と、それに勤番する国人層とは、細川氏権力のなかでやはり厳密に区別されていた。守護権力のもとに勤番させるものなので当然といえるが、守護代を務めるのは「交名」に編成されるような和泉国人ではないのである。

二　和泉国内の諸勢力

見出しうる特徴としては、まず第一に、偏りはあるものの、各番に異なる郡を拠点とする国人が配置されていることがあげられる。これは守護所への勤番という性格上、郡ごとの番編成による国人の結集を避けるためという目的があったと考えられる。この番編成自体、和泉「惣国」を克服して新たに国人を再編成したものであり、番編成には細心の注意が払われたと考えられる。

第二に府中国衙や大津付近、および日根荘周辺の国人が多いことがあげられる。このことは、前者は府中国衙を中心とした国衙領が多く所在する地域であり、「国一揆」に結集するような、在庁や土豪から成長してきた多くの国人の存在を想定できる。また後者は、熊野街道沿いに存在する佐野の存在が大きいと考えられる。時代は下るが、『政基公旅引付』文亀元年（一五〇一）四月一二日条には「佐野之市」とみえ、当地に市が立っていた。この「佐野之市」では同年六月一七日に日根荘入山田大木村の百姓が和泉守護に捕らえられている。このことからも当市は和泉守護の支配下にあったことがわかる。和泉守護の影響力が強く及ぶ地域の国人が積極的に編成されたことがわかる。

第三に、この「六日番交名」は下守護方のものであるが、おおむね和泉一国に存在する国人を網羅しているようにみえる。では上守護方の「交名」はどのような編成が想定できるのか。下守護と重ならない荘園など（たとえば和泉郡沼間荘や日根郡信達荘など）を本拠とする国人の把握、もしくは下守護と同じ把握、つまりこの「六日番交名」と同

番号	番数	名前	根拠地	国人系(○)・他国系(●)	備考
1	1	竹元五郎		●	佐野荘給人
2	1	天下源左衛門	南郡天下谷(岸和田市阿間河滝)	○	
3	1	石津右馬允	大鳥郡石津荘(堺市)	○	同荘地頭の系譜
4	1	長尾六郎左衛門尉	河内国交野郡	●	
5	1	今井平三	大鳥郡今井里(堺市)	○	
6	1	木嶋源兵衛尉	和泉郡木嶋郷(貝塚市)	○	
7	1	熊取八郎	日根郡熊取荘(熊取町)	○	
8	1	惣官又七	和泉郡府中(和泉市)	○	国衙在庁
9	1	土師八郎左衛門尉	大鳥郡土師保・郷(堺市)	○	
10	1	櫟井源六	日根郡(泉佐野市)	○	樫井
11	1	今井四郎左衛門尉	大鳥郡石津荘(堺市)	○	
12	1	藤井久太丸	和泉郡大津(泉大津市)	○	
13	1	草部四郎二郎	大鳥郡草部荘	○	
14	1	西村太郎三郎			
15	1	喜島三郎	和泉郡木嶋郷(貝塚市)	○	喜島＝木嶋
16	1	西孫太郎			
17	2	斎藤三郎右衛門尉		●	下守護代斎藤氏一族
18	2	三木			
19	2	大鳥新次郎	大鳥郡大鳥荘(堺市)	○	同荘地頭の系譜
20	2	綾井玉寿丸	和泉郡綾井(泉大津市)	○	綾井城が存在
21	2	井上四郎左衛門尉			『天文日記』・『旅引付』
22	2	成田式部丞	和泉郡(和泉市)	○	信太神社付近
23	2	宮五郎左衛門	和泉郡(泉大津市)		
24	2	山内四郎左衛門尉	大鳥郡(堺市)		
25	2	井上弥四郎			『天文日記』・『旅引付』
26	2	下村孫□□	大鳥郡(堺市)	○	
27	2	平井幸千代丸	和泉郡(和泉市)	○	槇尾川中流左岸
28	2	岸和田代	南郡岸和田荘(岸和田市)	○	
29	2	高家代		●	紀伊国高家荘の可能性
30	2	靏原藤右衛門尉	日根郡鶴原村(泉佐野市)	○	
31	2	草部六郎	大鳥郡(堺市)	○	
32	2	由良新六		●	紀伊国由良の可能性
33	3	勝間田新三郎	摂津国西成郡(大阪市)	●	勝間田＝勝間
34	3	西村源左衛門尉	大鳥郡別所(堺市)	○	
35	3	磯上平五	南郡(岸和田市)	○	
36	3	毛穴新九郎	大鳥郡大鳥荘(堺市)	○	
37	3	横山善左衛門尉	和泉郡横山郷(和泉市)	○	
38	3	松尾肥前守	和泉郡(和泉市)	●	
		平井	和泉郡(和泉市)	○	抹消
39	3	馬原又次郎			
40	3	多田弥次郎	摂津国多田荘	●	
41	3	三木次郎三郎			

番号	番数	名前	根拠地	国人系(○)・他国系(●)	備考
42	3	吉井新右衛門尉	南郡吉井郷(岸和田市)	○	
43	3	城上代			
44	3	神山代	河内国石川郷(河南町)	●	同郷神山の代官
45	3	八木代	南郡八木郷(岸和田市)	○	
46	3	日谷代			
47	3	古屋与次		○	日根野村侍衆
48	3	天下弾正忠	南郡天下谷(岸和田市阿間河滝)	○	
49	3	平井宮太郎二郎	和泉郡(和泉市)	○	
50	4	三木三郎			
51	4	武正代			
52	4	横川五郎左衛門尉			
53	4	波方四郎左衛門尉	和泉郡(和泉市)	○	波方＝伯太
54	4	三吉藤次郎	阿波国	●	河内国三善氏の可能性も
55	4	上神新六	大鳥郡上神郷(堺市)	○	
56	4	鳥取次郎左衛門尉	日根郡鳥取荘(泉佐野市)	○	
57	4	冨野藤次郎	日根郡佐野(泉佐野市)	●	
58	4	富秋彦五郎	和泉郡富秋(和泉市)	○	
59	4	庄孫次郎	日根郡佐野(泉佐野市)	●	備中本拠
60	4	鳥取五郎右衛門尉	日根郡鳥取荘(泉佐野市)	○	
61	4	日谷石見代			
62	4	田中代	大鳥郡若松荘(堺市)	●	守護被官
63	4	寺田代	和泉郡寺田(和泉市)	●	
64	4	曽根掃部助	和泉郡曽根(和泉市)	○	
65	4	長岡代	山城国西岡	●	
66	4	生嶋	和泉郡木嶋郷(貝塚市)	○	生嶋＝木嶋
67	5	林弾正左衛門尉	日根郡近木荘(貝塚市)	○	
68	5	鳥取次郎左衛門尉	日根郡鳥取荘(泉佐野市)	○	
69	5	信太助五郎	和泉郡信太	○	
70	5	長岡次郎四郎	山城国西岡	●	
71	5	九万里		●	山城国ヵ
72	5	寺戸又次郎	山城国西岡	●	
73	5	樫井源六	日根郡(泉佐野市)	○	樫井
74	5	十見源四郎			
75	5	新家新次郎	日根郡新家荘(泉佐野市)	○	
76	5	福田善兵衛尉	南郡尾生(岸和田市)	○	
77	5	樫井三郎右衛門尉	日根郡(泉佐野市)	○	
78	5	町代			
79	5	竹元彦次郎代		●	佐野荘給人
80	5	下山源次郎			
81	5	小池又六			
82	5	赤間代			
83	5	神前代	日根郡近木荘(貝塚市)	○	

じものがもう一通存在したという可能性も想定できる。和泉両守護が地域分割・権限分割をしないで分国支配をおこなったことを前提にすれば、後者の可能性を完全に否定することは出来ないことを指摘しておきたい。

三　和泉国外の諸勢力

「六日番交名」は、和泉国人の編成を示す交名であるため、基本的には和泉国内に勢力をもつ国人が書き上げられている。しかし特に四番・五番に和泉国人とは異なると考えられる勢力の存在を指摘することができる。山城西岡の国人と考えられる衆の存在である。

まず長岡代、長岡次郎四郎について。西岡中脈衆中に「長岡」を名乗る国人を見出すことはできないが、元亀年間、織田信長から桂川西岸の「一職」支配を仰せ付けられた細川藤孝[48]が勝竜寺城を本拠とし、姓を「長岡」と改めたことを想起すれば、勝竜寺城付近を根拠として活動していた勢力が「長岡」を称していた可能性を指摘できよう。勝竜寺城は応仁の乱の際、畠山義就が拠った西軍の拠点とされたが、文明二年（一四七〇）四月一四日のこととして野田泰忠が「於勝竜寺搦手北之口合戦仕、安富又次郎相共焼落馬場幷古市[49]」と記している。京兆家内衆安富氏とともに、勝竜寺城を攻めている。また明応六年（一四九七）には和泉上守護細川元有が将軍義澄から勝竜寺城三千貫を賜った[50]との記録が残る。西岡地域には細川氏被官人が多く存在し、勝竜寺城が西岡における細川氏の拠点となっていた。以上の点から、「六日番交名」にみえる長岡代、および長岡次郎四郎は、勝竜寺城付近を根拠とし、細川氏権力に積極的に結合していた国人であったと考えておきたい。

次に寺戸又次郎について。寺戸は現向日市中央部。村内で西国街道から物集女街道が分岐する交通の要衝である。この地は鎌倉後期から荘園の枠を越えた惣郷として強くまとまるようになった地域で、用水の共同管理を通じて上久世、川島郷などと結合・連携していく。上久世季継・河嶋安定・寺戸親智の三名が連署した、暦応年間（一三三八

～四二）の桂川用水今井溝についての契約状[51]には、「右契約旨趣者、就此要水事、自然煩違乱等出来之時者、久世・河嶋・□(寺)戸尤請受此流水之上者、彼三ヶ郷令一身同心、成合躰之思、面々無私曲、可有其沙汰、若於背同心之儀郷者、要水可打止之、」とあり、隣接する惣郷が結合し、用水管理にあたっている。季継は上久世荘公文、安定は北河嶋荘下司であることから、親智も寺戸荘の荘官であると考えられる。この寺戸氏には、寛正二年（一四六一）五月に革島氏から料足三貫文を借用した寺戸隼人正成栄を、また文正元年（一四六六）の「下久世荘年貢米未進徴符[52]」では、「他所分」として寺戸与二郎・同梅林庵・同道浄・同両堂を確認することができる。「六日番交名」にみられる寺戸又次郎は、彼らの系譜を引き、西岡に本拠地を持つ国人であったと考えられる。

　さて問題は、「六日番交名」は和泉国人の構成であるはずなのに、なぜ長岡氏、寺戸氏といった西岡を本拠とする国人が加わっているのかという点である。先述したとおり、この「六日番交名」は、それまで和泉国に数年にわたって存立していた「国一揆（惣国）」を克服して、細川氏による両守護制が再編された段階で成立した。「京兆家—内衆体制」の確立にともない、自立化していた国人はあらためて幕府—守護体制のもとでの編成に従うこととなる。他の庶流分国では、京兆家内衆が在地支配の装置（守護代や奉行人など）として配置されるが、和泉国ではそうではなかった。支配下に置いた西岡国人の一族を番編成の一部に配置し、京兆家との結合関係の維持を目的としたとも考えられるが、むしろ「京兆家—内衆体制」によって、細川氏権力全体の結合を維持するための対応であったといえよう。このようなあり方は、一見「京兆家—内衆体制」に当てはまらないように思える。次節では、この和泉国固有の分国構造について考察することとする。

第三節　「京兆家—内衆体制」と和泉支配

　そもそも「京兆家—内衆体制」とは、京兆家内衆が庶流守護分国でさまざまな地位・役割を持って機能を果たしつつ緊密なネットワークを持ち、結果として細川氏分国としての体裁を保ち、細川氏全体の権力維持の紐帯となったものである。また細川氏内衆は、いずれかの分国に本領を持ち、いくつかの庶家に分かれて他分国で守護代や代官、奉行人を務める。彼らの存在とその展開こそ、細川氏権力の本質である。

しかしこのような構造は、和泉国においては敷衍しにくかったようである。一五世紀中葉以前から守護代を務めた宇高氏（上守護）、久枝氏（下守護）は、和泉国外にそれぞれ本出身地を持つものの、和泉国内での守護代職以外にはこの条件を満たしていないため、広義の内衆ではあるものの、狭義の内衆とは定義できない。ここでいう狭義の内衆とは、本拠地近辺で諸職を掌握してのみ存在するものではなく、本拠地に加え、他分国でも細川氏分国支配上の諸機能を果たす存在である。宇高・久枝氏は、本拠地を持ちつつ他分国で諸職を補任され、「京兆家―内衆体制」のもと、複数分国で複数の役割を果たすという関係にはなっていないのである。

一方で守護奉行人となった庄氏、堺代官に補任された安富元家[53]、守護代に補任された香西氏[54]などの狭義の内衆は、いわば外側から和泉国を「京兆家―内衆体制」へ編成しようとする存在であると理解できる。このことは和泉国が、細川氏分国においては「京兆家―内衆体制」を人的資源の面で支える国ではなかったことを意味している。

その理由は細川氏権力の形成過程、すなわち本領として得た四国の在地勢力を率い、南北朝内乱期に細川頼之が行った西国出兵の過程に淵源を求める必要がある。頼之は管領分国の拡大とともにその地の勢力を糾合し、本領地である四国や、内乱中に地域支配に関わった瀬戸内海沿岸諸国の出身者を内衆として登用した[55]。これにより多くの内衆が四国や山陽筋に根拠を持つ者であり、このことが今谷明氏をして、摂津などにおける細川氏の「国人不採用主義」との理解を生むこととなった[56]。こうして編成された国人が内衆へと転化していくのである。一方和泉国ではこうした経緯なく応永一五年に守護職が宛行われている。このように、いつ、どのような経緯で細川氏分国になったのか、その過程の差によって、被官の編成・権力の構造に差が出ているといえよう。

「京兆家―内衆体制」では、内衆と国人とが混成して分国支配の構造化が進められるが、和泉国においてはそのような形態は採られていない。和泉守護代である宇高・久枝氏を狭義の京兆家内衆と評価できない一方で、国内で内衆の存在を明確に確認できるのはほぼ堺においてのみである。非内衆の守護代補任については、備中国の事例が参考になる。備中国ではこの時期、庄氏と石川氏の両守護代制が採られていたが、狭義の京兆家内衆[57]であったのは庄氏だけで、石川氏はそうではなかった。和泉両守護制のもとでの守護代である宇高氏・久枝氏はいずれも内衆ではないが、石川氏と同様、在地支配・統制の能力を評価され、守護代に補任され続けている。必ずしも内衆でなければ守護代になれないわけではない。すでに別に述べたように[58]、香西氏や長塩氏は京兆家内衆として堺に臨み、この地を京兆家の直轄領とする意図があったと考えられる。一方で堺以外の和泉国内支配は、「六日番交名」にみられるように守護権のもとに国人を編成することで実現しようとしている。

このように港湾都市堺と他の地域とを分けて把握することが、和泉国における「京兆家―内衆体制」の実態であった。この和泉国のあり方は「京兆家―内衆体制」という細川氏権力による分国支配構造に矛盾をもたらすものではなく、堺という特異な都市を抱えることにその理由を求めるべきである。細川氏権力が都市や流通システム、あるいは金融といった富の拠点の把握を基盤にした権力であった[59]ことを想起すれば、京兆家分国摂津に隣接する都市堺を抱える、和泉国固有の「京兆家―内衆体制」としての対応と理解したい。

第三章 「京兆家―内衆体制」の解体と和泉守護権力

政元の暗殺以後、澄元と澄之のあいだの細川京兆家の抗争により、室町幕府―守護体制維持のために細川氏が確立した「京兆家―内衆体制」は解体する[60]。「京兆家―内衆体制」は、京兆家内衆が細川氏各家の家内機構、および分国支配上の諸機能を果たすことで維持されるものであったが、京兆家の分裂はこれを支える内衆間に深刻な分裂と系列化を生じさせた。これにより、これまで志向性に差を持ちつつも一体化して細川氏権力を支えていた内衆は、澄元・澄之それぞれに属することで全体として体力を喪失し、細川氏権力を支える基盤としての機能を果たせなくなったのである。「京兆家―内衆体制」の解体にともなって、和泉国の権力構造がどのように変質したのか。本章では、一六世紀以降の和泉守護権力の展開と、そのなかで顕在化する諸勢力の地域権力化について検討する。

第一節　高国期の和泉守護制

高国期以降の和泉守護権力間の前提として、明応年間から文亀年間にかけての畠山尚順・根来寺勢力との対抗がある。明応二年（一四九三）の政元による将軍義材追放にともなって、河内・紀伊勢力と軍事的緊張が高まったからである。尚順・根来寺勢力はこの間断続的に和泉に侵攻し、明応四年から八年にかけて和泉両守護は尚順方に従い、幕府に反してさえいる。そして『後慈眼院殿御記』明応九年（一五〇〇）八月二八日、九月一日・二日条によれば、両守護細川元有・基経は、神於寺（岸和田市）の戦いで破れ、自害に追い込まれている。その後政元は上守護に細川元常、下守護に同政久を据え、[61]和泉両守護制を復活させた。しかし永正四年（一五〇四）の摂津守護代薬師寺元一の反乱に呼応し、尚順・根来寺は泉南地域を制圧してさらに北進、阿伽太・信田（和泉市）といった和泉守護が国中に催して拵えた城（「国中拵之城」）、および大津（「守護所」と認識されていた）を攻め落としてそのまま両守護を堺へ追った。[62]これにより和泉両守護は堺周辺を除き、和泉国内の支配権を喪失することになった。また根来寺は本所領（日根荘）・国人・百姓と合意して日根郡に「半済」をしき、[63]維持し続けたことから、両守護細川氏の和泉国内、特に泉南地域における支配権は大きく後退せざるをえなくなったのである。

永正四年（一五〇七）、澄之を擁する内衆は政元を殺害して澄之を擁立するが、すぐに澄元と高国軍に敗れる。さらに澄元と高国が対立し、翌年前将軍義材と大内義興が堺に上陸すると澄元と将軍義澄は逃亡。高国は義興と連合して義材を支え、京兆家を継いで管領に就任し、義興は山城守護に任じられた。

この細川京兆家の抗争にともなって、和泉守護においても、下守護政久は高国へついて在京するが、上守護元常は澄元へついて四国阿波へ下国するというように、守護分国和泉の支配のために採用された両守護制が、京兆家の分裂にともなって和泉守護権力の分裂を結果することになった。京兆家を中核に形成されていた「京兆家—内衆体制」の解体と連動して、和泉国の権力構造も解体してしまったのである(64)。

第二節　和泉両守護の分裂と統合

京兆家の分裂に伴い、これに系列化して分裂する形となった高国期以降の和泉守護の権力構造を確認しておく。まず下守護方であるが、奉行人の庄盛資から下守護被官の多賀蔵人に対し、和泉国加守郷春木についてはこれまで通り、下守護被官の多賀蔵人の支配が認められている(65)。多賀氏は佐野に拠点を持つ国人であったが、大津にも拠点を有していた(66)。下守護方の和泉五社（惣社）代官参詣を行う際、在京する和泉下守護からの指示を受けた庄備、すなわち庄盛資から、大津で日時や経費などが示されている。この多賀氏が拠点を置いた佐野・大津は和泉守護にとって重要な拠点、直轄領であり(67)、政治・経済・信仰と国内支配に有効な要素を押さえていたことになる。そして庄氏・斎藤氏・井上氏といった和泉国外から入国した者が奉行人を務め、これが池田（和泉市）・和田（堺市）やここ加守郷などを支配するという構造であった。前章でみた和泉国守護代であった久枝氏はこの段階では姿を消し、下守護に編成された多賀氏、およびこれを掌握する奉行人等によって在地における守護支配が担われていたといえる。また庄盛資が「大御屋形（高国）」「てんきう（典厩、細川尹賢）」「此方さま（下守護、細川高基）」と行動を共にしていることも確認できることから(68)、下守護は高国方であることが確認できる。しかし永正一五年（一五一八）には「春木上方半済寺方分」

が根来寺千蔵院杉本坊によって代官支配されており、[69]根来寺・畠山尚順勢力の浸透により、以後下守護細川氏の支配権は喪失している。

一方の上守護元常（澄元方）は和泉を出て阿波にあったことから、和泉国内においては守護代松浦守が田代・綾井・玉井等の国人を編成し、上守護の影響力保全に務めている。守（五郎次郎・左衛門大夫・肥前守）は早くから上守護の守護代を務め、元常の実弟ともいわれている。[70]『尚通公記』永正一六年八月一九日条によると、下守護高基の下向が確認できるが、これを機に和泉国内では対立していた高国方と旧澄元方（元常ら）との戦闘が現実のものとなる。大永四年（一五二四）一〇月、高国軍は和泉国で戦闘に及ぶものの、元常方に大敗する。[71]同族結合によって幕府―守護体制における優位性を確保してきた細川氏権力であったが、結合の装置であった「京兆家―内衆体制」が解体した高国段階以後、これに代わる権力維持装置が必要となった。

永正五年（一五〇七）、前将軍義材とともに上洛してきた大内義興の武威によって、高国は幕府―守護体制内での権力維持を可能にした。しかし義興は永正一五年に下向する。義興は幕府―守護体制の維持よりも、自らの分国維持を志向したのである。[72]権力的後ろ盾を喪失した高国権力は、大永七年（一五二七）、山城桂川の合戦で敗れて近江へ敗走。高国が主導する権力は崩壊し、阿波で没した義材の猶子義維を擁した晴元（澄元息）が堺へ上陸、これを阿波守護代の三好元長が支援した。堺に拠った義維権力は「堺公方府」と称され、これと同盟した元常方は以前下守護方が支配していた大津などを制圧することになる。

このあと畿内では、三好元長の敗死、一向・法華一揆による混乱のなかで晴元が入京し、「堺公方府」を見切って近江へ逃亡中だった義晴方へ鞍替えして管領に就任する。これにより、京兆家の分裂に連動していた和泉守護制は、晴元方に属した守護元常・守護代松浦守の体制に移行した。こののち下守護系の被官は見出すことが困難になり、佐野・大津、そして惣社を押さえていた多賀氏も天文五年（一五三六）には守護元常へ「城米」を「五石」供出[73]してその傘下へ入り、元常の単独守護体制となるのである。

第三節　和泉における守護細川氏権力の喪失

京兆晴元のもとで元常による単独守護体制が形成され、ここに国人が編成された。大坂本願寺との通交・関係から、その関係を見出すことができる。

『音信御日記』や『天文日記』によれば、守護元常およびその息五郎や守護代松浦守、守護被官の井上民部(松浦守弟)・片山・佐藤・高槻・岸和田・玉井の各氏、守護代松浦守の内衆で奉行も務める良性房・日根野・新田伊賀守・二位田・天下・「うらくろ」の各氏による音信が確認できる。元常・松浦守体制を支えたのは、これら独自に本願寺などの外部勢力と関係を結ぶことのできる国人層であった。なかでも玉井氏は、「有徳人」であり、「玉井衆三十余人」とされる一族衆も存在した。その一員である玉井三河守は、実は畠山稙長の被官であった[74]。このような存在形態をもつ玉井氏が天文一一年(一五四二)二月、元常ら和泉守護方に反抗した。この玉井氏の乱は一時守護代松浦守を佐野・大津から駆逐し[75]、堺に蟄居させている[76]。しかし守は再起し、同年一一月「和泉牢人」を結集して玉井氏を破った[77]。これを受けて玉井氏は、翌年細川氏綱(高国の後継を自称、典厩家)を擁し、堺南荘に入った。七月に芦原口・堺において合戦があり、守と晴元は氏綱と玉井氏を破った。細川氏権力の内部対立に和泉守護の有力被官が連動している。

この玉井氏のように、和泉国内で成長してきた国人が細川氏権力に結合することなく、畠山氏に属したりしている。この段階に至って、「守護」であることは、在地において必ずしも唯一の有効な求心力にはなっていないことがわかる。こうした動向は和泉国だけではなく、他の細川氏庶流分国でも見いだせる[78]。

ここに至り、もはやかつての「京兆家―内衆体制」を基盤とした細川氏の同族連合による分国支配構造は、摂津や幕府の所在する山城などを除いて、実質的には崩壊したといえよう。天文一八年（一五四九）、摂津江口の戦いで三好長慶は晴元を破り、三好義賢（実休）・安宅冬康・十河一存らと山城・畿内を制圧。本国阿波を含む四国と、兵庫や堺、大津を含む大阪湾岸地域の掌握を実現した。なにより重要なのは、この三好長慶権力は幕府や将軍、守護といった室町幕府―守護体制を前提としない、新たな権力として立ち現れたことにある。もちろんその後の権力維持のため、長慶は将軍や守護などを擁立するものの、権力化の過程ではこれらを排除することに成功した。このことから、かつて今谷明氏が提唱した、「細川氏権力の畿内領国化」「細川・三好体制」との評価[79]は実態の面でも正しくない。細川氏権力は畿内において領国を形成することはできなかったし、将軍や幕府のもとで存立することで、その存在意義を証明していた。これに対し、既存の上部権力を揚棄したうえで権力化を遂げた三好氏権力との間には、決定的な段階差が存在する。幕府―守護体制は、それを支え続けた細川氏権力の崩壊、すなわち「京兆家―内衆体制」の解体によって、政治体制としての使命を終えることになったのである。

おわりに

本稿では、細川氏庶流守護分国である和泉国の権力構造について検討してきた。そこではまず、一五世紀中葉までの細川氏権力の幕府内における他守護との対抗と妥協の産物として、両守護制が採用されたことが前提となる。この際大きな問題となったのは、大阪湾岸の最奥に位置する、港湾都市堺の存在である。結果的に京兆家によって直轄化される堺は、応永一五年（一四〇八）段階においては京兆家の独占を阻止する場とされていた。また堺は、細川氏権力による分国支配を特徴づけるモデルでもある。細川氏権力の分国支配の基本方針は直接在地の国人を掌握するのではなく、その間に内衆を媒介項として置き、これを通して編成するというものであった。

和泉国では、堺は内衆によって編成されて京兆家に直結する場であり、他の地域は堺に所在する内衆により、国人把握がなされる場であった。細川氏庶流分国は、細川氏の室町幕府内における地位保全と権力伸長のために、一五世紀中葉に形成された「京兆家―内衆体制」によって、より強固に京兆家を中心に結集する。その核となったのが内衆であり、なかでも狭義の内衆は本領地を持ちつつ他分国で守護権維持のための一定の役割を果たす。しかし和泉国ではこの狭義の内衆に相当する存在を見いだせない。これは細川氏権力の形成過程に由来するためであり、細川氏分国における和泉国の特異性を表しているといえる。こうしたあり方は、他分国にもみられる細川氏権力の特徴であるが、一方で和泉国では、在地においては国人の一揆結合を招来し、守護支配の動揺を招くことにもつながった。

このような在地状況へ対応し、和泉守護は一揆勢力の駆逐を図り、これに成功するが、一方で細川氏権力結集の核である京兆家の分裂は、庶流守護権力の分裂をもたらす。和泉国の場合、分国形成のために採用された両守護制が、かえって守護権力の分裂とその後の解体を促進することになったのである。

一五世紀以降の和泉国は、幕府―守護体制に依存して存立した、畿内を中心に複数の分国をもつ細川氏の存在形態に強く規制されていた。一六世紀になると隣接する国や地域からの侵入にさらされるが、いずれも守護分国を基軸とする地域の規定性が前提となった。細川氏分国では、室町幕府によって採用された国郡制の枠組に基づく守護分国認識が中世の最後まで強い規制力をもったのである。

注

（1）拙稿「室町幕府―守護体制と細川氏権力」（『日本史研究』五一〇、二〇〇五）。

（2）拙稿「細川氏内衆庄氏の展開と地域支配」（『年報中世史研究』二七、二〇〇二）。

（3）『細川家文書』一四七。なお、頼長は「和泉半国守護職」を補任されていることから、もう一方の半国は細川基之に補任されたものと考えられる。

（4）今谷明「和泉半国守護考」（『大阪府の歴史』七、一九七八）。のち『守護領国支配機構の研究』（法政大学出版局、一九八六）所収。
（5）末柄豊「細川氏同族連合体制の解体と畿内領国化」（『中世の法と政治』吉川弘文館、一九九二）。
（6）「応永二一年八月九日付摂津守護細川満元遵行状」（『離宮八幡宮文書』）。
（7）『新修泉大津市史』第一巻　上　本文編Ⅰ　第四章（廣田氏執筆分）（泉大津市、二〇〇四）。
（8）拙稿「細川氏権力と港湾都市」（『難波宮から大坂へ』和泉書院、二〇〇六年）。
（9）『細川家文書』一四八。
（10）「細川家譜」、「細川系図」。
（11）『細川家文書』一五三・一五四。
（12）『永源師壇紀年録』。
（13）「応永一二年一〇月二九日付足利義満御判御教書案」（『長府細川家文書』）。
（14）「応永一四年一二月九日付足利義満御判御教書」（『同』）。
（15）岡田謙一「和泉上守護代宇高氏についての基礎的考察」（『日本歴史』六二二、二〇〇〇）。
（16）「応永一五年一一月二四日付住持寄進状」（東京大学影写本『開口神社文書』）。
（17）「応永一六年一二月一三日付細川頼長遵行状写」（「酒出金大夫季親家所蔵文書」『秋田藩採集古文書』一八、東京大学所蔵写真帳）。
（18）『永源師壇紀年録』乾巻二。
（19）「応永三三年五月一八日付日根野村年貢送状」（『九条家文書』一、七二号（一五））。
（20）「和泉国上守護細川持有遵行状」（『松尾寺所蔵資料調査報告書』二七、和泉市史編さん委員会、一九九九）。
（21）「嘉吉二年一一月日法楽連歌月次料田寄進状」（『開口神社文書』）。
（22）前掲注（17）。
（23）「和泉国下守護細川基之遵行状」（『松尾寺所蔵資料調査報告書』二四、和泉市史編さん委員会、一九九九）。

(24)　前掲注(1)(2)拙稿。
(25)　「正平二七年九月二日付和田蔵人宛下司職補任状」(『和田文書』)、「元弘三年一二月二七日付和田修理亮宛下司職補任状」(『同』)など。「応長元年八月一二日付六波羅下知状案」(『田代文書』)。
(26)　「助松貞勝・新坊請文」(京都大学国史研究室『葛川明王院文書』)。
(27)　東京大学史料編纂所所蔵影写本『日根文書』。
(28)　『永源師壇紀年録』。
(29)　国衙領や他の領域支配については、和泉国における守護支配について重要な問題ではあるが、都市堺については含んでいない。和泉国堺(堺南荘)は京兆家直轄化が進むので、ここでは一応分け、捨象しておく。
(30)　「応仁記」(『群書類従』二〇)。
(31)　『大乗院寺社雑事記』応仁元年五月晦日条。
(32)　「淡輪文書」、「日根文書」。
(33)　『和田文書』(『続群書類従』系図部)。
(34)　『経覚私要抄』文明三年六月一七日条。
(35)　『和田文書』。
(36)　『大乗院寺社雑事記』文明九年一〇月一七日条。
(37)　「文明五年五月九月一〇日付助松新左衛門尉貞勝請文」(『葛川明王院文書』)。
(38)　『東山御文庫記録』、『親元日記』。
(39)　『大乗院寺社雑事記』七、文明一四年閏七月二日条、同月二〇日条、同年八月朔日条、同月二〇日条。
(40)　『永源師壇紀年録』。
(41)　『蔗軒日録』文明一七年三月二九日条。
(42)　「文明一七年五月三日付和泉国守護細川持久奉行人連署奉書」(『板原家文書』一二三・一二四)、「同日付和泉国守護代斎藤頼実遵行状」(『同』一二五)、「同日付某実延書状」(『同』五三)。

(43)『蔭涼軒日録』文明一七年九月一一日・一二日条。
(44)前掲注（1）拙稿。
(45)「後期幕府―守護体制」とは、一五世紀中葉以前の「前期幕府―守護体制」とは異なり、応仁文明の乱以後細川氏によって系列化された諸勢力によって幕政運営がなされるあり方を指す。嘉吉の乱での上意喪失状況と、この政治的空白状況を埋めようとして東西二派に系列化して起こった応仁文明の乱の結果、勝利したのは細川氏権力であった。以後幕府内において（将軍や奉行人など、幕府諸機関は存在するものの）細川氏権力が他守護と比して特に有力になる。これを可能にしたのが細川氏権力独自の権力構造である「京兆家―内衆体制」であった。細川氏はこの「京兆家―内衆体制」を基盤とし、一五世紀中葉以降、幕府―守護体制内で優越的地位に位置し、幕政を主導する（それまで不可能であった将軍廃立も実行する）。しかし細川氏権力にとっては、幕府―守護体制の存在こそが、「管領」家である自らの存立に必要不可欠な条件であり、その意味で幕府や将軍、幕府―守護体制を排除して存在することはできない。よって細川氏権力が仮に「専制的」権力であったとしても、幕府―守護体制そのものを否定するものではない。そのため、この一五世紀中葉から一六世紀初頭までの段階の政治構造を「後期幕府―守護体制」と仮称する。
(46)『板原家文書』二六。
(47)この「六日番交名」を細川基経期としたのは、五番に出てくる林弾正左衛門の戦死に対し、細川基経からの感状が出されている（『板原家文書』三六）ことによる。また下守護被官の交名とするのは、『政基公旅引付』で確認できる下守護被官人の名字と対照できる者が多いことによる。いずれも廣田浩治氏のご教示を得た。
(48)『細川家文書』二一八～二二三、二三五～三〇六など。
(49)「野田泰忠軍忠状」（『別本前田家所蔵文書』（『大日本史料八―一』））。
(50)「山城国西岡御領知之地図」（『細川家文書』）。
(51)「上久世季継等連署桂川今井用水契約状」（『革島家文書』五二）。
(52)『教王護国寺文書』六、一七七四。
(53)『開口神社文書』。

(54)『和田文書』。
(55)小川信『足利一門守護発展史の研究』(吉川弘文館、一九八〇)。
(56)今谷明『守護領国支配機構の研究』(法政大学出版局、一九八六)。
(57)前掲注(2)拙稿。
(58)前掲注(8)拙稿。
(59)前掲注(1)拙稿。
(60)前掲注(1)拙稿。
(61)『九条家文書』一、一三七(二)。
(62)『政基公旅引付』永正元年九月一〇日条、『後法興院政家記』同年九月二五日条。
(63)『同』永正元年六月六日条。
(64)「京兆家―内衆体制」は、「後期幕府―守護体制」を支える細川氏権力の基盤となる権力構造である。その構造は京兆家と庶流守護家の紐帯となって内衆が機能するものであるが、京兆家の分裂と、それに連動・主導する内衆同士の抗争、および在地社会の発達にともない、内衆が本領を離れて細川氏権力のなかで機能するという、中央と地方を結ぶネットワークが失なわれる。「京兆家―内衆体制」を構成していた内衆は、それぞれ自らの本領地へ帰ったり、あるいは任地での領主化を進めることで自らの存続を図ることになるのである。
(65)『板原家文書』四四。
(66)『同』六二。
(67)『政基公旅引付』、『板原家文書』などによる。
(68)『板原家文書』四六。
(69)『同』四八。
(70)「御代々寄附状写」(『永源師壇紀年録』)。
(71)『実隆公記』大永四年一〇月二日条。

(72) 前掲注（1）拙稿。
(73)『板原家文書』六三。
(74)『和田文書』（『続群書類従』系図部）。
(75)『多聞院日記』天文一一年二月条。
(76)『音信御日記』。
(77)『親俊日記』天文一一年一一月四日条。
(78) 前掲注（2）拙稿。
(79) 今谷明『室町幕府解体過程の研究』（岩波書店、一九八五）、同『守護領国支配機構の研究』（法政大学出版局、一九八六）。

和泉守護代替り関連史料の再検討

森田恭二

はじめに

和泉守護歴代については、まず今谷明氏の「和泉半国守護考」（『大阪府の歴史』九号、一九七八年、のち『守護領国支配機構の研究』所収、一九七六年）がある。

これを受けて小川信氏が『足利一門守護発展史の研究』（吉川弘文館、一九八〇年）第一編・第五章「世襲分国の確立と内衆の形成」の中で、和泉守護について考察された。

しかし、歴代の守護補任年代や生歿年、特に細川高国政権以降は不詳のままであった。

私は先に、「和泉守護細川氏関連史料の基礎的考証」（『泉佐野市史研究』第三号、一九九七年三月、泉佐野市史編さん委員会）、および「和泉守護細川氏の系譜をめぐる諸問題」（『帝塚山学院大学人間文化学部研究年報』二号、二〇〇〇年十二月、のち『大乗院寺社雑事記研究論集』第二巻所収）によって、和泉守護細川氏の研究を進めて来た。

一方、岡田謙一氏は、「室町後期の和泉下守護細川民部大輔基経」（『日本歴史』一九九五年八月号）、「統源院殿春臺常繁小考」（『ヒストリア』一六七号、一九九五年八月）、「細川高国派の和泉守護について」（『ヒストリア』一八二号、二〇〇二年十一月）の一連の論文を著わして、和泉守護の系譜の解明を進めて来られた。

小論は、岡田謙一氏をはじめとするこれまでの研究成果を踏まえて、和泉守護の系譜を明らかにすることを目的とする。そのため、和泉守護の代替りに関する史料を、できる限り考察しようとするものである。

一　和泉上守護・下守護の系譜

〔上守護家〕

小川信氏は『國史大辞典』（吉川弘文館）の中で上守護家の系譜を次のようにあげている。

頼長—持有┬教有（教春）
　　　　　└常有—政有—元有—元常

この内、管見で和泉上守護の代替りに関わると思われる史料を、以下に検討する。

頼長

細川頼長は、応永十五年（一四〇八）八月二十九日、和泉半国守護に補任されている。

史料①「足利義持御判御教書」（「細川家文書」一四七号）

（包紙）「細河刑部大輔とのへ」
（足利義持）（花押）
和泉半国守護職事、所補任細河刑部大輔頼長也、早可致沙汰之状如件、
応永十五年八月廿九日

応永十五年八月二十九日、細川頼長が和泉半国守護に補任されたことがわかる。守護の補任状は、将軍の御判御教書によって出されている。

頼長の死去は、応永十八年（一四一一）五月二十五日である（「細川家譜」・「細川系図」）。

応永十八年八月二十一日付で次の史料がある。

史料②足利義持御判御教書（「細川家文書」一四八号）

（押紙）「勝定院殿義持」
（足利義持）（花押）

阿波・讃岐・伊予三ケ国当知行所領等事、細河九郎持有領掌不可有相違之状如件、

応永十八年八月廿一日

代替り所領安堵のための将軍御判御教書であり、細川持有に安堵されたことから、家督の代替りがあったと推定される。

持有

持有は、応永十八年八月二十一日、和泉半国守護に補任された（史料②）。持有の歿年も不詳であるが、永享十年（一四三八）九月十七日、教春が和泉半国守護に補任されていることから、代替りがあったことが確認できる（史料③）。

教春

永享十年（一四三八）、細川九郎（教春カ）が和泉半国守護に補任され、阿波・讃岐・伊予の所領を安堵されている。

史料③足利義教御判御教書（「細川家文書」一五四号）

（足利義教）（花押）

和泉半国守護職事、所補任細河九郎□（教春カ）也、者早守先例可致沙汰之状如件、

応永十年九月十七日

永享十年九月十七日、細川九郎に対し、和泉半国守護職補任状が将軍足利義教から出された。細川九郎は持有から代替りした教春ではないかと推察できる。

史料④足利義教御判御教書（「細川家文書」一五三号）

（足利義教）（花押）

阿波・讃岐・伊予両三ケ国当知行所領等事、細河九郎（教春）領掌不可有相違之状如件、

応永十年九月十七日

永享十年九月十七日、和泉半国守護補任状と同日付で、阿波・讃岐・伊予三ケ国の知行地安堵の御判御教書が、細川教春に対して出されており、上守護家の代替りに当たって出されたと推定できる。

史料⑤足利将軍家御教書（「細川家文書」一八七号）

和泉半国守護職事、被補任訖、早守先例可被致沙汰之由、所被仰下也、仍執達如件、

宝徳二年四月廿九日　沙弥（畠山持国）（花押）

細河弥九郎（常有）殿

宝徳二年（一四五〇）四月二十九日、将軍足利義政の命により、細川常有が和泉半国守護職に補任されているので、教有から常有への代替りがあったと考えられる。

教春死去の年月日は、宝徳二年四月二十七日である（「細川家譜」・「永源師檀紀年録」）

史料⑥足利将軍家御教書（「細川家文書」一八八号）

舎兄教春遺跡本新所領等事、細河弥九郎常有領掌不可有相違之由、所被仰下也、仍下知如件、

宝徳二年四月廿九日　沙弥（畠山持国）（花押）

史料⑤と同日付で、細川常有が舎兄教春の遺跡の本新所領等を継承することを安堵しており、この安堵は教春から常有への代替りに伴うものと推定できる。

常有

宝徳二年四月二十九日、細川弥九郎常有が、和泉半国守護に補任されている（史料⑤・⑥）。

ついで、享徳三年（一四五四）九月、常有は刑部少輔に任ぜられている。

史料⑦「永源師檀紀年録」乾三

同年（文明十二年）十月七日申下刻播磨入道（常有カ）殿卒ス、春秋五十七也、舎維〆永源及ヒ瑞高ニ分骨〆斂ム、瑞高寺殿刑部郎春嶽通泰禅定門ト号ス、五郎（元有カ）殿ヨリ真照ヲ写〆、賛ヲ満室ニ請フ、

文明十二年（一四八〇）十月七日、細川播磨入道が死去したと「永源師檀紀年録」は記すが、この播磨入道は常有ではないかと推察される。

政有

今谷明氏「和泉半国守護考」(1)では、政有のことを記していないが、小川信氏は『國史大辞典』（吉川弘文館）細川氏の項で、政有を守護としている。

政有は、「永源師檀紀年録」によって、文明六年（一四七四）五月から文明十二年四月二十四日までの存在が確認できるが、父常有との統治関係が不明である。

史料⑧「永源師檀紀年録」乾三

同年（文明六年）五月朔日大樹（将軍義政）ヨリ五郎殿ヘ諱ノ一字ヲ授ケ、頼次ヲ改テ政有ト称ス、

「永源師檀紀年録」によると、将軍義政は、文明六年五月一日、諱の一字を与えて、頼次を政有と改名させたという。

史料⑨「永源師檀紀年録」乾三

此ノ月(文明九年六月)、屋形ノ刑部少輔ヲ五郎殿(政有)ニ譲テ播磨守(常有)ニ任ス、

文明九年（一四七八）六月、父常有が播磨守となり、息政有に上守護家家督の官途と推定される刑部少輔を譲った。

史料⑩「永源師檀紀年録」乾三

同年(文明十二年)四月廿四日酉中刻、刑部少輔(政有カ)殿卒ス、享年卅二也、永源庵ニ斂ム、慈勝院殿刑部郎大隆通賢大禅定門ト号ス、

文明十二年（一四八〇）四月二十四日、刑部少輔が死去したと「永源師檀紀年録」は記すが、この刑部少輔は細川政有ではないかと推定される。

元有

元有は、文明十二年四月二十四日の政有死去後、その家督を継いだと思われる。文明十四年（一四八二）十月二十日、足利義政は北野宮寺和泉国坂本郷に国人等が兵粮米をかけて年貢を押妨することを細川五郎に命じて停止されたが、このことが元有の守護としての初見と思われる。

史料⑪「永源師檀紀年録」乾三

（前略）又夕永源庵ノ雪渓源猷(細川元有)禅師、家兄(政有)相沿テ早世ニ値テ播磨守(常有)ノ命ヲ承テ環俗〆五郎元有ト称ス、慈勝院殿(政有)ノ経嗣ト為〆城督セシム、寔ニ文明十二年四月時歳廿二也、

「永源師檀紀年録」によると、文明十二年四月、父常有の命により、元有は還俗して、亡兄政有の跡を継いで和泉上守護となったという。

元有は、下守護細川基経と共に、明応九年（一五〇〇）九月二日、神於寺合戦で敗死している（「後慈眼院殿御記」・『政基公旅引付』）。

史料⑫『政基公旅引付』永正元年七月二日条

（前略）今日土屋太郎左衛門尉来云、去廿八日朝山庵坊主堺へ被越之時、此方何条御事候哉之由尋申處、神於寺ヨリ号両殿《(細川元常・政久)》御代官職可入部由申之条、地下中以外用心之由物語之間、此儀兼而有風聞事也、雖然久枝《(久盛)》依無承諾不事行儀也、彼神於寺者久枝代々奉行之在所也、仍自件寺家訴詔云、當国中八百八郷何之在所も隨守護之處、入山田一所至今違背国方之条、彼在所事代官職ヲ被仰付者、切随へテ可進也、然者其忠節之恩賞ニ五ケ庄神於寺領也、被返付、同分労《(牢)》人以前之衆共寺家ニ可被返付之由雖申之、久枝云、件労《(牢)》人衆事両殿《(細川元有・基経)》ニ御腹ヲ切セ申者共也、可令立帰事末代付加叶、

永正元年（一五〇四）七月頃、神於寺衆が、両殿《(細川元常・政久)》の代官となろうとしたことがあった。その際、神於寺は寺家として牢人している者たちの復帰を求めたが、久枝左京亮《(久盛)》は認めなかった。久枝の言として「件の牢人衆は両殿《(細川元有・基経)》を切腹させた者達である。」と拒否したのである。この史料により、明応九年九月二日に和泉守護を切腹させたのは神於寺衆であり、しかも両殿《(細川元有・基経)》ともに切腹させられたことがわかる。

史料⑬『後慈眼院殿御記』明応九年八月二十八日、九月一日・同二日条

廿八日（八月）、晴、或人云、尾張守（畠山尚順）昨日切入泉州、両守護（元有・基経）□□防出陣神尾（於）云々、
　九月
一日、晴、（中略）伝聞、神尾（於）合戦以外也、両守護依無勢可及難儀云々、
二日、晴、晩頭或人云、於泉州神尾（於）両守護自害、其外三百余人打死了、仍今日尾張守越河内国了、則京兆（細川政元）趣河州
可合戦云々、

九条尚経の日記『後慈眼院殿御記』は、明応九年九月の和泉両守護（元有・基経）の最期を記している数少ない記録である。
明応九年八月二十八日、両守護は和泉国神於寺（現岸和田市）に出陣した。九月一日の報によると、神於寺合戦は和泉守護方が苦戦であることを伝えており、九月二日、「泉州神尾（於）において両守護自害、その外三百余人打死し了んぬ。」と伝えている。明応九年九月二日、和泉両守護細川元有・基経は、敗戦の中、自害したことがわかる。

元常

明応九年（一五〇〇）九月、細川元有が敗死すると、家督は元常が継いだ（「永源師檀紀年録」）。

史料⑭「永源師檀紀年録」乾三
　同年（明応元年）十一月朔日、尾形（元有）刑部少輔ニ任ス、十郎殿元服〆五郎元常ト称ス、

明応元年（一四九二）十一月一日、刑部少輔に任じられた尾形は細川元有、元服してから十郎から五郎へ改称したのが細川元常と考えられる。

史料⑮「永源師檀紀年録」乾三
同《明応》九年九月二日午ノ下刻、泉州岸和田ノ屋形ニ於テ刑部《元有》少輔殿卒ス、享年四十二也、舎維〆骨を永源庵及ヒ泉州ノ善法寺ニ分チ斂ム、（中略）五郎《元常》殿上洛〆城督ヲ謝ス、

明応九年の畠山尚順方との和泉国合戦で敗死した刑部少輔は細川元有であり、「城督」を継いで上洛した五郎は、細川元常と考えられる。

史料⑯「永源師檀紀年録」坤
同年《天文二十三年》六月十六日午ノ中刻、播磨入道殿卒ス、享年七十三也、永源庵ニ葬ル、仏恩院殿故播州大守実翁道真大禅定門ト号ス、

元常の和泉守護在職は、文亀元年（一五〇一）六月から永正八年（一五一一）八月まで確認できるが、永正八年八月の船岡山合戦に細川高国方に敗れ、細川澄元らと逃走する。

元常が和泉守護に復帰したと思われるのは、細川晴元が高国を敗った大永年間以降と考えられ、以下のような史料が存在する。

まず、岡田謙一氏「細川高国派の和泉守護について(2)」が明らかにした、大永四年（一五二四）九月から十月の菱木合戦に関係する一連の史料がある。

史料⑰『実隆公記』大永四年十月二日条

和泉軍敵得勝利、香西・柳本等不知行方云々、可為如何哉沈思也、

史料⑱細川元常感状（東大影写本日根文書）

去朔日於泉州菱木《（大鳥郡）》合戦之時、松浦与一《（守）》所ニ励戦功由、左衛門大夫《（松浦守）》令注進候、忠節無比類候、弥粉骨可為神妙者也、謹言、

拾月十一日《（大永四年カ）》　元常《（細川）》（花押）

日根野五郎左衛門尉殿

史料⑲細川元常感状（東大影写本日根文書）

去朔日於泉州菱木《（大鳥郡）》合戦之時、被太刀疵一ケ所、鑓疵一ケ所之条、別而忠節無比類段異他候、弥抽戦功者可為神妙者也、謹言、

拾月十一日《（大永四年カ）》　元常《（細川）》（花押）

日根野又次郎殿

『実隆公記』大永四年十月二日条によって和泉で細川高国方と細川晴元方の合戦があり、高国方が敗れ、香西・柳本らの行方がわからなくなったとある。

史料⑱・⑲の「細川元常感状」は、晴元方として参戦した元常の軍勢に、日根野五郎左衛門・日根野又次郎らがいたことを示し、和泉国において元和泉守護として権力基盤を持っていた細川元常の存在がうかがえる。

この後も晴元派としての動向が証明できる。

史料⑳細川元常書状（東大影写本日根文書）

去十三日於堺南口合戦時、太刀疵二ケ所幷被鑓疵抽戦功粉骨之至無比類候、仍官途儀申付候、弥忠節肝要候、謹言、

（大永六年カ）十二月廿八日　（細川）元常（花押）

日根野五郎左衛門尉殿

大永六年（一五二六）十二月、足利義維・細川晴元方の先陣として、細川元常が和泉堺南口の合戦に勝利を収め、被官日根野五郎左衛門に感状を送っている。

史料㉑細川元常寄進状（細川家文書八三号）

為蔵春院（細川政有室）追善満（万）福寺上方雖寄進候、相違之儀在之条、為替之地一条屋敷地子重而令寄進所之状如件、

（異筆）「享禄弐」五月廿日　（細川）元常（花押）

（建仁寺）蔵春軒

これは享禄二年（一五二九）五月二十日、細川元常が蔵春院（細川政有室）追善のため建仁寺蔵春軒へ寄進しているが、和泉国中庄万福寺上方を管轄していたことを示している。

史料㉒細川元常書状（波々伯部文書）

（包紙ウワ書）「細川元常」

今度、至淡州被移御座候、則可有　御入洛之条、此時別而可被抽軍忠事肝要候、猶又五郎可申候、恐々謹言、
（天文二年）四月三日　（細川）元常
波々伯部民部丞殿

これは、細川晴元が淡路より入洛しようとして、元常が波々伯部民部丞に参戦を求めたもので、この時期細川元常が晴元派であったことを示している。

「永源師檀紀年録」は、天文二十三年（一五五四）六月十六日、細川播磨入道元常が享年七十三歳で死去したと記録する。これによって元常の歿年が明らかとなる。

〔下守護家〕

小川信氏は『國史大辞典』（吉川弘文館）の中で、和泉下守護家の系譜を次のように推定している。

基之―頼久―持久―勝信＝政久―九郎

但し頼久・勝信については不詳であるとしている。

その後、岡田謙一氏が、「統源院殿春臺常繁小考―和泉下守護細川氏の法名を手がかりに―」および「室町後期の和泉下守護細川民部大輔基経[3]」を著して、

基之―頼久―持久―基経―政久

の系譜を明らかにされた。以下、これらを参考に下守護の代替り史料を検討する。

基之

下守護細川基之は、上守護と同じ応永十五年（一四〇八）八月に下守護に補任されたと思われる。

基之は、文安五年（一四四八）十月十二日死去している（「東寺過去帳」・「細川家譜」）。

史料㉓室町幕府御教書案（『九条家文書』・七一（4）号）

九条関白家雑掌申、和泉国日根庄事、早退被官人等押領、可沙汰付下地於雑掌之由、所被仰下也、仍執達如件、

応永廿六年九月二日　沙弥（細川満元カ）判

細川阿波守殿（基之カ）

応永二十六年（一四一九）九月二日、将軍足利義持の御教書が作成されたが、和泉守護細川阿波守に対し、九条家領和泉国日根荘への被官人の押領停止を命じている。

頼久

今谷明氏「和泉半国守護考」（『大阪府の歴史』九号、一九七八年、のち『守護領国支配機構の研究』所収、一九八六年）では、基之の跡を持久が継ぐとされたが、岡田謙一氏は、「統源院殿春臺常繁小考―和泉下守護細川氏の法名を手がかりに―」（『ヒストリア』一六七号、一九九九年）で、基之の跡は頼久が継ぐとされた。

頼久（法名常繁）は文安五年（一四四八）十月頃から、持久が文書を発給する応仁元年（一四六七）十一月の以前頃ま

で、和泉下守護であった可能性が高いと考えられている。

持久

頼久の跡は持久が和泉下守護を継承した。

史料㉔和泉下守護細川持久書状（和田文書）

大内勢近日摂州中島江乱入之由聞候之間、兼者以飛脚申下候、国之用心一大事候、宿老之面々加談合、自然之儀出来候者、堅可被相支候、次就堺南庄事、両守護代方より可申下候、努々不可有如在候、恐々謹言、

応仁元
十一月廿六日　　　　（細川）持久（花押）

和田備前守（盛助カ）殿

応仁元年十一月二十六日、細川持久は大内氏乱入への防戦について和泉国内へ命じている。

史料㉕和泉国下守護細川持久奉行人連署奉書（『板原家文書』一二三）

春木右京進跡、同親類寺庵幷小塩闕所等之事、為御公領、多賀蔵人御代官職事、被仰付上者、早可被渡付彼代之由、被仰出候也、仍執達如件、

文明十七
五月三日　　　　盛徳（花押）

壬有（花押）

斉藤彦右衛門尉（頼実）殿

文明十七年（一四八五）五月三日付の和泉下守護細川持久奉行人連署奉書である。春木右京進跡、同親類、寺庵および小塩闕所等の代官職に多賀蔵人が補任されたことを認める奉書であり、下守護代の斉藤彦右衛門頼実に宛て出されている。

史料㉖和泉国下守護代斉藤頼実遵行状（『板原家文書』二五）

春木右京進跡悉之事、為御公領多賀蔵人助上者、早任御奉書之旨、可被渡付彼代候也、仍執達如件、

文明十七
五月三日　　頼実《斉藤》（花押）

若林源六殿

㉕の和泉下守護細川持久奉行人連署奉書の意を受けて、これを若林源六に宛てている。若林源六も下守護細川持久の被官で、在地の国人・土豪クラスであったと推定される史料㉕・㉖は、持久の守護職を継承する基経の代の文書である可能性もある。

基経

岡田謙一氏「室町後期の和泉下守護細川民部大輔基経」では、文明十七年六月から明応九年九月二日までの間、和泉下守護であったと推定されている。

史料㉗細川基経書状（田代文書）

就今度当国牢人等、可乱入雑説之儀、各翻法印《宝》、以連判可致忠節之由、尤神妙候、然上者、可被抽軍功事可悦入

候、恐々謹言、

（文明十七年）六月廿六日　　（細川）基経（花押）

田代源次郎殿

文明十七年三月頃より和泉国内で国人らの叛乱が起こったが、田代源次郎は守護方に忠誠を誓った。これに対する守護基経の感状である。

史料⑫・⑬によって、基経の歿年は、明応九年（一五〇〇）九月二日敗死とわかる。

政久

明応九年九月二日、細川基経が敗死して後、同年十月二十三日付で細川政久書状（『政基公旅引付』）が存在するので、家督は政久に継がれたものと考えられる。

史料㉘細川政久書状案（「九条家文書」一・一三七（2）号・『政基公旅引付』）

就下守護弥九郎状御家門領之事被下御書、忝畏存候、委細蒙仰候之条、具令申候、此旨可然様預御披露候者、可畏入候、恐惶

謹言、

（明応九年）拾月廿三日　　（細川）政久　判

（在名）唐橋殿

九条政基は『旅引付』の冒頭、「泉州日根庄の事、去年国の乱より守護押妨に及ぶの間、度々問答を加うといえど

も、成敗未だ落居せず、去年すでに一途の返事を申すの処、なおもって此の如きの条、下向すべき哉の思案也」と記して、下向の契機が和泉守護との確執にあったことを記している。史料㉘は、和泉下守護細川政久の書状案で、家門領についての仰せを蒙ったことを丁重に答えてはいる。しかし何ら実効性のある返答ではなかった。

史料㉙『政基公旅引付』所載九条政基書状案

去十二日、為其方披官人等所行、当庄黎元繁多戒取候、仍事次第令注一紙入見参候、速被加紏明被返出者、可為本望候也、謹言、

（文亀三年）七月十九日　（九条政基）（花押）

細川弥九郎（政久）殿

九条政基は、この書状を和泉上守護細川元常・下守護細川政久に送っている。

永正元年（一五〇四）九月、和泉国に攻め入った畠山尚順を迎え討ったのは、上下護細川元常と下守護細川政久の軍勢である（『政基公旅引付』）。この合戦の結果、和泉国の大半が畠山尚順の支配下となり、尚順は和泉守護として認識されている（『政基公旅引付』）時期がある。その後の政久の動向は、未詳であり、代って細川弥九郎高基が現われる。

二　和泉守護家の分裂

岡田謙一氏「細川高国派の和泉守護について(4)」によって、上守護家細川元常・下守護家細川政久以降の和泉守護歴代の系譜が、明らかになりつつある。

永正元年（一五〇四）の和泉守護が元常・政久の両名であったことは、『政基公旅引付』によって明白であるが、永

正元年十月に、和泉国に畠山尚順の支配圏が拡大する(5)。

さらに大永年間には、細川高国派と細川晴元派の抗争が激しくなり、享禄四年（一五三一）六月高国派は滅亡する。以降細川澄元・晴元派と畠山尚順・稙長派が和泉守護権を継承したと考えられる史料が存在し、次のような守護の存在が確認できる。

〔細川高国派〕
細川高基（細川春倶息弥九郎）→細川勝基（九郎）

〔畠山尚順・稙長派〕
細川晴宣（稙長弟・五郎）

〔細川澄元・晴元派〕
細川元常→細川五郎（細川元常息）

〔細川高国派〕の検討

細川高基（弥九郎）

『後法成寺関白記』に、永正七年（一五一〇）九月九日条以降、「細川弥九郎」が現われ、のちに細川高国派の和泉守護となる。

岡田謙一氏「細川高国派の和泉守護について(6)」は、これを細川高基であると証明した。高基は、『尊卑分脈』によれば、高国の父政春の弟春倶の子とされている。しかし、高基は、大永三年（一五二三）三月頃病を得て、大永四年（一五二四）三月を最後に史料上から見えなくなる。

史料㉚和泉守護細川高基書状（『板原家文書』）

去十六日注進状、披見候、彼方働弥不儀之段、現形由候、如《マヽ》事候、其趣即御屋形《細川高国》へ申入候、香西《元盛》かたへの返事、
未当《マヽ》来之由候、尾州《畠山尚順》進発候者、令相談、可下国候、猶各武略肝要候、恐々謹言、
五月十九日　　高基（花押）
斉藤彦次郎《国盛》殿
多賀蔵人殿
庄備中守《盛資》殿

この史料は、細川高基が和泉守護となったと思われる永正十年（一五一三）以降、同十四年までの間に、多賀蔵人らに対し、畠山尚順が進発すれば、和泉へ下国するよう命じたものである。

『後法成寺関白記』永正十年正月二十四日条の、

和泉守護始而昨日出仕、太刀持参、令対面、勧一盞、

を高基守護就任と理解し、斉藤国盛が彦次郎から彦右衛門に改名した永正十四年六月以前の史料と解釈できる。宛所の三名は、いずれも細川高基被官と考えられ、斉藤彦次郎（国盛）が守護代、多賀蔵人は郡代（クラス）、庄備中守（盛資）は宿老（クラス）と考えられる。

いずれにしても、細川高基が高国派の守護として、その権限を行使し始めた頃と考えられる。

史料㉛和泉守護細川高基奉行人奉書（『板原家文書』）

泉州日根郡之内竹元五郎知行檀婆羅密幷富野之若狭知行井原庄之棟別事、為御恩地、被仰付多賀之蔵人助訖、然

上者、早可被渡付之旨、被仰出候也、仍執達如件、
(永正十一)十一月三日　　(押紙)「庄備中殿也」盛資（花押）
斉藤彦次郎(国盛)殿

永正十一年（一五一四）十一月三日、細川高基の奉行人（宿老）庄備中守盛資が、和泉国守護代斉藤国盛に対して、以下の事を命じた。すなわち日根郡内の檀婆羅密と井原庄の所領を、多賀蔵人に恩賞として渡し付けることを命じている。

史料㉜和泉守護細川高基奉行人奉書（『板原家文書』）

泉州日根郡佐野庄内担波(檀婆)羅密為御替地先佐野庄内井原村秋之御反銭事、被仰付多賀之蔵人助訖、相残夏分者、為
御代官職、如前々七百疋分、可有取沙汰之由候、然上者、早可被渡付之由、被仰出候也、仍執達如件、
(永正拾四)六月七日　　盛(庄)資（花押）
斉藤(国盛)彦右衛門尉殿

永正十四年（一五一七）六月七日、庄盛資より斉藤国盛に対し、日根郡佐野庄内檀婆羅密の替地井原村秋反銭分を、多賀蔵人に渡付することを命じた。これまでの史料と総合的に判断すると、和泉守護細川高基が、宿老庄盛資を通じて、守護代斉藤国盛に命じた文書と考えられる。

史料㉝「室町幕府奉行人連署奉書」（北野神社文書）

北野宮寺造営料所和泉国大鳥庄内下條奉行職事、被返付松梅院禅光訖、早可被沙汰付之由被仰出候也、仍執達如件、

（永正十五）六月廿六日　　（飯尾）貞運（花押）
（斎藤）基雄（花押）

細川民部大輔殿（高基）

和泉守護細川民部大輔に対し、大鳥庄内下條奉行職を北野社に返付するよう命じた、幕府奉行人奉書であるが、次の史料㉞により、細川民部大輔が高基であることがわかる。

史料㉞「再昌草」大永二年十月二十三日条

細川民部大輔高基百首歌合点して、奥に書付し、（以下略）

大永二年（一五二二）細川民部大輔高基が三条西実隆に百首の合点を求めている。

細川勝基

「証如上人書札案」に、細川澄元・晴元派である細川元常の子五郎と、細川高国派である細川五郎晴宣及び細川九郎勝基の名が見出せる。

『後法成寺関白記』によれば、細川五郎および九郎が和泉守護となったのは、大永三年（一五二三）正月以降である。細川勝基は、大永・享禄の和泉守護細川九郎と同一視することが可能であろうと、岡田謙一氏は推定している。(7)

史料㉟「証如上人書札案」

一、細川九郎和泉守護

本願寺床下、或八人々御中、勝基、細川九郎、

恐々謹言、

「証如上人書札案」に、「細川九郎勝基」の名が見える。勝基の動静は、大永年間から確認することができる。

史料㊱室町幕府奉行人連署奉書写（秋田藩家蔵文書）

「散位亮致 治部河内守貞兼 書」

佐竹彦三郎常秋知行分和泉国鶴原庄事、近年有押妨之族云々、太不可然、早退彼違乱之儀、可被沙汰居常秋代、

更不可有遅怠之由、所被仰下也、仍執達如件、

大永八年二月十九日　散位（松田亮致）（花押影）

河内守（治部貞兼）（花押影）

細川九郎（勝基カ）殿

史料㊲室町幕府奉行人連署奉書（秋田藩家蔵文書）

佐竹彦三郎常秋知行分和泉国鶴原庄事、近年有押妨之族云々、太不可然、早退彼違乱之儀、年貢・諸公事物等、

如先々厳密可沙汰渡常秋代、更不可有遅怠之由、所被仰出之状如件、

大永八　二月十九日　亮致（松田）（花押影）

当所（鶴原庄）名主沙汰人中

貞兼（治部）（花押影）

史料㊱㊲は、大永八年（一五二八）二月、幕府が佐竹常秋の和泉国鶴原庄知行を安堵した時のもので、この和泉守護細川九郎は、勝基と推定される。

史料㊳『細川両家記』享禄四年六月条

然ば同享禄四辛卯六月四日に三好方初て諸勢打出、天王寺、木津、今宮へ取かけその日責くづす、常桓（細川高国）方和泉守（細川勝基）護殿、伊丹兵庫助国扶、河原林日向守、薬師寺三郎左衛門、波々伯部兵庫介討死也、

細川勝基は、享禄四年（一五三一）六月に討死したと、『細川両家記』によって解釈できる。

〔畠山尚順・稙長派〕の検討

畠山尚順・稙長派の和泉守護については、小谷利明氏・弓倉弘年氏の一連の研究成果がある。

○小谷利明氏「戦国期の守護家と守護代家―河内守護畠山氏の支配構造の変化について―」（『八尾市立歴史民俗資料館研究紀要』第三号、一九九二年）

○小谷利明氏「宇智郡衆と畠山政長・尚順」（『奈良歴史研究』第五九号、二〇〇三年）

○小谷利明氏著『畿内戦国期守護と地域社会』（清文堂、二〇〇三年）

○小谷利明氏「畠山稙長の動向」（『戦国期の権力と文書』所収、高志書院、二〇〇四年）
○弓倉弘年氏「天文年間の畠山氏」（『和歌山県史研究』一六号、一九八九年）

これらの研究を参考に、畠山尚順・稙長派の和泉守護について考察する。

畠山尚順は、永正元年（一五〇四）九月に紀州から河内・和泉両国へ進出した。

同年十二月には、河内国高屋城に本拠を置き、河内・和泉両国支配に乗り出した。畠山尚順は、敵方畠山基家と和与も計っている。

『政基公旅引付』同年九月九日条に、

抑今日根来寺之足軽材木屋與五郎為先陣宗兵衛以下出張、土生城以下放火了、後日聞、阿加陀、信田（太）以下之城皆開之、両守護（細川元常・政久）八堺へ引退云々、

とあって、畠山尚順の進軍によって、両守護は堺へ撤退、和泉国の実効支配は奪われたものと考えられる。

次の一連の「壺井八幡宮所蔵文書」史料は、壺井源左衛門に対し、壺井・坂田・蔵内の所領を安堵した外、日根野六郎左衛門知行地を宛行ったものであり、高屋城に在城した畠山尚順方から発給されている。


史料㊴畠山尚順年寄奉書（壺井八幡宮所蔵文書）

（貼紙）「河内国高屋城代長備中守久信書」

八ケ所内日禰野跡之事、以前雖被仰付候、内波多源次殿、為先給之條、被返付候之訖、然間、為替地、郡戸孫三郎跡僧坊幷弘川両寺売地被仰付候上者、可被令知行之由候也、恐々謹言、

（貼紙）「永正元年」

十月十二日　　　　　長備中守
　　　　　　　　　　　久信（花押）
　壺井源左衛門尉殿

史料㊵畠山尚順年寄連署奉書（壺井八幡宮所蔵文書）

壺井・坂田・倉（蔵）内事、本地之旨致披露之処、何様連々播磨（畠山）殿江可被仰由候、先為替地八ケ所内日禰（根）野六郎左衛門尉跡事、被仰付候、如先々、可被全知行之由、可申旨候、恐々謹言、

七月六日　　　　　長備中守
　　　　　　　　　　　久信（花押）
　　　　　　　　遊佐勘解由左衛門尉
　　　　　　　　　　　順房（花押）
　壺井源左衛門尉殿

史料㊶畠山尚順年寄奉書（壺井八幡宮所蔵文書）

（貼紙）「河内国高屋城代長備中守久信書」

連々御申通、致披露之処、御心得行候、目出候、壺井・坂田・蔵内本知殊更壺井事者、名字之地之由、具入　御耳候、於此旨者、連々播磨（畠山）様江可被申入候、先壺井為替之地、八ケ所之内、日禰野知行被仰付候、如先々、可被全領知之由候、恐々謹言、

七月六日　　　　　長備中守
　　　　　　　　　　　久信（花押）
　壺井源左衛門尉殿

以上、史料㊴・㊵・㊶の壺井八幡宮所蔵文書は、永正元年（一五〇四）前後に、日根野氏知行地を没収した跡地を

壺井源左衛門に宛行った畠山尚順方が発給したものと考えられる。

永正五年（一五〇八）には、将軍足利義尹の帰洛に従い、畠山尚順は細川高国方守護として、河内・和泉の支配に関わる。

しかし、大永元年（一五二一）三月、将軍義尹は細川高国と争って京都を出奔、淡路に逃亡して再挙を企てようとした。同年十二月、畠山義英と尚順が和睦して、前将軍義尹に呼応しようとした。そのため畠山稙長は義英を攻撃、尚順とも対立した。翌大永二年七月十七日、尚順はこの対立の中で、淡路島で頓死した。

尚順の子稙長は、永正十二年（一五一五）十一月に元服、永正十七年（一五二〇）頃から河内国に進出、父尚順の死後、畠山政長流の頭主となった。その稙長の弟で和泉国支配に関わったのが、細川晴宣と考えられる。

史料㊷畠山氏奉行人三宅道三・曾我山崇連署書状（賀茂別雷神社文書）

泉州深日・箱作内当社領事、於上分者厳密可社納之旨、箱作吉松・深日両人堅被申付之上者、被存知其旨、可被専神用之由候、恐々謹言、

（付箋）「永正十一年
五月廿八日　　　三宅兵部入道
　　　　　　　　　　道三（花押）
　　　　　　　曾我平五郎
　　　　　　　　　　山崇（花押）

賀茂社祝殿

この史料は、従来和泉守護細川氏の発給したものと考えられていたが、小谷利明氏は、これは畠山氏奉行人の三宅兵部入道道三と曾我平五郎山崇であることを実証した。

これによって和泉国南部一帯は永正十一年（一五一四）段階でも畠山氏が支配していたことがわかる。

この時の畠山方和泉守護は、誰であるかは不詳であるが、畠山尚順の可能性がある。
永正十五年には、次の一連の史料が存在する。

史料㊸林堂山樹書状（和田文書）

（貼紙）「広瀬兵庫助」
「切封墨引」
就原次郎四郎跡職儀、先日上神殿申合之間刻、致披露如御存分申調御下知申沙汰候、早々任　御奉書彼跡可有知
行候、就其御礼物之儀、委細上神左京亮殿へ申間、無御油断御調可被成候、方々如叱被達本意候、猶我等意祝着
候、旁罷上以面可申承候、恐々謹言、
（永正十五年）九月十一日　山樹（林堂）（花押）
和田太郎（助高）次郎殿
御宿所

史料㊹畠山氏奉行人奉書

泉州和田内原跡事、為新〔本〕御（衍カ）御恩被仰付訖、如先々可被全所務之由、被仰出者也、仍状如件、
永正十五
九月十日　山崇（曾我）（花押）
順正（花押）
和田太郎（助高）次郎殿

永正十五年（一五一八）、畠山氏奉行人らは和泉国和田郷内の原跡を、和田太郎次郎助高に宛行っているのである。この段階で、なお和泉支配に畠山氏が関わっていることがわかり、この和田氏への関連文書には、大永四年（一五二四）頃次の細川晴宣（畠山稙長弟）が現われる（史料㊻）。

細川晴宣（五郎）

前述の通り、「証如上人書札案」に、細川五郎晴宣の名が見える。すなわち次の如くである。

史料㊺「証如上人書札案」

一、細川五郎和泉守護、稙長弟、

本願寺まいる御同宿中、晴宣、細川五郎、恐々謹言、

細川五郎殿進覧候――、恐々謹言、

この細川五郎は「稙長弟」と書かれる。すなわちこの細川五郎は、畠山尚順の後継たる河内守護畠山稙長の弟と考えられる。

永正年間には、畠山尚順が和泉国の一部を支配していたため、その系譜をこの五郎が継承していた可能性が高い。大永四年（一五二四）の菱木合戦に晴宣は畠山尚順方として参戦したらしく、和泉国人和田氏に宛てた次の書状がある。

史料㊻細川晴宣書状（和田文書）

去十月朔日於菱木合戦之時、逢一番太刀、父太郎次郎令討死之条、尤神妙至忠節無比類候、弥忠儀肝要候也、謹言、

（大永四年カ）十一月二日　晴宣（花押）

和田宮千代とのへ

〔細川澄元・晴元派〕の検討

細川五郎（細川元常息）

「天文御日記」には、松浦守方として、和泉守護・同息五郎が頻出する。

その初見は、次の天文五年（一五三六）正月十六日条である。

天文二年（一五三三）四月、細川元常が波々伯部民部丞に参戦を求めた史料（㉒）が存在するので、晴元派守護細川五郎が出現するのは、それ以降と考えられる。

史料㊼「天文御日記」天文五年正月十六日条

和泉国松浦方就和与、去年使雖差越、不得□□（其意）間、使路中より帰候へども、松浦之内良性と申もの、申事にハ、当年細候分ニして、来年可越之由申候間依其儀延引也、又泉州守護息五郎方へも遣候而可然之由候間、太刀一腰、馬一（月毛従八郎来たる馬也、）遣候、

史料㊽「天文御日記」天文五年正月二十日条

同日、和泉守護子従五郎方円山帰候、書状此方より遣候其返事無之、其子細書札の様体、播州（細川元常）相尋、重而返事あ

るべきよし候、五郎ハ松浦（守）所へ会之儀候而被越候、則松浦所にて、無盃卒度対面候、

天文年間になると、細川晴元に就いた細川元常が和泉での権力を復活したと考えられ、その子息五郎は、松浦守によって擁立され、単独で和泉守護になったと推定されている。天文五年（一五三六）正月、本願寺は和泉守護代松浦守と和与、贈答品を「泉州守護息五郎」に送っている。

天文五年（一五三六）から天文十九年（一五九一）まで、和泉守護息五郎の存在が確認できる。

細川晴元は、享禄四年（一五三一）、細川高国の軍勢を摂津天王寺に破り、尼崎で自殺させて、京都を奪った。翌天文元年には、木沢長政、一向衆徒と共に、三好元長を堺に攻め自殺させている。

天文十七年（一五四八）十月、三好政長が三好範長（長慶）を細川晴元に讒言したのに始まり、範長は遊佐長教と謀り、細川氏綱を擁立して、反晴元の兵を挙げるに至った。翌天文十八年六月、晴元は前将軍義晴、将軍義藤（義輝）を擁して近江国に逃れ、晴元政権は崩壊する。

しかし、和泉守護五郎の存在は、天文十九年まで確認できる（史料㊿）ので、晴元政権崩壊後も、守護代松浦氏によって擁立されていたと確認できる。さらに、和泉守護五郎は単独守護であったと推定されている。

史料㊾「天文御日記」天文八年三月十一日条

和泉守護五郎へ為当年礼、以書状三種五荷遣之、松浦へ以一書、三種五荷遣之、

天文八年（一五三九）三月、本願寺が年始礼物を送った「和泉守護五郎」は、元常息と考えられる。

さらに天文十九年（一五五〇）、燈誉良然の歌集「朽木集」に現われる「和泉屋形五郎」も、元常息と考えられよう。

史料㊿「朽木集」（西福寺蔵）

天文十九年九月廿九日、犬《（鳴）》なきのもみちのさかりをミせにやりける使の色うつくしき枝をおりてきたるをミて、

（中略）

和泉屋形《（細川）》五郎へつかハレ侍る、

もらすなよめくミある世の春雨をたのむしのたのもり《（信太森）》の下草、

「朽木集」によって、少なくとも天文十九年（一五五〇）まで、細川元常息五郎が、和泉守護であったと推定できる。

三　和泉守護家の終焉

細川元常の守護代に松浦守がいたが、天文十八年（一五四九）摂津江口の合戦に、細川晴元が三好長慶方に敗れた。その前年より、松浦守は三好長慶に与し、晴元の伯父であった細川元常を裏切った。元常は以後も近江など各地に潜伏、和泉国人岸和田氏らは晴元・元常を支援するが、ついに和泉国支配は回復できず、天文二十三年（一五五四）歿した。

この頃から松浦守が三好長慶と結びながら和泉国の堺・大津・岸和田・佐野などを拠点として支配圏を拡大した。

史料51松浦肥前守宿老連署状（『大和古文書聚英』伊藤磯十郎氏文書）

如仰田楽禄物儀、国ヶ給人衆種々雖存分被申候、達而令異見、如先々申定候、但過法干水損之時者、諸社へ御神役被応、可被相談分ニ相究申候、将亦当日喧嘩口論等之儀、孫八郎制札相調可参候、恐々謹言、

八月十三日

（富上）富石宗俊（花押）

（寺田）寺越入知（花押）

（長井）長隼貞（花押）

（松浦）松孫太俊（花押）

在庁衆御中

御返報

史料52松浦盛書状（『大和古文書聚英』伊藤磯十郎氏文書）

田楽禄物之事、去年も堅申付候処、無異儀之由候て、于今難渋之由沙汰之限候、御神拝公私之御祈禱之間、急度被為沙汰之由、可申遣候、恐々謹言、

八月六日　　松浦左衛門大夫盛（花押）

五社中

御返報

史料51・52は、和泉国五社に奉仕する泉大津の「田楽中」に関する文書である。

史料51には、富上宗俊・寺田知・長井貞・松浦孫太俊の四名が連署しており、「松浦肥前守（盛カ）宿老連署状」と考えられる。

松浦肥前守宿老衆は、和泉府中の在庁衆に宛て、田楽禄物を先例通り納めるように命じ、干水損への対応を相談すること、祭礼当日の喧嘩口論は禁止することなどを指示している。

史料㊾は、松浦盛自身の判物であり、和泉五社中に対し、田楽禄物の納入を命じていることを伝えている。

松浦盛は、明応年間（一四九二～一五〇一）に活躍し、日根文書の「御代々寄附状写」にもその名が見られるので、史料㊿・㊾は明応頃と考えられている（『泉大津市史』第一巻）。

この松浦肥前守盛の後継が松浦守と考えられ、細川元常が和泉上守護となった明応九年（一五〇〇）頃以降、その守護代として松浦守が登場する。

史料53「和泉守護代松浦守下知状写」（岸和田市立郷土資料館蔵文書）

久米多池八町堤之内、従多治米村可進退之由、連々与八木郷致相論之条、然者任両方往古之証文可遂載許旨申処、於池郷者行基菩薩御開発之証跡令帯之矣、多治米村之事者強御其証文、只以近年之筋目可令存知云々、然時者八木郷申所其理顕然也、一方之証文無之上者、彼置文等不及披見、殊更論所之事所見及弥無紛之間、堤之儀可為池郷之進退由令栽許訖、次分木之事只今相定之、若望其限水満越之時者、井堰之間迄者雖何時、為池郷築堤可加修固者也、仍下知如件、

享禄二年巳丑五月九日　肥前守《（松浦守）》　在判

八木

加守池郷中

享禄二年（一五二九）五月、松浦守は、八木・加守池両郷と田治米村（ともに岸和田市域）の久米田池相論に判決を

下している（『泉大津市史』第一巻）。

この頃までに、松浦守は、堺の足利義維・細川晴元と結び、和泉国内の府中・大津周辺を制圧し、珍南庄も制圧している。以降、天文十八年（一五四九）の江口合戦前年頃まで、細川元常・息五郎——守護代松浦守による和泉北部支配が続行し、根来守・畠山氏や細川高国派勢力と対峙した。

史料㊹松浦虎書状写（日根文書）

日根野入山田御本地分幷八田弥五郎跡、小坂跡、綾井之内膳分、大津大畠跡等事、申談候、可有全領知候、恐々謹言、

十二月廿一日　松浦孫五郎虎（花押）

日根野孫七郎殿

御宿所

松浦守の後継は、この㊹に見られる松浦孫五郎虎ではないかと考えられる。松浦虎は、日根野孫七郎の所領を安堵している。

史料㊺松浦肥前守禁制（『岸和田市史』所蔵文書）

禁制　天下谷之内極楽寺

一、当手軍勢濫妨狼藉事、

一、放火事付寄宿事、
一、相懸矢銭・兵粮米事、
右条々堅令停止訖、若於違犯者、速可処厳科者也、仍如件、
永禄九年八月日
肥前守（松浦光カ）（花押）

永禄九年（一五六六）八月、天下谷の極楽寺に下された禁制は、「松浦肥前守」名で出されているが、これは松浦光ではないかと推定される。

以上、和泉国内の守護権力の衰退に伴なって守護代松浦氏の台頭が見られる。松浦氏を取り巻く畿内情勢やその権力の分析が今後の課題であろう。

結び

以上、和泉守護代替り関連史料の検討を行なって来たが、いくつかの課題を指摘し、結びとしたい。

従来不詳であった永正年間（一五〇四〜一五二一）の和泉守護について、岡田謙一氏や小谷利明氏が新史料を発掘され、新しい見解を出された。小論は、和泉守護歴代を明らかにすることを目的として、これらの近年の研究を参照して小論をまとめたが、まだまだ不明の点が存在している。

永正年間以降の和泉守護については、上守護・下守護家の守護継承が崩れ、細川高国派、畠山尚順・稙長派、細川澄元・晴元派から守護が立てられ、盛衰がくり返される。

細川晴元が政権を握った天文年間（一五三二〜一五五五）には、細川元常が単独守護に復帰し、その子息五郎へ権限

が継承されるが、その頃から守護代松浦氏が台頭することになる。

和泉守護代替り関連史料の検討によって、領国内の政治社会構造の変化が読みとれる。政治社会構造の変化を見すえた戦国期和泉の地域権力の解明が今後の課題であろう。

註

（1）今谷明氏「和泉半国守護考」（『大阪府の歴史』9、一九七八年、のち『守護領国支配機構の研究』所収、一九八六年）。

（2）岡田謙一氏「細川高国派の和泉守護について」（『ヒストリア』一八二号、二〇〇二年）。

（3）岡田謙一氏「統源院殿春臺常繁小考――和泉下守護細川氏の法名を手がかりに――」（『ヒストリア』一六七号、一九九九年）および「室町後期の和泉下守護細川民部大輔基経」（『日本歴史』一九九五年八月号）。

（4）前掲註（2）参照。

（5）小谷利明氏「畠山稙長の動向」（『戦国期の権力と文書』、高志書院、二〇〇四年）。

（6）前掲註（2）参照。

（7）前掲註（2）参照。

細川澄元(晴元)派の和泉守護細川元常父子について

岡田謙一

一　はじめに

和泉両守護細川氏（以下、両守護と略す）については、近年周辺自治体による新たな市史編纂事業等に伴い徐々にではあるが新しい見解などが示されつつある。(1) ただし、戦国期の両守護については、『政基公旅引付』を中心とした荘園研究が進むなか、史料の少なさのためか、その動向などについてはあまり触れられてはいないように思われる。(2) 特に、細川政元が暗殺されて以降の両守護正員やその実名等に関しては、以前筆者も触れたが、未だに研究者の間で意見が分かれている。(3)

従来、両守護については、佐藤進一氏(4)や小川信氏(5)による南北朝期を中心とした研究、室町期から戦国期にかけて細川庶流二家による半国守護正員や守護代以下の被官人に至るまでを追究し、画期をなした今谷明氏の研究などがある。(6) その後、応仁の乱前後の細川氏同族連合という視点から末柄豊氏の研究が両守護の特異性について指摘されている。(7)

今谷氏以降、両守護に関して、戦国期両守護の所領支配と家臣団編成を通して細川氏同族支配体制の解体に言及した藤田達生氏(8)や両守護の歴代について触れた森田恭二氏の研究がある。(9) 但し、森田氏の研究では、下守護頼久の位置づけが確定的でない。(10) また、室町時代の和泉国に関しては、廣田浩治氏による丹念な史料分析により、権力統合から大津・府中地域の歴史像に迫った研究がある。(11) しかしながら、戦国期の両守護正員の実名については、検討すべき課題が残されているように思われる。[12]申すまでもなく戦国期の両守護は、細川政元の暗殺を機に勃発する細川京兆家の家督争いにより、澄元派・高国派の両派に分かれての主導権争いに参画し、政局が混迷する影響により、その動向や実名すら解明し難くなる。小考が取り上げる問題のひとつは、澄元（晴元）派和泉守護の動向を跡づけることにある。

ここで使用する高国派や澄元派とは、小川氏が提唱した、いわゆる「細川氏同族連合」とは異なり、高国と澄元がそれぞれ細川一族で近親者等を守護や典厩家当主に登用したことにより、形成された派閥（門閥）を示す。[13]以前、拙稿において、高国派和泉守護の実名を明らかにすると共に、従来の上守護頼長流と下守護基之流による両守護ではなく、高国の血縁に近い細川一族と畠山尚順の一族とが新たに両守護となっていたことなどを論じた。小考はその続編ともいうべきもので、両細川氏の乱のいま一方の当事者である、澄元（晴元）派和泉守護で上守護頼長流の元常父子について、単独守護としての動向や子息五郎の実名等を明らかにすることを目的として、頼長流細川氏による和泉支配の終焉までを考察するものである。

二　澄元派和泉守護細川元常

応仁・文明の乱を経て室町幕府の畿内における政治情勢を中心的に主導したのは細川京兆家であった。無論、将軍を中心とした幕府は機能しており、細川氏権力とは補完的な役割を果たしていたことが探尋されている。[14]周知のように、細川政元は明応の政変によって将軍足利義材を廃嫡し、政敵畠山政長を敗死させ、新たに足利義澄を将軍として擁立するなど、京兆家の発展に重要な役割を果たしている。[15]

細川元常は、父元有が自害する明応九年（一五〇〇）九月以降に上守護となるが、文亀元年（一五〇一）から永正元年（一五〇四）まで足かけ四年間、九条家領和泉国日根荘へ下向し在荘した九条政基の日次記『旅引付』によれば、下守護細川政久と共に、政元の日根荘返付命令に服さずにいたことが確認できる。返付命令は、九条政基の子が細川政元の養子となっていたことが大きく関係していた。しかしながら、京兆家内衆間の軋轢により政元が暗殺されると共に、養子の澄之と澄元が家督を争い、ついで澄之を淘汰した澄元と高国が同様に争うようになる。[16] いわゆる、両細川氏の乱に進展し、細川一族も澄元派・高国派の両派に分かれて抗争する。元常は澄元とは従兄弟に当たる関係から澄元派に与し、澄元が没すると子息晴元を擁して活動するようになる。ここでは、上守護就任当初から両細川氏の乱により澄元派として行動する元常について、澄元が病没する前後までの彼の動向を追う。

明応九年（一五〇〇）八月下旬に畠山尚順・根来寺の連合軍が和泉国へ侵入した。上守護細川元有と下守護細川基経は神於寺において防ぎ戦うも、同九月二日に「於泉州神尾両守護自害、其外三百余人打死了」と同寺にて両人とも自害をする。[17] 神於寺における合戦の様子については、後年の下守護代である久枝久盛が「件労(ママ)人衆事両殿(元有・基経)ニ御腹ヲ切せ申者共也」と述べ、無勢の両守護が代々久枝氏の奉行の在所である神於寺に立て籠もり、尚順方と対峙している最中に、同寺衆徒（牢人衆）の裏切りにより自害したことを語っている。[18] 明応八年（一四九九）十月六日に九条家より日根野・入山田両村の代官職を補任された根来寺の閼伽井坊秀尊は、翌年七月に次のような書状を九条家に提出した。

畏令言上候、抑御領日根野村江自守護方入足軽、致発向、剰牛馬悉引取、別而御百姓共及数十人搦捕、於堺致拷問、邪見之責中〳〵以可申上事者多憚候、重而入山田村へ近日又遣足軽、如日根野可破之由、其聞厳重候、然間両村御百姓等悉在所を散罪(在)仕、山へ取上候、如今者両村共末代失終迄候、雖然　自上様京兆へ御届御座候て、守護方へ御成敗被仰付、御百姓等可被還住事可目出候、片時も御延引候てハ無其曲、当村失終迄候、乍恐則御届肝要之御儀候、条々此旨具御披露奉憑候、恐惶謹言、

七月十六日　　　秀尊（花押）

進上　御奉行所[19]

これによれば、両守護が自害する直前の日根野村の状況が明らかとなる。すなわち、日根野村へ両守護方より足軽

が発向し、牛馬を奪い、百姓を数十人からめ取り、堺において拷問するなどの圧力をかけていたのである。秀尊書状の記述には、自己権益を守るため多少の誇張があると思われるが、両守護は、根来寺が代官請負を行っている荘園等で、このような行動をしていたのである。元来、根来寺は和泉国内の荘園で代官請負をすることにより、勢力を扶植しつつあったが、それに対し両守護が実力行使に出ていたことを書状から窺うことができる。秀尊は、九条家と細川京兆家との特別な関係に期待していたとも思えるが、守護方の侵攻という状況に危機感を募らせた根来寺は、畠山尚順に働きかけ決起を促し、結果両守護は自害に追い込まれた。尚順は、この余勢を駆って、河内国に攻め入り義就流畠山基家をも駆逐しようとしたが、細川政元によって阻止され紀州へ没落する。[20]

両守護の自害と尚順・根来寺の没落は、両守護に押領されていた家領の回復と根来寺の代官請負からの脱却という二つの意味を持ち得るもので、前関白九条政基はこの千載一遇の好機を見逃さずに和泉国への下向を決めたのである。

当該期における元常の動向を九条家家司信濃小路長盛書状案に見ると「去々年（明応九年）当国一乱之刻、御年貢小々《ママ》為兵粮被取散候ツ、其時分ハ五郎殿《元常》未四国ニ御入候之間[21]」とあり、明応九年（一五〇〇）には四国に滞在していたとされている。それを裏付けるように『旅引付』の冒頭部には、下守護細川政久とその被官篠元基信の書状写しか見えない。[22]よって、明応九年十月の段階においても、上守護の後継者たる元常は和泉に在国していなかったと判断できよう。文亀元年（一五〇一）八月、九条政基の子尚経はその日記に、「近日上守護、京兆に家を請ニ江村を可上由申候」と書き留め、元常が上守護継承を請うために雑掌江村を上洛させるとの情報を記録している。[23]しかし江村の上洛には、下守護雑掌である廣瀬三河も同行しており、京兆家による九条家領返付命令に従わない両守護に対して、安富元家と上守護申次の薬師寺元長から、その理由を求められてのものであった。[24]政基が下向した文亀元年には、元常が守護所である堺にいたこと、上守護として活動していたことは、『旅引付』より確認できる。明応九年段階で在国していなかった元常に対する九条家側の認識が、雑掌江村の上洛に関する尚経の記述から窺えよう。

元常は、文明十四年（一四八二）八月に元有と阿波守護細川成之の娘との間に生まれ、父同様に五郎を仮名とした(25)。元有が自害した当時、元常が四国に居たことは先述したが、阿波守護との関係から同国であった可能性が高い。後継者たる元常の帰国については、明応九年十月から文亀元年三月までの期間とすることができ、文亀年間の動向については『旅引付』に詳しいのでここでは省略する。

永正四年（一五〇七）六月、細川政元が殺害されると、上守護元常は澄元の許で、下守護と血縁を有するといわれている典厩家の細川政賢と共に活動している(26)。従来、両守護は今谷氏が明らかにしたように、頼長流と基之流という細川両庶流一族が並立し守護となっていた。高国派と澄元派が争うようになると、拙稿で触れたように、従来の体制は解体し、高国は新たに違う一族を両守護とし、高国流と畠山尚順流の一族を配した。これは、従来の両守護制という形だけを踏襲しながら、阿波国を基盤とする澄元派の脅威に備え、澄元派の元常が没落した和泉国を高国流と尚順流により掌握するための政略と見るべきであろう。では、澄元派はこれに対し、どのような行動をとったのであろうか。以下、元常の動向を追って見よう。澄元派に属した元常は、様々な合戦を経験しているが、澄元と畠山尚順の和睦により父元有を自害させた張本尚順に対する私怨を捨てて、永正四年十二月に畠山義英の籠もる河内国嶽山城攻めに加わっている(27)。しかし、高国が足利義材と結んだことから、澄元は足利義澄と共に近江国に没落すると、宿敵である尚順とは敵対関係となり赤澤長経等と共に木津に出陣している(28)。永正六年（一五〇九）閏八月、義澄の意を受けた澄元は近江国をあとにして、淡路国から阿波国へ入国している。その意図するところは、「当国（近江）之武略迄ニてハ急度難成事候間、被相催四国南方より可有出張為（ママ）候」と近江の武力のみでは心許ないので、阿波の軍勢も率いて出陣させることにあった(29)。これと関連するように、永正七年（一五一〇）十一月には、元常が旧下守護被官であった和田氏や上守護被官の田代氏に軍勢催促状を出していることなどが明らかとなる(30)。永正八年（一五一一）三月には、「十六日、細河右馬助殿（政賢）・同和泉守護殿（元常）、従阿州淡路へ渡海有而」と元常は政賢と共に阿波国から淡路国に渡海しており、あるいは永正六年閏八月の段階で、澄元と共に両人も阿波国に渡っていたのかもしれない(31)。永正八年七月には、澄元派は畠山義英と結び、和泉・摂津・河内などで利を得て(32)、八月には、元常と政賢が共に離宮八幡宮に対して禁制を出し(33)、義稙や高国・大内義興が丹波へ没落すると、かわって政賢等と共に和泉守護元常が千人許を率いて入京を果たしている(34)。入京したのち元常は、賀茂別雷神社に対し、政賢との連署で次のような書状を発給している。

徳政事、一揆中江申付候、相催賀茂一揆中可致忠節、但丹州へ遣勢候、其間儀者、京中へ（ママ）儀者、可相待事肝要候、
落居候者、則不可有相違候、恐々謹言、

八月廿日　政賢（花押）

元常（花押）

勝田左兵衛尉殿(35)

賀茂一揆中の忠節を賀茂社境内の徳政を施すことによって要求するなど、元常は政賢と共に澄元派の中心的な役割を果たしていることが明らかとなろう。しかしながら、上洛も束の間、高国・義興等が大軍を率いて丹波を発し、船岡山に陣を構えた政賢・元常等は、大将である政賢以下を討ち取られるほどの大敗を喫してしまう(36)。元常もこの戦いで討ち取られたとの風聞もあったが(37)、混乱の中、元常は無事切り抜けることに成功し、再び阿波国に落ち延びた(38)。船岡山の戦いの十日前に、足利義澄が近江国にて死去した(39)。澄元派はそれを秘しての進軍であったが、首領義澄の死去は船岡山の戦いに少なからざる影響を与えたと推測できよう。

元常は阿波国に没落してのち、遅くとも永正十一年（一五一四）四月までには、花押を改めている。高国派との戦いに敗れ、澄元派が没落を余儀なくされたことと関わって、元常の花押は変化を遂げた(40)。以後、元常に関する史料が鮮少となるので動向について詳述することはむずかしくなるが、澄元派・高国派ともに血縁の近い一族を重視していることから、少なくとも元常が高国派に荷担するようなことはなかったと考える(41)。永正十五年（一五一八）八月に大

内義興が周防・長門へ帰国して以降、澄元派の活動が活発になり、永正十七年（一五二〇）三月下旬、三好之長が上洛を果たし[42]、五月には之長が澄元の家督御礼につき義稙に挨拶をするが[43]、同月十一日には高国によって之長は自害させられてしまう[44]。澄元も後を追うように、六月十日に病没する[45]。元常がこの之長上洛に際して、どのように関わったのかは不明であるが、こののち足利義稙が高国の専横に対して、和泉堺を経て淡路国に逃れてくると、元常は政賢の子澄賢と共に澄元の遺児聡明丸（晴元）を擁して上洛を志すこととなる[46]。

　今度至淡州被移御座候、則可有　御入洛之条、此時別而可被抽軍忠事肝要候、猶又五郎可申候、恐々謹言、

　四月三日　　　　元常（花押）

　　波々伯部民部丞殿[47]

公方様至淡州被移御座、既来十六日被挙御旗、聡明（晴元）殿被召具御入洛上者、此砌可被抽忠節事専一候、於望（ママ）候儀者、可達申候、恐々謹言、

　四月三日　　　　澄堅（ママ）判

　　藤林与一殿[48]

右の書状は、その際の軍勢催促状であるが、細川政賢や三好之長が亡き後、元常や澄賢が晴元（澄元）派の中心となっていたことが窺えよう。義稙は、畠山尚順や旧澄元派を糾合して、高国に対して軍事行動を起こす。元常は義稙を介し直接的にではないものの、再度尚順を味方とするようになる。尚順が紀州において敗北したことや澄賢の死去などがあってのち[49]、義稙は和泉国堺南庄まで動座して畠山義英と尚順の和睦を実現させるも頽勢は如何ともしがたく、「公方様へ引汲諸大名一人モ無之、然間淡嶋ノ面々堺迄送捨テ、此間御座アル御所ニ火ヲ懸之ルト云々」という有様であった[50]。大永二年（一五二二）八月に畠山尚順が死去し[51]、翌年四月に義稙も失意の内に病没する[52]。

以上、元常が上守護となる直前の和泉国における擾乱から澄元が死去するまでの動向を見てきた。明応九年（一五

〇〇）七月に両守護は、領国内の権益をめぐって根来寺と争い、結果的に畠山尚順と根来寺の連合軍による和泉国侵攻を招き、自害に追い込まれた。元常はその出生から、阿波守護との関係が深く、細川政元暗殺後は、足利義澄と結ぶ澄元に荷担して、政賢と共に澄元派の中心人物となり、一旦は義材と結ぶ高国を没落させて、上洛することに成功している。船岡山の戦いの敗北により、阿波国に没落すると、元常は旧来の花押を一新した。それは、澄元派が没落を余儀なくされたことと関わっていたのである。澄元没後は晴元を擁立するなど、澄元との血縁関係によるところが大きい澄元派和泉守護は、元常の子息五郎によって引き継がれることとなる。

三　晴元派和泉守護の変遷

今谷氏によると、天文元年（一五三二）に足利義晴と細川晴元との間で和議が整って以降の和泉守護については、旧上守護である細川元常が還任し、単独守護となったとされた。拙稿において触れた如く、当該期の和泉守護は元常の子息五郎が守護代松浦守と共に在国し単独守護となっていた。森田氏も、元常の子息五郎が和泉守護となったとされたが、その実名については触れられなかった。ここでは、晴元を擁立して以降の元常の動向やその後継者で、のちに和泉守護となる子息五郎の実名などを中心に検討してゆくこととしたい。

最初に、五郎が史料上確認できる大永七年（一五二七）までの晴元派の動向について概観しておきたい。大永四年（一五二四）十月一日に元常は和泉国大鳥郡菱木において高国派和泉守護細川晴宣と合戦に及んだ。この戦いは、晴元派と結ぶ畠山義堯が河内国にて蜂起するなど、高国派に対する共同作戦であった。これに対して高国は、子息六郎稙国を出陣させ、義堯を没落させることに成功する。(53)この影響により、元常も阿波国に戻ったようである。大永六年（一五二六）七月に高国が、敵（晴元派）と同意した咎により香西元盛を殺害したことから、柳本・波多野両氏による高国政権からの離脱が起こった。(54)柳本・波多野両氏が丹波国において高国に反旗を翻したのは、同年十月下旬のことである。[55]十二月中旬には、晴元派の四国衆や畠山順光・義堯等が和泉国堺に上陸しはじめ、[56]大永七年（一五二七）二月には桂川の合戦に敗北した高国が、義晴を擁して近江国に退いた。[57]翌三月、三好元長が細川晴元と足利義維を推戴して阿波国より堺に着岸する。[58]こののち十一月に元常の次男とされる五郎が史料上はじめて確認される。『座中天文日記』によれば、「拾一月十八日、四国晴元方の御勢、凡子《ママ》万斗にて、和泉守護殿《元常》之御弐《ママ》息五郎殿、惣大将にて、山崎を本陣として、西岡六条之法花堂・一屋の道場、斎院識阿の道場・妙行寺、諸法花寺に陣を被取」と見え、五郎が晴元派の総大将として大山崎に本陣を敷いていたことが明らかとなる。[59]大山崎惣中が晴元派に味方していたことは、「西岡陣敵城加勢之由風聞」とあることから窺えるし、[60]次の元常書状でも確認できる。

今度五郎在陣処ニ、雖敵取懸候、依地下中無別儀堅固相拘候、弥可然之様ニ馳走肝要候、尚松浦肥前守・片山遠江守可申候、恐々謹言、

十二月廿日　　　　元常（花押）

大山崎惣中[61]

この五郎が、先の史料に見える元常の子息であり、大山崎惣中が味方している状況や『座中』の内容からして、書状が大永七年のものであることに異論はなかろう。ここで、元常の子息五郎について触れておきたい。『証如上人日記』によれば、天文五年（一五三六）正月の段階で「泉州守護息五郎」が見えている。[62]右の書状に見える五郎と、この五郎とが同一人物であるか否かについては、上守護の仮名を見ることによって理解できる。すなわち、祖頼長以来、上守護の嫡子は九郎を仮名としていたが、九郎教春の早世により弟弥九郎常有が守護となり、九郎政有も早世し、その弟とされる五郎元有がその跡を襲っている。以来、上守護の後継者は全て五郎を称していることから、この五郎は同一人物であり、元常の後継者といえよう。しかし、日記史料からは、その実名を明らかにすることが難しい。本願寺には、当該期の書札を書き留めた記録として『証如上人書札案（宛名留）』があり、多くの実名が記されているが、

残念ながら五郎については「細川五郎　元常子當和泉守護」とあるだけで実名は不明のままである。[63] そこで、次に五郎の実名を検出して見たい。

今度玉井善十郎至巻尾寺雖取退、不令一味之段、本(尤)神妙候、弥可抽忠節事簡(肝)要候、猶丹下総守可申候、謹言、

五月廿八日　元常書判

板原久兵衛殿[64]

この書状写は、玉井善十郎なるものが謀反を起こし和泉国和泉郡巻尾寺に取り退いたが板原久兵衛がそれに荷担しなかったことを賞して出されたものである。文中の丹下総守は、元常の側近で、のちに五郎の奏者となる丹右京亮常直もしくは、その一族と考えられる。[65] 書状が出されたのは、時期的に木澤長政の乱にかかるものと思われるが、次の史料に注目しよう。

今度玉井善十郎至巻尾寺雖取退、不令一味段、尤神妙候、弥可抽忠節事簡(肝)要候、猶多賀左近(常直)大夫可申候、謹言、

五月廿八日　晴貞書判

板原久兵衛殿[66]

元常書状写と文言や書止は同一で、副状の担当者名のみ相違する。発給者である晴貞が、元常と同等の地位にあった人物と見ることができよう。そこで、晴貞の意を受けた多賀左近大夫常直の副状写を見てみよう。

今度玉井善十郎方養(巻)尾へ雖被落退候、無一味御参之儀、神妙被思召候通、以　御書被仰出候、弥此時可被抽粉骨事肝要之間、猶為拙者可申付候、恐々謹言、

五月廿九日　常直書判

板原久兵衛殿[67]

多賀氏は、かつての下守護被官であったが、高国派和泉守護細川高基の許で守護代斉藤国盛の次席を占めるなど地

位の高い被官となっていた時期もある。[68] 高国派が没落し、かわって晴元派が台頭するに及んで、晴元派和泉守護元常の被官となり、そののちに晴貞の被官となっていたことが判明する。[69] 内容は前の二通と共通するものだが、「以　御書被仰出候」という文言からも晴貞の地位の高さが窺えよう。このことは、五郎が晴貞であることを推知させる。このち五郎は、遅くとも天文九年（一五四〇）五月には、上守護の官途である刑部大輔であったことを「自和泉守護刑部大輔五郎事也、返状候」という記述から知る。[70] そこで、晴貞が発給した書状から手掛かりを得ようと検索した結果、「細川家文書」の封紙上書に「刑部大輔晴貞」とある左の書状を検出した。

芳翰披閲祝着之至候、仍御祈禱配帙・御樽到来喜悦此事候、随而国之義（ママ）不可有異儀候条、可御心安候、旁期後音
之時候、恐々謹言、

九月九日　　晴貞（花押）

蔵春軒

御返報[71]

充所の蔵春軒とは、建仁寺蔵春軒のことで、上守護の菩提寺である建仁寺永源庵の傍らにあり、元有の兄とされる政有の妻女が葬られていて、元有以下が寺領を寄進をしている。[72] そうした事情をも念頭にすれば、刑部大輔晴貞こそが、先の五郎とも同一人物あり、晴元派和泉守護の晴貞その人であった。[73]

細川晴貞が和泉守護であると認識されはじめる記述を確認しておきたい。[74] 諸記録によって区々であるが、本願寺証如とは比較的に贈答などの行為を頻繁に行っているので、その記録によると、天文五年五月二十日条に「従泉州守護五郎為和談返一腰馬一疋月毛来」とあるのを初見とする。[75] 比較的に早い段階から五郎晴貞は、証如から和泉守護と認識されていたことが窺える。但し、証如自身の記述においても、そののち元常を「和泉守護」としたりするので確定的ではない。むしろ、便宜的に和泉守護家という括りで元常父子を認識していたと理解した方が良いのかもしれない。

もっとも、天文三年（一五三四）十一月頃までに元常は上洛しており[76]、実質的には、晴貞と守護代松浦守とが在国して、政務を治めていたと思われるので、天文の早い時期に晴貞は和泉守護となっていたとすべきであろう[77]。

次に晴元が義晴との和睦をし、上洛を果たすまでの元常の動向を簡単に追って見たい。元常は享禄元年（一五二八）九月に琵琶法師（当道）の新座と本座の争いにかかわり晴元にその旨を伝えている[78]。以後、元常の動向は管見に触れないが、天文二年（一五三三）二月十二日に阿波国麻植郡に所在する川田八幡神社の棟札に「八幡宮殿一宇」を再興した記録があり、元常は播磨守を称している[79]。先述のように、元常は天文三年（一五三四）十一月には上洛しており、天文四年（一五三五）六月には三条西実隆亭にて「愚亭、和泉守護張行」と見えている[80]。元常は洛中に居住していたのではなく、晴元が上洛を果たすまでは、山崎に居住していたようである[81]。天文五年（一五三六）九月に、「細川右京大夫従山崎上洛」とあり、晴元は元常が居住の地としていた山崎から上洛している[82]。以後、相対的に晴元政権が安定すると、元常は晴元派の最長老として晴元と共に在京していた[83]。以下、和泉守護としての元常・晴貞父子の動向について簡便に触れ、頼長流細川氏の終焉を見てゆきたい。

天文十年（一五四一）七月下旬に木澤長政が晴元に対して反乱を企てようと準備を進めると[84]、和泉国においても「細川播州言上候、至泉州諸牢人乱入候企有之条、被対根来寺被成御下知者、可忝存候」と元常が諸牢人乱入の企てを報じ、根来寺に対して将軍の下知をなされるようにと依頼している[85]。同十一年（一五四二）二月になると「細播州分国泉州くるい候間、成敗の為御暇被申下国之由風聞在之」と元常自身が和泉国へ下向し、事態の収拾を図るとの噂がたつも、三月には木澤長政の乱が終結することとなる[86]。しかし、この際の不手際か木澤に与同した罪なのか、守護代の松浦守は堺において蟄居をすることとなる[87]。元常は今度の和泉国における争乱について、次のような願文を伊勢神宮に捧げている。

今度国之錯乱、令静謐属本意候之者、太々御供可致奉納者也、仍願書之状、如件、

天文十一年七月十九日

播磨守元常（花押）[88]

こののちも、和泉国の動揺は治まらず、畠山稙長による松浦退治や細川氏綱が和泉国において蜂起するなど一向に終息する気配はなかった。特に氏綱の乱は、和泉国を混乱の渦に巻き込み、晴貞は帰参した松浦守と共にその対処に当たっている。[89] [90] 同十五年（一五四六）八月に再び氏綱の乱が起こると、[91] 十月には晴貞と松浦が堺に在陣している。[92] 同十六年（一五四七）三月には、氏綱方の三宅城を攻めるため三好長慶等と共に元常父子及び松浦は出陣していた。[93] 晴貞は、同十七年（一五四八）六月の証如からの音信を最後に管見に触れなくなる。[94] 恐らくは、同十八年（一五四九）正月に晴元に対して三好長慶が反旗を翻し、松浦が一味したことが露顕することと無関係ではあるまい。[95] 事実、六月の摂州江口合戦において、破れた晴元は義晴や元常等と共に近江国坂本に没落しているが、[96] そのなかに晴貞の名前を見ることはできない。[97] 晴貞は、度重なる守護代松浦守の離反によって、没落あるいは死没したと考えるのは邪推に過ぎようか。以後、和泉国は三好氏が支配するところとなり、元常は天文二十三年（一五五四）六月十六日に不帰の客となる。法名は、佛恩院殿故播州太守實翁通真大禅定門と号される。[98]

以上、煩瑣ながら晴元を擁立して以降の元常の動向や、発給文書などからその後継者五郎を晴貞とすることができた。元常が晴元派の長老として晴元と共に上洛しており、和泉守護は天文の早い時期に子息晴貞に譲り、守護代松浦守と共に和泉国に在国させていた。しかし、木澤長政の乱以降、和泉国において不穏な動きが続き、松浦氏が乱に荷担するなど、決して安定的な支配をすることができていなかった。最終的には、松浦守が三好長慶と与同したことにより、応永十五年（一四〇八）八月以来、頼長流細川氏によって連綿と受け継がれて来た和泉上守護家は、細川刑部大輔晴貞を最後として、その支配は終わりを迎えたのである。

四　むすびに

澄元（晴元）派和泉守護である元常父子の動向について考察を行ったが、明らかとなった点や課題などについて述べむすびとする。根来寺が荘園の代官請負を通じて和泉国を浸食していたことに端を発した明応九年（一五〇〇）の擾乱で、上守護である父元有と下守護基経が自害したとき、上守護の後継者たる元常は阿波国に在国していた。両細川氏の乱が惹起すると、従来の細川庶流二家（頼長流・基之流）による両守護ではなく、高国は新しい両守護を創設し、澄元は旧上守護による単独守護を用いて争ったのである。船岡山の戦いにより澄元派が大敗すると元常の花押はその影響により変化を遂げた。澄元没後は、子晴元を擁して上洛を志し、晴元が足利義晴と和睦するに及んで京兆家家督となると、共に在京するようになる。大永七年（一五二七）に元常の子息五郎の存在が明らかとなり、発給文書から五郎が晴貞であることを証明し、晴元派和泉守護晴貞と守護代松浦守が天文の早い時期に在国していたことなどに触れた。最終的には、松浦守が元常から離反し、三好長慶と与同することで頼長流細川氏による和泉支配は終焉となる。

しかし、澄元（晴元）派としての元常父子の動向を中心としたため、諸勢力との関係が不明瞭になってしまった感は否めない。また、和泉国の権力構造についても言及する予定であったが、紙数の関係上割愛せざるをえなかった。特に、守護代である松浦守については、天文期には、守護に代わる権限を有していたと指摘されている。果たして実体は、どのようなものだったのか。元常が晴元政権下において果たした役割などについても言及することができなかった。これらは、今後の課題として、小考を閉じることとしたい。

註

（1）『新修和泉佐野市史』第五巻、史料編中世Ⅱ（泉佐野市、二〇〇一年三月）、『同』第四巻、史料編古代・中世Ⅰ（同、二

○○四年三月）及び『泉大津市史』第一巻、上本文編Ⅰ（泉大津市、二〇〇四年三月）など。

（2）『政基公旅引付』（『図書寮叢刊』養徳社、一九六一年三月。以下、『旅引付』と略す）。『新修泉佐野市史』第五巻所収の『旅引付』は、多くの市民にも理解しやすいように文体を読み下しにするなどの配慮がなされると共に、補注や人名一覧を付すなど編集方法が充実しており、当該期の日根荘に関する基礎的な知識を学ぶことができる。

（3）「細川高国派の和泉守護について」（『ヒストリア』一八二号、二〇〇二年十一月。以下、断らない限り「拙稿」とは、この論文による。）。例えば、前掲（1）『泉大津市史』所収の和泉守護細川氏系図など。

（4）『室町幕府守護制度の研究』上（東京大学出版会、一九六七年九月）。

（5）「足利一門守護細川氏の成立・発展」（『足利一門守護発展史の研究』吉川弘文館、一九八〇年二月）。

（6）「和泉半国守護考」（『守護領国支配機構の研究』法政大学出版局、一九八六年十二月。初出は一九七八年三月。以下、断らない限り今谷氏の論拠はこれによる。）。

（7）「細川氏同族連合体制の解体と畿内領国化」（『中世の法と政治』石井進編、吉川弘文館、一九九二年七月）。

（8）「戦国期守護支配の構造—和泉国細川氏」（『日本中・近世移行期の地域構造』校倉書房、二〇〇〇年八月）。

（9）「和泉守護関連史料の再検討」（『帝塚山学院大学研究論集』〔文学部〕第三十八号、二〇〇三年十二月。以下、断らない限り森田氏の論拠はこれによる）。

（10）拙稿「統源院春臺常繁小考—和泉下守護細川氏の法名を手がかりに—」（『ヒストリア』一六七号、一九九九年十一月）を参照。

（11）「中世中後期の和泉国大津・府中地域」（『市大日本史』第八号、二〇〇五年五月）。また、和泉国と関わりの深い根来寺に関する最近の研究としては、同氏「中世根来寺の戦争と武力」（『和歌山地方史研究』五〇号、二〇〇五年九月）がある。

（12）当該期の和泉守護を元常と晴賢（典厩家）としているものに、長江正一氏（新装版）『三好長慶（人物叢書）』（吉川弘文館、一九八九年五月）及び、矢田俊文氏「戦国期の守護代家」（『日本中世戦国期権力構造の研究』塙書房、一九九八年五月）の註（27）がある。後述するように誤りである。

（13）高国派は、高国の父政春が備中守護、政春の弟春倶の子高基が和泉守護、同じく尹賢が典厩家当主、尹賢の子が氏綱・和匡（のち藤賢）である。澄元（晴元）派は、甥の阿波守護持隆、従兄弟の和泉守護元常とその子五郎、高国の舅でありながら高国の京兆家就任を拒んだ典厩家の政賢、父政賢を殺害された澄賢とその子晴賢である。
(14) 設楽薫氏「将軍足利義晴期における「内談衆」の成立（前編）―享禄四年「披露事条々」の検討を出発点として―」（『室町時代研究』一号、室町時代研究会、二〇〇二年十二月）。
(15) 設楽薫氏「足利義材の没落と将軍直臣団」（『日本史研究』三〇一号、一九八七年九月）ほか。
(16) 古野貢氏「室町幕府―守護体制と細川氏権力」（『日本史研究』五一〇号、二〇〇五年二月）。
(17) 『九条家歴世記録』二（『図書寮叢刊』明治書院、一九九〇年三月。以下、『歴世』と略す）、明応九年九月二日条ほか。
(18) 『旅引付』永正元年七月二日条。拙稿「室町後期の和泉下守護細川民部大輔基経」（『日本歴史』五六六号、一九九五年七月）。
(19) 『九条家文書』一（『図書寮叢刊』明治書院、一九七一年三月。以下、『九条』と略す）、二三二号、（明応九年）七月十六日付、閼伽井坊秀尊書状。秀尊が日根野・入山田両村の代官職に補任されるのは、『九条』一、一三六号、明応八年十月六日付、九条准三宮政基家補任状案で、秀尊が代官職に補任された後で、政基が下向する以前の書状と考えられる。よって、明応九年七月が相応しい。ちなみに、秀尊は文亀二年七月以前に死去している。
(20) 『歴世』二、明応九年九月十七日条ほか。
(21) 『九条』一、二三九号、文亀二年八月十二日付、信濃少路長盛書状案。
(22) 『旅引付』冒頭部、（明応九年）十月十月二十三日付、政久書状写及び同年月二十二日付、基信書状写。
(23) 『歴世』三（『図書寮叢刊』明治書院、一九九三年三月）、文亀元年八月二十日頃、九条尚経書状案。
(24) 『歴世』三、（文亀元年）八月十九日付、斉藤元右書状写。
(25) 「永源師檀紀年録」乾（東京大学史料編纂所謄写本。以下、「紀年録」と略す）、文明十四年八月五日条及び拙稿(3)を参照。
(26) 『不問物語』上巻、廿三、細川家督評定之事（和田英松氏「尊経閣文庫蔵『不問物語』翻刻」（『跡見女子大紀要』十六号、一九八三年三月。以下、『不問』と略す）。
(27) 『不問』上巻、廿、畠山義英退治事。
(28) 「春日社司祐彌記」（東京大学史料編纂所謄写本）、永正五年七月十八日・二十日条。
(29) 『大友家文書』（『大分県史料』二十六、大分県教育委員会、一九七四年三月）、（永正七年）三月十日付、小笠原元宗書状。

(30)「天竜寺真乗院文書」(「尊経閣古文書纂」二十、東京大学史料編纂所写真帳)、(永正七年)十一月五日付、元常書状及び「田代文書」六(東京大学史料編纂所影写本)、(永正七年)十一月五日付、元常書状。

(31)「大友文書」六(東京大学史料編纂所影写本)、(永正八年)四月十四日付、小笠原元宗書状写。

(32)『熊野本願所史料』(熊野本願文書研究会編著、清文堂出版、二〇〇三年二月)、(永正八年)七月十日付、畠山義英書状及び「後法成寺関白記」一(陽明叢書「後法成寺関白記」、思文閣出版、一九八五年一月。以下、「関白記」と略す)、永正八年七月十四日条ほか。

(33)『疋田家本離宮八幡宮文書』(『大山崎町史』史料編、大山崎町、一九八一年三月)、永正八年八月十五日付、元常禁制写及び、「離宮八幡宮文書」二(東京大学史料編纂所影写本)、永正八年八月日付、政賢禁制。

(34)「関白記」一、永正八年八月十六日条。ここから、澄元派和泉守護が元常であったと認識されていたことを知る。

(35)「賀茂別雷神社文書」五十五(東京大学史料編纂所写真帳)。この文書については、須磨千穎氏「土倉の土地集積と徳政—賀茂別雷神社の境内における土倉野洲井の土地買得をめぐって—」(『史学雑誌』第八十一編第三号、一九七二年三月)を参照。

(36)『実隆公記』五下(続群書類従完成会、一九三八年十二月。以下、『実隆』と略す)、永正八年八月二十四日条及び「関白記」一、同年月日条ほか。

(37)『拾介記』(『改定史籍集覧』二十四、臨川書店、一九九一年二月)、永正八年八月二十四日条。

(38)拙稿「高越寺所蔵「蔵王権現永正十一年四月再興棟札」—細川元常奉納棟札について—」(『寺院史研究』第十号、二〇〇六年五月)を参照。

(39)前掲(14)設楽氏論文。

(40)拙稿(38)を参照。

(41)「関白記」二(思文閣出版、一九八五年四月)、永正十四年七月三日条に細川刑部大輔と見えるが、これは元常ではない。恐らく、大輔と少輔の誤記と考えられる。

(42)『実隆』五下、永正十七年三月二十七日条。

(43)『拾介記』、永正十七年五月一日条。

(44)「関白記」二、永正十七年五月十一日条ほか。
(45)『大日本史料』九編之十一（東京大学出版会、一九五六年三月）、永正十七年六月十日条。
(46)『二水記』二（『大日本古記録』、岩波書店、一九九一年十月）、永正十八年三月八日条ほか。
(47)「波々伯部文書」（東京大学史料編纂所影写本）、（永正十八年）四月三日付、元常書状。
(48)「古文書写」（東京大学図書館所蔵）、（永正十八年）四月三日付、澄賢書状写。
(49)『大日本史料』九編之十三（東京大学出版会、一九五八年二月）、尚順の敗戦については、永正十八年五月条を参照。澄賢の死去については、大永元年八月二十二日条を参照。
(50)『祐維記抄』（『続々群書類従』第三）、大永元年十一月一日条。
(51)「経尋記」（東京大学史料編纂所写真帳）、大永二年八月二十七日条ほか。
(52)『続史愚抄』中篇（『新訂増補国史大系』十四、吉川弘文館、一九九九年十二月）、大永三年四月九日条ほか。
(53)拙稿（3）を参照。
(54)『実隆』六下（続群書類従完成会、一九六二年十二月）、大永六年七月十二日条ほか。
(55)『厳助往年記』（『改定史籍集覧』二十五、臨川書店、一九九一年二月。以下、『厳助』と略す。）、大永六年十月二十日条ほか。
(56)『二水記』三（『大日本古記録』、岩波書店、一九九四年三月）、大永六年十二月十四日条。
(57)『二水記』三、大永七年二月十四日条ほか。
(58)『厳助』、大永七年三月二十一日条。
(59)『座中天文日記』（『日本庶民文化史料集成』第二巻、田楽・猿楽、藝能史研究會編、三一書房、一九七四年十二月。以下、『座中』と略す）、大永七年十一月十八日条。
(60)『実隆』七（続群書類従完成会、一九五七年三月）、大永七年十月二十六日条。
(61)「離宮八幡宮文書」三（東京大学史料編纂所影写本）、（大永七年）十二月二十日付、元常書状。ちなみに、松浦守が肥前守と称す初見の史料である。
(62)『証如上人日記』（『石山本願寺日記』上巻、上松寅三編纂校訂、一九三〇年六月。以下、『証如』と略す）、天文五年正月十六日条。

(63)『証如上人書札案（宛名留）』（『石山本願寺日記』下巻、上松寅三編纂校訂、一九三〇年九月。以下（宛名留）と略す）。

(64)『板原家文書』（『京都府立総合資料館紀要』十六号、一九八八年三月。以下、『板原』と略す）、四号（四）、（天文十一年）五月二十八日付、元常書状案。

(65)拙稿（38）及び『証如』上巻、天文五年正月二十日条に「此内ニ丹といふ者五郎へ奏者せしめ候よし候」とある。

(66)『板原』、四号（五）、（天文十一年）五月二十八日付、晴貞書状案。『板原』では、清貞書状写としているが、「板原家文書」（京都府立総合資料館写真帳）で確認したところ、晴貞と読むことができる。

(67)『板原』、四号（六）、（天文十一年）五月二十八日付、多賀常直書状案。

(68)『板原』、四十二号、五月十九日付、高基書状。

(69)『板原』、十九号、（天文十三年）壬十一月三日付、元常書状。

(70)『証如』上巻、天文九年五月十八日条。

(71)「細川家文書」二（東京大学史料編纂所写真帳。以下、「細川」と略す）、九月九日付、晴貞書状。「刑部大輔晴貞」なる封紙を「細川」で確認したところ、「細川」自体が冊子に装丁が変更されており、元は封紙上書であった「刑部大輔晴貞」が晴貞書状の前に貼り継いであることが確認できる。しかも、封紙上書の文字が、署名・充所の文字と同筆で、晴貞本人が書いたものと判断できる。なお、封紙上書については、高橋敏子氏にご教示いただいた。

(72)「細川」二、十一月二十八日付、元有書状及び「同」二、享禄弐、五月二十日付、元常書状。蔵春軒については、「紀年録」乾、文明十七年四月二十四日条及び延徳二年六月十三日条を参照。

(73)「古今消息集」四（東京大学史料編纂所謄写本）、三月二十三日付、晴貞書状写。

致参洛候者、雖御案内可申入候、態与斟酌候之処、重而之貴札、殊太刀一腰三種五荷送給候、御懇之至候、必以使者
御礼可申述之条、先令省略候、恐々謹言、
三月廿三日　晴貞（花押影）
弾正少弼（六角定頼）殿

御返報(74)

書状写には、「細川晴貞状写」とあり、花押影も(71)と一致する。充所は六角定頼で、晴元との婚姻関係を通じて足利義晴党となっており、晴元派の重鎮元常と定頼とが、政治的なやりとりしていたことは『座中』などから知る。定頼に対する晴貞の往信も元常の子息であったことを示す文書といえる。

(74) 晴貞の受給文書については、『證如上人書札案』(『石山本願寺日記』下巻、上松寅三編纂校訂、一九三〇年九月)に多数含まれる。当該期に足利義晴から諱を拝領した細川一族としては、高国の弟とされる晴国(晴聡)、高国派和泉守護の晴宣、晴元派典厩家の晴賢や奥州家の晴経、申次衆の晴廣などがいる。晴廣については、設楽薫氏「足利義晴期における内談衆の人的構成に関する考察」(『遙かなる中世』十九号、二〇〇一年五月)を参照。

(75) 『音信御日記』(『一向一揆の研究』北西弘著、春秋社、一九八一年二月。以下『音信』と略す)、同年月日条。

(76) 『座中』、天文三年十一月頃及び『再昌草』三(『桂宮本叢書』十三巻、宮内庁書陵部編、一九五四年)、同年十二月十四日条など。

(77) 熊本藩細川家の家伝『綿考輯録』一(出水叢書一、吸古書院、一九八八年一月)によれば、天文七年六月に足利義晴の命により、藤孝(幽斎)が子のない元常の養子となったとしている。上述のように元常には晴貞という後継者が存在し、天文七年には和泉守護として活動していたことは明らかである。であれば藤孝は、晴貞の養子と理解すべきであろう。しかし、「細川」に晴貞書状が含まれている事に熊本藩細川家が気づいていないというのは、不自然であり、晴貞が最後の上守護であった事実を理解していない証左となろう。よって、藤孝の元常養子説は再検討する必要がある。ちなみに、藤孝の父三淵晴員と元常については、設楽薫氏「将軍足利義晴の嗣立と大館常興の登場—常興と清光院(佐子局)の関係をめぐって—」(『日本歴史』六三一号、二〇〇〇年十二月)を参照。

(78) 『座中』、享禄元年九月条。

(79) 『川田八幡神社所蔵棟札』(『阿波国徴古雑抄』)、天文二年二月十二日、八幡宮天文八年二月再興棟札(細川播磨守元常奉納)。播磨守元常の初見である。

(80) 『再昌草』三、天文四年六月条。元常が連歌をよくしていた事は、木藤才蔵氏『連歌史論考』下〔増補改訂版〕(明治書院、一九九三年五月）に詳しい。天文七年二月四日の「賦何路連歌百韻」（宮内庁圖書寮所蔵）に元常と晴貞、松浦守などの連歌がある。
(81)『証如』上巻、天文五年七月六日条。元常が居住していた山崎とは、勝龍寺城の可能性もある。
(82)『厳助』、天文五年九月二十四日条。
(83)『大館常興日記』（『増補続史料大成』、臨川書店、一九六七年三月。以下、『常興』と略す）及び『親俊日記』（『増補続史料大成』、臨川書店、一九六七年三月）ほか。
(84)『続南行雑録』所収『二条寺主家記抜粋』（『続々群書類従』二）、天文十年八月条。
(85)『常興』二、天文十年八月二日条。
(86)『常興』三、天文十一年二月十三日条。
(87)『音信』、天文十一年四月十六日条。前掲（66）に松浦守の名が見えずに多賀常直がそれにかわっていたことと、松浦守の蟄居とは時期的に重なる。
(88)「輯古帖」一（東京大学史料編纂所影写本）、天文十一年七月十九日付、元常願文。
(89)拙稿「「行松入道康忠書状」について」（『泉佐野市史研究』第六号、二〇〇〇年三月）及び小谷利明氏「畠山稙長の動向」（『戦国期の権力と文書』矢田俊文編、高志書院、二〇〇四年二月）を参照。
(90)『多門院日記』一（『増補続史料大成』、臨川書店、一九七八年五月。以下、『多聞』と略す）、天文十二年（一五四三）七月二十七日条。
(91)『多聞』一、天文十五年八月二十一日条ほか。
(92)『音信』、天文十五年十一月十六日条及び『証如』上巻、同年月日条。
(93)『証如』上巻、天文十六年三月十三日条及び『音信』同年月日条。
(94)『証如』上巻、天文十七年六月四日条。
(95)『足利季世記』（『改定史籍集覧』十三、臨川書店、一九九〇年十二月）、天文十八年正月十三日付、六角定頼書状写及び『証如』上巻、天文十八年六月二十七日条。

(96)『鹿苑日録』二（続群書類従完成会、一九三四年十月）、天文十八年六月二十四日条ほか。

(97)『言継卿記』三（続群書類従完成会、一九九八年十一月）、天文十九年正月十五日条ほか。

(98)「紀年録」坤、天文二十三年六月十六日条ほか。

◎和泉上守護細川氏系図（永源師檀紀年録・尊卑分脈・系図纂要・細川系図を参考に作成）

頼有 ┬ 頼顕
　　 └ ①頼長（九郎）── ②持有（九郎）┬ ③教春（九郎）
　　　　　　　　　　　　　　　　　　 └ ④常有（弥九郎）┬ ⑤政有（九郎）── 源諦喝食
　　　　　　　　　　　　　　　　　　　　　　　　　　　 └ ⑥元有（五郎）┬ ⑦元常（五郎）── ⑧晴貞（五郎）
　　　　　　　　　　　　　　　　　　　　　　　　　　　　　　　　　　　 ├ 晴貞（誤りカ）
　　　　　　　　　　　　　　　　　　　　　　　　　　　　　　　　　　　 ├ 晴員 ── 藤孝
　　　　　　　　　　　　　　　　　　　　　　　　　　　　　　　　　　　 └ 有盛（後の松浦守カ）

◎和泉下守護細川氏系図（永源師檀紀年録・尊卑分脈・系図纂要を参考に作成）

満之 ── ①基之（弥九郎）┬ ②頼久（弥九郎カ）── ③持久（弥九郎カ）── ④基経（弥九郎カ）── ⑤政久（弥九郎）…… 高基（弥九郎）
　　　　　　　　　　　　└ 教久

◎永正四年以降天文年間の高国派和泉守護細川氏系図

細川高基（弥九郎）── 細川勝基（九郎）（細川高国流）

畠山尚順 ── 細川晴宣（五郎）（畠山尚順流）

和泉国松浦氏小考

—永禄年間を中心に—

山中吾朗

はじめに

近年、戦国期研究において、戦国大名・戦国期守護・国人領主・惣国一揆・一向一揆など、当該期に各地域性に規定されつつ現出した地域権力を、総体的にどのように理解すべきかについて議論が活発である。[1] こうした研究動向は、東国や西国の戦国大名研究、あるいは一向一揆研究などに比べて遅れていた戦国期畿内政治史研究が、議論の俎上に上げられる水準まで進められ、地域ごとに分散化傾向にあった戦国時代史の総合化が漸く試みられるようになってきたことを示すのであろう。

しかしながら、和泉国の戦国期研究は、未だに歴代守護の人名さえも確定されないなど、隣接する河内や摂津と比較しても端緒についたばかりとの感があるが、研究の進展を妨げている大きな要因は、史料の問題であろう。戦国期の和泉国に関する史料は決して量的に少ないわけではないが、日根荘関係史料や、「中家文書」の売券群などに偏在し、これらを除けば、決して量的には豊富とは言えない状況である。また、年代や発給者を確定できていない史料も多く、こうした事情が、戦国期の和泉地域史研究が遅々として進まない大きな要因であることは確かであろう。

一方、和泉地域の自治体史の刊行が進み、特に最近刊行された『新修泉佐野市史　第四巻　史料編古代・中世Ⅰ』や、『泉大津市史　第一巻上　本文編Ⅰ』には、新史料も多く収載され、編集者によって年代比定も積極的に試みられるなど、新たな研究段階に向かう素地が形成されつつある。

本稿は、こうした研究状況の中、和泉における戦国期地域権力である松浦氏を取り上げる。松浦氏は、明応年間（一四九二～一五〇一）に松浦盛が上守護細川氏の守護代として史料に現れる。(2) 文亀元（一五〇一）年以後は、盛の跡を継いだと考えられる守が守護関係史料に頻出し、享禄・天文年間（一五二八～五五）には、守護から自立し判物を発給する地域権力となったと評価されている。(3) 松浦氏を取り上げるのは、和泉地域権力として守護から自立した松浦氏が、守以後、どのように展開したのか、未だ十分に解明されておらず、特に三好政権期から織田政権期にかけての和泉国内の政治動向が不明瞭なためである。前記自治体史で紹介された新史料も活用しつつ、松浦氏関係史料の解釈について試案を提示することが本稿の第一の目的であるが、それは同時に、松浦氏権力の性格や、国内支配の特徴について、三好政権など上位権力との関係を軸に論じることになるはずである。

一　松浦万満

松浦守は、「政基公旅引付」文亀元年三月吉曜条に、和泉国上守護代としての存在が確認されるのが初見である。文書様式論から、松浦守が守護権を代行しつつ国内支配の実力を伸ばし、享禄・天文年間には判物を発給する地域権力として守護細川元常から自立したと見られることは矢田俊文氏の指摘通りであるが、守護からの「自立」とは言うものの、天文年間前半頃までは決して守護細川氏と対立していたわけではなかった。

しかし、天文十七（一五四八）年、細川晴元と三好長慶の対立が激化すると、松浦守は長慶方に付き、晴元方の細川元常と完全に訣別した。翌年、摂津江口合戦で晴元政権が崩壊すると、細川元常は、将軍義晴・管領晴元とともに近江へ逃走し、松浦守は、三好政権の下で名実ともに和泉国を支配したものと考えられる。

松浦守の消息は弘治年間（一五五五～五八）以後不明となり、かわって登場するのが守の跡を継いだと思われる松浦万満である。

【史料ａ】

泉州事、従養父周防代幷一存被申付、以前自無相違、可有存知候、為其以一札申候、恐々謹言、

卯月廿三日　　長慶（花押）

松浦万満殿

（切封）松浦万満殿　　長慶[4]

史料ａは、三好長慶が、松浦万満の泉州支配を承認するとともに、在地支配の実際は養父である周防と三好長慶の弟十河一存によって申し付けることとしている。文書の年代は、十河一存が永禄元（一五五八）年九月堺に上陸し、三好方の軍勢が和泉国中を打ち廻ったとする「細川両家記」の記事から、この頃岸和田城に入城し、和泉国を支配するようになったと推定されており[5]、また、一存が没するのが永禄四年四月であるから、ａの年代は永禄二〜三年となる。

十河一存が岸和田城へ入城したことは、十二月十二日付浄心院快栄書状[6]に、「一存岸和田入城旁御大慶候」とあることから、事実として確認できる。また、近世の史料では、十河一存は岸和田城主であったと記すものもある[7]。岸和田城は、遅くとも永禄元年には築城されており、この頃には堺に代わって和泉国の統治者が拠点とする城郭となっていたが[8]、一存の立場がはたして岸和田城主であったのかどうかは検討を要する。なぜなら、史料ａでは、三好長慶が泉州の支配者として容認したのは松浦万満であって、一存は万満の養父周防とともにそれを補佐し、若年の万満に代って国内支配の実際を担う存在と解釈せざるをえないからである。和泉国支配における一存の立場は、史料ａからは周防と同格のように見える。それでは、周防とは何者であろうか。

【史料b】

尚々委申度候へ共、書中之儀候間、委細之段、盛音仁申聞候、何と候ても爰許之様躰承候仁、十河手ニ可入
存候、御祈禱も被成候て可然存候、
態注進令申候、仍此方日損以之外候、仕合難調存候、就其去廿七日仁、従十河方御納所之儀相被押候、様躰者、
岸和田周防守殿へ被申事仁、九条殿、法隆寺分知行可有子細在之間、其御意得可被成由、達而被申候、子細有間
於可被召者、兎も角も不存由返事佐藤如此候、一度武家之手に渡候て者、向後之儀不可然存候間、下用（司カ）拙者致
登城雖申分候調不申候、寺家之御儀を得可致候へ共、日数相延候へハ如何存候て、少樽銭入申候共、寺田殿に御
馳走被成候て可給之由頼申候処、其筋目以馳走候て可被見由候、従寺家も周防殿幷寺田殿へ御馳走可被入頼由、
態と御状被遣候之間、可然存候、十河殿へも無承引迄も御状被遣候へ者、国之聞可然候哉、不慇（慮カ）之中事出来候
て迷惑仕候、委細者盛音可申候、恐々謹言、

九月廿九日　　　印清（花押）

（奥折封上書）
年会五師御坊　　　乗源（9）
御同宿中　　　印清

【史料c】

今度十河方申事之儀付、先度致注進候之処、委細示給祝着令申候、仍国之守護代幷寺田方、以此間色々曖申分候
之処に、去九日無事返事候、礼銭相調、十一日ニ於堺十河方へ礼に罷出申候、松浦方十方彼是礼物拾九貫文入申
候、当納分にて随分馳走仕度覚悟候へ共、方々之儀候間如此候、寺家へ之書状共相調可致上洛候、尚勾当可申候、
恐々謹言、

拾月十三日　　　　　　　　　　　　　　　　　　　　印清（花押）

年会五師御坊
まいる(10)

史料bとcは、十河一存による法隆寺領和泉国珍南荘の押領について、法隆寺僧印清が、寺家へ送った書状である。内容から一連の文書であり、その年代は、十河一存が和泉に在国していた時期のものであるから、永禄元年から同三年頃の文書と推定される。書状には、珍南荘が十河一存に押領され、印清は十河の押領を停止するため、寺家へ岸和田周防守と寺田への馳走を頼み、結果、「国之守護代幷寺田方」の「色々曖」によって十河による押領は落着したことが記されている。この史料は、永禄初年期の松浦氏と十河氏の和泉支配における関係や、松浦氏の権力構成を今に伝える希少な史料である。ここで注目したい事実は、次の三点である。

第一に、印清が寺家に馳走を依頼した岸和田周防守である。岸和田周防守は、寺田と共に、十河の押領を停止しうる可能性のある者として印清は認識している。この岸和田周防守が、史料aに見える万満の養父周防と同一人物と見てまず間違いないであろう。そして、史料bにある「周防殿幷寺田殿」と、史料cの「国之守護代幷寺田方」とは、同一人物を指すと考えられ、すなわち岸和田周防守は、守護代であったことが明らかとなる。

第二に、印清は、寺家から十河へも押領を停止するよう書状を送れば、たとえ承引されなくても「国之聞」は良いだろう、と述べている点である。ここでの「国」とは、文脈から十河ではありえず、法隆寺が馳走する相手である岸和田周防守や寺田であり、ひいては松浦万満を指すと解釈すべきであろう。印清は、岸和田周防守を守護代と呼び、松浦氏を「国」、すなわち守護と見ているのである。松浦氏が将軍から補任された守護であったかどうかは不明だが、前代以来の守護公権を体現する立場にあり、その守護代として岸和田周防守がいたのである。

第三に、印清が松浦氏配下の岸和田周防守や寺田のみならず、押領した張本人である十河への配慮も必要と認識していた点である。「国之聞可然候哉」との印清の言葉は、十河の押領停止は、松浦氏の裁定のみでは決着せず、十河本人へも寺家から働きかけている事実を松浦氏に伝えておく必要があるとの判断に他ならない。松浦氏の守護公権が史料aにあるように三好長慶の保証に基づく支配権であったため、三好政権の一翼を担う十河の行動を松浦氏が一方的に抑止しうる立場ではなかったのである。

このように、史料b・cから、松浦万満の和泉国支配は、万満が年少であったこともあろうが、十河や岸和田周防守・寺田氏などの重臣らによって支えられていたこと、万満が和泉国の守護として第三者からは認識されていたことがわかる。次の史料は、やはり三好長慶が万満の和泉国支配について発した書状である。

【史料d】

なを〳〵しゆんなり事とも申やうことも御たつねあるへく候、まきれ申事候ましく候、

まこ六郎殿、まんミつ殿の事、いつれもミんふの大夫ときにあいかハらすちそう申へきよし、とうミやうとしよりにも申きけ候、その御心へなされ、ひいきへんはなく御いけんかんようニ候、まきれ事候ハヽ、我々より上け候へく候、いさゝか御とうかん候ましく候、そのためニ一ふて申候、又々かしく、

五月六日　　なか慶（花押）

（切封）

御ちの人まいる　しゆりの太夫
申給候(11)　なか慶

書状の年代は、「ミんふの大夫ときにあいかハらす」とあることから十河一存（民部大輔）の没後まもなくと考えら

れるので、永禄四年と推定される。また、ここに登場する孫六郎は、本書所収の天野忠幸氏の論考にあるように、十河一存の子（後の三好義継）であろう。

史料dで注目されるのは、長慶が「とうミやう（同名）」「としより（年寄）」に対して、一存の生前同様に、孫六郎・万満に対しての馳走を命じている点である。松浦家中に、同名衆・年寄衆が存在していたことがわかるとともに、長慶が一存の死後、同名衆・年寄衆に対して改めて孫六郎・万満への馳走を確認しておく必要があったのは、一存が没したことによって和泉国支配が不安定化することを避けるためであったと考えられる。史料dは一存没後に出された書状だが、かえって一存の存在が松浦氏の和泉国支配を支える柱であったことを物語るものであろう。

以上、永禄初年期において、松浦万満が和泉国守護と認識されていたこと、その国支配は十河一存の存在によって支えられるとともに、同名衆・年寄衆など松浦家中と呼ぶべき国内統治機構を備えていたことを述べた。

二　松浦孫八郎

万満に次いで松浦孫八郎が史料上に確認できる。次に掲げる松浦孫八郎起請文案は、若年の松浦孫八郎が、畠山氏に差し出した文書であるが、永禄年間の松浦氏の動向を考える上で注目すべき内容を多く含んでいる。

【史料e】

天罰起請事

右意趣者、（a）就今度其方入国儀、対松浦孫八郎被遣知行段、自最前不可然由悔入候、雖然各依無道請取之、以其旨至家原面、令出張、失勝利、一果之儀不及是非候、於此上弥申談、可散遺恨之処、（b）国衆幷四人之者等、三好方与可和睦之由、頻ニ申分候間、不能分別之由問答半候、所詮根来寺覚悟次第候、若和談事不相調者、申合筋目者不可有相違候、然者契約之知行事者返渡、永代両国成自他不二思候様、可仰達候（貼紙）「申達候」、（c）次先年根来寺与三好方和与之時、八木・池田事、彼寺ニ遣候、替地事可申付由、彼方衆以連署申候間、於河州相当事相渡候様、馳走肝要候、於偽此旨者、可蒙日本国中大小神祇、殊八幡大菩薩・春日大明神・多武峯大明神・天満大自在天神・氏神之冥罰者也、

永禄九年七月朔〔九〕日　　判

遊佐河内守殿

遊佐美作守とのへ

（付箋書）「右之趣、松浦孫八郎以誓紙雖可申、若年ニ候之間、為其如此候」(12)

まず、傍線部（a）について。この部分は、「松浦孫八郎へ知行を与えるとの畠山方からの申し出を止む無く受諾し、畠山方に加わって家原で（三好三人衆の軍勢と）戦ったが敗れた。」と解釈できる。家原の合戦とは、永禄九年二月、松永久秀が、畠山高政・安見宗房・根来寺・和泉国衆らと共に、三好三人衆の軍勢と堺近郊の家原で戦い敗れたものである。「細川両家記」によれば、和泉国衆はその後岸和田城に籠って抗戦したが、同年八月中頃には三好方に下ったという。このあたりの「細川両家記」の記述は、史料ｅの内容とよく符合する。「細川両家記」にある岸和田城に籠って抗戦した和泉国衆とは、松浦孫八郎を主とする軍勢と考えてよいだろう。

傍線部（a）によれば、畠山方から知行を与えるとの申し出に対し、松浦孫八郎は「自最前不可然由悔入候」と述べて、畠山から知行を受け取ることには消極的であったが、「各依無道請取之」、つまりやむを得ずこれを受け取った、とある。このことは、家原合戦以前に松浦氏と畠山氏とは対立関係にあったことを示すものである。これは、永禄五年の久米田合戦、河内教興寺合戦など三好長慶と畠山高政の対立関係の中で、松浦氏は一貫して三好方に加わって、畠山氏とは長く対立関係にあったことを指すものと考えられる。

弓倉弘年氏は、「大館記書案」にある永禄五年五月の河内教興寺合戦に関する記事に、松浦の陣屋が焼かれ根来衆が総崩れとなった、とあることから、この時、松浦氏は三好氏による和泉の領国化を阻止するべく畠山方についていたと述べられたが(13)、「大館記書案」に現れる「松浦」が、三好政権の後見によって和泉国を支配した松浦氏当主その人であったかどうかは定かではない。先に見たように、永禄四年には長慶によって松浦氏の和泉国支配は承認されていた。また、傍線部（c）にある根来寺と三好方との和与とは、永禄六年十月十六日に、泉州で参会して両者の和議がなったこと(14)を指すのであろうが、その際、三好方から根来寺に対して和泉国内の八木・池田を知行として与え、松浦氏へは替地を与えるとの連署状が与えられたという。すなわち、永禄六年にも松浦氏は三好方にあったことになるが、前年の教興寺合戦で三好氏と敵対していたならば、このような処置はありえないだろう。後述するように、この時期、松浦氏は分裂していたと考えられ(15)、永禄五年に畠山方に属した松浦氏は、分裂した松浦氏の一方と考えるべきではないだろうか。

次に傍線部（b）の「四人之者」だが、「四人之者」が国衆と共に、松浦氏の政治意思決定に影響力を持つ存在であったことは右史料から明らかであろう。この「四人之者」に相当すると思われる人物が連署した文書が残されている。

【史料f】

如仰田楽禄物儀、国ケ給人衆種々雖存分被申候、達而令異見、如先々申定候、但、過法干水損之時者、諸社へ御神役被応、可被相談分ニ相究申候、将亦当日喧嘩口論等之儀、孫八郎制札相調可参候、恐々謹言、

八月十三日　富右（石）宗俊（花押）

寺越入知（花押）

長隼　貞（花押）
松孫太　俊（花押）

在庁衆御中
御返報(16)

右は、『大和古文書聚英』では「毛利氏被官等書状」とし、周防国関係の史料として収載されているが、廣田浩治氏は和泉国関係史料であることを見抜き、松浦氏が国人と地域諸階層の調停者として振舞っている一例として取り上げた史料である。(17)ここに署判する四人の内、「富右（石）宗俊」と「寺越入知」については、若干の関連史料が存在する。

まず、「富右（石）宗俊」は、次節に掲げる史料ｇの発給者富上石見守宗俊であろう。

次に「寺越入知」であるが、永禄十二年の穴師神社の棟札に「寺田越中入道弘家」の名が見えるので(18)、史料ｆに署判する「寺越入知」は「寺田越中入道知□」の省略形と見てよいだろう。弘家との関わりは不明とせざるをえないものの、その一族か、あるいは同一人物の可能性も否定しきれない。また、前掲史料ｂに登場した「寺田殿」も同一人物か、その一族と見てよいだろう。

他二名については全く不明であるが、「松孫太俊」は、同名衆の一人ではなかろうか(19)。

史料ｆに署判する四人が、史料ｅの「四人之者」と同一人物であるか否かはもとより確認できないが、すでに見たように、松浦家中には同名衆・年寄衆がいて孫六郎・万満を補佐していたが、国衆とは区別される「四人之者」が同名衆や年寄衆であった蓋然性は高いであろう。孫八郎の意を受けて現地に文書を発給する「四人之者」は、一般的に言えば、奉行人に比定できるだろう。ここでは松浦氏の裁定を現地に伝達する際に、松浦家中の四人による連署状が作成され、孫八郎の制札が下されている事実に注意しておきたい。

このような家中連署形式の文書は、天文期の松浦守段階では見られない形式である。細川氏から「自立」した後、松浦守の裁許は、直状形式で現地に伝えられていた。[20]史料eで「国衆幷四人之者」が孫八郎に三好方との和睦を勧めたが、孫八郎は「不能分別」と述べて、所詮根来寺の覚悟次第だと他律的判断に委ねているように、松浦氏の政治意思決定に「国衆幷四人之者」の関与が深まっていたことが窺われる。三好氏・畠山氏・根来寺などの対立・抗争が続く和泉国において、若年の万満・孫八郎を当主に戴き、難しい政治的判断を迫られる中で、同名衆や年寄衆の松浦家中における立場が上昇したものと考えられる。

次に史料fの内容に着目するならば、廣田氏が指摘されたように、この史料は和泉国五社惣社放生会[21]での田楽奉納に関する「国ケ給人」と「在庁衆」との相論に、松浦氏が裁定を下した文書と見てよいだろう。和泉国では室町・戦国期にも在庁衆が存在し、名目的ではあれ国衙領が広範に残存し、国衙職なる得分権を守護細川氏が持っていた。[22]また、和泉国五社惣社の鎮座する府中が、国人らの結集拠点としての機能を未だ喪失してはおらず[23]、守護による五社惣社への奉幣も行われた。[24]五社惣社の祭祀を保護することは、和泉国の政治権力にとって、イデオロギー的国内統治手段として必要であった。松浦孫八郎が、和泉国五社惣社放生会に関わる相論を裁定し、喧嘩口論を禁止する制札を下している事実は、孫八郎が和泉国の宗教的庇護者であるとともに、守護公権を継承する統治者であったことを示すものであろう。

前節で、十河一存の存在によって松浦氏権力が支えられていたことを述べたが、和泉国内において守護公権を体現する権力は松浦氏であり、決して十河ではなかった。十河一存が和泉に在国した期間が短いこともあろうが、和泉国内で一存が発給した文書の残存例は僅かで、管見の限りでは、南郡福田の地侍と考えられる福田九郎左衛門に与えた感状の写しが唯一である。[25]感状は個別の主従制的支配を示すものではあるが、統治権的な国内支配とは無関係の文書であり、十河が和泉国内で地域社会の秩序維持機能を果たした事実は見当たらない。

今谷明氏は、将軍義輝が近江朽木に逃れていた五年間を除いて三好政権の洛中支配が、統治権的支配の核を欠いた支配であり、訴訟裁決に関する室町幕府の伝統的権威を否定しきれなかったところに三好政権の限界を見出された(26)。長慶の洛中支配でさえそうであるとするならば、十河氏の和泉国支配についても、統治権的支配＝地域社会秩序を維持する公共的機能を欠如した支配であった可能性は高いのではないだろうか。統治権的支配は松浦氏が専ら担い、十河の和泉国支配とは結局のところ軍事的支配に尽きるのではないかとも考えられる。要するに、十河の和泉国における役割は、三好政権が派遣した軍事指揮官であり、地域社会から秩序維持を期待されたのはあくまでも松浦氏であったと考えたい(27)。

ところで、史料fに現れる松浦孫八郎と、永禄元年～四年頃の文書に現れた松浦万満とはどのような関係と見るべきであろうか。次表は、永禄以後の松浦氏関係史料の一覧である。

〈永禄～天正期松浦氏関係史料〉

	年月日	史料名	内容	典拠
1	（永禄二～三）四・二三	三好長慶書状	松浦万満の泉州支配安堵	九条家文書
2	（永禄四）五・六	三好長慶書状	十河孫六郎・松浦万満への馳走を同名・年寄に命じる	九条家文書
3	（永禄五）五・二七	大館晴光書状案	河内教興寺合戦で畠山方の松浦陣屋焼かれる	大館記書案
4	（永禄八以前）十二・二一	松浦虎判物	松浦孫五郎虎が日根野氏に日根野などの知行安堵	日根文書
5	永禄九・七・九	松浦孫八郎起請文案	松浦孫八郎が畠山方と同盟関係を確認	九条家文書
6	永禄九・八	松浦肥前守禁制	松浦肥前守虎、和泉国天下谷の極楽寺に禁制を発す	吉野保氏所蔵文書
7	（永禄九カ）十二・二八	遠井盛秀等連署書状	畠山氏が松浦孫八郎に河内国内に知行を与える	九条家文書

8	永禄十・十	細川両家記	松永方の松浦孫五郎、三好三人衆方となり奈良に陣す	細川両家記
9	（永禄十二）十・二六	梶原越前守等連署状案	松浦総八郎に寺田方の不法について信長の成敗への協力を命じる	今井宗久書札留
10	元亀元・正・二三	二条宴乗日記	信長上洛につき、松浦総五郎ら和泉国衆に在京命じる	二条宴乗日記
11	元亀二・七・二七	尋憲記	松浦・和泉国衆が畠山氏援軍として高屋城へ赴く	尋憲記
12	元亀四・正・一	尋憲記	信長衆として松浦が岸和田在城	尋憲記
13	（元亀四）四・十九	織田信長朱印状	松浦肥前守、河内若江城を攻めるとの十河存保の存分を信長に申し入れる	山崎文書
14	天正三・二・九	松浦光判物写	松浦肥前守光、岸和田池に関する掟書を下す	松浦文書類
15	天正三・四	松浦光判物写	松浦肥前守光、岸和田池に関する掟書を下す	松浦文書類
16	天正三・十二・十三	織田信長書状写	松浦肥前守から信長への進物に対する返状	松浦文書類
17	（天正四）七・九	織田信長朱印状	沼間任世・寺田又左衛門尉・松浦安大夫らへ刈田を命じる	富田仙助氏所蔵文書
18	（天正六）八・十四	佐久間定盛・定栄連署状	寺田又右衛門・松浦安大夫へ御用木を命じる	佐藤行信氏所蔵文書
19	（天正八～十）	織田信長印判状写	寺田又左衛門尉・松浦安大夫から信長への進物に対する返状	岡田家系図
20	（天正九・正・二三）	織田信長京都馬揃触状写	信長、寺田又右衛門尉・松浦安大夫らに、京都馬揃への参加を命じる	板原家文書
21	年未詳五・五	織田信長黒印状	松浦安大夫からの進物への返状	滋賀県立安土城考古博物館所蔵文書
22	年未詳九・二四	松浦安太夫家書状	松浦安太夫から堺引接寺宛ての書状	正法寺文書

この表から、永禄～元亀年間の和泉国内には松浦万満・孫五郎虎（肥前守）・孫八郎がいたことがわかる。9、10に見える総八郎と総五郎は、「総」と「孫」の字は草体が近似しており、孫八郎と孫五郎の誤読または誤写と思われる。

また、孫五郎と孫八郎は別人と考えてよいだろうが、5、6は発給日が近接しており、ほぼ同時期に孫八郎と孫五郎虎が共に和泉国内支配に関与していたことになる。そして、三好氏との関わりに注意するならば、孫五郎と三好氏との関係については史料上、直截的には現れないが、孫八郎は、先に述べたように、少なくとも永禄九年初め頃までは三好氏の支配下に属し、その点では永禄元年頃の万満から一貫していたといえる。すでに見たように、この間、松浦孫八郎は、和泉五社惣社の祭礼に関する訴訟を裁き、祭礼時の喧嘩口論禁止を定めた制札を下すなど、地域社会秩序を維持する公権力として臨んでいた。それは三好長慶が、万満の支配権を容認しつつも、国内支配の実際を十河一存と岸和田周防から申し付けるとした政治路線の延長と見ることができる。三好氏との関係から言えば、孫八郎が万満以来の政治的立場を継承していたのであり、孫八郎が万満本人であった可能性は高いと考えられる。

三　松浦孫五郎虎

次に、孫五郎虎はどのような立場にあった人物であったのかを検討する。

【史料g】

為日根野下方分・内畑政所分・我孫子明石方、此三ヶ所之替、天下本知分半分被参候、全可有御領知事肝要候、恐々謹言、

永禄五
五月九日　　富上石見守
宗俊（花押）

日根野孫七郎殿(28)

【史料h】

尚々御本知之儀、相調珍重候、返々根来寺和談之時者、無疎略儀候条、其時者御分別専用候、為其一筆令啓

候、此外不申候、
日根野御本知分之事、可被返付候旨候、乍去根来寺和談之時者、非等閑候、猶於様躰者、坂橋右・御同新兵へ申
候間、不能委細候、恐々謹言、

五月九日　　富上石見守
宗俊（花押）

日根野孫七郎殿
御陣所(29)

【史料ｉ】

（付箋）「天文十二年へ改入」
日根野入山田御本地分幷八田弥五郎跡・小坂跡・綾井之内膳分・大津大畠跡等事、申談候、可有全領知候、恐々
謹言、

十二月廿一日　　松浦孫五郎
虎（花押）

日根野孫七郎殿
御宿所(30)

史料ｇ・ｈは先に述べた松浦孫八郎に仕えた四人衆の一人、富上宗俊が松浦氏の意を受けて日根野氏に与えた文書である。日付・発給者・宛所が同一で、『新修泉佐野市史　第四巻　史料編古代・中世Ⅰ』では共に永禄五年の文書としている。しかし、文書内容は、ｇは「日根野下方分」などに替えて天下本知分半分を与えるとするのに対して、ｈは「日根野御本知分」を返付するとしている。「日根野御本知分」は「日根野下方分」を含むと考えられるので、ｇとｈは全く相反する内容である。しかもｈでは根来寺との和談の可能性に言及しているが、永禄五年五月二十日に

は河内教興寺合戦があり、畠山・根来寺勢と三好・松浦勢の軍事的緊張が最高潮であった時期にこうした文書が出されることはありえない。hは根来寺との和談が政治日程に上りかけていた時期のものと見るべきであり、先述のように永禄六年十月に根来寺と三好方との和議が成立するので、永禄六年の文書と見るべきであろう。

すでに見たように、永禄六年の根来寺との和議の際には、松浦氏の知行地であった八木・池田が根来寺に与えられるなど、和議の代償に和泉国内の知行地が根来寺に与えられた。「政基公旅引付」等に見えるように、戦国期の日根野地域は和泉国内でも根来寺勢力が特に強固な地域であり、和議の際に日根野氏の知行地も根来寺に与えられた可能性は高いと考えられる。それ故に、hでは和議成立の際には日根野氏を等閑にしないと断りつつも、日根野氏の本地が再び召し上げられる可能性について言及しているのである。

次に史料iは、松浦孫五郎虎が日根野氏の本地などを安堵したものである。『新修泉佐野市史　第四巻　史料編古代・中世I』では、虎は永禄九年八月には肥前守を名乗るので、永禄八年以前の文書とする。文書発給年代の下限はそれに従うとして、iとg・hとの前後関係をどう考えればよいだろうか。iの付箋書は、後世のものらしく、天文十二年とすることは、虎の活動時期と合わない。そこで、iがgとhの間に発給される可能性はほとんどありえないので、次にiがg・hに先行する場合と、g・hがiに先行する場合とに分けて検討してみる。

まず、iがg・hに先行する場合。この場合、孫八郎・孫五郎と日根野氏との日根野本地をめぐる経緯は、①孫五郎虎による本地安堵、②孫八郎による本地召し上げと替地給与、③孫八郎による本地返付、④孫八郎による本地再召し上げと根来寺への給与、の順となる。この場合は、孫五郎による本地安堵を孫八郎が否定したことになり、また、日根野氏の立場から言えば、永禄五年以前に孫五郎から孫八郎へと本地を安堵する主体＝主君を代えたことになる。

次にg・hがiに先行する場合。この場合は、①孫八郎による本地召し上げと替地給与、②孫八郎による本地返付、③孫八郎による本地再召し上げと根来寺への給与、④孫五郎虎による本地安堵、の順となる。この場合、一旦召し上げられた日根野氏の本地が、返付される。その際、hの尚々書に「御本知之儀、相調珍重候」とあることは、日根野氏から松浦氏へ本地返付を働きかけ、その要求が聞き入れられたことを示すのであろう。ところが、三好氏と根来寺の和議によって、孫八郎を通じて日根野氏の本地が根来寺へ給与されたが、孫五郎が再び日根野氏に本地安堵したということになる。すなわち、日根野氏の立場で言えば、永禄六〜八年に孫八郎から孫五郎へと主君を代えたということになる。

以上、iの発給時期を二つの場合に分けて考察したが、いずれの場合にしても、松浦孫八郎と松浦孫五郎虎との関係は、互いに相手の本地安堵（もしくは本地召し上げ）行為を否定しているのであり、両者は対立的関係にあったといえる。なお、iの発給時期がg・hに先行する可能性は小さいと思われる。それは、永禄四年八月に日根野孫七郎は三好実休から河内国内に知行を与えられており、(31)先述のとおり、この時期、孫八郎（または万満）が三好長慶の庇護下にいたことからすれば、永禄四年八月段階で日根野氏は孫八郎に属していたと考えられる。その日根野氏が、翌永禄五年五月以前に孫五郎に属し、同年五月に再び孫八郎に属していたことになるので、iがg・hに先行すると仮定することは、かなり不自然な解釈を強いられる。文書発給順序としてはg→h→iの順と考えるのが自然であり、日根野氏が孫八郎から孫五郎へと主君を代える動機も理解しやすいのではないだろうか。すなわち、日根野氏は、三好氏の意向に左右されて国人の本領さえ十全に安堵しえない松浦孫八郎に不満を持ち、三好氏や根来寺と対立する孫五郎の安堵を求めたと理解しておきたい。

以上のように考えてよいとするならば、永禄六年前後の時期に孫八郎と孫五郎は和泉国内において対立し、三好方の孫八郎に、反三好方の孫五郎が対抗していたという構図を想定できる。三好政権が和泉国内支配を承認したのは孫八郎であり、孫五郎は三好政権からすれば反乱勢力であった。しかし、戦国期の地域権力が国内中小領主に対して求心性を持ちうる最も基本的な要件は、中小領主層の本領安堵主体たりうるかどうかであろう。松浦孫八郎は、三好政権の制約を受け、その基本的要件さえ十分に満たし得ない地域権力であったため、あくまで本領安堵を求める中小領主層の離反を招く結果となった。そこに三好政権の後見によって成立した松浦氏権力の限界があった。

おわりに

最後に、信長政権期以後の松浦氏と国衆の動向について概略を述べておく。

松浦孫五郎虎は、永禄九年八月には肥前守を名乗り、和泉国内の寺院に禁制を発した(32)。肥前守は、和泉国の地域権力として守護から「自立」し、一国支配の基礎を確立した松浦守が称した官途である。翌永禄十年十月には松永久秀に味方し、大和多聞山城にあって三好三人衆の軍勢に対抗したが、伊丹氏の勧めによって三好方に移ったという(33)。

一方、孫八郎が永禄十～十一年頃にいかなる動きをしたのかは不明だが、永禄十二年十月、将軍義昭・織田信長が毛利氏と大友氏の和睦を仲介し、両者への進物を海路運送したところ、泉南の小島関で何物かに奪われ、寺田某が行方を晦ますという事件が起き、幕府から松浦総（孫）八郎に対して寺田の成敗への協力を求めている(34)。ここで糾弾される寺田某は、孫八郎配下の「四人之者」の一人であろうが、寺田が将軍から毛利・大友氏への進物運搬に関わっていたことは、この段階で松浦孫八郎が幕府＝信長の支配下に属していたことをも示すだろう。

また、孫五郎虎も信長の旗下に属し、元亀元（一五七〇）年正月には、信長上洛にあたって、和泉国衆とともに在京を命じられている(35)。孫五郎・孫八郎共に信長の支配下に属したのだが、この時期の孫五郎と孫八郎との関係については不明とせざるをえない。

天正三（一五七五）年には松浦肥前守光が岸和田池水利に関する掟を下し、寺田又右衛門尉生家がこれに関連して、光の意を受けて池の番頭給を定める文書を下した(36)。岸和田池は、岸和田城周辺地域の水源として今も利用されているが、松浦光が岸和田城主として発した文書であることは明らかであろう。光は孫五郎虎の後継者か、あるいは孫八郎本人のいずれかと思われるが、今のところ不明である。

その後は、松浦氏の和泉国内での消息は途絶え、[37]次いで寺田又右衛門・安太夫兄弟が台頭する。安太夫は、松浦氏を称するが、近世の記録によれば、主君である松浦肥前守を謀殺し、松浦氏を名乗ったため、国人らは従わなかったという。[38]これを裏付ける一次史料はないが、寺田・松浦兄弟が信長政権下の和泉国内において、有力な領主であったことは前掲表17～20の各史料から明らかである。しかし、寺田・松浦兄弟が和泉国内唯一の公権力として信長政権から認められたわけではなさそうである。

これも近世前期の記録だが、「真鍋家記」によれば、天正七年頃、和泉国内では、岸和田を拠点とする寺田・松浦兄弟、綾井を拠点とする沼間氏、大津を拠点とする真鍋氏の三勢力に分裂し、対立していたが、信長配下の蜂屋頼隆の仲介で沼間氏と真鍋氏が縁戚関係を結び、更に寺田・松浦兄弟と沼間＝真鍋勢との対立を抑止するために蜂屋と津田信張が岸和田城に入ったという。[39]真鍋氏が果たして寺田・松浦兄弟や沼間氏と比肩しうる勢力であったのかは史料の性格から疑問だが、和泉の有力水軍であったことは信頼できる他の史料からも窺える。[40]また、天正九年、信長は和泉国内に指出を実施し、その後、国衆らの知行替えを行ったが、沼間氏はその際、国衆らから信長朱印状を得るための「筆者銭」を徴収して安土へ赴くなど、国衆らの代表者的存在であった。[41]

近世には、元亀・天正年間の和泉国内に「三十六人」という国人一揆的集団があったと伝えられ、寺田・松浦兄弟は本来「三十六人之外」であったが、「能侍」であったので国衆らの評定によって党内に加えられたという。また、沼間任世は、「和泉半国之触頭」であったとも記している。[42]これらの記事がどの程度信頼しうるのか、慎重な史料批判が必要だが、信長政権の和泉国支配が寺田・沼間・真鍋氏ら国衆集団を介し、その上位権力として信長から津田信張・蜂屋頼隆らが派遣されていたことは事実として認められる。しかし、それは三好政権下の十河氏と松浦氏との関係から見れば、一歩も二歩も踏み出し、国衆の知行替えも実施するなど、国衆らは信長政権の強権的支配に組み込まれた。和泉国支配をめぐるヘゲモニーは、遂に国衆らの手には還らなかったのである。

注

（1）池享「戦国期の地域権力」（『日本史講座　第五巻　近世の形成』東京大学出版会、二〇〇四年）、市村高男「戦国期の地域権力と『国家』・『日本国』」（『日本史研究』五一九号、二〇〇五年）など参照。

（2）松浦盛の存在についてこれまで余り知られていなかったが、次の史料から盛が和泉国上守護代であったことがわかる（いずれも永青文庫所蔵「御代々御寄附状写」）。

（イ）

御代々為御追善、曾祢光隆寺闕所分之事、任御寄進御判旨、御知行不可有相違候、但、此内三分一蔵春軒可被分之由、被仰出候也、仍執達如件、

明応七
三月十六日　盛在判

永源庵
侍者御中

（ロ）

松浦五郎次郎
盛

永源庵
まいる

態芳翰令拝閲候、殊ニ琳蔵主御下向様躰具被仰下候、本望至候、随而為御樽代百疋被懸御意候、然者御音信御懇切過分至候、誠今度者国之儀不慮成立候、言語道断之次第無是非候、乍去京都御越後至事之旨、御返事次第可致入国覚悟候、目出其趣可令啓達候、返々被寄思召候、一段本望候、尚御使僧へ可申候、恐惶謹言、

六月十六日　盛在判

永源庵
まいる　尊報

（イ）は、同年月日付の細川元有寄進状が「細川家文書」に伝わっており、盛の立場が守護代であることは明らかである。

なお、この他に松浦盛の発給文書としては、明応九年八月六日付松浦盛奉書（「日根文書」）と、八月六日付松浦左衛門大夫盛書状（「伊藤磯十郎氏所蔵文書」、永島福太郎編『大和古文書聚英』〈奈良県図書館協会、一九四二年〉所収）がある。

（3）矢田俊文「戦国期の守護代家」（『日本中世戦国期権力構造の研究』塙書房、一九九八年）。

（4）「九条家文書」。

（5）弓倉弘年「教興寺合戦をめぐって」（『和歌山県史研究』十八号、一九九一年）、『新修泉佐野市史　第四巻　史料編古代・中世Ⅰ』（二〇〇四年）。

（6）「板原家文書」（『京都府立総合資料館紀要』十六号、一九八八年）。

（7）中盛彬「拾遺泉州志」（和泉文化研究会『和泉志』二二・二三号）など。

（8）従来、岸和田城は南北朝初期に楠木一族の和田高家によって築かれ、守護細川氏も居城としたなどと説明されてきたが（『日本城郭大系　第十二巻　大阪・兵庫』〈新人物往来社、一九八一年〉、『日本歴史地名大系28　大阪府の地名』〈平凡社、一九八六年〉など）、これは江戸初期成立の『太平記評判秘伝理尽鈔』と、それに依拠した石橋直之『泉州志』など近世以後の史料によった説明である。一次史料で岸和田城の存在が確認できるのは、前掲注（6）所引の浄心院快栄書状が最初である。筆者は、岸和田城が現在地に築かれるためには、岸和田が軍事的要衝地とされる客観的状況が生まれておらねばならず、そのためには、堺・大津・貝塚・佐野など大阪湾沿岸部諸都市の発展と、それらを直接結ぶ陸上交通路の成立が不可欠であり、築城時期が十五世紀以前に遡ることはないと考えている（拙稿「建武新政期の岸和田」〈『岸和田市史　第二巻　古代・中世編』、一九九六年〉、岸和田市立郷土資料館特別展図録『戦乱の中の岸和田城―石山合戦から大坂の陣まで―』、二〇〇四年）。近世以来の岸和田城の起源を南北朝期とみる見解は、泉州最大の政治都市として存立した城下町岸和田の都市イメージが中世に投影され、また、大義名分論的な楠木氏崇拝の思潮とも絡みつつ生み出された幻想と考えている。

（9）「法隆寺文書」（『新修泉佐野市史　第四巻　史料編古代・中世Ⅰ』）。なお、影写本により一部読みを改めた。

（10）「法隆寺文書」（『泉大津市史　第一巻上　本文編Ⅰ』、二〇〇四年所収）。

（11）「九条家文書」。

（12）「九条家文書」。なお、この文書は『図書寮叢刊　九条家文書』で「松浦孫八郎起請文案」として収載されているが、差出名がなく判のみであり、文中に「対松浦孫八郎被遣知行段」とあるなどやや特異な文書である。付箋書がいつ書かれたものなのか、その信憑性も問題であり、史料の発給者を松浦孫八郎としてよいのか疑問視する向きもあろうが、この文書の発給者は、『図書寮叢刊　九条家文書』の通り、松浦孫八郎でよいと考えている。その根拠としては、史料では畠山氏に対して、根来寺に与えられた知行地（和泉国八木・池田）の替地を河内国内に要求しているが、その結果であろう、畠山氏から松浦孫八郎に対して河内国十七ケ所の畠山氏知行分半分と、三好方知行分半荘を与えるとする文書が残されているからである（十二月廿八日付遠井盛秀等連署書状、「九条家文書」）。

(13) 弓倉弘年「教興寺合戦をめぐって」（前掲）。

(14) 「細川両家記」。

(15) 小谷利明「戦国期の河内国守護と一向一揆勢力」（『畿内戦国期守護と地域社会』清文堂、二〇〇三年）も、この時期、松浦氏が分裂していたとする。但し、小谷氏は万満を後の肥前守虎と仮定した上で、教興寺合戦で畠山方についた松浦氏を、守か孫八郎の可能性を指摘されているが、本稿で見たように孫八郎ではありえない。また、守は弘治年間以後に生存していた根拠がない。なお、後述するように、万満は虎ではなく、孫八郎の可能性が高く、さらに教興寺合戦で畠山方についた「松浦」とは、この時期、孫八郎と対立的関係にあった孫五郎ではないだろうか。

(16) 「伊藤磯十郎氏所蔵文書」（永島福太郎編『大和古文書聚英』〈前掲〉所収）。

(17) 廣田浩治「中世中後期の和泉国大津・府中地域」（大阪市立大学日本史学会『市大日本史』八号、二〇〇五年）。

(18) 虎間麻美「泉穴師神社の棟札」（泉大津市教育委員会『おほつ研究』一号、二〇〇四年）。

(19) 「泉邦四県石高寺社旧跡幷地侍伝」（『和泉市史　第二巻』、一九六八年所収）には、戦国期和泉国の「三十六人」の一人として、松浦孫太夫（有馬豊氏に出仕、後、断絶）があげられている。「松孫太」はあるいはその一族であろうか。なお、明治初期頃に書かれた「春生随筆」（寺田兵治郎編『泉州史料』所収）に、「岸和田城守護代々　天文廿四年より」として五代目城主に、「四人衆、松浦孫太夫殿・もかみ殿・寺田ちせう殿・長曾禰安芸守殿、五年」と記されており、「もかみ殿」が仮に「とかみ殿」の誤写だとすれば、史料fの署判者とほぼ一致する。ここには七代目城主に「九条殿まんみつ殿、二年」ともあり、泉州地域に伝わる他の近世諸記録類とは異なる内容である。順序はともかく「春生随筆」の筆者は「九条家文書」

などもが調査した上で記述した可能性があり、後世の史料として一概に軽視しえない。
(20) 矢田俊文「戦国期の守護代家」(前掲)。
(21) 和泉府中に鎮座する五社惣社では、天正年間頃まで毎年八月十五日に五社(大鳥・穴師・聖・積川・日根社)会合の放生会が行われ、各社の神輿が集ったと伝えられている(『大阪府史蹟名勝天然記念物　第四巻』)。
(22) 応永二十二(一四一五)年十一月十日付足利義持御判御教書(「細川家文書」)。
(23) 廣田浩治「中世中後期の和泉国大津・府中地域」(前掲)。
(24) 五月廿三日付横越基清奉書(「板原家文書」)。
(25) 七月廿八日付十河一存感状写(中盛彬「拾遺泉州志」、『岸和田市史』第六巻〈一九七六年〉所収)。
(26) 今谷明「三好・松永政権小考」(『室町幕府解体過程の研究』岩波書店、一九八五年)。
(27) 法隆寺領珍南荘の永禄二年の年貢散用状には、法隆寺の年貢収納にかかる諸経費が書き上げられているが、この中に「守護代方へ」の礼銭として二百文が計上されている(「法隆寺文書」、『泉大津市史　第一巻上　本文編Ⅰ』所収)。守護代は先述の岸和田周防守であろう。十河氏に対する支出はここには現れず、法隆寺にとって珍南荘支配を保証する地域権力は守護代であり、その背後にいる松浦氏であった。注(9)(10)所引史料にある十河氏による珍南荘押領事件が同年の出来事であったかどうかは確定できないが、そこで印清が十河氏や松浦氏に支出した経費は十九貫文にのぼり、「当納分にて随分馳走仕度覚悟」であったが、多方面への馳走で多額の経費を要したため、別会計によって支出したようである。ちなみに永禄二年に珍南荘から法隆寺へ納められた年貢は、諸経費を除くと皆無に近かった。法隆寺にとって、十河氏は、押領されこそすれ、荘園制を維持するために頼るべき公権力ではなかったと考えられる。
(28) 「日根文書」(『新修泉佐野市史　第四巻　史料編古代・中世Ⅰ』所収)。
(29) 歴史館いずみさの所蔵「日根野文書」(『新修泉佐野市史　第四巻　史料編古代・中世Ⅰ』所収)。
(30) 「日根文書」(『新修泉佐野市史　第四巻　史料編古代・中世Ⅰ』所収)。
(31) 永禄四年八月廿六日付三好実休知行宛行状(「日根文書」、『新修泉佐野市史　第四巻　史料編古代・中世Ⅰ』所収)。
(32) 永禄九年八月日付松浦肥前守禁制(吉野保氏所蔵文書、『岸和田市史』第七巻〈一九七九年〉所収)。

(33)「細川両家記」・「足利季世記」など。
(34)「今井宗久書札留」（奥野高広『織田信長文書の研究　上』〈吉川弘文館、一九六九年〉所収）。
(35)「二条宴乗日記」（奥野高広前掲書所収）。
(36)「松浦文書類」（『岸和田市史』第七巻所収）。
(37)（天正三年）九月五日付織田信長黒印状（愛知県一宮米太郎氏所蔵文書、奥野高広『織田信長文書の研究　下』〈吉川弘文館、一九七〇年〉所収）には、信長は加賀国で一向一揆を討伐し、「松浦子共」を討ち取ったとある。ここに現れる「松浦」が和泉松浦氏だとすれば、本願寺と結んでいたことになるが、これのみでは判断できない。
(38)「泉邦四県石高寺社旧跡幷地侍伝」（前掲）。
(39)津田信張と蜂屋頼隆が岸和田城に入ったことは、「宇野主水日記」天正十年正月廿二日条の、岸和田城の左兵衛佐（津田信張）から貝塚の顕如のもとへ音信が届けられた記事や、七月五日付蜂屋兵庫助（頼隆）宛顕如書状（岸和田市立郷土資料館所蔵）に、蜂屋の岸和田入城を祝する文言があることなどから事実である。なお、両者の入城の年代は、「真鍋家記」では天正七年とするが、天正九年とするべきである。この点、岸和田市立郷土資料館特別展図録『戦乱の中の岸和田城―石山合戦から大坂の陣まで―』（前掲）参照。
(40)（天正四年）六月廿日付日根野弘就書状（歴史館いずみさの所蔵「日根野文書」、『新修泉佐野市史　第四巻　史料編古代・中世Ⅰ』所収）など。なお、真鍋氏については藤田達生「渡り歩く武士」（『日本近世国家成立史の研究』校倉書房、二〇〇一年）参照。
(41)（天正九年）七月廿日付沼間任世書状（「板原家文書」）。
(42)「泉邦四県石高寺社旧跡幷地侍伝」（前掲）。

第二部　戦国期和泉の地域と社会

戦国期和泉国の基本構造

廣田浩治

一　前提—中世後期「和泉国衙領体制」の解体—

文明一五（一四八三）年、和泉国は「惣国」一揆の席巻下にあり、室町幕府・和泉両守護・諸権門の支配権は危機に瀕していた。この年、国内一三ヶ所の郷規模単位の国衙領を記した「和泉国衙分目録」が作られた。和泉国の国衙領は「内裏御料所泉州国衙」と総称され、内裏（禁裏・朝廷）を最高の領主とし、幕府（幕臣の代官）と両守護（「和泉国々衙職」保持者）が支配と収納を支える、国内最大の所領群であった。その国衙領が「惣国」一揆に結集した国人や「地下」に「押領」されていたのである。(1)

「内裏御料所」とはいえ和泉国衙領の進退権は幕府（将軍）が掌握し、幕府から諸権門に寄進あるいは幕臣に給与され、(2)幕府・守護・諸権門で知行権と得分収取を配分し合う共同の財政基盤であった。ゆえに「和泉国衙領体制」は国内都市権門領の枢軸的な位置を占める。土地領有原理としての荘園制（都市貴族的領有）と国別執行体制としての守護体制が車の両輪の如く組み合わさったのが、中世後期の支配体制であった。(3)

「惣国」一揆や「惣国」崩壊後の紀伊根来寺による国衙領「押領」を機に、「和泉国衙領体制」の支配は解体に向かう。権門の支配を保障した幕府・守護・諸権門間の利害調整政治は幕府の分裂によって崩れ始めた。九条家領日根荘などの寺社本所領や幕府御料所（和泉郡横山荘・南郡加守郷）(4)は存続するが、幕府が守護と権門を統合する経済基盤は弱体化した。レジームとしての荘園制（都市領主の集団的所領支配）は、和泉国においては国衙領の崩壊する一五世紀末期から一六世紀初頭をもって終焉を迎えた。これ以後の支配体制は、荘園領有を媒介とする幕府・都市権門の政治・経済上の求心的な構造を欠いた不安定なものとなる。(5)地域ごとに武家権力（守護・国人）や寺社が権門領を侵略して領域支配を進めるが、それは事の一面に過ぎない。これら地域権力を調停・統合する上級権力が衰弱する以上、支配階級の統合を踏まえた体制全体の強化を意味しない。

戦国期の地域権力が「大名領国制」または「戦国期守護」と概念化されて久しく、戦国期幕府―守護体制論や、「家中」と領域を伴う地域権力論も提起されている。いずれも武家権力論の展開（発展または変質）を議論の軸としている。だが武家権力の単線的な発展史論は、(6)戦国期が荘園制の解体ばかりか、戦争の常態化、支配体制の不安定化・弱体化が進んだ時代であった点を看過している。和泉国でも守護・守護代を中心に権力論や政治史研究が活況を呈するが、戦国期を構造として理解する場合、地域武家権力単独の展開史とは異なる視点が求められる。戦国期和泉国を取り巻く外的条件、権力と戦争の構造、村落・都市・一揆の社会諸関係について、見取り図を示すのが本稿の課題である。

二　外的条件―畿内の「地方」化と和泉国―

和泉国を地政的に考える際、「畿内の中の和泉国」という認識は疑問の余地なく当然視されてきた。中世史においても和泉国の地域史は「畿内特質論」として立論されてきた。しかし和泉国中世史を創始した三浦圭一氏が一方で泉南・紀北・南河内の「国境を超えて展開した」戦国期の地域を設定したように、(7)戦国期の和泉国は確かに京都幕府の政治圏にあるが、幕府の版図外にある紀伊国とも密接な関係を有した。

幕府を要とする安定的な秩序と領主層の系列が解体したことで、守護・諸領主・寺社の諸権力が旧来の統治原則に従った競合（公戦・訴訟など）を展開する必要性は消滅する。代わって一定の広域的政治圏＝「地方」ごとに諸権力間の関係が、幕府の統制から自由に構築される(8)。地域権力（武家権力・寺院・一揆）間の交渉・角逐・戦争やその個別的発展は、この「地方」圏内部を場として展開する。地域権力は「戦国期守護」「戦国大名」「戦国領主」「公儀権力」のいずれであれ、一義的には「地方」内の割拠勢力である。彼らが加わる戦争はあくまでも「地方」毎の自立割拠戦争または覇権戦争であった(9)。

戦国期の畿内もまた、こうした一「地方」となった。幕府・畿内政権は、幕府・在京権門と畿内守護を構成員とし、その純軍事的版図は五畿内の他に丹波・近江・丹後・播磨に限定された。それも内部では守護在京制の原則は崩れ、首都の軍事的・経済的比重は低下した(10)。畿内政権と政治的対抗関係を有する版図外の国に紀伊・淡路・中国・四国があるが、同地域への畿内政権の進駐外征はもはや不可能となった。畿内「地方」の政治圏は、五畿内を含む数ヶ国に限定され、紀伊・淡路と中国・四国「地方」の東部を外縁とした(11)。

それでも政治圏としての畿内では、複数の「地方」＝政治圏に分国や所領を有する広域権力が政局を動かし続けた点に特質がある。すなわち細川・三好・大内の諸氏と本願寺である。細川氏次いで三好氏は畿内と四国の二つの「地方」に版図を持つ。すなわち五畿内の外の分国・所領を武力培養の策源地とし、広汎な領主層を結集して「地方」圏内で政治力を発揮し得る存在であった(12)。大内氏も中国・九州の「地方」政局を動かし、短期間ながら畿内政局にも関与した。本願寺も門主が北陸など遠隔の門徒を動かす広域権力である。一六世紀後半には織田氏と東海地域が畿内の政局に登場する。これら広域権力は弱体化した将軍とは別個に、広域的な版図を統合し得る力量を有した。

戦国期細川氏は永正期以降、庶流守護の自立が進み、京兆家を要とする「同族連合体制」は動揺する。しかし細川氏庶家である和泉守護家は、守護在京の体制を天文年間後半まで維持し（上杉本「洛中洛外図屏風」）、細川京兆家に従属した。在国して自立を強める阿波守護家にしても、四国から京兆に返り咲いた細川晴元を軍事支援した。晴元政権を挙げての天文一六（一五四七）年の摂津三宅城攻略戦でも、晴元重臣・三好一門とともに和泉守護と阿波守護が参陣した(13)。細川一門分国の統合は規模縮小しつつも再生維持される。

都市堺を通じて四国の細川・三好氏分国に通じる交通条件から、両守護および守護代松浦氏は、畿内政権と四国勢力の戦争の当事者となる。和泉守護・守護代の帰属は畿内「地方」の覇者を決する畿内・西国の広域戦争に規定され、守護・守護代内部の分裂抗争が繰り返された(14)。京兆家・守護家滅亡後の松浦氏の動向も三好政権の発展と内訌に規定された。紀伊・河内との国境部でも畠山氏と根来寺の軍事侵攻の危機が内在し、和泉守護・守護代が畿内南部勢力の連合に加担することもあった(15)。畿内「地方」の南端および東瀬戸内海の東端に位置する和泉国は、先進的都市・堺を擁しながら畿内の縁辺として紀伊国および四国東部の勢力と交渉を持つ境域性・辺境性を有した。

三　「国」の変質―国内公権の拡散化―

文明の和泉「惣国」一揆は、約七年間にわたって「国」支配を実現し、守護支配を崩壊寸前に追い込んだ。国一揆に参加した国人は本所領の代官でもあり、解体に瀕した都市領主の支配にとって守護（請負代官）を代替する公権という側面も帯びていた(16)。

「惣国」一揆と併行して和泉南部の公権力として登場するのが根来寺である。両守護権力が麻痺状態にある最中、根来寺はまず荘園侵略の抑止を期待される権力として幕府・権門から認知された。両守護が「惣国」一揆をようやく鎮圧した翌年の文明一八（一四八六）年、根来寺は両守護を撃破して和泉国をはじめて制圧した。一揆鎮圧後の国人の没落続出による国内軍事力配置の空白・間隙を、両守護は根来寺に突かれたのである(17)。

今ひとつ、畠山氏（河内・紀伊守護）の影響力がある。文明一四年、管領畠山政長は河内の畠山義就追討のため両守護を介さず上守護代および和泉国人を直接指揮した。国人一揆を解体することなく、和泉国人の一部は政長の軍事指揮に従った[18]。文明一八年、根来寺に敗れた両守護は河内国に逃れ、幕府の「朝敵」畠山義就と通じ、正員守護が幕府の意向から離れて動く事態が生じた。根来寺の公権力化や隣国守護の介在によって、両守護が唯一の国別執行権者である必要性が希薄化し、公権力の拡散化という事態が進む。

さらに個別に所領支配の保持を図る諸領主（国人・権門）も、幕府・守護の思惑を超えた行動をとるに至る。国人の一揆はその現れだが、残存する寺社本所領の領主＝権門の動きも同様である[19]。九条家の場合、両守護の宿敵根来寺の僧を日根荘の代官に起用して守護被官の押領への掣肘を図り、京兆権力との「御一躰」関係（九条政基の実子が京兆細川政元の家督養子）を進めた。一方の手で根来寺と、他方の手で京兆と結ぶ九条政基の戦略は両守護にとっては根来寺への加担利敵に他ならず、京兆と両守護の関係を悪化させる要因になり得るが、個別領主にすれば所領保持のためにはなりふり構っていられない[20]。領主のこうした所領への執着も権力構造の拡散化の促進材料になる。

畠山氏・根来寺に和泉国を制圧された永正元（一五〇四）年には、両守護は根来寺に一国半済の権限を握られ、一時は畠山尚順に「当守護」権を握られた[21]。以後、和泉両守護は日根郡の大部分を失う。「国」「国方」支配秩序の拡散化とともに守護の国内支配にも変質が進んだ。文亀年間には和泉国の守護所として大津・佐野が登場する。守護は守護所や町場を擁する海辺部に支配の比重を移し、守護所の周辺を直轄領化した。

泉州日根郡之内、竹元五郎知行檀婆羅蜜、幷冨野之若狭知行井原庄之棟別事、為御恩地、被仰付多賀之蔵人助訖、然上者、早可被渡付之旨、被仰出候也、仍執達如件、

（押紙）「庄備中守殿也」

永正十一

十一月三日　　　　盛資（花押）

斎藤彦次郎殿[22]

「檀婆羅蜜」（檀波羅蜜寺）と「井原庄」は、和泉下守護被官の竹元氏・冨野氏が知行していたが、守護の「御恩」

として佐野に居館を構える被官多賀氏に与えられた。檀婆羅蜜寺・井原庄ともに守護所佐野を含む佐野荘に含まれる。佐野荘は守護が「御恩」の地として進退権を持ち、被官に給与される直轄所領であった。

下守護細川基経の時期（一五世紀末期）、被官の「庄又次郎」に「言語道断無是非子細」があったが、その「跡」（遺領）は後継者の庄「牛松」（おそらく幼少）に与えることが多賀氏に伝えられている。多賀氏と密接な関係にある庄氏の「跡」は佐野荘内の所領であろう[23]。守護は守護所と直轄所領に被官を重点配備し、国人連合の伝統を取り込み、庄氏と多賀氏のような同一地域の被官相互の横の関係を育成した。こうした支配の再編は、佐野・大津を核とする地域的流通市場圏に対応していた[24]。しかし反面で国内支配に疎密をもたらし、在国被官の地縁的派閥化や守護代独自の内衆形成を促してゆく[25]。

細川京兆家および両守護家の分裂戦争は事実上の単独守護という事態を現出させ、和泉守護の単独支配（両守護制の克服）という志向を生みだした[26]。しかし守護被官への主従制支配は両守護ごとに明確な区分があり、京都政権に属した幕府正員守護が、敵対する亡命守護（四国の京兆家の与党）の在国被官を組織するのは容易でなかった。主君が不在（亡命中）の守護被官は、敵対する正員守護への帰参よりも国内での割拠を選ぶ。両守護の分裂と単独守護移行の困難さも国内支配の疎密を拡大し、守護被官の地縁的結合を促進する因子になる[27]。

四　戦争の構造―変動する「境目」と一揆―

今般、戦争の常態化した時代として戦国期を考える見方が定着してきたが、畿内では戦争論を組み込んだ研究は他地域の後塵を拝している。戦争を因子の一つとして、権力構造や在地の社会諸関係を議論する必要がある。先の考察で和泉国を畿内と紀伊・四国東部の境域と位置づけたが、こうした境域にも地域戦争の場（境目）があった。

根来寺が日根郡の公権力と認定された文明年間より永正初年までの間、和泉両守護と畠山氏・根来寺の接する「境目」として現れるのは日根郡である。[28]守護自身が在国して割拠支配を進める畠山氏は常に和泉国に対して攻勢で、和泉守護は常に守勢に立たされた。和泉守護は畠山勢・根来衆との対抗上、京兆家の軍事支援に依存せざるを得ない。両守護は佐野の守護所を南の押さえとし、和泉国内に未だ拠点城郭を持たない根来寺は風吹越・犬鳴越を進軍路としたため、日根郡東部一帯が守護勢と根来衆の戦闘区域となる。戦闘は城郭や城領の争奪戦ではなく、戦闘区域（境目）の所領支配権の確保に主眼があった。[29]このため「境目」の村落は「クミノ郷」を形成しながらも、「絞之郷」として根来寺に、あるいは「諸郷」として守護方に組織され、村々の連合武力が戦局に影響を与えた。[30]

日根荘に在荘した九条政基の日記「政基公旅引付」は、まさに日根荘周辺における「境目」戦闘を活写する。守護方はしばしば日根荘域に年貢納入を督促した。

　無辺光院之供僧ニ対候て、年貢早々納所候へと、度々催促申候へ共、于今無沙汰共言語道断之子細候、然上者何方へ納所候共、二重成たるへく候、（略）

　　拾月廿三日　　　　　　　　はかた内　又三郎　判
　　　　　　　　　　　　　　　吉井内　　むこ　　判

日根野領家方
　番頭御百姓中[31]

この文書のように、日根荘など「境目」の荘・村に年貢を督促するのは守護権力幹部というよりも、「境目」で暗躍する守護被官やその内者であった。「境目」の在地社会では守護被官や内者衆が徘徊し、時には守護直接の指示なしに荘園や村に乱入して押妨を繰り返した。[32]根来寺の氏人も在地で活動しており、最前線の守護被官と根来氏人の活動（特にその相互の衝突・事件）が「境目」戦争の要因を成した。永正元年の戦争で守護方は日根郡から大幅に後退するが、根来寺が守護方を排除した領域支配権を日根郡に確立したわけではない。守護所佐野や守護方の権益は日根郡に根強く残る。

日根郡が武家権力と根来寺の「境目」であるのは以後も変わらないが、細川両京兆家の戦争が政局の軸となり、在京の京兆高国政権と畠山氏が連携する永正～享禄期には、日根郡の「境目」性は潜在化し、四国からの上陸地点である都市堺から大鳥郡が新たな「境目」として浮上する。畿内と西国の「地方」内戦争の構図如何で、「境目」が移動する局面が存在した。大永七（一五二七）年、三好勢の堺上陸を後ろ盾に堺幕府が成立し、これに呼応して上守護細川元常（四国に亡命中）の守護代松浦守が和泉三郡を回復した。

松浦は「境目」の国人や村を味方に付けようとした。大鳥郡の国人田代氏と野々井村は相論の最中にあった。戦闘が継続中の状況下、「境目」地域を押さえるため、松浦は田代氏と野々井村に相論の棚上げ（紛争の凍結）を指示した[33]。一方で松浦は野々井村に「御同心」を謝し、「御屋形」＝守護細川元常の入国時に「わひのたん」（詫言）を再開するよう伝えた[34]。「境目」の村々の「御同心」に対する評価と期待のほどがわかる。

畿内と四国の細川両京兆家の戦争はしだいに帰趨が決し、大鳥郡域は「境目」で無くなる。天文期に細川晴元と畠山稙長・細川氏綱の対抗が展開すると、和泉国の「境目」は日根郡および河内国境部に移る。政長流畠山氏の河内・紀伊支配が進み、和泉守護は紀伊・河内国境の双方で畠山氏と対峙した[35]。この状況は次の松浦氏時代にも続く。「境目」地域にあっては守護方であれ根来衆であれその武力編成は、村落武力を含む混成部隊の様相を強くした。特に根来寺の武力は、近隣の寺院や村・郷の武力（時には俗人勢力）と連携して武家権力に拮抗し得た。戦国後期の「境目」たる日根郡近木川流域で根来方の諸城群（根来寺勢力圏の防衛線）を支えたのは「下和泉ノ一揆[36]」であった。

五　構造的転換―松浦領と根来領―

和泉守護は京兆政権の崩壊と命運を共にし、和泉国は三好政権を後ろ盾にした松浦氏の支配に移行した。守護職はこれ以後存在せず、松浦氏も守護職や将軍直臣に昇格することなく「守護代」として在国支配を続けた。松浦氏と配下の国衆は三好氏次いで織田氏に帰属する被官人となり、畿内にありながら幕府制度から離脱した。松浦氏と幕府との回路が断たれたことで、和泉一国の支配権者は名実ともに消滅した。松浦氏は、旧主細川氏が制度的に有した国郡支配権を最終的に放棄した。日根郡からの後退は前代と変わらないが、都市堺の放棄（三好氏＝広域権力の堺直轄化）は大きい。一六世紀中盤以後はもはや「戦国期守護」や戦国期幕府—守護体制とは明瞭に段階を異にする。

版図を限定された松浦氏は前代に引き続き、和泉三郡の城郭・都市（主城岸和田・大津・府中周辺部）を基盤とした。松浦守が一代で築いた松浦氏権力は、初期の当主と有力近親者の結合体から、寺田・松浦氏ら宿老家の体制を整えた。(37)松浦氏の直接の権力基盤は旧守護被官＝国人衆である。その国人衆は大津・佐野の都市を拠点に地縁的「衆」結合を強めた。府中や佐野における「給人衆」の結合である。(38)戦国初期の多賀氏・庄氏らの結合の発展形態であろう。佐野の国衆たちは織田期には「佐野在城衆中」(39)と呼ばれる。松浦氏権力の支城とされた佐野は依然、南の最前線拠点であり、地域の要の市場にして海辺部の海陸交通をつなぐ結節点だった。(40)根来寺の軍事的威圧・一国内半済支配・金融資本の和泉三郡侵食に対し、松浦氏は都市的経済構造に依拠して国人の地域的「衆」結合を編成して対抗した。これが戦国初期から進んだ構造転換の帰結であった。

根来寺の泉南支配も転換期を迎えた。日根郡では熊取荘行松氏や日根野氏ら国人の没落が相次ぎ、根来衆および土豪層の領主得分奪取が加速した。(41)日根郡は依然、三好氏・松浦氏と畠山氏・根来寺の「境目」であり、半済支配や国人と根来寺の「相対」知行も存続したが、(42)国人層の衰勢は覆い難く、日根郡は根来領の性格を強めた。

町場と国衆を基盤とした松浦氏と、日根郡の土豪層や村の一揆を基盤とした根来寺では、権力編成の質に相違があるものの、松浦領・根来領ともいうべき支配領域を相互に固める方向へと進んだ点で共通していた。松浦氏は三好氏の政争・軍事という外的な不安定要因を抱えたが、国人衆を媒介に国内分業流通と海陸交通の要の都市を掌握した。(43)

根来寺は、寺僧や土豪の散在的な地主得分集積からくる経済基盤の非領域性や、公方年貢領主権の錯綜的な残存[44]から、土豪・村・一揆の統制を強め得ない矛盾を抱えた。それでも寺院の一味と在地の一揆の結合する非集権的な意志決定構造をもって日根郡を統合した。和泉「境目」の一揆ゆえに、紀伊の根来寺領は秀吉軍襲来まで無傷のままに繁栄を誇った。

都市堺は和泉三郡に経済的影響を及ぼしながらも、和泉国の地域権力が統御できない都市として、三好氏段階からは畿内政権の直轄領となった。一向衆は和泉国では摂津・河内に比べて出遅れ、寺内町の形成も戦国末期のことになる。権力総体の不安定化の状況下で松浦領と根来領が固まったことが、一六世紀中盤の特徴である[45]。

六　基礎構造―多重化する「クミ」と村―

一六世紀後半に和泉国は堺・松浦領・根来領に区分された。令制国郡の枠組に意味がなくなり、松浦領を「国」とする意識が支配層の中で胚胎する[46]。松浦領・根来領の凝集化を底部で規定したのは、国衆の「衆」結合や在地社会の連合だった。在地の一揆や「衆」の基礎構造にある「クミ」や村の構造を描写して、結語としたい。

松浦領では、村を単位成員とする水利灌漑圏が登場する。久米田池を水源とする八木・加守「池郷」、府中清水川を水源とする下条郷の「清水法（のり）」などである。灌漑の水源と施設は村や個別所領の利害を代表する地下代官・土豪で管理運営され、国人「衆」は原則的に容喙しなかった。和泉郡・南郡では惣墓を共有し合う「墓郷」の形成も進む[47]。酒麹生産販売集団黒鳥村のように国衙や守護を背景とした特権的な村落は衰退・解体し[48]、流通経済の構造が沿海部都市（大津など）を軸に再編されるとともに、村々の間では構造的な均質・等格化（土豪と百姓の格差増大とは別次元）が進んだ。個別所領の枠を超えた社会関係（「クミ」）の同一地域での多元的な輻輳は、単独で領域支配が困難な国人層の結集を促す。水利などの共同維持へのコミット（財政支出の負担や紛争解決への協力）は、国人領や権門領

（法隆寺領珍南荘）[49]の存続に不可欠となってゆく。

根来領の場合、根来寺僧や地下の一員でもある氏人の関係網が張り巡らされる。寺僧は根来寺「惣分」代官に起用され、荘郷を単位に代官・行人の「衆」的連合を形成した。寺内では行人方の寡頭支配が強まるが、在地一揆の軍事力と寺院の「大衆」原理からくる非集権的な（緊急時にあっては一山一揆的な）権力構造は変わらず、常時の支配や裁判は在地の利害に規定された積み上げ型の体制をとった。寺僧の得分権は地下に散在して一山の給恩所領に転化せず、寺僧の所領支配には里元たる土豪層と地下衆が関与した[50]。

根来寺に従う「下和泉一揆」は恒常的な地域権力ではないが、危機状況下で在地を母体に生み出される[51]。日根郡の村々は根来寺からも自立した局地的関係＝「クミノ郷」を構成し、緊急時には根来寺に「兼而申合郷」として政治的に連合し、「下和泉一揆」のような臨戦的自治権力たり得た[52]。根来寺は在地の「クミ」「絞之郷」の多重構造を掣肘できない。村々の「クミ」は守護や松浦氏の前線勢力との衝突によって「境目」戦争の動因となるが、解体した権門支配と分国体制に替わって、「クミ」やこれを母体とする一揆が地域の戦争を「和平」に引き戻す平衡作用を果たす。文亀二（一五〇二）年、根来寺は泉南に侵攻したが、「絞之郷」の村々の了解を得ておらず、村々は根来寺惣分制札を得て非戦闘区域を宣言した入山田村に、財物や人馬を緊急避難（「預け物」）させた。これが根来衆の在地徴発や村の支援調達を困難にし、根来衆の撤兵を余儀なくさせた[53]。

戦国期村落の自律性は「クミ」の多元的構造に取り巻かれていた。近年の村落論は侍衆（土豪・地主）を村落の「器官」と位置づけ、土豪論から村共同体論へと視座を転換させた[54]。しかし侍衆と村落の内部構造や「クミ」との関係が丁寧に論じられなければ、土豪論・小領主論を克服した侍衆論も、別種の土豪還元論に陥りかねない[55]。

熊取谷は根来寺成真院と結んだ土豪中家の地主経営で知られるが、中家の土地集積にかかわらず、熊取谷内部では小村ごとに様々な諸集団や職階が成立していた。朝代に「村人物役」「役者」「村サハクリ（捌理）」「氏神中」「大宮七日番」「宝願寺講衆（念仏衆）」、御門に「高野講中衆」「蔵王講」、窪（久保）に「政所屋」、野田に「政所衆中」「福神中」、大窪（大久保）に「大宮九日番中」が存在した。熊取谷大宮にも「三月三日番」と「番親」衆がいる。小村ごとに村政の組織（政所・惣役・役者・村サハクリ）と財源（村の「知行」地）を有した。信仰集団も同様である。[56]熊取「惣荘」下の村落構造は、村政機構の整備、講や衆の分立という機能分化を踏まえた有機的な再構成化をたどった。

従来、垣内単位の結合は土豪・小領主論の立場から、加地子収取を保障する「地下請体制」と評価されてきた。[57]しかし垣内・小村の村政や講・衆の存在は村の機構（土豪のヘゲモニーとは別原理）を機能拡散させ、地域市場圏や村の上位にある「クミ」「一揆」に加わることで、土豪＝侍衆が領主化（村・「クミ」・一揆からの離脱）し得ない基礎構造を作り出した。土豪層は、垣内・小村（村落諸集団）の分化作用と「クミ」・一揆の規定性により、「兵農分離」によっても村を離れず（在地を離脱するのは国人衆と根来寺僧）、庄屋・年寄として近世の社会的身分である村侍衆を構成する。

熊取谷に限らず「中家文書」売券にみる日根郡の村落は、講・衆・垣内・村・荘郷に多重化し、都市や根来寺の資本と接触し（土地売買への参加）、地域的な分業と市場圏に参画した。[58]村の「クミ」（村落間関係）は、土豪層のみならず村内諸集団を媒介項としていた。こうした多元的な団体分化と輻輳こそが戦国期社会の基礎構造であった。

注

（1）「和泉国衙分目録」（『新修泉佐野市史』第四巻古代・中世Ⅰ）。廣田「中世中後期の和泉国大津・府中地域」（『市大日本史』第八号、二〇〇五年）。『泉大津市史』第一巻上　本文編Ⅰ（二〇〇四年、南北朝～戦国期は廣田執筆）。

（2）「和泉国衙領」以外の幕府進退所領の存在も注目される。幕府御料所に和泉郡横山荘がある（東京古典会『平成九年度古典籍下見展観大入札会目録』大永二（一五二二）年蜷川親元御料所代官職補任状案）。幕臣所領に大鳥郡大鳥荘（波多野氏）・同郡神野荘（大和氏）・南郡八木郷（畠山氏）があった。注（1）廣田論文、『思文閣古書資料目録』第百五十号「大和氏関係文書」長禄三（一四五九）年将軍足利義政御判御教書。守護所堺も相国寺崇寿院堺南荘内に含まれ、守護支配と権門支配が重層した。堺南荘も幕府が貢租等の賦課権・免除権を持っていた。

(3) 日根荘などの九条家領では室町期、家領段銭の賦課が幕府―守護の機構を通じて指令されている（田沼睦「荘園領主段銭ノート」（『史境』二五号、一九九二年）。幕府・守護は荘園支配に様々に関与し機構面でこれを補完した。特に守護は国内権門領にとっての武力装置であった。中世後期荘園制論としては「国立歴史民俗博物館研究報告」一〇四集『室町期荘園制の研究』（二〇〇三年）があり、特に武家権力の在京による軍事・経済面の求心構造を重視する伊藤俊一氏の「中世後期荘園制」概念、室町幕府と北朝の荘園政策立法による所領区分制度の再編成を説く井原今朝男氏の「再版荘園制論」が注目される。

(4) 『新修泉佐野市史』第四巻「板原家文書」九月二一日和泉守護代松浦守書状。

(5) 伊藤俊一「室町幕府と荘園制」（『年報中世史研究』二八号、二〇〇三年）。早島大祐「中世後期社会の展開と首都」（『日本史研究』四八七号、二〇〇三年）。

(6) 在地領主制・国人領主制の動揺衰退を説く議論は「大名領国制」論または「戦国領主」論にもままみられる。しかしこうした地域武家権力個々の領内支配権の進展充実にかかわらず、戦国期の支配諸階級は総体として統合されないと考えたい。もとより戦国期権力を不安定・弱体とするのは、統一政権などとの比較においてではない。戦国社会固有の（近世史に回収されない）構造的把握のためである。

(7) 三浦圭一「日本中世における地域社会」（初出一九八一年、『日本中世の地域と社会』思文閣出版）。なお和泉の日根郡は近世においても、郷村的村落構造、土豪＝庄屋・年寄の主導性、領国大名制と、「後進」「辺境」的性格を有した。『新修泉佐野市史』第一二巻「かんがい水利編」廣田執筆部分（二〇〇六年）。

(8) 家永遵嗣「北陸地方における戦国状況の形成」（『加能史料研究』一六号、二〇〇四年）は、新たな権力の誕生よりも一定範囲ごとの戦国状況（領主・権力間関係）の形成が先行したとする。なお本稿で言う「地方」は中央の対概念ではなく、現在の地理的「地方」用語のような固定的・超歴史的なものでもない。

(9) 村井良介「戦国大名研究の視角」（『新しい歴史学のために』二四一号、二〇〇一年）は、戦国大名論は典型的な「大名領国」像の究明に意を注ぐ余り、戦国大名を単線的な発展史観に位置づけ、その個体的・地域的偏差を認識できないとする。

戦国期権力の比較検討は「地方」毎かつ共時的になされるべきである。一六世紀中盤までの「地方」政局において急激な勢力交替はみられず、諸勢力が均衡関係を維持する。戦国末期に登場する強大な大名権力（＝「地域国家」、勝俣鎮夫『戦国時代論』岩波書店、一九九六年）は、「地方」内部の領土戦争の勝者である。しかしその戦国大名が標榜する「御国」「大途」の論理にしても（藤木久志『村と領主の戦国世界』「村の動員」初出一九九三年、東京大学出版会、久保健一郎『戦国大名と公儀』校倉書房、二〇〇一年）、現在のイラク戦争に通じる戦時プロパガンダ的な要素を含むと思われ、平時の領国統治原理とのみは言えない。もとあれ「地方」枠組の設定により個別戦国大名論の限界が突破され、個別領国を超える諸問題（文化交流や東アジアの国際関係・外交貿易）を解く方向が示されよう。

(10)　従来、「日本国」の首都・京都と、京都に居する将軍・天皇の権威が、戦国期畿内の特質とされ、京兆権力から自律的な将軍権力の再評価論もある。山田康弘『室町期室町幕府と将軍』（吉川弘文館、二〇〇〇年）。だが、「地方」レベルの広域統合力で将軍は細川氏・三好氏にもはや及ばず、幕府の地域権力との交渉（官位・栄典の付与＝「礼」秩序の編成、講和調停外交）も、「地方」内の権力間関係への影響要因ではあっても、それを直接に左右する力にはなり得ない。

(11)　例えば畠山氏と紀伊根来寺は細川・三好氏の脅威であり続けたが、畿内政権は信長の段階まで紀伊に軍事進駐することがなかった。廣田「中世根来寺の戦争と武力」（『和歌山地方史研究』五〇号、二〇〇五年）。

(12)　細川氏・三好氏には、分国地域権力（庶流家守護、守護代三好氏、松永氏など）を編成し、広汎な領主権力の頂点に立ち得る可能性があった。これが広域「地方」の棟梁たり得る要件として、織田氏に継承されたと考える。市村高男「戦国大名研究史と列島戦国史」（『武田氏研究』三〇号、二〇〇四年）も細川氏—三好氏に畿内の大名権力的な要素を認める。藤田達生「戦国期守護支配の構造」（初出二〇〇〇年、『日本中・近世移行期の地域構造』校倉書房）は、和泉上守護から松浦周防守に継承された伊予国の所領が天文末年まで維持されたとする（周防守は松浦守の後継者万満＝光の養父）。非分国所領の知行は広域権力が保障した。

(13)　若松和三郎『中世阿波細川氏考』（原田印刷出版、二〇〇〇年）、北西弘『一向一揆の研究』（春秋社、一九八一年）所収「音信御日記」天文一六年三月一三日条。末柄豊「細川氏の同族連合体制の解体と畿内領国化」（石井進編『中世の法と政治』吉川弘文館、一九九二年）は同族連合解体を強調するが、京兆家内衆の配置を通じた一門統制がなくとも「地方」政局内部での一門の連携関係が説明できる。

(14) 永正五年～享禄期には畿内と四国の両京兆家の戦争に伴い、両守護家もその両派に属して分裂した。岡田謙一「細川高国派の和泉守護について」(『ヒストリア』一八二号、二〇〇二年)、注(1)『泉大津市史』。

(15) 明応期の両守護と畠山尚順・根来寺の連合、永禄期の三好三人衆と松永久秀の戦争における松浦孫八郎と畠山高政・根来寺の同盟など。注(1)『泉大津市史』。

(16) 注(1)『泉大津市史』および廣田論文。文明の和泉「惣国」は、国人の一揆と地下の一揆が重層・連合した段階のものではなく、権力実体としては国人一揆である。だが地下の蜂起や在地の私徳政が国内各地で激発し、外形的には国人一揆と地下一揆が重層する「惣国」と認識された。和泉「惣国」の性格は複雑で、権門領に「兵粮米」賦課を強行する一方、国人の代官請負を介して幕府・権門に通じる回路を保持した。こうした点に戦国末期の惣国一揆との異質性がある。

(17) 廣田「地域の公権力としての中世根来寺」(『根来寺文化研究所紀要』二号、二〇〇五年)。既に地域軍事権力として成長していた根来寺が、幕府発給文書の宛所に守護権力と等格に登場する点(公権分有者たることの認定)を重視する。

(18) 「大乗院寺社雑事記」文明一四年四月五日条、六月七日条、閏七月二〇日、同二七日条。『新修泉佐野市史』第四巻「日根文書」八月二四日管領畠山政長感状写。

(19) 国衙領が国府・大津を中心に大鳥・和泉・南三郡に偏在するのに対し、日根荘や高野山領近木荘など大規模な荘園(寺社本所領)は日根郡に偏在した。日根郡の本所領の存続が、請負代官として浸透した根来寺を利した側面があった。

(20) 『新修泉佐野市史』第五巻中世Ⅱ補注五「守護方が日根荘を敵方とみなす事情」(廣田文責、二〇〇一年)。戦国期の九条家領支配については廣田「中世後期の九条家家僕と九条家領荘園」(注(3)『国立歴史民俗博物館研究報告』一〇四集)。

(21) 『新修泉佐野市史』第五巻補注一九六「当守護」(森田恭二文責)。

(22) 「板原家文書」庄盛資奉書。庄氏は和泉下守護の奉行人。古野貢「細川氏内衆庄氏の展開と地域支配」(『年報中世史研究』二七号、二〇〇二年)。

(23) 「板原家文書」五月一〇日西村通宗奉書。西村は下守護細川基経の奉行人。

(24) 紀伊に近い日根荘入山田村の百姓も「商売」のため恒常的に佐野市や粉河市に出入り、佐野に親類のいる百姓もいた

（「政基公旅引付」文亀元年六月一七日条、同二二日条、文亀三年七月一二日条）。日根郡在地の分業流通（紺灰座・酒麹生産）に町場資本（海生寺＝嘉祥寺の紺屋）や寺院（根来寺・粉河寺）の金融資本が食い込んでいた（三浦圭一「一六世紀における地域的分業流通の構造」初出一九七六年、『日本中世賤民史の研究』部落問題研究所）。

(25)　矢田俊文『日本中世戦国期権力構造の研究』「戦国期の守護代家」（初出一九八九年、塙書房）は、天文期の守護代松浦氏の内衆形成を指摘する。

(26)　単独守護支配は細川元常の守護復帰（享禄末年）によって確定するが、注（14）岡田論文によれば、細川高国政権期の下守護時代にも単独守護の期間がある。

(27)　例えば多賀氏は下守護の戦死（享禄四（一五三一）年、「二条寺主記抜萃」）後もなお単独守護の元常に服さず、天文五（一五三六）年の後半にようやく元常に帰服した。「板原家文書」天文五年高槻知久城米請取状。

(28)　稲葉継陽「境目の歴史的性格と大名権力」（藤木久志・黒田基樹編『定本　北条氏康』高志書院、二〇〇四年）。ただし戦争や飢饉を媒介に村落（「フェーデ」「当知行」主体）と大名権力（「平和」維持主体）を直結させる理解には、地域権力と村の間に「クミ」「一揆」等の媒介項を置く本稿「六」から、再考の必要性を感じる。

(29)　戦国後期の「堺目」地域は城館群を核に有機的に構成されるという（則竹雄一「戦国期「国郡境目相論」について」（初出一九九九年、『戦国大名領国の権力構造』吉川弘文館など）。しかし当該段階の日根郡「境目」の戦闘は、城郭構築などをまだ随伴せず、個々の領主的（代官的）・地主的支配の確保（「二重成」状態の克服、水藤真『戦国の村の日々』東京堂、一九九九年）にあった。

(30)　「絞之郷」「諸郷」については、『新修泉佐野市史』第五巻補注四四「クミノ郷・絞之郷・桔之郷」（森田恭二・廣田浩治文責）、注（11）廣田論文。

(31)　「政基公旅引付」文亀三年一〇月二五日条。「はかた」は下守護被官波方氏と思われる（「板原家文書」六日番交名）。吉井氏は上守護被官で本領は南郡吉井村。

(32)　注（31）の年貢催促状は、同年一〇月一七日の守護被官による日根野村乱入（前無辺光院住持僧の拉致）の直後に出された。問題となった日根野村無辺光院供僧領は根来寺僧閼伽井坊（前日根荘代官）が加地子得分を持つ所領だった。

(33)『高石市史』第二巻「田代文書」六月一七日松浦守書状。注(1)廣田論文。

(34)「田代文書」六月二一日松浦守書状案。注(25)矢田論文。

(35)天文一一・一二(一五四三・四四)年の稙長・氏綱と結んだ和泉郡代玉井氏の乱などがある。注(1)『泉大津市史』。和泉市史編さん委員会編『和泉市の歴史1　横山と槙尾山の歴史』(二〇〇五年)も玉井氏の乱に言及するが、横山谷を自己完結的な「寺院社会」とする故か、和泉・河内の「境目」であることの認識がない。

(36)「貝塚御座所日記」天正一二(一五八四)年三月二一日条、小山靖憲『中世寺社と荘園制』(塙書房、一九九八年)は、根来寺を「土豪層の利害調整機関」「地域的一揆寺院」とするが、注(11)(17)廣田論文は寺院と在地の一揆の重層体とみる。

(37)注(1)廣田論文。なお大津・府中・岸和田周辺に散在する法隆寺領珍南荘は根来寺の半済分徴収を受けていない(『泉大津市史』巻末史料)。守護または松浦氏が拠点地域から根来寺半済支配の排除に成功した結果とも考えられる。

(38)『新修泉佐野市史』第四巻「藤田家文書」永禄一〇(一五六七)年佐野上方給人衆連署上方開納所売券。永島福太郎編『大和古文書聚英』「伊藤磯十郎氏所蔵文書」八月一三日松浦家家老連署状(文書名は廣田が訂正)。注(1)廣田論文。ここで言う国人衆は矢田俊文の「戦国領主」論に近い黒田基樹の「国衆」概念とは異なる(注(25)矢田著書、黒田基樹『戦国期東国の大名と国衆』岩田書院、二〇〇一年)。松浦氏権力の一員として支配権を保障される個別領主の身分呼称である。

(39)奥野高広『織田信長文書の研究』下巻(吉川弘文館)「冨田仙助氏所蔵文書」天正四(一五七六)年織田信長朱印状。

(40)義昭・信長政権期だが、松浦一門の松浦孫八郎が日根郡小嶋関の管理と治安維持を担った(『堺市史続編』五「今井文書」一〇月二六日今井宗久等連署書状)。松浦氏は日根郡西部の港湾(海関)も掌握し、淡輪氏・真鍋氏ら海上兵力を傘下に置いた。根来寺は雑賀衆の援護がなければ海辺部の交通と都市に容喙できなかった。

(41)廣田「日根野氏関係文書および佐久間信盛・信栄連署状」(『泉佐野市史研究』四号、一九九八年)、『熊取町史』本文編(二〇〇〇年、戦国期は藤田達生執筆)、『熊取町史』史料編一「中家文書」。根来僧・在地寺院・土豪層・村は本年貢(「上米」)=領主得分権を奪取し、加地子高も本年貢高を超過しつつあった(原田信男「戦国期の村落における本年貢と加地子」(『日本史研究』二六三号、一九八四年)。この事態は加地子の年貢化、公方年貢制自体の解体と考える。

(42)注(38)「藤田家文書」。松浦氏配下の国衆の所領である佐野でさえ、根来寺の半済権限があり、「納所之儀、寺・国互為相対可知行候」といわれた。

(43) 佐野の場合、近世段階で計画的町割が実施されず、戦国期段階の市町集落がそのまま自生的に近世・近現代へ連続した。摂河泉の都市構造を「先取り」するとされる寺内町（仁木宏「戦国期摂河泉都市のオリジナリティ」（『ヒストリア』一八六号、二〇〇三年））とは異質だが、戦国期和泉の都市構造と守護・守護代の都市政策を検証し得る格好の材料である。佐野は複数の垣内集落の複合体と想定され、町場景観に城下町的要素はみられない。佐野城は、「オトナ」（注（24）史料）の運営する佐野市町から距離を置いて築かれた可能性が高い。

(44) 熊取の「中家文書」売券から根来領でも公方年貢の残存がわかる。日根郡信達荘（根来寺領荘園）を除くと、公方年貢を根来寺僧と土豪が掌握し切ったのではない。

(45) 松浦氏（三好政権方）と根来寺（畠山氏方）は敵対状態にあったが、双方に一定の外交関係は存在した。松浦氏と根来寺岩室坊との関係、佐野の多賀氏と根来寺浄心院（＝成真院、熊取中家の子弟が入寺した坊院）の交信などである（阿波郷土会編『永源師檀紀年録』「御代々寄附状写」六月一六日岩室坊勢誉書状および同日松浦盛書状）、「板原家文書」永禄元（一五五八）年根来寺浄心院快栄書状）。南郡尾生池の相論に関わる元亀三（一五七二）年の松浦肥前守光起請文（『拾遺泉州志』）もおそらく根来寺僧を相手とするのだろう。なお『永源師檀紀年録』所収の系図は、細川元常・松浦守・岩室坊勢誉を兄弟とする。追究に値する課題である。

(46) 秀吉政権初期（中村一氏と松浦家臣の時代、根来領併合以前）に「国役」の語が現れ、松浦領での個別領主権を超えた「国役」賦課の事実がわかる（『堺市史続編』四「高林誠一文書」天正一一（一五八三）年河毛重次折紙）。上記折紙で国役を課された大鳥郡万代（堺南荘禅通寺瑞泉庵領）は、「古肥州」（松浦守）が「押領」し、松浦孫八郎が継承した（『堺市史続編』五「今井宗久書札留」）。

(47) 注（1）『泉大津市史』および廣田論文、矢田『日本中世戦国期の地域と民衆』「惣墓の成立」（初出一九九六年、清文堂、二〇〇二年）。日根郡では和泉郡黒鳥村の規制から離れた「惣村連合」的な酒麹の流通構造が成立した。注（24）三浦論文。

(48) 吉井敏幸「和泉国黒鳥村文書の伝来と村座・村寺」（河音能平編『中世文書論の視座』東京堂、一九九六年）。村ではないが、熊野街道沿いの取石宿も複数の村に解体した（注（47）矢田著書「非人宿の解体」初出一九八九年）。

(49)　法隆寺は天正年間まで珍南荘の支配を維持した。注（1）『泉大津市史』。
(50)　注（17）廣田論文。根来寺支配の構造矛盾については従来、全く言及が無かった。
(51)　惣国一揆の本質は危機状況に対応した自治権力であり、非常事態性を強く有する。湯浅治久『中世後期の地域と在地領主』（吉川弘文館、二〇〇二年）。ただし、結局は武家の一円支配に収斂されるとの立場から、一揆権力を大名領国の「恒常性」と比較しても（池享「戦国期の地域権力」（歴史学研究会・日本史研究会編『日本史講座　第五巻　近世の形成』東京大学出版会、二〇〇四年）、生産的でない。
(52)　「政基公旅引付」文亀元年五月一九日条・九月二三日条。もっとも現実の広域一揆は村の純粋な「一味」原理（勝俣鎮夫『一揆』岩波書店、一九八二年）の拡大版というより、地域内の寺社・武士・商工業民を含み込んだ複合体と考えたい。この点、神田千里「一向一揆と土一揆」（『戦国史研究』四八号、二〇〇四年）。
(53)　「政基公旅引付」文亀二年九月一三日条。この守護と根来寺の戦争では、日根荘入山田村（自律的行動単位）の軍隊駐留阻止闘争が評価される（注（25）矢田著書「戦国期の村と政治」初出一九八七年）が、「クミ」の村々の動きも戦乱の終息に作用を及ぼした。村落を「平和」負担主体として大名権力に直結させる見解（稲葉継陽注（28）論文、「中世後期における平和の負担」「歴史学研究」七四二号、二〇〇一年）では、村の個別「自力」に還元できない「クミ」次元（一揆形成に至らない）の「和平」作用を説明できない。なお「平和」「地域防衛」負担の理解にも、論者の本来の意図とは別に、類似の語を切り札とする集団的自衛（海外派兵＝対テロ戦争）や「自己責任論」の押しつけ、「受益者負担」を名目とする福祉切り捨てが進む歴史状況に利用されかねない危険を感じるのは、杞憂であろうか。
(54)　稲葉継陽「村の侍身分と兵農分離」『戦国時代の荘園制と村落』（初出一九九三年、校倉書房）など。日根郡の場合、土豪層は政治的には領主化せず、侍衆・村役人として村の代表者性を保持した。階級構造と政治的「代表」の止揚関係をめぐる理解は、既にマルクスの『ルイ・ボナパルトのブリュメール一八日』が示している。
(55)　大名領国下の土豪を、村を超えて領国の軍事・経済・代官支配に果たすとみる見解がある（黒田基樹『中近世移行期の権力と村落』「大名被官土豪層の歴史的性格」（校倉書房、二〇〇三年）、長谷川裕子「土豪の生態と大名・村落」注（28）『定本　北条氏康』）。が、これでは以前の土豪＝被官（戦国大名の軍事力基盤）論や有徳人論と区別し難く、村落代表者としての土豪（侍衆）という理解との矛盾を来たす。大名権力の軍事的尖兵となった被官土豪が村落の「器官」か（村から遊離した領主権力の末端ではないのか）、領国規模の諸機能を果たす存在が果たして「土豪」か、それはまた土豪固有の機能か（有徳人の機能ではないのか）、疑問である。

（56）「中家文書」。該当する史料の番号は四二・六五・二一三・三一三・三六五・三六六・三七三・三九二・四三三・四三四・四三六・五三五・六八三号。渡辺広美「戦国村落の構造」（『歴史評論』三七四号、一九八一年）は講の存在を指摘し、惣荘内の垣内と異なる「平百姓の惣的結合組織」とする。ただ本稿の立論では、垣内や講集団の内部に階層差（土豪・侍衆の存在）があっても差し支えない。

（57）三浦圭一「惣村の起源と役割」初出一九六七年、『中世民衆生活史の研究』思文閣）、注（41）原田論文、注（56）渡辺論文など。

（58）注（24）三浦論文の「地域的分業流通」論も、「クミ」の多層構造および一揆の経済的基礎として読み返される必要がある。一揆論は一揆状況の分析にとどまらず、一揆未蜂起状態の地域の社会経済構造の考察と接合されねばならない。

「政基公旅引付」にみる歌会と連歌張行

大利直美

一　はじめに

「政基公旅引付」は戦国時代の初頭、家領の和泉国日根荘（日根野・入山田村）を再建するために下向して直務支配を行った前関白九条政基の在荘日記であり、荘園領主が直接見聞きした村の動向が詳細に記録されていることから、戦国時代の民衆生活史史料として広く知られている。しかし政基は日根荘在荘期にしばしば歌会や連歌会を催し「旅引付」（以下、「旅引付」と略する）に、詩歌や連歌張行の発句をも記している。「旅引付」を検討する際には、政基が公家社会の頂点にある五摂家の出身であり、文芸の教養を修めた人物でもあったことを忘れてはならないだろう。「旅引付」は日根荘における政基の文化生活の日記でもある。(1)

「旅引付」にみる九条政基の詩歌については、歌壇史・文芸史の立場からの井上宗雄氏と鶴崎裕雄氏の研究がある。井上氏は九条政基の歌人としての側面を紹介し、「歌壇的に注意される歌人であるとは言い難い」としながらも日根荘における政基と同行した家司との詠歌に言及している。(2)また「旅引付」の詩歌を正面から論じたのは鶴崎氏であり、文芸資料の視点から「旅引付」という日記テクストの新たな読み直しを試みている。氏は、歌人としての政基を「優れた歌人ではない」、その詩歌も「文芸資料とはなりえない」としながらも、「特異な環境のもとに詠まれた記録性のある公家の詠歌であり」、「文学の頂点を支える裾野の一つしての研究資料」とした。また、「旅引付」の詩歌記載記事が次第に減少することから、詩歌会の減少ひいては日根荘直務支配の失敗を見通すなど、文芸と直務支配を関連づけて論じている[3]。

この他、筆者も『新修泉佐野市史』第五巻中世Ⅱの編纂にあたって、「旅引付」にみえる政基の詩歌に注釈を加え、政基の連歌張行の特質、実体を明らかにしようと試みた[4]。また、久保田淳氏・廣田浩治氏が当代一の碩学三条西実隆（政基の子息九条尚経の岳父）と政基の和歌の交流に言及している[5]。

これらの研究で政基が詠んだ詩歌や連歌に関しては大部分が明らかになったといえよう。しかしながら、とかく日根荘で政基が歌会を催したこと、特に歌会とは質的に相違する連歌張行の意味は充分に考察されたとはいえず、節供歌会の進物の負担行為、連歌張行の費用や歌会に出席した歌人、連衆まで充分な考察がされたとはいいがたい。

今回、あらためて政基の歌会や連歌を取り上げようと思ったのは、日根荘の在荘において政基が領主として詩歌や連歌を詠み、これを記録したことの意味を考えたいと思ったからである。鶴崎氏が指摘しているように「旅引付」には在荘時に詠んだ歌が必ずしも全て記載されているわけではない。政基はあくまでも領主として詩歌を「旅引付」に書き認めたため、無用と思われる歌や、歌会、連歌会の記録に関しては除外して記録したと思われる。

そこで政基が催した歌会・連歌会の張行形態や張行の「場」の意味を考えたいと思う。本稿の目的は公家の下向と直務支配の一形態としての文化支配の意味を捉えることにある。公家にとっては日常的な行為であるが、同時に政治的な意味合いも帯びる文化装置としての歌会・連歌会が荘園在地を場として直務支配の中で張行される意味をどうとらえるのかが問われている。近年の連歌史研究では、連歌張行の「場」において身分差があったことが明らかになってきている。特に榎原雅治氏は連歌の寄合＝平等という文化史の曖昧な認識の問題に注目され、寄合の文化としての連歌会の本質が、排他性、選別性を持ち女性は排除される対象であったことを解明された[6]。こうした研究史に肯定的な立場をとりつつ、「旅引付」に歌が記載された意味、張行の「場」の問題について考えたい。

二　九条政基と歌会

「旅引付」に最初に記載される歌は、文亀元年三月二八日条の、日根荘下向途中の住吉社頭においての奉納和歌である。「手にむすぶ泉の水をにごすなよ」という上句であり、「泉」と「和泉」を掛けてあることから、政基が日根荘に直務支配に赴く際、在荘の行く末を案じた決意表明のような歌である。九条政基が日根荘に滞在したのは、文亀元（一五〇一）年三月末から永正元（一五〇四）年一二月までの足かけ四年弱、政基の五十七歳から六十歳までの間である。この四年間に政基は、年中行事や四季折々の中で詩歌を詠み、都への思慕の情を日記に綴った。「旅引付」には、政基の詩歌が計四十四首、他に、御料人（三条西保子）、石井在利、智恩院隆旬、薬師寺元一ら発句と歌四首が記されている。他には「旅引付」に記されない政基の和歌一首と、文亀三年七夕の連歌懐紙が存在しており(7)、政基の詩歌の総てが「旅引付」に記されているのではないことは明らかである。

表1　和歌・詩歌会記事

年月日	興行場所	内容・歌題	出席者	備考
文亀元・3・28	住吉社頭	社頭にて詠む	政基一人か	
文亀元・3・30	（長福寺カ）	尽日、一首	政基	
文亀元・4・25	長福寺天満宮	法楽の詩歌を詠ず	政基一人か	
文亀元・4・28	長福寺	九条亭御料人の発句夢想	政基	
文亀元・4・29	長福寺	鶯とほととぎすを詠む	政基	
文亀元・5・2	長福寺	犬鳴山の景色を詩に詠む	政基	
文亀元・5・4	長福寺	端午の節供に一首	政基	
文亀元・6・1	長福寺	氷室の節供、着到和歌	馬場・善興・在利（カ）	

文亀元・6・29	長福寺	名越の祓にて詠歌一首、石井在利の返歌	政基・石井在利	
文亀元・7・7	長福寺	七夕、歌をそえる	政基	
文亀元・7・8	長福寺	詩一吟	政基	
文亀元・8・15	長福寺	独吟三十首、題「月」	政基	
文亀元・9・9	長福寺	重陽の節供、題「菊」	出席者の記事なし	
文亀元・9・25	長福寺	石井在利の歌を代筆	政基・石井在利	
文亀元・9・晦日	長福寺	尽日、一首	政基	
文亀元・10・11	長福寺	犬鳴山の景色を一首	政基	
(文亀元年カ)	長福寺	二首	政基	甲巻末に記載
(文亀元年カ)	長福寺	公方さまへ一首詠歌		短冊入紙
文亀2・正・20	長福寺	正月の興、当座にて一首	政基	
文亀2・2・25	長福寺天満宮	長福寺、天神法楽の詩歌を詠ず	政基	
文亀2・3・3	長福寺	上巳の節供、当座歌会	出席者の記事なし	前後空白の部分あり
文亀2・6・25	長福寺天満宮	長福寺、天神法楽の詩歌を詠ず	政基発句	同27日、夢想発句を授かる
文亀2・7・7	長福寺	七夕、詠歌七首を二星にそえる	政基	歌の記述なし
文亀2・8・21	長福寺	七ケ日持斎のあと一首	政基	
文亀2・8・23	犬鳴山七宝滝寺	犬鳴山七宝滝寺に避難の際、七首を詠ず	政基	
文亀3・正・20	長福寺	夢想にて智恩院僧正の発句を授かる		
文亀3・3・3	長福寺	上巳の節供、着到和歌始め	政基他	
文亀3・7・7	長福寺	七夕、詠歌七首を二星にそえる	政基他、家僕らか	一首のみ欄外に記す

文亀3・9・9	長福寺	重陽の節供、菊を詠ず	政基他	着到和歌始め
文亀3・9・29		尽日、一吟に及ばず		
（文亀3年カ）		二首		丙巻末に記載
文亀4・正・28	長福寺	初歌一首、題「松契万春」		歌の記述なし
文亀4・2・25	長福寺天満宮	長福寺天神法楽和歌、題「山霞」「尋花」「祈恋」		歌の記述なし
永正元・11・15	長福寺	善興に一首遣わす	政基	

政基が「旅引付」に記録した詩歌を、定例化した歌会や張行の場の問題を基準に分類すると、歌会では、①政基が宿所とした入山田村大木の長福寺での天神法楽の詩歌、②政基の公家としての年中行事の歌会や定例の歌会（節供・着到和歌など、表1参照）があり、次に連歌では③政基の公家としての年中行事の連歌会、④日根荘鎮守大井関社での連歌や長福寺での法楽連歌があると思われる。④には政基下向以前からの荘園内の行事である大井関社連歌を含むので後に検討するとして、ここでは、下向した政基が持ち込んだ①と②にあたる歌会・連歌会を見ていきたい。政基は宿所（旅所）である長福寺の鎮守社である天満宮に、次のような法楽詩歌を捧げた。

梅呈紅良奏芳春　風景鎊成尤有仁　今日誰抛吟雅志　焼香遙拝廟門神

梅は花松ハみとりの春の日のめくみそ四方に天満る神

（「旅引付」文亀二年二月二五日条）

二五日は天満天神の縁日（菅原道真の命日）で、和歌と漢詩が一体となった法楽の詩歌が詠まれた。政基が、宿所で政所でもある長福寺の鎮守神に敬神の意を表する詠歌を手向けるには、政基の在荘中の安泰を祈願する意味合いも含まれていると思われる。天満宮法楽詩歌は、政基の長福寺滞在と生活、そして「政所」長福寺での荘務に深く関わる詠歌として特別の意味をもち、定例化されている。(8)

次に、節供などの年中行事の歌会を催した意味とは何か。四季の順を追って見ていく。

（A）廿日甲午　晴、おもひ出てゆかしかりけり故郷に今日一しほの春のたはふれ

（「旅引付」文亀二年正月二〇日条）

（B）三日乙亥　晴、自今日又着到和歌、続百首始之、又今日当座興詠云、

三千とせの花の色香をそへてくむけふさかつきのかすくやも、

（「旅引付」文亀二年三月三日条）

三日庚午　今日節、可喜く、番頭以下、済々来云々、各賜酒盃、善興腰ヲ損之間、不及祗候云々、法玉ヲ進了、　者自今日百日着到始之、

（「旅引付」文亀三年三月三日条）

（A）は歌のみで、詳細は解らないが、時期から考えると、正月の際の歌会であろう。(9)（B）は上巳の節供であり、節供の歌会を張行するとともに、着到百首和歌を始めていることがわかる。着到とは、日次和歌・百日歌・日課歌ともいい、一人又は数人の作者が毎日特定の場所に出仕して一定数の和歌を詠進し、満吟する詠歌の方式である。数は百首が定式となり、あらかじめ課題を定めて三月三日（上巳）や九月九日（重陽）などの節供の日から始められた。本来は諸芸の百日稽古として発生したとされ、室町時代には盛んとなるが、(10)家臣をひきつける手段として利用された。着到和歌の開始を記した「旅引付」文亀二年三月三日条の後には十一行ほどの空白があり、(11)政基はこの空白部に着到して詠じた人物或は詠歌を記す予定であったのではないかと思われる。

表2　着到和歌・続歌会記事

年月日	興行場所	内容・歌題	出席者	備考
文亀元・4・6	旅所（長福寺カ）	百首歌を始める	政基一人か	歌なし、終抽4月9日
文亀元・5・30	長福寺	続歌会興行　題「山家卯花」	出席者の記事なし	続歌会の為、記述しなかったか
文亀元・6・1	長福寺	着到和歌始を始める、題「立春」	馬場・（善興）・在利	氷室の節供
文亀元・9・9	長福寺	百日着到和歌始め、題なし	（善興）	重陽の節供
文亀2・3・3	長福寺	着到和歌、続歌会、当座歌会　題なし	出席者の記事なし	上巳の節供　前後空白の部分あり　着到和歌は家僕らか
文亀3・3・3	長福寺	百日着到和歌を始める、題なし	善興欠席により、法玉参上	上巳の節供
文亀・3・9・9	長福寺	着到和歌百首を始める、題「歳暮立春」	長盛	重陽の節供

（C）四日辛亥　晴、仰付地下之職事、令葺菖蒲了、雖為寺家予令宿之故也、

山里も我住む軒のあやめ草葺けハ都の心ちこそすれ

為明日祝、茅巻ヲ仰付云々、　（「旅引付」文亀元年五月四日条）

五日壬子　（略）又従無辺光院（善興―筆者注）茅巻一盆進之、以同宿所進也、者一献・召出等有之、　（「旅引付」文亀元年五月五日条）

五日丙子　（略）従無辺光院茅巻・樽等送進、法玉来了、仰神妙之由、番頭等悉来、皆賜酒了、　（「旅引付」文亀二年五月五日条）

五日辛未　晴、番頭以下、参云々、　（「旅引付」文亀三年五月五日条）

（D）一日戊寅晴、自日根野馬場（小三郎—筆者注）来、同従無辺光院以同宿進正月之餅、雖可参余依老耄進同宿之由申之云々、仰得其意得由、在利（石井—筆者注）令見参出盃云々、従今日始着到之和歌、各令詠之、今日題立春也、

（「旅引付」文亀元年六月一日条）

（E）九日甲申雨下、重陽之佳節可喜〳〵、無辺光院来、榧・餅・松茸等持参、召出賜盃了、終日於番所各等酒宴了、又若崎（右近—筆者注）榧餅松茸等持参云々、又田尻（宮内—筆者注）も餅等持参云々、各神妙也、者題菊詠一首、

我こゝにすむ長月のけふなれハ八重のしら菊九重にさけ、又従今日百日始着到之和歌了、

（「旅引付」文亀元年九月九日条）

（C）（D）（E）は、それぞれ、端午の節供、氷室の節供、重陽の節供の際の記述である。節供の際には、「従今日始着到之和歌、各令詠之、今日題立春也。（歌なし—筆者注）」、「者菊詠一首、（中略）又従今日始百日着到之和歌了」など、上巳の節供同様同日に着到和歌を始め、「和歌一続興行之、予題山家卯花」など、ときには続歌会でさえも催していた（文亀元年五月三〇日条）[12]。これらの歌会の出仕の場所はおそらく政基在所の長福寺であろう。また、着到和歌の記事の前後には、日根野村の無辺光院の住持僧善興、家僕の石井在利、入山田村番頭（百姓）の若崎右近や田尻宮内[13]らの名が散見する。しかしながら、寺の住持である善興はともかくとして、身分や知識水準において政基と格差がある村の番頭が歌会に参加したとは考えがたい。慶事の行事として進物をする（礼を尽くす）ことが村にとっての歌会への奉仕であったのではないだろうか。

このように、政基が在所長福寺で催した歌会の「場」は、家僕である歌人を参仕させ、番頭を代表として村に進物をさせることにより成り立っていたといえるだろうし、政基下向の際において日常的な場＝在所の中で家僕たちと関係を密にする手段としても、歌会を催したことが読みとれる。また、家僕や寺僧に酒一献を与えて政基との対面

（礼）を行わせるばかりではなく、家僕達が政基のもとに着到して歌会を張行する姿を歌会に参加できない村の番頭たちにも見せるということまで広げて考えると、地下にとって普段は直接見ることもない領主政基の主催する文化的行為としての定例的な歌会は、村の行事と直接的な関わりこそ持たないものの[14]、村人への文化的な支配においても重要な意味をもったと思われる。政基は節供などの公家の年中行事に伴う歌会を在所長福寺において再現し、村・家僕ともに会への参仕や奉仕をそれぞれの身分や役割に応じた形で課していたと思われる[15]。さらに、このような歌会で寺院の僧侶である無辺光院善興や法玉（善興の同宿僧）が参仕しているのも重要であろう。特に善興は、政基より住持に任じられた人物であり、「旅引付」にもかなりの頻度で登場し、しばしば政基の身辺に推参している。無辺光院は日根野村東方の政所が置かれ、年貢や段銭の収納の場所であった。廣田浩治氏は既に荘内の寺院・寺庵の僧侶が村・家僕と政基との間に立った村の代弁者とも言うべき立場であり、寺僧・住持の取り込み（被官化）が直務支配に一定の効果をもたらしたことを明らかにしているが、なかでも無辺光院善興は、側近的な役割を果たしたとみている[16]。確かに節供ごとに伺候し、あたかも義務であるかのように進物をしている善興は、いずれにせよ歌会の開催および村人へのアピール（村人は歌会の実見そのものからは排除されているが、その「雅な」場の雰囲気を荘内に誇示・アピールすること）においても、政基と村との仲介者になり得た可能性は高いといっても過言ではないだろう。

三　政基と連衆

次に③の連歌会の検討に移ろう。連歌会に一座した連衆（連歌会に一座する作者）について見ていきたい。政基と家司たちとの連歌張行は、日記にはあまり詳細には記されることがないが、「連歌一折興行、予（政基─筆者注）発句、在利自日根野参」（「旅引付」文亀元年五月二五日条）とあるように、石井在利が伺候していることから、在利も連歌会に一座していたと思われる。張行場所の記述はないが、家僕が伺候していることから政基が居住していた長福寺であり、かつ二五日であることから天神法楽の連歌であろう。このように、「旅引付」には連歌の発句のみが記され、具体的な参加者の名前もわからず連歌張行の詳細は不明なものが多いが、七月七夕の連歌張行だけは「旅引付」文亀三年七月七日条に記されるのみならず、なおかつ連歌懐紙一折が残り、連衆の名と付句を見ることができる。(17)

（端書）「文亀参七月七日」

賦何人連歌

七夕にかすや千草の花衣　御
風のふきたつさゝかにのいと　長盛
山里の折はの月のかけふけて　定雄
あけぬるいろのやゝさむきころ　祐長
はつしものふるきわたりのたひの雲　御
こけむす《くちたる》はしの道の行すへ　御
いりあひのかねをほろにきゝなして　定雄
くるゝをしらぬ春のうたゝね　重久
みる花もたゝよのなかのゆめなれや　御
ちとせの色わまつにこそあれ　同
まつとたにしらてすき行人こゝろ　祐長
つけはやかゝる夜はのおもひを　御
里とをき山地の雨に行くれて　同

よそにきかしなはつほとときす　祐長
たちはなのこしまの里にいへ《らヵ》ゝて　御
時しもあれ今ハ五月此なれや　同
さなへとり〳〵《と》りしつそひまなき　長盛
みなかみの《ニ》まかする水のゆたかにて　祐長
こゝろのあるや川つなくこへ　重久
としをふるすミかのはるの夕つかた　御
梅ちりくれはゆきそいたゝく　重久
わかなつむ野へのけしきはあおやかに　重久
帰るたもとに風そさえぬる　祐乗

鶴崎氏も指摘されるように、この連歌張行は家僕たちとの一座の七夕連歌張行であった。[18]連歌会は歌会の会衆とは異なり、連衆は付句を詠む創作者であるとともに他の連衆が詠んだ前句の鑑賞者でもある。連衆がどういう形の順序で付句をしているかが重要であろう。まず政基（連歌懐紙の「御」にあたる）が発句を詠み、長盛（信濃小路）、定雄（竹原）、重久（山田）の三人の家僕が連衆として句を詠んでいる。祐長・祐乗の二人は「旅引付」にはみえず不明である。[19]ここでは家僕達が全員、実名を記しているにも関わらず、政基が「御」とあることに注目したい。政基が京都で一座した連歌会には、「長享元年後十一月七日　近衛前関白前左大臣等和漢聯句」、「長享元年十二月七日　近衛前関白前左大臣等和漢聯句[20]」等があり、他の公家同様身分が記され、政基は「前左大臣」とされている。しかしこの七夕連歌の懐紙では、政基は「御」と、明らかに他の参加者と差異を示す名前が記述される存在であったことがわかる。

連歌には「松」や「金」など、一字名（或いは作名、連歌名）という和歌や連歌の独特な名がある。これは貴人が句を詠む際に、実名や役職の代わりに一字の名を使って用いた筆名であり、政基の名が他の連歌で「前左大臣」となっていることは、連歌名を持っていなかったということではなかろうか。しかしながら、政基の孫植通は「玖」という一字名を持つ(21)。つまり、「御」は一字名を持たない政基が、単に一人の公家としてだけではなく、家門として家僕達の最上位に位置する立場を確認し、可視化しようとした現れではないだろうか。

同時に一座している人物をみると、連衆の一順は（会に参加した全員が発句以下順次に一通り句を詠みついでいくこと）、諸大夫級である信濃小路長盛、竹原定雄から侍身分の山田重久へと身分秩序が守られながらまわっているのが分かる。特に第二句目の脇句は、開催者が詠むこととなっており、会席では重要な位置を占める(22)。おそらく、長盛が頭役を務めたと思われる。竹原定雄は唐橋一族であり、信濃小路に比べて身分的には劣るものではなく、日根荘直務支配において政基の御教書を発給できるほどの重責を担う人物ではあるが、若年のため、長盛を尊重している部分もあるのだろう(23)。

「旅引付」を見る限りでは、「祐長」「祐乗」は、長福寺に伺候している気配もなく、九条家家門の番構成にもみられない。連歌会に参加するほどの人物であれば、「旅引付」に記述されてもよいはずなのに記載もされていない。しかし、一方で文芸史料に目を転じれば、「旅引付」「九条家文書」にも現れない人物が確かに一座していたことが窺えるのである。このような不具合なズレをどう考えたらよいのか。

連歌会の「場」において、身分制的性格、意識が存在していたことは、廣木一人氏が既に指摘され、榎原雅治氏は連歌会には排他性と選別性が維持されつつ序列性があらわれる場であり、制度におさまりきらない部分をもつとした(24)。すなわち、「祐長」「祐乗」も「旅引付」に記述がないところをみると、九条家の「家中」という制度の公的なレベルからは編成外として現れながらも、連歌会という文芸の「場」のレベルにおいては、九条家家門に内包された存在であったと考えられる。これは、政基が「旅引付」において必要な史実のみを選別して記録した結果といえるのではないだろうか[25]。

以上見てきたように、政基が家僕達と張行した連歌会は、身分的序列を確認する行為の一つであった。「七夕にかすや千草の花衣」という発句（連歌の第一句目）を下げ渡すだけではなく、政基が実際に一座していることからも、節供の歌会や着到和歌と同様、日常・私的な場所で家僕たちとの関係を密にする有効な手段としての張行であり、政基という人格的な関係を軸にしながら、彼ら全員が他者（荘園住民や近隣の有力者）との関係において区別・選別を設けたこととなる。

さらに、こういった連歌会に一座（参加）できると考えられるのは、家僕とは他に九条家に関係する者や荘内在地の寺僧などの聖職者＝知識人であろう。一方で一座できなかった存在を考えると、ここには様々な問題が含まれているように思う。番頭や百姓が歌会同様一座できないのもその一つ。前述したように他者との関係において、区別、選別の差別的な側面がうかがえることは、後述する無辺光院善興など荘内寺僧の大井関社連歌張行における行動からも明らかである。また、政基には日根荘に下って側近くに仕えた側室（文亀三年に生まれた姫君の母）がいたはずであるし、彼女に近侍したであろう「乳母」（政基の姫君の乳母であろう）も公家社会の出身であると思われるものの、この二人の女性は連歌の一座から排除されていたという傾向が考えられる[26]。これらは、日根荘における政基の歌会・連歌会がことに、京都の九条亭を離れた家領荘園における戦乱という不安定な情勢下で、荘園支配の一環として身分制的・人格的関係の可視化とその確認誇示という政治的意味をもったためであろう。このように、歌会・連歌会は政基と家僕という男性（直務支配の直接担当者）だけを一座の連衆とする選別＝排除された構成で成り立っていたといえる[27]。

さらにこの節の最後に、政基の歌人としての資質についても付け加えたい。鶴崎氏・井上氏は、ともに歌人として優れているとは言いがたいとしながらも、政基はやはり都の公家であり、詠歌の嗜みがあったことは否定できないとされた。[28]都では、三条西実隆を初めとする名だたる歌人が出席した和漢聯句の月次会に一座している。[29]ここにも、政基に充分な漢詩の素養があったことが伺えよう。日根荘在荘中には詠歌の他にも、家僕である石井在利が、人（女性）に送る扇に一首添えたいと頼んだ際、即座に代わって和歌を詠み（「旅引付」文亀元年九月二五日条）、しばしば着到和歌、続歌会でさえもとり行っている。それらの教養は、やはり幼少時よりの嗜みによるものであろう。[30]

ただ、歌を詠むだけではなく、歌会や連歌会を主催して張行ともなると、やはり難しいものがある。ではどうやって政基は会を催したのか。政基を助けたのは家僕である冨小路俊通であったと思われる。井上氏によれば、「俊通は出自の低さを補うためめか、生来の器用さの上に諸芸を拾得するため努力した人物」と評された。[31]俊通は、「新撰菟玖波集」に一句入集し、『花鳥余情』『河海抄』『紫明抄』の三つの『源氏物語』の注釈書を抄出して「三源一覧」を著し、一覧できるようにしている。[32]また俊通は、長享二（一四八八）年に源氏物語の書写を所望し、一条冬良が分担することによって三条西実隆を始めとする三十二人の能筆達で書写されることになった。[33]俊通は文芸を通じて実隆と親しかった可能性は高いと思われる。俊通の歌は「旅引付」に記されておらず、在京の九条家雑掌（幕府・朝廷との外渉役）を本務とする俊通は日根荘の奉行（知行人）であったとはいえ、荘園現地に下向することはなかったが、京都にいながらでも俊通は政基との間で文芸的なやりとりのあったことは充分考えられる。[34]日根荘の実務だけではなく、歌会の事前の差配などにしても政基を支えていたと推測できるのではないだろうか。[35]

四　連歌の張行―特に大井関社連歌をめぐって―

ここでは④の連歌張行を見てみたい。「旅引付」に記載される連歌は、③で検討した政基と家僕の年中行事的な連歌を除くと、長福寺法楽連歌と大井関連歌があるが、長福寺法楽連歌は「晴、（中略）去夜寅剋許夢想」（「旅引付」文亀元年六月二五日条）ともあるように、六月二五日、天満天神ゆかりの日において、長福寺鎮守の天満宮に捧げる法楽連歌であり、[36]政基が「旅引付」に記したのはその発句である。

あと一つは大井関社の連歌であり、この日根荘鎮守である日根野村の大井関社においての連歌張行は、「一昨日、於大井関社頭、為祈禱連歌百韻令沙汰由、善興申送」（「旅引付」永正元年一一月一五日条）、「瑞籬のへだてず結ぶ泉かな」（「旅引付」永正年六月一一日条）とあるように、祈禱の百韻連歌であったことが分かる。多く祈禱連歌とは大願の成就、戦勝・平和などの現世的な祈禱のために張行されるものであった[37]（「旅引付」にみる連歌張行の記事については表3を参照）。

表3　連歌張行記事

年月日	張行場所	内容	出席者	備考
文亀1・5・25	長福寺	連歌一折興行	政基発句、在利出席か	
文亀3・6・11	大井関社	政基頭役、善興の沙汰、用脚が調わず、18日に延引、日根野村東西番頭に夏段銭をもって充てさせる		東西番頭の負担は九十疋
文亀3・6・18	大井関社	大井関社連歌、政基の発句を、善興の方から見参	政基発句下行、善興出席か	
文亀3・6・25	長福寺天満宮	長福寺天満天神社法楽百韻連歌、同月27日、夢想発句を授かる	政基発句	
文亀3・7・7	（長福寺）	七夕連歌興行	政基発句、長盛・在利以下家僕	九条家文書一八一号紙背文書連歌懐紙一折
永正元・4・11	大井関社	大井関社連歌	政基、発句下行	
永正元・6・11	大井関社	大井関社連歌　政基頭役、段銭を仰せつける、番頭無沙汰により18日に延引	政基、発句下行	

永正元・6・28	大井関社	大井関社連歌、段銭が調わず、延引、善興らが沙汰する、東方番頭に再度仰せつける	政基発句下行	番頭3人に各々五十疋を賦課
永正元・11・13	大井関社	大井関社百韻連歌	善興沙汰か	

政基の下向以前はというと、文明年間より大井関社の連歌会の費用が年貢より捻出されており、田楽禄（田楽への給与）の倍に当たる一貫文が最高の下行額である(38)。また、少なくとも一年度に一回の連歌会ではなく月次とまではいかないにしても、おそらくは定期的に張行されていたと考えられる。

十一日丙午　晴、大井関之連歌今月此方之頭也、去朔日可仰付之由雖相催、奉行定而可罷下条、相待之処猶延引之間、今日可沙汰之由仰付無辺光院畢、然而依用却未調延引来十八日云々、要物事難事行者、以当季段銭用却日根野東西番頭各十疋宛致沙汰、以其可沙汰由昨夕以本間加賀（祐舜―筆者注）相触之畢、各可存由申云々、東方番頭ハ三人也、西方者七人也、仍百疋下行之分也、然而辻鼻西方之内也番頭ハ依程遠不相触云々、仍以九人之分下行分たるへし云々、発句事可申出之由善興申之、

（「旅引付」文亀三年六月一一日条）

政基が在荘すると、「大井関連歌、今月、此方之頭役也」と活発になり、月々に定期的に張行され、「四百文　大井関御連歌之入目且々下行」（「九条家文書」文亀三年日根野村東方夏段銭算用状）と連歌張行の用途も段銭より捻出されるようになった(39)。負担は日根野村の番頭十人（日根野東方番頭七人、西方番頭三人）ごとに賦課されたことがわかる。入山田村からの負担はなく、「然而辻鼻西方之内也番頭ハ依程遠不相触云々」と日根野村内の辻鼻村は免除されがちだった。大井関社連歌の張行を差配する頭役は持ち回りとなり、「大井関社連歌発句頭役、六月也」（「旅引付」文亀三年六月一八日条）とあるように、政基も頭役を勤めて発句を「下行」した（「旅引付」永正元年六月二八日条）。大井関社の連歌で

は頭役が発句を詠むこととなっていたのだろう[40]。また、「旅引付」丙巻末には政基が詠んだ発句がまとめて記されている。そこには本文中以外の発句もあり、その後は十行ほどの空白がある。ここでも「旅引付」に記されている以外にも連歌張行があったことがうかがわれ、空白の部分に他の発句を記すつもりであったことと推定される[41]。

もっとも、政基はほとんど長福寺から離れていないため、頭役とはいっても実際に大井関社に出向いて直に差配をしたり、連歌会に参加した訳ではなく、発句のみを遣わしたと思われる。身分上、ともに座すというわけにはいかなかったのだろう[42]。永正元年六月の場合、政基が発句を下行したにもかかわらず、連歌会の費用に充てるために賦課した段銭を日根野村東方番頭らが無沙汰し、戒躰院住持の善興（前無辺光院の住持）等が「私之儀」をもって連歌会を「沙汰」した為に政基の怒りをかい、再度納入が命じられて後日ようやく納められたという（「旅引付」永正元年六月二八日条）。この場合、政基が頭役とあるものの、善興が用途＝段銭の管理運用から連歌会の具体的な差配は政基に代わって勤めたのであろう。また善興は政基が頭役以外の時にも連歌会の「沙汰」をし、政基に大井関奉納の連歌懐紙を進上しに長福寺に伺候した（「旅引付」永正元年一一月一五日条）。政基が頭役の時は、善興も含め、前述した連衆など会に一座していた政基周辺の家僕ら、または寺僧らが実際の差配をしたと思われる。日根荘には先に七夕の連歌会の連衆となった信濃小路長盛・竹原定雄らの諸大夫、侍身分の山田重久らの数名の家僕が常時在荘していた。また、京都から政基を訪ねて下ってくる九条家の関係者も連歌会の連衆となった可能性もあるだろう。

さらに日根荘内の寺僧もまた、連歌会の会衆となり得た階層であった。そのひとつである戒躰院は、日根野村西方の年貢の収納など、政所の機能を果していた寺院で、大井関社の付近にあったと思われる。戒躰院僧侶は、大井関社の下坊に居し、文亀三年五月に政基の発給した奉書を番頭たちの要請により、大井関社下坊において番頭たちに対して読み上げ披露した（「旅引付」文亀三年五月一六日条）。また日根野村ではないが、入山田村でも船淵の香積院（香積寺）は、歳末や年始の際には伺候し、政基のために「双紙」を貸し出し（「旅引付」文亀二年五月二一日条）、根来寺僧

（筒井坊・遍知院）からの文書を「文盲の者共」（村人）に読み聞かせをした（「旅引付」永正元年四月一三日条）。このように寺僧らの識字層は、村と政基、村と根来寺の間に立って言語、文字による情報伝達の媒体となっていた。政基の日根荘支配のもと、寺僧、寺庵らの果した役割の大きさが指摘できるだろう。[43]このようなことからも、寺僧層も大井関社連歌の差配を実質的に勤め、連衆となっていたと考えられる。日根荘の荘鎮守である大井関社は、和泉国五社宮のひとつであり、日根荘内の神社でも格式の高さを誇っていた神社である。境内には上之坊・下之坊などの寺院があり、無辺光院や戒躰院も大井関社との関わりが深かったと推測される。[44]

以上のことからも分かるように、大井関社では政基が下向する以前から定例の連歌会が張行されていた。連歌張行は、九条家から派遣される奉行や上使だけではなく、日根野村の寺僧らが担い手となるなど、一定の自立性をもった張行であり、自らも連歌を詠み連歌を通じた共同体の一員となっていたのである。

在地における連歌会には大和国染田天神社の連歌会、伏見荘での伏見宮を中心とする連歌会、伊予国大山祇神社の法楽連歌、大山崎離宮八幡宮の惣中主催連歌会などの事例が報告されている。[45]権門である宮が在荘する伏見荘の連歌を除くと、中世在地社会の由緒ある寺社を場として連歌が在地の知識層に普及していたことがわかる。大井関社の連歌会もこういった在地への連歌の広がりと裾野を示す一事例であるといえよう。こうした連歌会の「寄合」の「座」は在地の「一味」や「一揆」の広がりに支えられていた。[46]

しかし、染田天神社の連歌会については、大和東山内の有力者多田氏を中心とする派閥が他勢力を排除するための派閥的な一揆である性格が強いとする見解がある。[47]大井関社の連歌張行もまた九条家や根来寺の日根荘支配を密接に関わるものである以上、九条家次いで根来寺に敵対する勢力は排除されていたと思われるし、番頭や村人もまた連歌会の用途を負担し連歌会を見る観客となることはあっても、連歌会の一座からは必然的に排除されていたと考えたい。さらに村の女性（番頭・百姓の妻や娘）たちに至っては、詩歌会や連歌会の興行を支える献物進上や下行の関係からも直接に参加することはなく排除されていたのだろう。「旅引付」はこういった村の女性達の動向をほとんど記さない。連歌会にせよ、「旅引付」の研究にせよ、こうしたジェンダーの視点からも読み直されるべきであろう。[48]

日根荘在地における連歌会は、このように共に他者を排他する傾向の強い「一味」「一座」に他ならなかった。このような背景からも、政基も戦乱という不安定な情勢下で実務支配をするにあたり、必死で政治的立場の確認する行為である発句の下行にこだわったのだと考える。

ただ、連歌が「座」の文芸である以上、問題は一枚岩では決してなく、こういった「座」の性格は多種多様である。公武関係など政治的・社会的な座の結合もあれば[49]、日根荘のような荘園制的、地縁的な座の結合もある。また、連歌を観客を有する芸能と考えれば、指導役である連歌師の存在も今後は検討せねばならない[50]。いずれにせよ、時代とともに在地の連歌張行も変化をとげ、近世の黎明をみることにより、政基のような貴人の参加を必要としない張行へと変容を遂げていくのだと思われる[51]。

五　おわりに

九条政基は、詩歌会・連歌会の記録や詠歌を「旅引付」のなかにしばしば書き残した。その頻度は年を負って減少してゆくことは鶴崎氏の指摘のとおりだが、大井関社連歌張行などについては在荘の最後の年まで政基が深く関与していたことはこれらの記録からも、明らかである。記述の頻度は減少しつつも、政基は和歌・連歌会の催しを継続していった。

政基が文芸の記事を「旅引付」に書き残したのは、政基の日根荘直務支配における文化支配・文化的統合のための意思的な記述であろう。政基が在地において伝統があり、多くの観衆を見込める大井関社連歌の張行に執着したのもその現れである。頭役に当たった永正元年の大井関社連歌では、前年（文亀三年）の凶作、永正元年の飢饉により、村が疲弊していて段銭納入が進まないにもかかわらず、政基は連歌張行に執拗にこだわっている。

政基在荘以前から、荘園在地には連歌を享受しうる層が形成されており、彼らは荘園支配の成否のカギを握り、他の村人とは選別された形で構成された在地寺僧や近隣有力者であった。政基の詩歌会・連歌会張行は、都の文芸を地方に持ち込み、そういった階層を文化的に支配することを意図していた。特に荘園経営が不安定となる戦乱のもとに在荘した政基は、詩歌会・連歌会を介して家僕だけでなく寺院・寺庵の僧侶（村の知識層）を文化面での支配下に置こうとしたのである。またその際には、ジェンダーの視点からみると、荘園直務支配に直接的な役割を果さない側室・乳母・村の女性は当然のごとく排除されていた。

政基の歌には「旅引付」に記した歌とそうでない歌とがあり、下向途中に住吉社で詠じた歌のように、直務支配や在荘生活に関わる願望・期待・政治的意図を込めた歌が選ばれて「旅引付」に載せられていたことも十分に考えられる。政基は文化的支配の必然性にもとづいて、歌会や詠歌のすべてを書き残さず、特定の歌会・連歌会や詠歌だけを選択して「旅引付」に書き留めた。政基は公家として子孫が「旅引付」を家領直務支配の日記として閲覧・利用することを充分に想定して「旅引付」を書いているのであり、文芸記事についてもそういった直務支配の必要性と深く関わるものである。

このような中で記録された「旅引付」で特筆されるのは、文亀二年八月、根来寺と和泉守護の戦乱で政基が長福寺から犬鳴山に避難した最中、犬鳴山七宝滝寺においての道すがらその景色と自身の心情を詠じた和歌が五首も記しているいることであろう（「旅引付」文亀二年八月二三日条）。犬鳴山七宝滝寺は修験道の行場であり、すでに根来寺の支配下にあったが[52]、政基は七宝滝寺を「家門の寺」と呼び、特別な意識をもっており（「旅引付」文亀元年五月二日条）、文亀二年一一月には七宝滝寺縁起を内密に借用・筆写している[53]。ここでは政基が泉南地域の霊峰葛城山に抱かれた古刹七宝滝寺の景色を実際に見て歌に詠むということは、地域住民に対する文化的発信としても意味のあることであった。

政基以前には犬鳴山七宝滝寺は和泉国の歌の名所として現れないが、この後、犬鳴山は浄土宗僧として泉州で活躍する燈誉良然の「朽木集」などにも詠まれ、(54)和泉国での歌の名所として定着してゆく。(55)

また、日根荘における政基の文芸生活が、京都によって支えられていたのは、政基が夢想の和歌を「旅引付」に書き留めていることからも伺われる。文亀元年四月二八日には、九条亭の御料人（子息尚経の室三条西保子）の発句「わせとかれ日根野につづく入山田」を夢想で得ている。また文亀三年正月二〇日の夢想で「まくたねのおとはあられのあられかな」の発句を詠じた智恩院故僧正隆旬はすでに故人であったが、富小路俊通が長享二（一四八八）年に所望した源氏物語書写の活動に参加しており、(56)俊通や三条西実隆の文学圏を通じて政基に繋がる文化人だった。政基が京都から詠進された歌がこれだけとは考えられず、日根荘での豊穣を祝福するかのような御料人・隆旬の歌だけが選別して記されたのであろう。政基の文芸生活は京都を発信源としていたのである。

注

(1) 田沼睦氏は、「大井関社社頭に窺えるような思想・文化史側面が考察されよう」と問題提起をしている（図書寮叢刊『政基公旅引付』「解題」養徳社、一九六一年）。

(2) 井上宗雄『中世歌壇史の研究　室町後期』第二章「文亀・永正期の歌壇」5「公家歌人」（明治書院、一九七四年）。

(3) 鶴崎裕雄「『政基公旅引付』の詩歌」「帝塚山学院短期大学紀要年報」三九号、一九九一年）、「『政基公旅引付』に見る詩歌」（小山靖憲・平雅行編『泉佐野と日根野の歴史2　荘園に生きる人々』和泉書院、一九九五年）。

(4) 『新修泉佐野市史』第五巻中世Ⅱ（二〇〇一年）の補注中の「旅引付」の詩歌、連歌に関する注は、すべて筆者が担当した。同巻補注四六「政基と連衆」、五一「着到和歌」を参照のこと。

(5) 久保田淳氏は、永正元（一五〇四）年閏三月二三日に、三条西実隆が京都から政基に鯉を献じた時の和歌を「再昌草」から紹介している（久保田淳「中世文化と食」『日本の中世　第七巻』附録月報、中央公論新社、二〇〇二年）。これを受けた廣田浩治氏は日根荘における政基の文芸生活が京都の公家社会から孤立したものではなかったとしている（廣田浩治「ある和歌と贈答をめぐって―三条西実隆と九条政基　日根荘史料拾遺―」（「泉佐野の歴史と今を知る会」会報二一〇号、二〇〇五年）。

（6）鶴崎氏は、室町・戦国期の畿内や東海各地の連歌史料から、国人の一揆的結合関係を明らかにし、張行が交流の場であったこと、鎌倉期に平等性があった会から閉鎖性への変化を明らかにした（『戦国の権力と寄合の文芸』和泉書院、一九八八年）。榎原雅治氏はそれを踏まえて、連歌会が選別性と排他性との両面を併せ持ち、政治的と経済的利害を共有する者が構成員であったとし、それらが最も端的に現れたのが女性であったとした（榎原雅治「寄合の文化」『日本史講座　第4巻　中世社会の構造』歴史学研究会・日本史研究会編　東京大学出版会、二〇〇四年）。また、奥田勲氏は、女性が連歌作品への参加が少ないことから、連歌の場が不特定、時に限定的なメンバーによって構成されるため、脱性化した特殊な女性を除いて女性の参加が困難であったとした（「中世文学における女―連歌作者に女性はなぜいないか―」「中世文学」四十号、一九九五年）。さらに廣木一人氏は、連歌張行の会席と場所において身分差があったことを明らかにされた（「連歌張行の建物・部屋」「文学」第三巻五号、二〇〇二年、後『連歌史試論』新典社、二〇〇四年に所収）。

（7）図書寮叢刊『九条家文書』一一四号文書の文明一四（一四八二）年の日根野・入山田村段銭注文案の部分の末尾に「文亀三年十一月十二日初雪之朝」に詠じた政基の和歌がみえる。また、『九条家文書』一八一号文亀三年日根野村東方内検帳の紙背文書に同年七夕の連歌懐紙がある。

（8）政基の宿所となった長福寺の構造の詳細については、廣田浩治「「政基公旅引付」にみる長福寺」（「泉佐野の歴史と今を知る会」会報一八三号、二〇〇三年）を参照。

（9）宮中では毎月行なわれる月次歌会の正月分が年始会として意識され、中世の仙洞・内裏における年中行事として定着していった（小川剛生「南北朝期の和歌御会始について」「和歌文学研究」七八号、一九九九年）。酒井信彦氏は、後柏原院の文亀二年から、あらかじめ歌題を用意する兼題一首、懐紙を進めて披講を伴う形式を採用、近世から近代の「歌会始」の原形となったとされる（「和歌御会の成立―歌会始の起源は文亀二年である」「日本歴史」五八五号、一九九七年）。

（10）『和歌大辞典』（明治書院、一九八六年）「着到和歌」、「日次和歌」の項、「内裏着到百首」（林達也校注・解説）『中世和歌

集　室町篇』新日本古典文学大系四七、岩波書店、一九九〇年などを参照。
(11) 文亀二年三月三日条の後の空白については中世公家日記研究会編『政基公旅引付　影印篇』(和泉書院、一九九六年)を参照。
(12) 続歌の会とは、中世において盛んに行なわれた歌会の一つ。あらかじめ用意した歌題を短冊に書き、その題にもとづいて歌会の席上で詠んだ。連歌と同じくその場で詠む当座詠である(石田貞吉「続歌考」「国語と国文学」六月号、一九四一年、伊地知鐵男「探題と続歌」『日本国語大辞典』月報「ことばのまど」一一、一九七四年)。又廣木一人氏は、続歌会には貴族や僧侶などの支配層を除く他の参会者とは別種の階層の者がいたことを指摘されている(「続歌考—連歌との類似性、及びその場—」「青山語文」二六号、一九九六年、前項『連歌史試論』新典社、二〇〇四年に所収)。小川剛生氏は、文永三(一二六六)年に九条家が行なった歌会が続百首会であったことは、歌道に練達していない側近たちとの濃密かつ閉鎖的な催しに最も相応しく、象徴的であったとする(「『年中行事歌会』再考—摂関家の歌会、あるいは『江家次第』談義として—」「日本文学」五二—七、二〇〇三年)。
(13) 『新修泉佐野市史』第五巻中世Ⅱの「日根野・入山田村番頭・職事一覧」を参照。
(14) 村の行事と公家の政基の年中行事に相違があることは、既に木村茂光によって明らかにされている(木村茂光「和泉国日根荘の農事と盂蘭盆—『政基公旅引付』を素材に—」『日本古代・中世畠作史の研究』校倉書房、一九九二年)。村の行事としては入山田村大木円満寺の会式・曲舞(一月一六日)、日根野村大井関社の祭礼(四月二日)、盂蘭盆の風流念仏(七月一五日前後)、日根野野宮(野々宮)祭(八月一三日)、入山田村の滝宮祭(八月二三・二四日)などがあり、また八月一五日の和泉五社宮祭礼(大井関社にて挙行)もあるが、いずれも政基の年中行事と重ならない。
(15) 領主による礼式の義務化は、家僕の領主政所への参仕(召出)、村からの貢物等の政所への調進として実現され、これに対して領主からは一献(酒盃下賜)や扇などの下賜がなされる。こうした互酬贈与(献物・下賜)を介した荘園制的な人格的支配については、保立道久「説話「芋粥」と荘園制支配—贈与の客人歓待—」(『物語の中世』東京大学出版会、一九九八年)を参照。
(16) 廣田浩治「中世後期の九条家家僕と九条家領荘園—九条政基・尚経を中心に—」『国立歴史民俗博物館研究報告』第一〇

四集、二〇〇三年。

(17)『九条家文書』一八一号文亀三年日根野村東方内検帳紙背文書の連歌懐紙。

(18)前掲、鶴崎氏論文、また、同氏「序章　史料としての文芸作品」『戦国の権力と寄合の文芸』和泉書院、一九八八年）を参照のこと。

(19)日根荘に下って政基に仕えた随心院門跡坊官に本間祐舜がいる（『新修泉佐野市史　第五巻中世Ⅱ』の「人名一覧」「九条家家司・被官・従者等一覧」、前掲廣田浩治論文）。「祐長」「祐乗」も祐舜の一族である可能性もある。「旅引付」に記される以上に、九条家関係者が数多く京都から日根荘に下ってきたことを示唆している。

(20)内閣文庫蔵「賜蘆拾葉廿二」所収、「長享元年後十一月七日　近衛前関白前左大臣等和漢聯句」、「長享元年十二月七日近衛前関白前左大臣等和漢聯句」。この二つ和漢聯句は句上（懐紙の最後に参加した連衆の名と詠んだ句数を記す）の中に「御製（天皇作）」とあることからも、禁裏で張行された連歌会であろう。「左大臣（政基）」は脇句を詠む。

(21)『俳文学大辞典』（明治書院、一九九七年）「一字名」の項。稙通の一字名については『連歌総目録』（明治書院、一九九七年）、木藤才蔵氏「連歌史年表」（『連歌史論考　下　増補改訂版』明治書院、一九九三年）の永禄三（一五六〇）年一一月一一日を参照。一字名の考察については、推測の域を出ていないが、一字名を名乗るということは連歌張行において、家格や実力などで一定のポジションを示すものであったと考えられる。

(22)一六世紀半ば、宗牧の連歌学書「当風連歌秘事」（『連歌論集　四』三弥井書店　一九九〇年）には「たとへば、発句は客人、脇は亭主、第三相伴の心也。脇が先々肝要也」とあり、連歌会では発句を主客、脇句を招いた側の亭主が詠むことが多く、会席や作品上にも重要であることがわかる。

(23)前項（注16）廣田氏論文、『新修泉佐野市史　第五巻中世Ⅱ』「九条家家司・被官・従者等一覧」参照。

(24)前掲（注6）廣木氏、榎原氏論文。

(25)服部英雄氏は、犬鳴山七宝滝寺の盗賊処罰の事件（文亀二年正月二七日条）についての一連の事実と虚偽性に関して、「旅引付」と「九条家文書」から言及されたが、後にいずれも二つの史料は、部分的な史実を物語っていたとされている（「『政基公旅引付』が記さなかった下剋上の中世村落」「遥かなる中世」一、一九七七年、「中世史料論」『日本史講座　第

4巻 中世社会の構造』歴史学研究会・日本史研究会編 東京大学出版会、二〇〇四年)。
(26) 政基の姫君・乳母については『新修泉佐野市史 第五巻 中世Ⅱ』の「人名一覧」。日根荘における政基の側室と子女については廣田浩治「日根荘における九条政基の子女たちとその周辺」(「泉佐野の歴史と今を知る会」会報一七二号、二〇〇二年)を参照。
(27) たとえば京都の九条亭において、「御料人」が日根荘の風景を詠んだ発句を政基が夢想にみた句がある。(「旅引付」文亀元年四月二八日条)。「御料人」とは政基の子息九条尚経の室三条西保子(実隆の子)であろう。日根荘での夢想とはいえ、これは京都の公家社会との詠歌のやりとりであり、その世界では保子のような女性が歌の世界から排除されていたのではない。三条西家では連歌会の差配は妻の役割であった(後藤みち子『中世公家の家と女性』二〇〇二年、吉川弘文館)。にもかかわらず、家領の直務支配の中における歌会や連歌会では京下りの女性たちは排除されていた点に特質があろう。「御料人」については、前掲『新修泉佐野市史 第五巻 中世Ⅱ』の「人名一覧」を参照。
(28) 前項(注2)井上宗雄『中世歌壇史の研究 室町後期』第一章「延徳・明応期の歌壇」五「公家歌人」および第二章「文亀・永正期の歌壇」五「公家歌人」、前項(注3)鶴崎論文。
(29) 内閣文庫蔵「賜蘆拾葉廿二」所収、「長享元年後十一月七日近衛前関白前左大臣等和漢聯句」、「長享元年十二月七日近衛前関白前左大臣等和漢聯句」、前項(注20)参照。他にも政基の連歌に一座している史料として、延徳四(一四九二)年「第百賦山何連歌」がある(歴史館いずみさの特別展図録『「政基公旅引付」とその時代』二〇〇一年)。この原懐紙は熱田神宮に所蔵されている。千句法楽連歌の一部であり、政基は「九条御方」の名で「穂にいてて荻ふく風やゆふたすき」の発句を詠んだ(大阪天満宮諸本による)。連衆は「禁裏(天皇)」「親王御方」他、京都九条家の連歌でのつながりを見出せる史料である(『連歌総目録』明治書院、一九九七年)。
(30) 政基は「花鳥余情註・河海註・装束抄 付随身方」(天理大学図書館本)を著述したとされている。「花鳥余情註」「河海註」は、源氏物語の注釈書『花鳥余情』『河海抄』をまとめたもの。「装束抄 付随身方」は、公家、随身の装束に対しての故実書であり、ここには有職故実の注釈も含まれている(歴史館いずみさの特別展図録『「政基公旅引付」とその時代』二〇〇一年、「解題」中世公家日記研究会編『政基公旅引付 本文篇・研究抄録篇・索引篇』和泉書院、一九九六年)。ただし、この史料に関して、伊井春樹氏は編者を未詳とされているため、詳細はよく分からない（伊井春樹編『源氏物語注釈書・享受史事典』東京堂出版、二〇〇一年）。

(31) 前項（注2）、井上宗雄氏論文、同氏「三源一覧の著者冨小路俊通とその子資直」（『立教大学日本文学』一七号、一九六六年）。

(32) 成立を明応五（一四九六）年一一月とする。三書をまとめて一覧できるように意図して編集したもので、たんなる集成ではなく一部手を加えたものとする。俊通は、三条西実隆にこの書に関して相談をしており、「実隆公記」には関連の記事が散見する（『実隆公記』同年一〇月三日、一一月二三日条）。なお序文は「実隆公記」同年一一月二六日条に転載されている（『源氏物語　上』（抄出）増補国語国文学研究史大成三、一九七七年、伊井春樹編『源氏物語　注釈書・享受史事典』東京堂出版、二〇〇一年）。

(33) 朝倉尚『就山永崇・宗山等貴―禅林の貴族化の様相―』清文堂、一九九〇年。

(34) たとえば、着到和歌は本来毎日参内して和歌を提出するものであるが、参内せず、和歌の詠進のみの場合もありうるようである（林達也校注・解説「内裏着到百首」『中世和歌集　室町篇』新日本古典文学大系四七、岩波書店、一九九〇年、『実隆公記』永正八年五月六日条など）。続歌の会もあらかじめ歌題を用意するなど会の準備がいる（前項（注12）参照）。「旅引付」の記事もその場で歌を詠じる「当座」とは区別されている（文亀二年三月三日条）。

(35) 政基との文芸上の交流ではないが、俊通は政基の主治医でもあり、日根荘に滞在する政基に薬（妙香円）を送っている『九条家文書』文亀三年日根野村東方内検帳紙背文書の六月一五日冨小路俊通書状。冨小路氏は代々医者として九条家に仕えていた。『新修泉佐野市史』第五巻中世Ⅱ（二〇〇一年）補注二「胸の秘薬と瘡の落薬」の項を参照。

(36) 連歌の神としては、北野天神が崇敬されていた。北野の神である菅原道真は特に連歌とは関係ないが、文学の神であり霊験があらたかな神であるという信仰のもと、足利将軍家と北野社の関係などの要因が重なって連歌の神として北野天神が尊崇された。島津忠夫氏（『島津忠夫著作集　第六巻　天満宮連歌史』二〇〇五年、和泉書院）、伊地知鐵男氏（「北野信仰と連歌」「書陵部紀要」五、一九五五年、『伊地知鐵男著作集　Ⅱ』に所収）、金子金治郎氏（『菟玖波集の研究』第二編、第一章、三「北野信仰と集の成立」一九六九年、風間書房）に詳しい論考がある。大井関社連歌については、前掲『新修

泉佐野市史』補注一五二「大井関連歌」参照。

(37) 連歌は張行の目的によって区別される。金子金治郎氏は、「法楽連歌」と「祈禱連歌」を区別した的確な解説をされ、「祈禱連歌は具体的な目的をもって張行し、現世的な目的と神仏を前面に出さないのが特徴」とされた。島津忠夫氏も法楽と奉納の連歌の区別について述べられている(金子金治郎『連歌総論　金子金治郎　連歌考叢』「百韻の様々」一九八七年、桜楓社、島津忠夫『島津忠夫著作集　第二巻　連歌史』二〇〇三年、和泉書院)。他、前掲『新修泉佐野市史』補注一五二、「大井関社連歌」参照。

(38) 『九条家文書』一〇六号文明四年日根野・入山田両村年貢算用状、一〇七号文明五年日根野・入山田村両村年貢算用状、一一二号文明一三年日根野村年貢算用状。

(39) 『九条家文書』一八二号・一九九号。他にも一五四号、文亀元年無辺光院引替料足散用注文がある。

(40) 前項(注22)では「発句は客人、脇は亭主」という連歌会の性格について述べたが、これはあくまでも会の性格によって決まることである。廣木一人氏は、毎月定例で行なうことを基本とする月次連歌会では、頭にあったものが発句を詠むのが規範であり、貴顕の家ではその家の主人が詠むのが普通であったとされた(「月次連歌会考―『看聞日記』の記事から―」「青山語文」二七、一九九七年、『連歌史試論』新典社、二〇〇四年に所収)。(注36)前項補注では大井関連歌を「月次連歌」としたが、政基が発句を詠んだ以外の月の連歌興行の記述が少なく、あえて「月次」とはしなかった。

(41) 「旅引付」丙巻末空白については中世公家日記研究会編『政基公旅引付　影印篇』(和泉書院、一九九六年)を参照。

(42) 廣木氏(前項論文注6)は高位のものが下層の者の席にでることはなかったことを推測されている。

(43) 寺庵衆の役割については、久木幸男氏が村の教育者としての寺庵衆を(「中世民衆施設としての村堂について」「日本教育史研究」六号、一九八七年)、高橋健一氏が文書執筆者としての寺庵衆を明らかにされた(「中世在地の文書執筆者―特に僧のかかわりについて―」「福大史学」六八・六九、二〇〇〇年)。日根荘内の寺庵・寺庵衆については、村の知識や情報のデータバンク的役割を果し、村落内における社会的役割を果していたとされている(『新修泉佐野市史』第五巻中世Ⅱ二〇〇一年、補注八九「寺庵衆」の項を参照)。

(44) 元興寺文化財研究所『中世村落寺社の研究調査報告書』(一九八九年)、吉井敏幸「近世の日根神社と慈眼院」(小山靖憲・平雅行編『日根荘と泉佐野の歴史1　歴史の中の和泉』和泉書院、一九九五年)、『新修泉佐野市史』第五巻中世Ⅱ補注の二一「中世の大井関社」、八五「当国五社祭礼」。

(45)　大山崎離宮八幡宮については『大山崎町史本文編』(一九八三年)、大和国染田天神社の連歌会については、山内洋一郎編『染田天神連歌　研究と資料』(和泉書院、二〇〇一年)、伏見荘、伏見宮を中心とする連歌会については位藤邦生『伏見宮貞成親王の文学』(清文堂出版、一九九一年)などで言及されている。

(46)　日根荘に勢力を浸透させてくる根来寺の僧なども、日根荘の代官を勤めたり日根野村における地主得分を所持したりする限り、大井関社連歌会に対する負担や運営の責務を負うことになると思われる。廣田浩治氏は根来寺の泉南地域支配を支える基盤に泉南地域の「クミ」・一揆があるとする(廣田「地域の公権力としての中世根来寺」(『根来寺文化研究所紀要』二号、二〇〇五年)。

(47)　朝倉弘「中世後期大和国東山内衆(国人)の動向について」(『奈良大学紀要』二二号、一九九二年)、勢田勝邦「大和国在地武士の動向と染田天神連歌」(『中世文学』四一号、一九九六年)、松岡心平「連歌を通してみた一揆の時代」(榎原雅治編『日本の時代史11　一揆の時代』(吉川弘文館、二〇〇三年)。

(48)　戦国時代中期には、泉南地域でも女性の集団形成が進んでいた。同地域の「中家文書」には、村の女房衆と推測できる女性達が共同で化粧田を所有していた事例がある(『熊取町史　史料編一』「中家文書」五八三号ヲヨメ・ヲトク等作職売券など)。拙稿「中世における売券と女性」「女性史総合研究会会報」No. 六九(女性史総合研究会編、一九九九年、「女性史総合研究会例会近況報告」『女性史学』一〇号、二〇〇〇年に所収)。

(49)　廣木一人「「永享五年北野社一日一万句連歌」の座衆—公家の座について—」「青山語文」二八、一九九八年『連歌史試論』新典社、二〇〇四年に所収、三角範子「足利義教邸月次連歌会について」「九州史学」一二二、一九九九年。

(50)　室町後期、在地には有力な連歌の愛好者がおり、愛好者を中心に著名な連歌師を招き入れて連歌が盛んであった(木藤才蔵『連歌史論考　下　増補改訂版』明治書院、一九九三年)。

(51)　和田茂樹氏は、大山祇神社の連歌興行を守護河野氏を中心とし、時宗僧の活躍のあった室町・戦国初期、大祝や社家と瀬戸内海海賊衆が中心となる地方連歌が主の戦国後期・織豊期、庶民・女性の参加が多い近世初期という三期に分類されて

いる（大山祇神社法楽連歌研究編『大山祇神社法楽連歌翻刻研究』大山祇神社社務所、一九八六年、山内譲「伊予国守護河内氏と連歌」「戦国史研究」四一号、二〇〇一年）。

(52) 小山靖憲「根来寺と葛城修験」（『中世寺社と荘園制』塙書房、一九九八年）。

(53) 「七宝滝寺縁起」（図書寮叢刊『伏見宮家・九条家旧蔵諸寺縁起集』明治書院、一九七〇年）。

(54) 「朽木集」の史料については山中吾朗氏が紹介され、作者燈誉良然の宗教活動について分析された（「岸和田市西福寺所蔵『朽木集』」「ヒストリア」一五七号、一九九七年「戦国期和泉における一浄土宗僧侶の和歌と布教―燈誉良然『朽木集』をめぐって―」泉佐野市史研究五号、一九九九年）、また、筆者も『新修泉佐野市史』第四巻において朽木集の史料綱文を担当した。名所としての犬鳴山については、歴史館いずみさの図録『泉佐野の街道と名所を往く』（二〇〇三年）を参照のこと。

(55) なお政基の孫九条稙通が犬鳴山を詠んだ歌「おもいきやななのたからの滝に来てむつのにごりを清むべしとは」があると伝わる（『和泉志』）。歌が詠み継がれて書写されていく際に、政基から歌人として著名な稙通に変わったのだろうか。ただ、永禄頃と思われる「法隆寺文書」の乗源印清書状（『泉大津市史　第一巻（上）』巻末史料、『新修泉佐野市史　第4巻』）に、和泉の支配者となった十河一存（三好長慶の末弟）が岳父の稙通に知行を保障する動きが読み取れる。この稙通の所領を日根荘とすれば、稙通が日根荘に下向して犬鳴山に参詣して歌を詠じ、可能性も皆無ではないということを指摘しておきたい。

(56) 前項（注33）朝倉氏著書。

戦国期公家領荘園と荘内寺社

―九条家領和泉国日根荘を事例として―

坂本亮太

はじめに

中世の社会体制としての荘園制は、年貢・公事収取を実現するために、様々な支配体系を形作っていた。権門寺社の所領では、荘園領主鎮守神が在地に勧請され（荘園鎮守）、起請文、殺生禁断などをも介して荘園支配を神仏支配に擬する形で、イデオロギー的編成が行われていた。このような荘園制的なイデオロギー支配は、中世後期になると、村落の自立化と荘園制の衰退などにより、克服されていくと理解されている。

しかし、このような理解には、大きく二つの課題があるように思われる。まず一つめは、小山靖憲氏の指摘にもあるように、権門寺社でない所領の寺社支配をどう位置づけるかという問題がある。[1] 小山氏は、「イデオロギー支配が寺社領に強くかつ典型的に現象することは論をまたないし、領域支配も公家領に比して寺社領が強力であると考えてさしつかえない。問題は公家領荘園や国衙領の領域支配をどう位置づけるかということである。この問題の解明はなお独自の分析を必要とするが、国衙領は在地領主の私領を中核として成立しており、領域支配の質は在地領主的領域支配とそれほど大きな差はなく、また公家領の場合はその多くが在地領主の寄進とその改編によって成立したものであって、寺社領と国衙領の中間的形態の領域支配であると一応ここでは考えておきたい」と述べる。しかし、この後、小山氏も含めこの視点を継承し、具体的に公家領や国衙領の寺社（イデオロギー）支配に関する事例研究はなされていない。そのため河音能平氏や廣田浩治氏のようにイデオロギー支配がない（人・家僕を介した支配）とする見方[2]や、黒田俊雄氏や平雅行氏のように、公家権門と寺社権門の関係からイデオロギー支配の存在を認める見解がある[3]。また岡野友彦氏は、摂下所領である山城国久我荘千種祭の分析から、イデオロギー支配の存在について指摘する[4]。このように、荘園制的な寺社支配のあり方を議論するためには、寺社領のみでなく、公家領や王家領の宗教構造も同時に位置づける必要がある。

そして二つめは、室町期や戦国期の荘園制的な寺社秩序の問題がある。近年、荘園は必ずしも中世後期に衰退するものではなく、室町期、戦国期における荘園制のあり方が明らかにされつつある。そのような観点からも、各時期の荘務形態（代官請負荘園・摂下所領・直務所領など）に応じた荘園制的な寺社秩序の段階的把握が必要である。既に戦国期の宗教構造については、播磨国鵤荘を事例とした林文理氏の研究がある[5]。林氏は荘園領主による宗教支配と、新仏教による荘園制的宗教秩序の空洞化を指摘するが、更なる事例の集積や、鎌倉期から室町期にかけての変化の中で、戦国期の宗教構造を位置づける必要もあろう。

本稿では、九条家領和泉国日根荘を事例とする。既に日根荘に関しては、荘内の寺社の存在形態について様々に指摘がなされている。しかし、従来は個別の寺社の説明などが中心であり、日根荘の寺社総体を構造的に、かつ時間軸の中で位置づけられていないように思われる。中世成立期から戦国期にかけての変容過程を示しつつ、戦国期の寺社秩序の様相について明らかにしたい。

なお、史料の引用にあたっては、基本的に『新修泉佐野市史』史料編古代・中世Ⅰ、及び「政基公旅引付」（以下「旅引付」）とし、その場合は文書番号・該当条を本文中［　］内に示した[6]。

一　戦国期以前における日根荘の宗教構造

1　鎌倉期日根荘の開発と寺社

九条家領和泉国日根荘は、2枚の荘園絵図があることでも著名である。2枚の絵図の内、「日根野村絵図」には、日根荘日根野村と長滝荘内の寺社として、大井関社・溝口神社、無辺光院、禅興寺、蟻通神社、檀波羅蜜寺、丹生神社、牛神などが描かれ、当時の荘園内における寺社のあり方を知る上で、格好の史料といえる。では、これらの寺社はどのような性格をもった寺社であったのか。九条家領日根荘（日根野村・入山田村・鶴原村・井原村）は天福二年（一二三四）に成立する［鎌倉二〇］。まず九条家領となる以前の状況を見ておこう。

日根荘を中心とする地域は九条家領となる以前、国衙領賀美郷であった。国衙領段階の鎮守として、絵図でも描かれる大井関神社と溝口大明神があった。大井関神社は和泉五社にも列せられ、国衙と関わる神社として古くから位置していた。国衙領の鎮守にふさわしい形態といえる。また、氏子圏は東北院領長滝荘にも広がり、祭礼の際にも船岡山が御旅所となっていた。特にその名称と水利形態から、国衙領時代からの用水神と考えられている(7)。九条家領日根荘は、この賀美郷を分割する形で立荘されたと考えられる。九条家領となってからは、大井関神社は、国衙領段階の祭祀圏を引き継ぎつつも、九条家領日根荘の荘園鎮守として位置することになる。

国衙領から九条家領となる間に、高野山が荘園化を試みる。しかし、高野山僧鑁阿が高野山金剛三昧院領化するために開発に着手するものの、十分な成果を上げることができず、結局、同領とはならなかった［鎌倉一八］。そのため、この開発自体を失敗と捉えることもできるが、平野部内の小規模な溜め池（白水池）が築造されたことや、高野山鎮守の丹生明神が勧請されるなど(8)、在地社会に少なからず影響を与えた。すなわち、勧進僧による開発を契機として新たに鎮守が勧請されたのである。しかし、高野山金剛三昧院領とならなかったこともあり、丹生明神が荘園鎮守とはなっていない（但し戦国期まで湯立・神楽が行われるなど重要な位置を占める［室町五三など］）。このような段階を経て、九条家領が成立する。

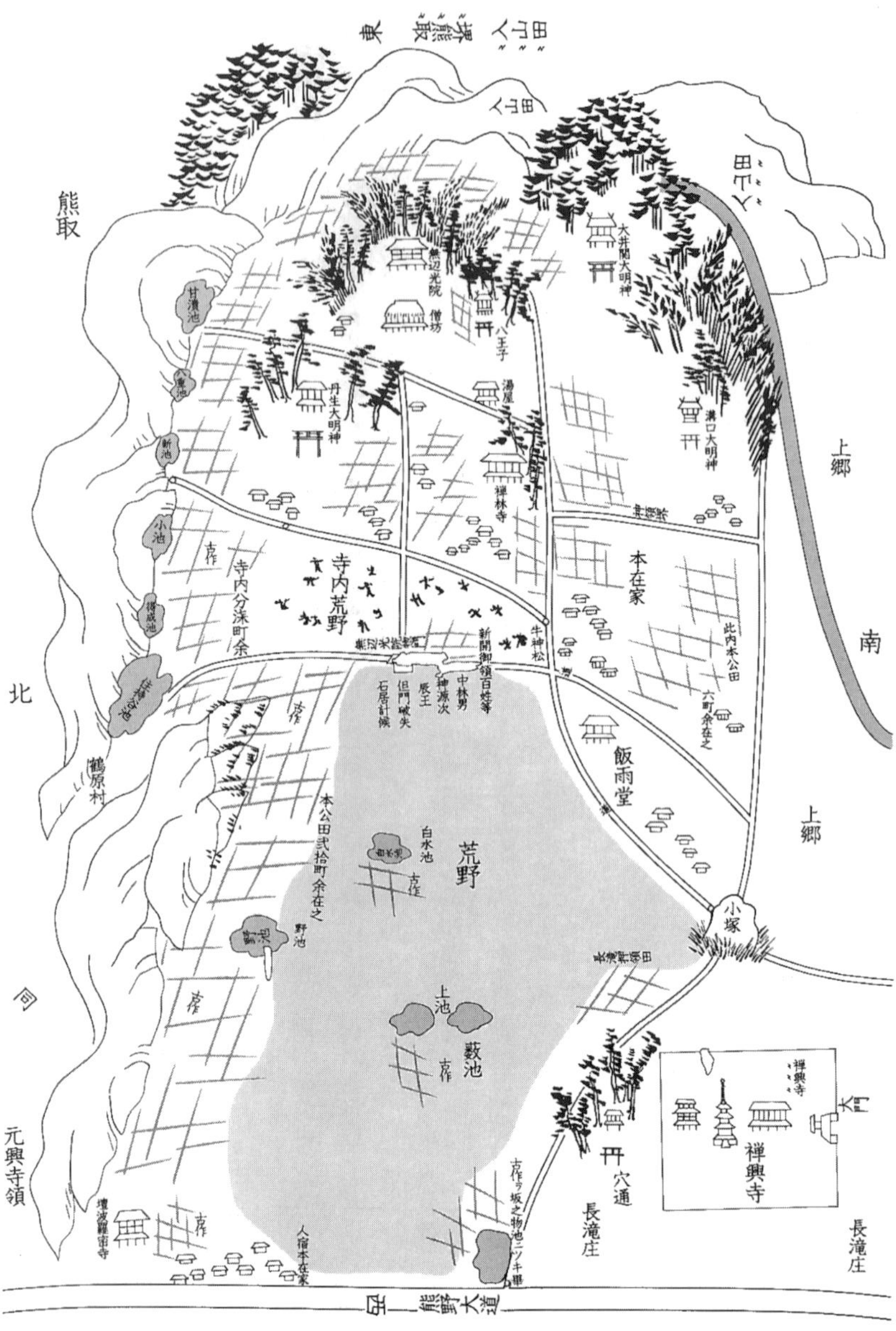

日根野村絵図トレース図(泉佐野市編さん委員会編『新修泉佐野市史』13絵図地図編)

九条家領日根荘では、九条家家司の醍醐源氏が荘内に勢力を扶植し、荘務を担っていた。しかし、九条家は鎌倉末期に西大寺僧実専、久米田寺などの律宗集団に荒野開発を請け負わせる。そのことにより、現地で荘務を担っていた醍醐源氏と軋轢が生じることになる。この源氏は鑁阿の開発以来、実専、久米田寺など外部からの請負者による開発をしばしば妨害した［鎌倉八八］。特に「日根野村絵図」は、久米田寺による開発を契機に、源氏がその対象範囲を示す（荒野を意図的に狭くする）目的で作成されたものと位置づけられている。(9)

この源氏は、先に説明した大井関神社と関係を有すると考えられる無辺光院を「代々菩提所」としていた［鎌倉二六・九七、南北朝六四］。無辺光院（六町の堂敷地）は、立荘間もない嘉禎二年（一二三六）、日根野・鶴原の荒野とともに、地頭の所領と交わらないことが六波羅探題より認められた［鎌倉一三］。すなわち、鎌倉前期には、源氏が日根荘の水利をも管領する存在であったといえよう。

しかし建治三年（一二七七）には、源（中原）盛氏が無辺光院別当職に慈恩寺律円上人を補任するも［鎌倉四五］、弘安六年（一二八三）には九条家が律円上人の別当職を安堵している［鎌倉五四］。この律円上人は、既に細川涼一氏が明らかにしている如く、九条家が師檀関係を結ぶ九条家領東九条荘内の慈園寺の僧である。(10)鎌倉後期には無辺光院は、源氏のみでなく九条家との関係を有していた。ただ、九条家による安堵が「任二明長契約一」とあることから、補任権は源氏が担い、それを九条家が安堵するという構造であったろう。九条家が弘安期には無辺光院の寺僧補任にも関わりをもったことは重要である。そのことは源氏の譲状の中でも確認できる。無辺光院は、「自二慈恩寺故律円上人之時一、依二不慮之儀一、雖レ致二知行一、智円上人管領之時、依二歎申一、被レ返了」という［南北朝六四］。不慮の儀や智円上人についてはよくわからないが、律円上人は九条家と関わる人物であること、また後に返付されたということから考えて、無辺光院が律円の時に九条家も関わるようになったが、智円の時に再び源氏が管領する寺院となったものと思われる。そのことを示すように、貞治五年（一三六六）には、源英長により無辺光院以下が源兼都へ譲与され

［南北朝六四］、応永二〇（一四一三）にも元章（兼都カ）により無辺光院以下が周長へ譲与されている［室町三五］。すなわち、弘安期に、立荘と開発に関与した家司の菩提寺に、荘園領主である九条家が関与するようになったが、それは十分に維持されず、再び源氏が管領することになったのであろう。

また史料には現れないが、大井関神社神宮寺の慈眼院も九条家との関係の中では重要な位置を占めた。大井関社との関係からも明らかであるが、日根荘の基幹水路である井川は慈眼院の僧坊の下を通るなど、日根荘の開発と関わる寺院であったと見られる。慈眼院と無辺光院は場所的に近接することから、両者の関係性も注目される。慈眼院の金堂と多宝塔は文永八年（一二七一）に建立されたものであり、慈眼院という名称も併せ考えると、九条家による無辺光院把握と関わって建立されたのではないだろうか。このように九条家は鎌倉後期に、源氏の荘務権を吸収するために、寺院・鎮守を編成する動きがあったと思われる。このような流れの中で、開発をめぐっても、九条家は請負業者を入れ、直務支配を目指し、対立が見られるようになったのだろう。

ただ、九条家は元々禅興寺を中心に荘園支配をしていたと考えられる。禅興寺は、長滝荘内ではあるが、立券時に免田として設定され、「当庄（日根）建立之本寺」と言われている［鎌倉九七］。禅興寺は、九条家の譲状の中でも所領として書き上げられているように、九条家の末寺であった［鎌倉二九］。禅興寺は日根荘の南隣に位置する東北院（殿下渡）領長滝荘内にあり、日根荘成立以前より摂関家が当地方の荘園経営を行う上での拠点であったのだろう。この禅興寺は近世には存続しないが、蟻通神社の神宮寺である宗福寺に継承される[11]。禅興寺もこのような広域的な氏子圏を有する鎮守との関係があることも注目される。

また絵図に描かれる檀波羅蜜寺も無辺光院や禅興寺と同様、立券の際に免田となっていた［鎌倉九七］。この檀波羅蜜寺は、安楽寿院九躰阿弥陀堂・金剛心院の護摩支度注進状が届けられるなど［鎌倉一二］、王家と関わりのある寺院であったことが推測される。そのことは次の史料からもうかがわれる。

和泉国日根庄内檀波羅密（蜜）寺別当職事、重伺二申一入永福門院（藤原鏱子）御方一候之処、如二先度一被二仰下一、彼庄非二御管領之地一、依レ為二本所一、九条禅閤（忠教）御計之由被レ申之上者、不レ可レ有二相違一歟之由、内々被二仰下一候也、恐々謹言、

正和三
十月十三日　　雅俊

宰相法印御房［鎌倉八七］

正和三年（一三一四）、永福門院から九条家が檀波羅蜜寺別当職を譲られた。その理由として、永福門院が日根荘を管領していないので、本所である九条家の計らいとするようにしたというのである。すなわち、王家と関わりのある寺院から九条家管領の寺院へと変化したのである。檀波羅蜜寺を何故永福門院が管領していたのかは不明であるが、鎌倉期には、荘内に荘園領主と異なる権門の管領する寺院が存在したこと、また鎌倉末期に荘内における管領寺院が一円化していく動き（認識）のあったことは興味深い。このようにして、所領の一円化とも連動して中世後期の荘園と寺社の社会関係が築かれていく。

以上、無辺光院・禅興寺・檀波羅蜜寺と領主権力との関わり方を見てきた。これらの寺院は、「日根野村絵図」で構図上重要な位置を占めることもさることながら、いずれも寺院と荒野とがセットになって記述されていることが注目される［鎌倉五七・五八・五九］。恐らく荒野はこれらの寺院に附属し、その寺院による開発を意図して設定されていたのではないだろうか。このように、中世前期の在地の寺院は荘園の開発・再開発にとって重要な施設であった。そして、荘園領主は家司の菩提寺や王家管領寺院など荘内の様々な寺院を徐々にその管理下に組み込んでいく動きが存在したのである。すなわち、荘内寺社の直務と一円化を志向していたと言えよう。

2　南北朝期・室町期における在地寺社秩序の変容

応永期には、日根荘四ヶ村のうち井原・鶴原村は守護の押領により不知行化（守護領化）するが、日根野・入山田村に関しては家司醍醐源氏の荘務権を吸収する形で、代官請負の形ではあるが九条家の直務荘園となる。そのような荘務権、領有構造が変化する中で、在地の寺社秩序は如何に変容するのだろうか。

鎌倉期に檀波羅蜜寺が永福門院から九条家の管領へと相博されたことや、無辺光院をめぐる九条家と源氏との領有関係の変遷については先に述べたように、寺社それ自体を管領する主体が変化しつつあった。しかし、無辺光院について見ると、日根荘の荘務権は九条家に吸収されるものの、いまだ醍醐源氏の管理する寺院として存在した。ただ、応永一〇年（一四〇三）には九条家は無辺光院を譲与しており、九条家の関わる寺院であったことがわかる［室町一六］。禅興寺は、応永一四年、同一九年に、別当職は日根野五郎左衛門が知行していたように［室町二〇・二二］、室町期には九条家の管理から離れ、長滝荘を本拠とする日根野氏が支配していくことになる。このように、守護による荘園・寺社の押領・把握が本格化する。

このような変化とも関わりつつ、新たに村の鎮守が「惣社」と呼ばれるようになる。日根荘内の井原村には春日社が存在した。鎌倉期以来井原村には春日社の免田が含まれることから［鎌倉一八］、その関係で井原村にも春日社が勧請されたのだろう。しかし、井原村は早くから武家・守護権力の影響を受け、井原荘として守護領化していく［南北朝六六］。この井原荘春日社の縁起では、坂上正澄や守護大内氏が関わったことが記される［室町一〇］。実際、紀伊国人と思われる坂上正澄（紀伊守護大内氏の被官カ）は春日社に石灯籠を奉納しているし、大内氏も同荘内の松崎社に戦勝祈願をするなど、南北朝期の守護権力が井原荘の在地寺社に深く関わっている［南北朝七一・室町九］。

このような状況を反映して、檀波羅蜜寺や春日社神宮寺平城寺(12)にも守護方が関わっている。井原村と檀波羅蜜寺村とが契約を結んだ十二谷下池の祭文においては、和泉上・下守護の名前が記され、祭文の願主にも小守護代御内人である奥森殿がなっている［室町一〇六］。同時に井原村惣講師（平城寺ヵ）が池祭に関わっているように、この時期においても寺院が水利・開発に関わる勢力として存在していた。これらは井原荘に関わる鎮守と用水秩序の管領者が、南北朝・室町期の守護であったことを示すものといえよう。すなわち、荘園が武家領として変化するのにともなって、新たな寺社秩序が構築されてくることを物語っている。

入山田村については、南北朝期以前には預所職は中原氏が補任されたのみで［鎌倉四〇］、この時期の寺社の存在形態は明らかにならない。しかし室町期になると、入山田村の年貢・田数注文が作成され、九条家の支配が本格化する［室町三六］。それ以降、茶を献上する特別な位置を占める寺院として長福寺、「惣社」として入山田村鎮守の滝宮が表れる。室町期の九条家による直務化の中で、このような形になったのだろう。

以上、戦国期日根荘の宗教構造の前史として、鎌倉期から室町期頃を中心に、在地寺社のあり方をみてきた。荘園領主九条家は、元来禅興寺など「庄建立之本寺」を軸に荘園（地域）支配を行っていたと考えられるが、荘園鎮守と関係を有する無辺光院など寺僧の把握を（部分的ながら）行い、荘務権を有する醍醐源氏の地域支配を吸収することで、直務を志向した。このような寺院は、前稿で指摘した荘祈願寺と位置づけることが可能であろう(13)。公家領荘園においては、荘園鎮守を通じ直接的に地域社会と関わるのではなく、鎮守社と習合・祭祀などの関係を有する寺院を荘祈願寺に設定し取り込むことで、間接的に在地の宗教支配を行っていた。日根荘の事例から、荘園領主による荘祈願寺把握は段階的に行われたことを知ることができる。中世前期においては、開発を伴いつつ立荘される中で、寺院・神社の編成も進み、荘園制的な寺社秩序が形成されてくるのだろう。それが鎌倉末・南北朝期を境に荘務権・領有構造の変質にともなって、新たな荘園制的宗教秩序が整備されてくる。地域構造の変化にともない、守護・荘園領主とともに秩序の再構築を目指す必要が生じたのではないだろうか。

Ⅱ　戦国期における荘祈願寺と荘園鎮守

1　日根野村無辺光院と大井関社の存在形態

以上のように展開した日根荘と在地寺社の関係は、戦国期にはどのような存在形態をしていたのだろうか。特に、日根荘においては、文亀元年（一五〇一）に九条政基が下向し、入山田村の長福寺に居所を定め、4年間滞在し荘務を行うことになる。それにともない、どのように荘園の宗教体系は変化するのか。本章では、鎌倉期以来、荘園の中核を占める荘祈願寺の戦国期における存在形態を示したい。

無辺光院は政基の下向以前から、荘園領主である九条家との関係が密接であった。九条政基が下向する前、明応八年（一四九九）に、九条家によって勝尊が別当職に補任されている［戦国前期一二八］。

就二当寺住持職之儀一、被レ成二下御奉書一候、忝謹頂戴仕候、随而先住之儀、勤行等懈怠之間、為二御代官一被二相除一候、今度愚僧（勝尊）為二住持一、涯分勤行等相勤候、就レ其修理等之事、聊不レ可レ致二如在一候、兼又御祈禱之事致二精誠一、目出巻数進上申候、就レ中雖二左道之至候一、御茶廿袋進納仕候、歳暮之御礼計候、此等之趣乍レ恐可レ然之様預二御披露一候者、忝畏入可レ存候、何も一段以二参上一御礼等可二申上一候、恐惶謹言、

十一月十日　　勝尊（花押）

石井（在利）左衛門尉殿

信濃少路宮（長盛）内少輔殿まいる御報

この請文では、別当は修理、祈禱、茶進上を約している。これが別当の役割を示しており、またその補任が荘園領主九条家によってなされていたことも表している。元来、無辺光院は本所である九条家によって補任されるものとの認識は、地下人も承知のことであった［参考七三］。このような形態は、政基下向後も維持され、文亀元年（一五〇一）

にも補任状が出されている〔「旅引付」文亀元・四・二六〕。ただし、政基下向以前の無辺光院は「政所屋」ということで、守護方や根来寺より寺領は悉く違乱されている状況であった〔「旅引付」文亀一・四・一〇、同年五・一〕。すなわち、政基下向以前は、守護・根来寺に押領されていたが、九条家は代官を退け、住持職に補任することをテコに、無辺光院を荘園制的に再編成しようとしたものと考えられる。

檀波羅蜜寺も同様に、政基下向後に巻数と茶を進上している〔戦国前期一九七〕。しかし、守護方による違乱のため、本役（御本所役）は進上できないと言っている。無辺光院と同じように、政基下向以前は守護方による違乱のため、在地の寺院は荘園領主に対してその職務を全うしていない状況があったのであろう。それが、茶や巻数の進上をするようになることは、政基の下向（とそれに伴う代官排除）が在地の寺社支配にとっても一定の意味を持っていたといえよう。政基の下向と荘園再建が連動していたといえる。ただし、本役を進上していないように、九条家管領の寺院としての役割を十全に果たしたというわけではなかった。

無辺光院は、荘園領主と補任や役負担などの荘園制的な職・役の関係を有するのみでなく、儀礼的なつながりも有した。例えば、年末・年始や節供・日待の際には、必ずと言っていいほど政基のもとを訪れ、酒・茶・茅巻・餅・松茸などを贈っている〔「旅引付」文亀一・一二・二六、同年五・五、文亀二・一・五、同一一・二五、文亀三・一・四、永正元・閏三・二九など〕。中でも茶を献上する寺院は、九条家領荘園（播磨国田原荘など）では、特別な位置を占める。[14]その他、無辺光院は政基に経典（法華経）を貸したり〔「旅引付」文亀二・七・一一、文亀三・二・一九〕、連歌を行ったりと〔「旅引付」文亀三・六・一一、同六・一八〕、文化的な交流も存在した。このようなつながりは、無辺光院が荘園領主との関係を通じて、荘園制制的な体系の中に位置づけられていることを意味しよう。

同時に無辺光院は政所として、荘園領主と在地社会との媒介環ともなっていた。村の吉書や収納が行われる場でもあり〔「旅引付」文亀二・一・二、文亀三・一・二〕、そのため、様々な金銭の用立てなどもしている。また、「地下居住為二難儀一者、各々可レ集二会無辺光院之中一」と言われているように、非常時には村の避難所ともなっているなど［「旅引付」文亀元・八・二八］、村人等が恒常的に関わりを持つ寺院であった。荘祈願寺は、地域社会の中で公共的な施設として重視されていたことを示していよう。

　このような地域社会との関係という点で見ると、荘祈願寺に民衆墓地が形成されはじめることも重要である。無辺光院ではそれほど顕著ではないが、無辺光院と関わりのある寺院と考えられる慈眼院の近くに一間堂墓地が存在する。恐らく、無辺光院の子院（奥院）が民衆墓地化したものであろう。細川涼一氏によれば、檀波羅蜜寺寺域内に一三世紀から一四世紀にかけての土壙墓が存在したが、それが廃されて、奥院を核として惣墓の日根野村安楽寺三昧が成立するという(15)。慈眼院・無辺光院・一間堂墓地も同様の形態として理解できるのではないか。

　同じく禅興寺も長滝墓地として惣墓化していく(16)。この長滝墓地については、天正三年（一五七五）に源蔵主制心庵により西方堂の石灯籠が建立され、墓地が整備される［戦国後期三四］。この源蔵主は、岡本村の法華八講結縁過去名帳を犬鳴山に預けるのを仲介するなど、在地の侍層（寺庵ヵ）と思われる［戦国中期五三、戦国後期三四］。もちろん細川氏の指摘するように、禅興寺の奥院をベースとしているだろうが、源蔵主のような侍層がその仲立ちをしていたことには注目したい。しかし、いずれの荘祈願寺も墓地は残り、本体である檀波羅蜜寺・禅興寺・無辺光院は近世まで存続せず廃絶していることは興味深い。荘園領主権力と結びついた荘祈願寺の存在形態として象徴的である。

　このように戦国期の荘祈願寺も、荘園領主・在地社会（民衆）と密接に関わるが、次ぎにその寺僧善興の活動から、その性格を少し考えてみたい。無辺光院善興は、政基側の使者としても、逆に村側の使者としても活動し、村と政基のパイプ役をも果たしていた。特に善興は百姓の言い分を政基に伝えたり［戦国前期二三二、「旅引付」文亀二・六・五］、逆に百姓等に対して意見をしたりしている。善興は自分が歳をとったことを理由に、政基に正雄を紹介し、今後の使者とするようにと言っている［「旅引付」永正元・一二・一］。そして、無辺光院は在所の百姓等が逃散しても日根野村が無人の間、守護方からの押領を防ぐため、逃散せず院に残る［「旅引付」文亀一・一〇・一七］。特に九条家や守護方との交渉を任された存在であったことにもよると思われる。

このように善興は九条家と密接な関係にあったからこそ、無辺光院住持ということで守護方に捕えられるという事件が起こる［「旅引付」文亀三・一〇・一七］。しかし、善興は無辺光院を辞退していたため、召し置くべきではないと自ら主張し、解放されている［「旅引付」文亀三・一〇・二〇］。政基はこの守護方の行為を惣荘年貢をおさえることを目的としていたのではないかと見ている。先に説明したように、無辺光院が年貢収納の場となっていたことも関連し、その寺僧を掌握することこそ、守護方にとっても年貢収取実現の近道と考えていたのだろう。地域権力が荘祈願寺の寺僧を把握する必然性があった。

また、善興は無辺光院住持から戒躰院の住持になり、戒躰院法玉は善興の代理となるなど［「旅引付」文亀二・五・五、文亀三・三・三］、無辺光院と戒躰院は相互に関連を有する寺院であった。そして、この戒躰院は下坊とともに、大井関神社の境内寺社でもあったのである［「旅引付」文亀元・一二・一〇、文亀三・五・一六、永正元・閏三・二九］。慈眼院も同様であろう。無辺光院は、戒躰院を介して大井関社とつながっていたのである。4月2日の大井関社祭礼の際、根来寺・守護方から馬を借り、入山田村の百姓も参加して的射や乗馬も行われ、無辺光院は赤飯・酒を政基へ送り、猿楽が行われていた［「旅引付」文亀二・四・二、文亀三・四・二］。しかし、祭礼（放生会）の頭役のことで会合が行われた際には、無辺光院・政基は関与できなかった［「旅引付」文亀二・九・九］。つまり、頭役の差定は百姓等が行い、それに戒躰院を介して無辺光院が関与し、それを政基に取り次ぐという形で祭祀が行われていた。政基による祭祀の関与と、その限界性を看取することができる。

戒躰院と同じく大井関社の境内寺社である下坊は村人に文書を読み聞かせたり［「旅引付」文亀三・五・一六］、囚人の内状を写す［「旅引付」文亀三・七・二七］など、文書に関わる村の知識層としても存在していた。戒躰院も同様の役割を担っていたと考えても良いだろう。寺僧の活動も荘園領主と在地社会の媒介という存在形態を示す。

無辺光院をはじめ慈眼院・戒躰院・下坊は戦国期においても、中世前期と同様、鎮守社や荘園領主と密接に関わる寺院として存在していた。ただし、このような寺院は一時守護の押領により無実化していた。それを政基が下向することによって荘園再建と連動させて、寺院も再編成されていく動きが存在した。同時に侍層に主導されつつ墓地経営をするなど、荘祈願寺は新たな展開をしつつもあった。

しかし、政基による再編成が行われる中、根来寺や守護方の勢力も伸張してくる。守護方は、政基下向以前から無辺光院を押領していたし、無辺光院善興を召し捕ることで、無辺光院領・物荘年貢を抑えようとしていた。こういった影響もあってか、永正元年には、無辺光院と戒躰院から例の如く茶一六袋が献納されるが（文亀と比較すると減少）、そのうち戒躰院分六袋の内三袋は国方に納めたという〔「旅引付」永正元・閏三・二九〕。無辺光院・戒躰院が、政基方から若干ではあるが守護方にも傾き始めたことを示す。

また根来寺に関しては、既に南北朝期には、根来寺僧が大井関法華寺十二神将像の造立に関わっていたが〔「南北朝三五」〕、特に戦国期にその関与が顕著となる。無辺光院には、中世前期以来と思われる本免田（6町）を核とする供僧免が存在した。根来寺は唐橋在数代官時の借銭をかたにその領有を所望し〔「旅引付」永正元・七・二七〕、ついには内検使も入れようとする〔「旅引付」永正元・九・一四〕。根来寺僧閼伽井坊は最終的に日根野村代官職に補任されることから、無辺光院供僧免も領有することになったものと想像される。

2　犬鳴山七宝滝寺と滝宮

次に入山田村に所在した七宝滝寺のあり方を見てみたい。七宝滝寺は、戦国期以前に荘祈願寺であった徴証はないが、文亀元年（一五〇一）には九条家の「家門之寺」であったことがわかる〔「旅引付」文亀元・五・二〕。ただ、このとき政基は、七宝滝寺についてはほとんど知らなかったかのような書きぶりである。九条政基が滝宮に奉納した願文からは、九条道家の時代からの滝宮と不動明王堂（七宝滝寺）の関係があったと記される〔「旅引付」文亀二・三・二〕。また、政基は、七宝滝寺の縁起を書写しているが、その内容を見てみると、紀伊国池田荘や和泉国長滝荘など、いずれも摂関家領（東北院領）との関係性が語られている〔戦国前期二七二〕。特に長滝荘については、七宝滝寺の滝の末流であり、病を治す薬湧水という秘水があるという。同様の伝承が、長滝荘内でも葛葉井として確認できる(17)。恐らく、大井関神社のように、日根荘立荘以前に摂関家と関わる寺院であったことを示しているのだろう。

さて、この七宝滝寺も無辺光院と同様に、年始に政基のもとへ供僧7人でお礼に訪れ〔「旅引付」文亀元・一・一二、文亀四・一・五〕、修正会の大般若・牛玉を送るなど〔「旅引付」文亀三・一・八〕、政基との対面儀礼を行っていた。その一方で、入山田の村人と七宝滝寺寺僧は親戚関係を形成しており〔「旅引付」文亀二・一・二六〕、在地社会と密接な関係にあった。水藤真氏は、百姓等の米が七宝滝寺に預け置かれていたことより〔「旅引付」永正元・三・二八、永正元・七・七〕、犬鳴山が金融業を営んでいたのではないかとも推測している(18)。それはともかく、七宝滝寺に物を預ける慣行が広範に行われていたことは間違いない。そして七宝滝寺も、無辺光院と同様、鎮守との関係を有していた。七宝滝寺は、滝宮の本地堂であり、滝宮での祈雨やホタキには供僧が参加して執り行われていた〔「旅引付」文亀元・七・二〇、文亀元・一一・一二〕。七宝滝寺は無辺光院のような政所ではないが、在地社会・鎮守・荘園領主と結びついた寺院であった。

七宝滝寺には、別当として真福院真海が、別当代・権別当に玄仙がいた〔「旅引付」文亀元・一一・九、文亀二・一・二六〕。特に別当の真海は根来寺僧でもあり、弟子に根来寺泉定坊もいた。このように、七宝滝寺は寺僧という面で見ると、根来寺と密接なつながりを有した。そのためもあって、根来寺からの要求や情報が七宝滝寺を介して在地・政基のもとへもたらされた〔「旅引付」文亀二・七・二三、文亀二・七・二四、文亀二・九・六、文亀二・九・八〕。根来寺と七宝滝寺の関係を知る上で、不動明王供米窃盗事件が興味深い［「旅引付」文亀二・一・二六］。事件の経過については、正月二五日の夜に七宝滝寺で不動明王供米の窃盗事件が起こり、青木の中間衛門三郎が現行犯で一人を殺害し、一人（阿弥陀坊）を捕縛した。阿弥陀坊の坊舎からは盗品が発見され、政基は阿弥陀坊や番頭に共犯者の有無を尋問しようとしたが、番頭達は阿弥陀坊の助命を嘆願し、政基と何度か交渉が続けられた。結局、政基は阿弥陀坊を殺害し、その坊舎を破却することにした。その際に、政基は内々に根来寺能濃院有算に由緒を尋ね、結局、坊は壊さず、有算が引き継ぐことになったのである［「旅引付」文亀二・二・二］。ただ、この事件の結末は「旅引付」の記述とは異なり、実際は阿弥陀坊は殺害されなかったようである(19)。ともあれ、七宝滝寺の坊舎の管理・支配を根来寺が行っていたこと、また百姓等が坊舎の維持に積極的だったことは明らかであろう。七宝滝寺の寺院構造自体が根来寺の影響を強く受けていたのである。九条家は七宝滝寺の寺僧支配を積極的に行うことはなく、無辺光院とは異なりその関与の仕方には限界があった。

以上、戦国期の荘祈願寺の存在形態を見てきた。戦国期においても荘祈願寺は鎮守社との関係を有し、荘園領主と密接な関係にある寺院であった。しかし、荘園領主との関係のみでなく、村と荘園領主とのパイプ役としても重要な位置を占めていた。このように荘祈願寺は中世前期の存在形態を引き継いでいたが、中世後期の荘務形態にも規定されて、年始などの対面儀礼に関わるという点は前代とは異なっていた。そして荘祈願寺は、政基下向により荘園制的に再編成されていく一方、民衆墓地などを形成し土着化していく動きも示しつつ、新たに勢力を伸張してきた根来寺の影響をも蒙るようになった。

三　戦国期の直務荘園と寺社・祭祀秩序

1　入山田村の村落寺院と寺庵

前章では、荘祈願寺を素材に政基下向にともなう影響を見てきたが、ここでは膝下の入山田村の寺社秩序のあり方から検討してみたい。

入山田村は大木・船淵・菖蒲・土丸の４ヶ村からなり、大木は現在の下大木、菖蒲は現在の中大木、船淵は現在の上大木、土丸は現在の土丸に当たる。大木・菖蒲・船淵には、蓮花寺・西光寺・地蔵寺・大将軍・湯屋・牛頭・八王子・惣社が、土丸には極楽寺が存在した(20)。このうち、惣社は火走神社（滝宮）で、西光寺、円満寺、蓮花寺は現在村の会所（村堂）である。これらの寺院では修正会や八講が行われていた。ここで行われていた八講は、同じ日根荘内岡本村極楽寺の法華八講のように、追善供養を目的とした祭祀であったろう。そのことを示すごとく、円満寺と西光寺には、それぞれ円満寺墓地、西光寺墓地が所在し(21)、村堂に付属する形で墓地が形成されている。先に見た荘祈願寺に墓地ができてくる日根野村とは対照的である。

西光寺は、応永八年に施主庄司により建てられていることがわかる(22)。施主である庄司は日根野村の番頭層であるから、村堂としてふさわしい。西光寺や蓮花寺では、収納（倉付）もここで行われたものと思われる［室町三六］。また、円満寺は九条政基家司と番頭の対面の場や［「旅引付」文亀元・六・九］、監禁所となるなど［「旅引付」文亀三・一二・六］、荘園領主の使者が村人と対応する場所でもあった。円満寺僧は、守護方への政基側の使者としても活動し［「旅引付」文亀元・九・七、文亀二・五・二一］、しばらくの間京都に滞在していたりもする。もちろん、これら荘園領主との関係は、円満寺の独自の存在形態を表している可能性もあるが、西光寺や蓮花寺も同様の役割を担っていたと考えたい。円満寺にのみ記述がよく確認できるのは、政基が居所とした長福寺に近い場所であったが故であろう。従来、円満寺は地下の祈禱や非常時に鐘を鳴らすことから、民衆寺院との評価がなされてきたが、荘園領主との関係も考えなくてはならないだろう。円満寺は村堂ではあるが、政基の下向により一定の編成を受けたものと考えられる。

これらの村堂とは別に、個人の持仏堂（私庵）としての寺庵が存在した。入山田村では、蓮華寺・香積寺・宝泉庵・竹林庵・桂昌庵、日根野村では興禅庵が確認できる。入山田村の寺庵が年末年始に政基に樽を進めるという形で、政基と対面儀礼を行っている。それも番頭などとは異なり、政基に直に対面できるのである。その意味で、寺庵衆は村内で特権的な階層であったと言える。これらの寺庵はいずれも現在まで続くような村堂とはなっておらず、修正会などが行われた形跡はない。また、跡地などに石造物は確認できるものの、村の墓地となってはいない。寺庵自体が個人持ちの仏堂であることから（桂昌庵は古老百姓大屋右近の私庵［「旅引付」永正元・七・九］）、これらの跡に残る石塔類は一族墓地ということになろう。その他、香積寺は政基に双紙を貸したり、村人に文書の読み聞かせをするなど［「旅引付」永正元・四・一三］、村の知識層であり、そういう点で政基との交流もあった。また、宝泉庵（院）には、根来寺遍智院慶算の代官が逗留するなど、根来寺僧とのつながりがあったことも想定される［「旅引付」永正元・七・二二］。寺庵は「知識」を有するとともに、領主権力を応対する場ともなっていた。

日根野村の寺庵である興禅庵は、政基に樽などを進上したことは確認できない。ただ、興禅庵は九条家の使である本間祐舜が逗留し、そこで番頭と手付けに関して交渉を行ったり［「旅引付」永正元・七・一三］、守護方が根来寺と日根野村の半済契約の申し合わせをしてきた際に、根来寺僧と番頭とが密談をしたりする施設であった［「旅引付」永正元・八・二七］。すなわち、番頭層の集会の場であると同時に、様々な領主権力との交渉の場でもあったのである。

これらの寺庵の性格をまとめるとすれば、寺庵は荘園領主に免田を認められ［「旅引付」文亀二・九・一二］、荘園制的に編成されていた存在と言えよう。それゆえ、「寺庵衆」として存在した。一方、村内においては、寺庵は個人持ちの私庵で、そこでは集会が行われ、村人等に文書の読み聞かせや様々な交渉などもそこで行われる。そのような意味から、村内有力者が建てた持仏堂が、村落内で一定の社会的機能を有していたことが判明する。村内の有力者は、持仏堂を作ることで、荘園制的な特権身分を獲得し、かつ村内で文化的、政治的機能を果たしつつ、地域内での位置を高めていった。政基が下向することにより、入山田村の寺庵のみではあるが、政基への対面儀礼を行うようになるのである。寺庵の編成についても、村堂と同様、日根野村と入山田村で異なった。

政基が入山田村に居ることにより、寺庵・村堂の寺僧が荘園領主に編成され、対面儀礼が行われるのである。日根野村では荘祈願寺である無辺光院で倉付（収納）が行われ、民衆墓地が形成されるのに対して、入山田村ではそれらは村堂である円満寺や西光寺で現象するという違いが存在する。また、日根野村の村堂や寺庵が政基のもとに訪れることはないのに対して、入山田村では村堂や寺庵の僧まで、荘園領主の政基と対面儀礼を行う。このように、日根野村と入山田村では寺社把握のあり方に違いが存在する。このような寺社把握の差は、恐らく、膝下ということも関連するが、それと同時に九条政基の荘園支配形態の村ごとの差をも反映していたと思われる。すなわち、政基は日根野村に関しては、無辺光院を軸に「村」単位で支配を行っていたのに対して、入山田村については、船淵・大木・菖蒲・土丸などの各小村単位で支配を行っていたことを示している。その支配形態に対応する形で、寺社把握もなされていたのである。

2　九条政基と在地寺社・祭祀

政基は日根荘に下向した際、まず居所を無辺光院にしようとしたが、後に入山田村の長福寺に入って、そこを4年間の居所とした。長福寺は、政基下向以前から免田を有し、反銭を用立てるなど、九条家と密接な関係にあった［室町三六］。恐らくそういった理由もあって、入山田村の中で長福寺が選ばれ、居所となったのだろう。

この長福寺はこれまで地名（チョークジ）からその場所が推定されていたが、このほど発掘調査が行われ、仏堂（長福寺）と思われる遺構が確認されている。しかし、発掘調査成果と文献・現況との成果が必ずしも整合的に解釈できていないなどの問題点もある。ただ、長福寺の性格などについては、既に廣田浩治氏や日根荘フォーラムにより詳細に検討されている。(23) ここでは入山田村を中心に、政基が下向することによって、村内での長福寺の宗教的な位置がどのように変化したのかを考えたい。

その際にまず、注目すべきが政基の居所長福寺で行われた風流（盂蘭盆・雨喜）である［「旅引付」文亀元・七・一一、文亀元・七・一五、文亀元・八・一三］。特に7月盂蘭盆の際には、11日土丸、12日大木、13日船淵、14日大木、15日菖蒲・大木と、各村が長福寺堂前で風流を行い、ついで滝宮へ立願して終了する段取りとなっていた。このような在地の祭祀の際に、荘園領主の居所がそのルートに設定される事例として久我家領山城国久我荘、伏見宮家領山城国伏見荘がある。岡野友彦氏によれば、久我荘の千種祭では、久我家邸が御旅所となり、荘園領主である公家が神に擬する形でイデオロギー支配を行っていたとする(24)。非常に興味深い指摘である。入山田村にも敷衍してみると、長福寺が御旅所として機能していた可能性がある。

今夜風流之子細ハ明日十五日四ヶ村ヨリ依レ立二願滝宮一へ（入山田之惣社也）、十六日可レ沙二汰風流一、然者御本所御座之間、先可レ申二御本所一、爰明夜参者、件宮へ参仕之次ニ申二本所一ニ相当之条、今夜先所推参也云々、神妙〱［「旅引付」文亀元・七・一五］

基本的には滝宮へ立願する日の夜に長福寺で風流が行われるものであったが、政基が在庄しており、そのようにしたら、本所政基へ申し上げるのが滝宮へ参る次いでになってしまうため、今日申しあげるという。すなわち、滝宮祭祀の際、基本的には同じ日に長福寺で風流が行われていた、しかし、政基が在庄しているため前日に長福寺に参ることになった。このように、長福寺はもともとの祭祀所であり、そのような場所を取り込む意味でも政基は長福寺を直務の居所と定めたのだろう。逆に風流に参らない場合には、村人等は政基に侘びを入れている［「旅引付」文亀元・八・一三］。このように、祭礼の際には荘園領主に対して「申」ということが行われていた。

同様な祭祀変更の事例は、入山田村の吉書においても見られる。入山田村の吉書は、本来（政基が下向する以前）は、番頭宅などの政所屋で行われるべきものであったが、政基が長福寺に居ることにより、長福寺で吉書が行われた

〔「旅引付」文亀二・正・一一〕。このように政基が下向することによって、在地の秩序に依拠しつつも（煤払いなど）、在地の祭祀秩序が長福寺を中心に変化していることをみることができる。

長福寺は政基が居所としたという意味において特別な存在であったが、大井関社の祭祀の変更に際しても、百姓等は政基にその報告を行っている。これらのことは、祭祀秩序の維持者が他ならぬ政基であり、政基に申し上げる儀礼が行われていたことを意味していよう。そして現状変更に際しては、政基に指示を仰ぐなど、政基は祭祀秩序を維持し、場合によってはそれを変えうる存在であった。一方、守護領化していた佐野では、守護は祭祀（傀儡）を自らが設けた桟敷で見物していた〔「旅引付」文亀三・二・二〇〕。守護も同様に、祭祀把握を行っていたのだろう。

荘祈願寺・寺庵などに顕著なように、直務所領においては、年末年始など対面儀礼という形で編成がなされていた。そして荘園領主九条家は、在地の祭祀場所を取り込み、祭祀形態を変更させることで、在地社会における祭祀・寺社秩序掌握を行っていた。九条家は前代以来の寺僧や寺との関係は維持しつつも、政基が下向することによって、対面儀礼が重要な位置を占め、祭祀形態の変容も起こさせる形で荘園支配を行った。

おわりに

以上、荘内寺社をめぐる中世前期から戦国期までの変容過程、戦国期荘祈願寺の存在形態、膝下所領の祭祀秩序の変容のあり方についてみてきた。中世前期には、荘祈願寺は祈禱面以外に開発や葬送（墓地）に関わることを通じて、民衆願望のとりこみをはかっていたことには注目する必要があるだろう。また、戦国期には荘祈願寺を中心とした宗教構造に、膝下所領における寺僧と荘園領主との対面儀礼、居所を御旅所に擬す形で祭祀を中心とした秩序などの存在を確認できた。このような対面儀礼を中心とする祭祀・寺社秩序は他の荘園でも広範に認めることができる(25)。戦国期の直務・膝下所領の荘園支配の一形態といえよう。ただ、本稿は荘園制との関連の中で位置づけることを試みたため、中世後期に展開する新仏教の問題に十分触れることができなかった。最後に、日根荘域における新仏教勢力の伸張について触れて結びとしたい。

日根荘地域では真宗や禅宗、日蓮宗、浄土宗の展開がみられる[26]。日根荘周辺地域でまずその活動が確認できるのは、日蓮宗である。佐野村には日蓮宗の拠点寺院妙光寺が存在した。妙光寺には南北朝期の「傘曼荼羅」や室町期の仏涅槃図なども残り、南北朝期には佐野村周辺で日蓮宗の布教が行われていたことがわかる。ただ、この寺院が日根荘域にどの程度影響を及ぼしていたのかはよくわからない。同じ頃、律宗の伸張もあり、荘園制に依拠していた寺院のうち、檀波羅蜜寺など律宗化した寺院もある。日根荘域でも西部の熊野街道沿いの地域では、日蓮宗・律宗などの新仏教や旧仏教改革派による活動がみられ、その関係の寺院が多く成立した。

室町期を中心に展開が見られるのは、禅宗（臨済）であろう。日根野村や入山田村の一部が建仁寺永源庵に寄進されたこともあって、その影響もあった可能性が想定される（佐野村満福寺は末寺ヵ）。近世以降入山田村には、禅徳寺という禅宗寺院が存在する。入山田村に唯一禅宗寺院が存在することも特徴的であり（他はいずれも真言宗）、永源庵領との関わりも想定されるが、詳しくはわからない。ただ、禅徳寺の僧が犬鳴山七宝滝寺の縁起を記しており、しかもその中では、政基が書写した縁起には見られない臨済宗の僧（由良興国寺や粉河誓度院）との関わりが記されている[27]。縁起の内容と現在七宝滝寺に残る石造物とで、一致する寺僧（祐尊や志一上人など）も見えることから、荒唐無稽な縁起とも思われない。むしろ、泉州地域（高石大雄寺など）に臨済宗法燈派の寺院が展開しているので、そのような修験者が葛城山系を巡り、影響を与えた面もあったのではないだろうか。

戦国期になると、真宗と浄土宗が展開する。真宗については、従来円満寺（大日堂）が真宗寺院であると指摘されたこともあったが、今ではそう考えるべきでないと見方が通説となっている。近世の入山田村では真宗寺院は確認できないが、佐野村を中心に真宗は浸透しており、それが荘園制的な秩序に及ぼす影響力については考えていく必要があろう。特に鵤荘を事例とした林文理氏の研究では、荘園制的な宗教秩序から漏れた人々が真宗を受容し、荘園制的な宗教秩序を空洞化していくことを指摘している。日根荘域では、真宗寺院の檀越に、新川氏や根来氏など在地有力者がなっていたようである。ほぼ同じ時期、浄土宗も教線を伸ばす。佐野村には上善寺とその末寺が存在した。上善寺の浄土宗僧燈誉良然は「朽木集」を著したことでも有名であるが、その中で守護や国人層との交流があったことが記されている。このような背景のもと、浄土宗は展開するのであろう。

日根荘内でも熊野街道沿いの地域には、早くから町場化し、佐野村には守護所も置かれた。そのためもあって、日蓮宗・真宗・浄土宗など新仏教系の様々な寺院が展開していた。このような形は入山田村と好対照である。すなわち、入山田村は政基が下向したことと、根来寺・犬鳴山の影響力のもと、真言宗色の強い地域となっている。室町期以降展開した、禅宗・真宗・浄土宗の受容層は、土豪層や守護・国人層であったから、これらの階層の活動が顕著な日根野・佐野村に強く影響を与えたのだろう。単に、新仏教の展開が荘園制的な宗教秩序を空洞化に導くのではなく、それを受容する土豪層などが新仏教を媒介に、新たな地域編成を進めることにより、荘園制と異なる新たな宗教秩序を準備することもあったのではないだろうか。

注

（1）小山靖憲『中世村落と荘園絵図』（東京大学出版会　一九八七年）、苅米一志『荘園社会における宗教構造』（校倉書房　二〇〇四年）。

（2）廣田浩治「中世後期の九条家家僕と九条家領荘園―九条政基・尚経期を中心に―」（『国立歴史民俗博物館研究報告』一〇四　二〇〇三年）、河音能平「村落の政治的編成」（『日本村落史講座』４政治Ｉ　雄山閣　一九九一年）。

（3）平雅行『日本中世の社会と仏教』（塙書房　一九九二年）、黒田俊雄「荘園制社会と仏教」（『黒田俊雄著作集第二巻　顕密体制論』（法蔵館　一九九四年）など。

（4）岡野友彦『中世久我家と久我家領荘園』（続群書類従完成会　二〇〇三年）。
（5）林文理「荘園村落の宗教構造」（『神女大史学』四　一九八五年）。
（6）『新修　泉佐野市史』古代・中世Ⅰ（二〇〇四年）。「政基公旅引付」については、『新修　泉佐野市史』中世Ⅱ（二〇〇一年）及び中世公家日記研究会編『政基公旅引付』（和泉書院　一九九六年）。
（7）飯沼賢司「絵図にみる神社と荘園開発―日根荘絵図の自然観の変化を読み解く―」（渡辺尚志・五味文彦編『新体系日本史3　土地所有史』山川出版社　二〇〇二年）。
（8）小山靖憲「荘園村落の開発と景観　―和泉国日根野村絵図」小山靖憲『絵図にみる荘園の世界』東京大学出版会　一九八七年）、山川均「律宗集団と耕地開発」（『叡尊・忍性と律宗系集団』シンポジウム「叡尊・忍性と律宗系集団」実行委員会二〇〇〇年）、「泉州大井関記」（Ⅳ―1―3、『新修泉佐野市史』史料編近世Ⅰ　二〇〇五年）など。
（9）小山靖憲氏前掲注（8）。
（10）細川涼一「中近世の葬送と三昧聖―和泉国長滝荘・日根荘の墓寺と共同墓地の歴史―」（『死と境界の中世史』洋泉社　一九九七年）。
（11）『水にかける想い―和泉と水・雨乞いを中心に―』（歴史館いずみさの　二〇〇〇年）など。また真偽は不明だが、禅興寺は大井関神社の奥の院ともいう（「大井関明神由来書」Ⅳ―1―8、『新修泉佐野市史』史料編近世Ⅰ　二〇〇五年）。
（12）平城寺については、佐野村遍照寺がその後身とも言われるが、子院であったといわれる十輪院の覚書にその什物などが詳しく記されている（玉翠叟「時雨林庵覚書」『狭野』二九　一九六一年）。
（13）拙稿「中世荘園と祈願寺」（『ヒストリア』一九八　二〇〇六年）。
（14）『福崎町史』第三巻資料編Ⅰ（一九九〇年）など。
（15）細川涼一氏前掲。なお、檀波羅蜜寺は応永期に焼亡したとも伝えられているが、その根拠となっているは近世の子安観音堂由来書であろう。この由来書については、樋野修司氏によりその虚構性が指摘されている（樋野修司「江戸時代観音堂に再興された檀破羅蜜寺（上）（下）」『泉佐野の歴史と今を知る会会報』一七九・一八〇）。また、細川涼一氏が指摘しているごとく、一五世紀にも依然檀波羅蜜寺が確認できるので、少なくともその時期までは存在したものと思われる。発掘調査によれば焼土も出ていると言うが、焼けたことは事実としても、寺院自体は維持されていたものと思われる。
(16) 仁木昭夫「長滝村極楽寺三昧」（『関西近世考古学研究』Ⅵ　一九九八年）。
(17) 『日根荘総合調査報告書』（(財) 大阪府埋蔵文化財協会　一九九四年）。
(18) 水藤真『戦国の日々』（東京堂出版　一九九九年）。
(19) 服部英雄「『政基公旅引付』が記さなかった下克上の中世村落」（『遥かなる中世』一　一九七七年）。
(20) 井田寿邦「大木の寺社概観」（『泉佐野の歴史と今を知る会会報』六八　一九九三年）、佐野順三「大木の旧神社について」（『泉佐野の歴史と今を知る会会報』六七　一九九三年）。
(21) 『日根荘中世石造物調査報告書』（泉佐野市教育委員会　二〇〇一年）、阿諏訪青美・長谷川裕子「日根荘入山田の石造物1・2」（『泉佐野市史研究』6・7　二〇〇〇・二〇〇一年）。円満寺僧は三昧聖との関係も有した可能性がある。守護方に捕らえられた囚人が、信太の三昧聖のもとに逃げ入ったところ、その三昧聖が守護方に放免を懇望し、それが認められて、その三昧聖は預けられた囚人を引き連れ、円満寺僧のもとに訪れ、そのことを語っているのである（『旅引付』文亀元・閏六・二）。少なくとも三昧聖と円満寺僧の交流が存在したことは確認でき、恐らく円満寺惣墓も分地三昧であったことから、関わりがあったのかもしれない。
(22) 西光寺資料1（『泉佐野市内の社寺に残る棟札資料』　泉佐野市史編さん室　一九九八年）。
(23) 廣田浩治「『政基公旅引付』にみる長福寺」（『泉佐野の歴史と今を知る会会報』一八三　二〇〇三年）、『国史跡日根荘遺跡長福寺跡追加指定　記念講演会・日根荘フォーラム・連続講座資料』（二〇〇五年一一月一二日）、及び日根荘フォーラム報告資料。
(24) 岡野友彦氏前掲著書。
(25) 藤木久志氏が分析した山科東荘などもその事例と言えよう（『戦国の村を行く』朝日新聞社　一九九七年）。
(26) 「元禄四年改写寺社境内帳」（『泉佐野の歴史と今を知る会会報』四四～九三　一九九二・九三年）、『泉佐野の仏教美術――熊野・紀州街道ぞいを中心として――』（歴史館いずみさの　一九九七年）。
(27) 禅徳寺所蔵七宝滝寺略記（中村慶太「倶利伽羅不動について」田中久夫編『不動信仰』雄山閣出版　一九九三年）。

中近世移行期の和泉五社と別当寺
―大井関明神の別当寺を中心に―

宮田克成

一　大井関明神の別当寺に関する研究と問題の所在

本稿のタイトルにある和泉五社とは、大鳥神社（堺市）、穴師神社（泉大津市）、聖神社（和泉市）、積川神社（岸和田市）、日根神社（泉佐野市）のことであり、この他に、五社の祭神を一ヶ所に祀った惣社が泉井上神社（和泉市）に隣接して存在したことが知られている。これらの六社は中世には共同で祭祀をおこなうなど[(1)]、強固に結びついていた。和泉五社には、積川神社を除き、別当寺が存在したことが知られているが、本稿では中世末から近世初頭のこれら別当寺について考察する[(2)]。

本稿で中心的に取り上げる大井関明神は、現在は日根神社という名称で、大阪府泉佐野市日根野の東上に所在する。日根神社は「延喜式」の神名帳にも登場する古社であり[(3)]、中世の荘園絵図である「日根荘日根野村荒野絵図」[(4)]や「日根荘日根野・井原両村荒野絵図」（『市史』一三巻　図番2）にも描かれている。泉佐野市日根野は、中世では日根荘という九条家領の荘園であった。そのため、大井関明神の名は「旅引付」や九条家文書をはじめ、数多くの史料にその名を確認できる。

大井関明神は近世の村絵図や争論絵図（『市史』一三巻　図番18、25、26など）にも描かれており、境内絵図も数多く残されているため（『市史』一三巻　図番37など）、中世末から近世にかけての寺院景観が復元可能な寺院でもある。これらの絵図類や文献史料によると、「延喜式」の神名帳では「日根神社」という名前で登場しているが、中世から近世にかけては、「大井関明神」という名の方が一般的であったようである。[5] これは、大井関明神が日根野を灌漑する「井川」の取り入れ口付近に存在したためと思われる。また、これらの村絵図や境内絵図には大井関明神とならんで慈眼院という寺院が描かれている。慈眼院はかつては大井関明神の別当寺であり、現在も日根神社と隣接して存在している。また、これらの絵図から、慈眼院の他にも数多くの堂舎や別当寺が大井関明神には存在したことが確認できるが、それらのほとんどは現存していない。現存しているのは、慈眼院多宝塔（国宝）や慈眼院金堂（重要文化財）のみである。これらの堂舎や別当寺の多くは、近世のうちに退転したものもあり、明治初年の神仏分離政策のなかで廃寺となったものなどもある。

明治初年の神仏分離政策により、多くの堂舎や別当寺が廃寺となり、神社名も「延喜式」神名帳にある「日根神社」が正式な名称とされるようになった。しかし、現在でも日根野など地元の住民には「大井関さん」の名で親しまれている。このような明治政府の神仏分離政策を慈眼院だけがのりこえ、今日も日根神社とともに存在しているのである。筆者の関心の中心はこの点にあり、なぜ慈眼院だけが明治政府の神仏分離政策をのりこえることができたのかという問題を解明したいと考えている。[6]

しかし、本書は戦国時代を取り扱ったものであり、ここでこの問題を取り上げることはできない。そこで、本稿では慈眼院の成立について取り上げたい。前述のとおり、大井関明神は絵図類をはじめ、「旅引付」や九条家文書にも数多く登場するため、これまでにも多くの研究・報告がなされている。しかし、大井関明神の別当寺については、絵図類を除けば、史料上にあらわれることは少なく、これを取り上げた研究も少ない。大井関明神の別当寺については、吉井敏幸が積極的に取り上げている他、地元泉佐野市の歴史館事業、市史編さん事業、文化財事業、もしくは「泉佐野の歴史と今を知る会」の研究成果がある程度である。[7]

慈眼院の成立については、現在のところ、吉井敏幸の研究[8]がベースとなっている。絵図などからもわかるとおり、中世段階では、慈眼院は「中之坊」として登場している。その中之坊も含め、大井関明神は天正一三年（一五八五）の秀吉の根来攻めで焼失している。その後、中之坊祐清が再建勧進をおこない、寺伝では寛文五年（一六六五）に総法務宮仁和寺性承門跡から中之坊に「慈眼院」の院号宣下があったという。また延宝五年（一六七七）頃勢真という僧侶が本堂等の堂舎を再建し、中興したという。さらに貞享五年（一六八八）に住僧となった「中之坊清宣」は紀州出身で仁和寺に入寺し、仁和寺の孝源から「一流伝法」を受け、その後中之坊に入寺したという寺伝もあるようである。残念ながら、院号宣下に関する文書類は所在不明で、寺伝にも年号が錯綜しているところがあり、院号宣下の詳細は不明と言わざるを得ない。しかし、吉井は以上のような寺伝をもとに、「恐らく中興した勢真、またはその先代が仁和寺の法流を受け、その関係で仁和寺から院号宣下をうけ、さらに仁和寺直末となり中本寺となっていた」と結論づけている。確かに、文書などの史料がないため、吉井以上の結論を得ることは難しいであろう。しかし、絵図類などにも見られるとおり、数多くの堂舎・別当寺があるなかで、なぜ中之坊に院号宣下があり、代表的な別当寺となりえたのかという疑問が残る。そこで、本稿では、なぜ中之坊なのかという問題について考察してみたい。

なお、現在の日根神社は、その呼称が時代により、さまざまに変遷しており、同時代にあっても複数の呼称が存在する。そのため、戦国期をあつかう本稿では、中世から近世にかけての一般的な呼称と思われる「大井関明神」と統一して表記する。

二　中世の大井関明神別当寺―上之坊・中之坊・下之坊―

二―一　大井関明神下之坊

本節では、中世における大井関明神の別当寺について、その具体像を描き出してみたい。しかし、前述したとおり、大井関明神は「延喜式」にもその名が確認できるが、その別当寺のレベルについては古代・中世の史料上に登場することは、稀であろう。しかし、日根荘が九条家領の荘園であったため、「旅引付」など、戦国期における大井関明神別当寺の具体像を窺うことができる史料が若干残されている。本節では、近世においてもその存在が確認される上之坊・中之坊・下之坊について中世の具体像を見ておきたい。

まず大井関明神別当寺の下之坊について、見ていきたい。

大井関明神下之坊についても、やはり中心となる史料は「旅引付」である。文亀元年（一五〇一）一一月一日条が「旅引付」における大井関明神下之坊の初出となる。

一日丙子晴、青木無人数之条、在利令同導越日根野、於宮中之下坊、西方年貢等所納了云々、

九条家家司富小路俊通の代官である青木土佐入道が、九条家家司の石井在利とともに日根野村におもむき、大井関明神下之坊において、日根野村西方の年貢収納をおこなったという記載である。この記載からは、大井関明神下之坊が年貢収納という公的な行事をおこなう場所であったことが確認できる。

また、「旅引付」文亀元年一二月一〇日条には、次の記載がある。

十日甲寅雪下、（中略）去夜大井関之社僧下之坊焼失手謬歟云々、

この記載からは、一二月一〇日未明に失火により、下之坊が焼失したことが確認できる。この焼失が原因であろうか、これから一年以上の間、「旅引付」には大井関明神下之坊に関する記載が見られず、次に登場するのは、文亀三年（一五〇三）五月一六日条である。文亀元年一二月一〇日の下之坊焼失がどの程度の被害であったのかは、具体的にはわからない。しかし、焼失後に再建・修理がおこなわれ、文亀三年五月頃までには再興されていたのであろう。

さて、その文亀三年五月一六日条には、次の記載がある。

十六日壬午（中略）晩陰、定使帰来云、先於東方就古老之番頭源六ヲ相尋之処他行也、仍第二掃部太郎ヲ相尋仰

巨細之処、於折紙者不及被入候、以使ハ及数ヶ度一両日以前も申来了、其使者上郷之者也、いかにも可被仰条可然也、但朦昧之条、奉書御文言之旨不叶拝見トテ戒躰院等下坊ニ被居間、持向テ下坊ニ令読テ、尤此趣ハ早々被仰者可然也ト各申合訖、（後略）

文亀三年五月一三日より、和泉下守護細川政久被官で、佐野・井原荘の領主である多賀が日根野村東方への入部を企てており、この五月一六日条もその対策に関する記載である。その対策として、奉書を多賀宛に発給して対応することが政基より提案され、九条家被官竹原定雄奉書を九条家家司信濃小路長盛の中間である弥次郎を定使として、日根野村東方の番頭中に見せることとなった。この定使弥次郎が夜に政基のもとへ帰ってきたのである。引用は帰ってきた定使弥次郎の報告のうち、日根野村でのやり取りの部分である。定使弥次郎はまず古老の番頭である源六を訪れるが留守であったため、第二の番頭である掃部太郎のもとに行き、詳細な報告をおこなっている。掃部太郎は、多賀からは入部につき折紙などが届いた訳ではなく、上郷の者を使いとして何度も申し送ってきたことを報告し、定使弥次郎が報告した政基の提案に賛同を示している。ただし、掃部太郎は奉書の内容については見ることができないと返答したため、定使弥次郎は戒躰院等がいる下之坊に掃部太郎等とおもむき、そこで下之坊住僧に奉書を読ませることで、番頭等の賛同を得ている。この後、定使弥次郎は佐野の多賀のもとに行き、奉書を渡そうとするが、多賀や奏者が留守であったため、女や中間に奉書をあずけて帰ったのである。

ここで注目されるべき点は、定使弥次郎は戒躰院が居住する下之坊におもむき、そこで下之坊住僧に奉書を読ませていることである。戒躰院も大井関明神別当寺の一つで、元禄三年（一六九〇）頃に作成された「泉州大井関古絵図」[9]（『市史』一三巻　図番37）にも確認することができる。しかし江戸時代後期作成の「和泉国五社第五日根大明神社図」には「海躰院跡」と記されており、近世後期には廃絶していたものと考えられる。「旅引付」の記された時代、戒躰院は、日根野村西方の政所が置かれた寺院である。何故、多賀の日根野村東方入部に関する件を、戒躰院のもとへ届けたのかは疑問の残るところであるが、この戒躰院の住持が下之坊に居住していた点は注目されるべきであろう。前述したとおり、文亀元年一一月一日条からは、下之坊が年貢収納という公的な行事をおこなう場所であったことが確認できたが、戒躰院住僧が下之坊に居住していることも考慮すると、大井関明神下之坊は戒躰院とともに、日根野村西方の支配に大きく関わる寺院であった可能性が指摘できる。

次に「旅引付」文亀三年七月二七日条を見てみよう。

廿七日辛卯晴、(中略)此時長盛彼案文事令不審之処、以前進候時職事を申付候処、其身指合候て、日没して進候ける其時子細を言上之処、委不申入条言語道断次第候、日根野か披官人次郎衛門西方之御百性ニて候、其して東方への一行と幷入山田への折紙と、又彼囚人よりの内状と何も東方へ持来候間、件内状を地下としの申事ニて候間、自然上へハ不可申入候歟、如此囚人内状ニて申送て候を、下坊に写させ候て進候、自然内御心得のためニて候と申入て候へハ、其子細をハ申候ハて、只此案文計相副進候間、御不審ハ尤に候へとも、谷への内状をハこなたニて下坊へうつさせて候、従国ハ二郎衛門して東方への一行と、谷への一行と折紙二通ニ、囚人の状一通三色持来候、其時山田将監幷助四郎御入候て御覧候、証人ニて御座候へき由両人番頭申云々、(後略)

この前日の二六日、日根野に知行地を有する国人武士で、和泉上守護被官の日根野光盛より、日根野村東方へ公事物を納めるよう折紙が届いた。そこには入山田村の百姓五人を捕らえたことも記されており、捕らえられた小次郎よりの内状も添えられていた。日根野村東方はこの対策をすぐに政基に相談したようであるが、政基はこの小次郎よりの書状を不審に思い、東方は守護方と申し合わせているのではないかとの疑惑を持ったようである。そこに光盛より入山田へ送られた書状も渡された。この対策として政基側が下した結論は、東方は守護方と申し合わせているのではないかとの疑惑を拭いきれず、事があきらかになるまで対策を待つというものであった。翌二七日にも日根野村東方より、対策についての相談を求めているが、政基は日根野村東方が九条家領であることはすでに結着がついているとの認識を示し、今後の事も考えたうえで、東方より光盛へ返答するよう指示しているが、東方はそのような政基からの指示を断っている。また、この日の夜には入山田より東方へ送られた書状が、政基に届けられている。その内容は、政基も判断したとおり、これは東方と光盛の問題であり、入山田村としては関与しないので、東方の方で上手に調停してほしいというものであった。引用はこのようなやりとりのなかでの、九条家家司信濃小路長盛の見解が示された部分である。長盛の見解も光盛から日根野東方宛の書状、小次郎の書状、光盛から入山田宛の書状の三点がすべて日根野村東方に届けられたことに疑問を持っているようで、また小次郎からの内状は日根野村百姓としての意見が書かれており、それは政基に申し入れるべき書状ではないとの見解を示している。この長盛の疑惑に対する解答として、日根野村東方の番頭は、小次郎書状、入山田宛の書状については、大井関明神の下之坊でこれを書写したことを説明し、光盛からは日根野村西方の百姓で、光盛の被官人である次郎衛門がこの三通を届けてきたこと、これについては九条家家司の山田重久（将監）と九条家に使える助四郎が証人となってくれることを説明している。

ここでは、小次郎内状、入山田宛日根野光盛折紙が下之坊で書写されていることに注目しておきたい。そもそもこの事件は日根野光盛が日根野村東方へ公事物を納めるよう折紙を送ったことが発端であり、この事件は日根野村東方にとって死活問題にもなりうる大事件である。日根野村東方の主張によれば、このような大事件であるため、小次郎内状や入山田宛日根野光盛折紙を下之坊で書写したというのであろう。政基や長盛の疑惑の真偽はともかくとしても、このような日根野村東方の説明は成り立っているのであり、このような村の重要事項に関する事を書写・記録する機能を下之坊が有していたと考えられる。書状など村の重要事項を記録する機能が下之坊にはあったのである。

ところで、日根野村西方の政所が置かれたのは戒躰院であるが、日根野村東方の政所が置かれたのは無辺光院である。無辺光院は正和五年（一三一六）作成の「日根荘日根野村荒野絵図」（『市史』一三巻　図番1）に確認できる寺院であるが、近世の絵図類では確認できず、中世末から近世初頭には廃絶したものと考えられる。さて「旅引付」によれば、文亀元年四月二六日に無辺光院住持として善興が任命されたことがわかる。しかもこの任命は善興の希望により任命されたこと、善興は九条家の家司ではないことも確認できる（「旅引付」文亀元年四月二六条）。このように無辺光院住僧となった善興であるが、文亀三年三月頃より腰痛を患っていたようで（「旅引付」文亀三年三月三日条）、文亀三年八月二二日には無辺光院住持職の辞退を申し入れている（「旅引付」文亀三年八月二二日条）。この辞退がいつ頃認められたかは詳らかではないが、文亀三年一〇月に善興は守護方に召し取られている。この際、善興は無辺光院住持を辞退したとの申し開きですぐに釈放されている（「旅引付」文亀三年一〇月一七日条、同二〇日条）。このことから、善興は無辺光院住持職の辞退を申し入れた八月二二日より間もなく辞退が認められ、その後は戒躰院の住持となっていたようである。このような善興の動向から推察すると、無辺光院と戒躰院は、住僧はともに九条家の家司ではなく、両寺の住僧の交換が可能な寺院で、それほど緊密な関係の寺院であったと考えられる。

また、小山靖憲によれば、鎌倉時代中期、日根荘を九条家が伝領するところとなった当初は、禅興寺に日根荘経営の拠点となる政所がおかれており、その後源盛長によって無辺光院が日根野村に建立されると、日根荘の政所も無辺光院に移されたようである[(10)]。その後、室町期には無辺光院領の支配権や住持の任免権が九条家に移り、日根野村東方の政所としての機能を果たしてきた。しかし、一五世紀末には根来寺の閼伽井坊仲栄が無辺光院供僧領分の加地子得分を買得していたようである（「旅引付」永正元年九月一四日条）。このように日根荘での根来寺の勢力が増しつつあるなか、明応八年（一四九九）一〇月には閼伽井坊秀尊が日根野・入山田村の代官職に補任されている[(11)]。また、文明一四年（一四八二）の「日根野村東方納帳案」（『市史』四巻　戦前三一）には無辺光院が散見され、無辺光院が日根野村東方内に年貢負担地を所持していたことが確認できる。源盛長により建立されて以後、無辺光院は日根荘の政所がおかれており、政基下向後も政所がおかれていることを考えると、閼伽井坊秀尊に代官職が補任された間も日根荘の政所として機能していたと考えられる。また、閼伽井坊仲栄が無辺光院供僧領分の加地子得分を買得していること、無辺光院が日根野村東方内に年貢負担地を所有していたことなどを考えると、一五世紀末には、根来寺（閼伽井坊）の無辺光院に対する経済的影響が進んでいたのではないかと考えられる。

これに推察を重ねれば、無辺光院が日根野村東方政所、戒躰院が西方政所で両院に緊密な関係があったこと、大井関下之坊が戒躰院とともに日根野村西方支配に大きく関与していたことを考えると、無辺光院、戒躰院、下之坊とも根来寺（閼伽井坊）の影響下にある構造ができあがっていたのではないかと考えられる。また下之坊が年貢収納などの公的な行事をおこなう機能や村の重要事項について記録する機能を有していたことを考え合わせると、根来寺は大井関明神の下之坊をその影響下におくことで、日根野村の民衆支配を実現しようとしていたのではないかという可能性が指摘できる。

二―二　大井関明神上之坊・中之坊

大井関明神の下之坊については、「旅引付」などから、その性格が断片的とはいえ、窺うことができる。しかし、同じように大井関明神の別当寺であり、同じように近世まで存続していたことが確認できる上之坊、中之坊については「旅引付」や九条家文書でもほとんど確認することができず、下之坊以上に中世におけるその具体像を描くことは難しい。

上之坊については、「旅引付」では、文亀三年（一五〇三）四月四日条にのみ確認することができる。

> 四日庚子晴、昨日於日根野、大井関之上坊、孫四郎令喧嘩云々、就其件坊主陸沈之由密々伝聞、令隠密之間、不知子細、相尋可令糺明也、

これによれば、この日九条家に仕える孫四郎と大井関明神の上之坊住僧が日根野において喧嘩となり、孫四郎が上之坊住僧を没落させたようで、政基も事の糾明を命じている。また、文明一三年（一四八一）の「日根荘年貢納帳」

（『市史』四巻　戦前二九）や文明一四年の「日根野村東方納帳案」（『市史』四巻　戦前三一）にも、「上坊」が散見されるため、大井関明神の上之坊が日根荘内に年貢負担地を有していたことが確認できる。

しかし、中之坊については、「旅引付」や九条家文書には、確認することができない。

ところで、水藤真によれば、「旅引付」は年貢収納・支配の貫徹・秩序の維持について後日の参考・証拠とするための記録であったことを指摘し、さらに「旅引付」に記されている村の年中行事なども、村人が政基に見せるために政基のもとでおこなったものや、事件などがおこったため、政基が知り得たものであり、「実は政基は、村社会での日々の生活を自ら見るということをしなかった」と指摘している(12)。この指摘に従えば、日根荘の支配に「無関係(13)」なために、「旅引付」には大井関明神の上之坊・中之坊の記載がないものと考えられる。唯一、上之坊について記されている文亀三年四月四日条は、上之坊住僧の喧嘩相手が九条家に仕えていた孫四郎であったために記されることになったのであろう。危険を承知したうえで、このことから推察すれば、断片的であれ日根荘の支配に関わっているため、大井関明神の下之坊は「旅引付」に散見されるが、日根荘の支配には「無関係」なために、上之坊・中之坊は「旅引付」に登場しないと考えられるのである。

推測を交えた結果であるが、大井関明神上之坊、中之坊は日根荘支配とは「無関係」な別当寺であったと、ここでは結論づけておきたい。

三　大井関明神ならびに日根野村と根来寺の関係

前節第一項において、無辺光院、戒躰院、下之坊とも根来寺（閼伽井坊）の影響化にある構造ができあがっていたのではないかと考えられることを指摘した。ところで、井田寿邦によれば、根来寺による犬鳴山七宝滝寺をとおした入山田の民衆掌握が指摘されている(14)。日根野については、日根野東方は九条家が支配していたが、西方は守護方が勢力を伸ばしていたので、一概に入山田と同様に見ることはできない。しかし、前節第一項での指摘とおり無辺光院、戒躰院、下之坊とも根来寺の影響下にある構造が成立していた可能性を考えると、日根野における根来寺の動向を検討する必要がある。井田の研究によれば、雨乞いや土地売買などの村落生活に関する部分に犬鳴山七宝滝寺の僧侶を関わらせることで、根来寺は入山田の民衆掌握をおこなっている。そこで、日根野の民衆や大井関明神と根来寺の関係を見ていくことにしたい。

まず大井関明神と根来寺の関係をみることができる初期の史料として、「大井関法花寺十二神未神像台座裏墨書銘」（『市史』四巻　南北三五）を取り上げてみたい。

泉州日根郡大井関法花寺十二神将造記

始自康永二年癸未五月十二日正月丁丑、大仏師法眼慶円作在、為四恩法会、別為二親師匠也、

願主　山籠快基

伝法院住、於根来□等造之、

これは、現在、岸和田市の泉光寺に伝わる十二神将像のうち、未像の台座裏に記された墨書銘である。明治初年の神仏分離政策の際、大井関明神の境内にあった東方寺（第4節参照）が廃寺となったため、東方寺に伝来した十二神将像が同寺の本寺である泉光寺に移されたと考えられる。墨書銘の表題には「大井関法花寺」とあり、おそらく法花寺も大井関明神の別当寺であったと考えられるが、他の大井関明神の関係史料や絵図には管見の限りでは見られず、そのため東方寺と法花寺の関係については、詳細は不明である。ただ、この墨書銘から、少なくとも大井関明神の別当寺と考えられる法花寺の十二神将像が、康永二年（一三四三）に根来寺の山籠快基を願主として根来寺で作成されたと考えられる。つまり民衆レベルの問題は別にしても、一四世紀中頃にはすでに大井関明神やその別当寺と根来寺の間には、何らかの関係が形成されていたものと推察できる。

また、「旅引付」にも、日根野の民衆や大井関明神と根来寺の関係を示す記載がある。ここでは、そのいくつかを検討してみたい。

「旅引付」文亀元年（一五〇一）閏六月二六日条には、以下のような記載がある。

廿六日壬申晴、当国中之百性之子、為根来法師ヲ号氏人也、件氏人、日根野村之百性之子共之中来而、在庄之後、驪而雖可申、日根野村江御出之時可申哉之由雖存候延引之条、此村江令祗候由申之、一荷両種進了、仰神妙之由、長盛令見参、於堂賜盃了云々、

これによれば、和泉国の百姓の出身者で根来寺僧となったものを「氏人」とよぶことを記載している。「氏人」をめぐる解釈については、子院経営の有無等をめぐる議論があるが、筆者も小山靖憲などの説を支持し、根来寺僧になった後、「半僧半俗的な存在で、村落の仏神事にかかわってい」たと理解している。(15)この「氏人」が日根野村の子どもたちのなかに存在していると記されている。この記載から、日根野村を含む和泉国の民衆には根来寺僧となるものが存在し、このような「氏人」が民衆のなかにごく普通に存在していたことを窺うことができる。この「氏人」が村落の仏神事などにたずさわることが、根来寺が民衆を掌握する一つの方法であったと考えられる。

次に、「旅引付」文亀二年（一五〇二）四月二日条には、以下のような記載がある。

二日甲辰朝晴、今朝大井関祭礼也、早旦従無辺光院赤飯・竹葉等送之、神妙之由仰之、猿楽等入夜云々、根来ヨリモ馬六・七十疋借之、従国方又四・五十疋借之、今日ハ立交了、自他事外成敗、仍毎事無為無事也、入山田村之百性等弓ヲ射也、的之人数立合了、今日之儀尤珍重〳〵、

文亀二年四月二日条には、大井関明神で開催された祭礼の様子が記載されている。文亀三年（一五〇三）四月二日条にも、大井関明神の祭礼については記載されており、毎年四月二日に大井関明神の祭礼が開催されていたのであろう。この祭礼には馬が必要であったようで、根来寺や守護から馬などを借用している。「旅引付」文亀二年六月一八

日条には九条家家司竹原定雄が粉河寺の祭りの見物に出かけた記載もある。

十八日己未霽、今日粉川寺之祭也、定雄令見物了、馬・具足以下武者之體如深草祭云々、

竹原定雄は粉河寺の祭りを伏見の深草祭のようだと例えているが、深草祭では武者が供奉する神輿渡御と馳馬神事がおこなわれていた。粉河寺の祭礼も馬、具足を身につけておこなわれたようである。このように根来寺の祭礼でも馬を用いるため、大井関明神の祭礼に必要な馬などが根来寺から借用されたのであろう。この年には守護方よりも借用しているが、単純に比較すると、根来寺の方から多く借用しており、根来寺への依存の方が大きかったようである。このように一六世紀初頭までには、祭礼などを通じた根来寺と日根荘民、大井関明神の関係を見ることができる。もちろん、日根荘の支配をめぐる九条家、根来寺、守護方の争いが続くなかでのことなので、このような関係が根来寺の日根荘支配を意味するのではない。しかし、このような祭礼などをつうじた関係から、根来寺が日根荘民の生活のなかに大きく関与していることを読み取ることもできるであろう。

最後に、「旅引付」文亀二年八月二一日条を見ておきたい。

廿一日辛酉（中略）佐藤惣兵衛尉同類根来寺之小法師原小々、其外神尾幷金台寺等之衆彼是一・二百人山中ニ乱入、槌丸村ヲ可陣取云々、仍仰付庄内地下人等可追立之由命之、然而無忽ニ追立ハ、已後根来・粉川等出入不可叶、令許容ハ国方ニ永ク可為敵、進退失度了、（後略）

ここに登場する佐藤久信（物兵衛）は、本来、和泉下守護の被官人であったが、文亀二年七月には、守護方を裏切り、根来寺・畠山尚順方に寝返った。その佐藤久信が根来寺の僧侶や神於寺、金胎寺とともに日根荘の山中に乱入し、土丸に陣を張るとの風聞が流れたことが記されている。政基側もその対応を考えるが、対処の方策がなく苦しんでいる様子が窺える。その対処がなくなった理由として「然而無忽ニ追立ハ、已後根来・粉川等出入不可叶、令許容ハ国方ニ永ク可為敵、」と記されている。つまり、侵入してくる根来寺方の佐藤久信を追い払いでもすれば、今後、根来

寺や粉河寺の門前町への出入りが許されなくなり、だからと言って佐藤久信等が陣を張ることを許容すると、守護方から敵対したと認識されるため、対処の方策がなくなったとしているのである。守護方と根来寺・畠山尚順方の泉南地域をめぐる攻防のなかで、苦慮する荘民の様子を窺うことができるが、同時に根来寺や粉河寺の門前町に出入りすることが荘民にとっては重要であったことも窺うことができる。すでに日根荘が根来寺の資本力に従属していることが指摘されている（『市史』五巻　補注一四〇）。これは日根荘全体の問題で、日根野村に限定することはできないが、日根荘に属する日根野村も、このような根来寺との経済的関係が一六世紀初頭には構築されていたと考えることが可能であろう。

以上のように、日根野村、大井関明神と根来寺の関係をみてきたが、「大井関法花寺十二神未神像台座裏墨書銘」から一四世紀中頃にはすでに大井関明神やその別当寺と根来寺の間には、何らかの関係が形成されていたことが推察できた。また「旅引付」の記載からは、このような関係が一六世紀初頭には、日根野村、大井関明神と根来寺との関係にまで発展しており、「氏人」を通じた根来寺の日根荘民の掌握や密接な経済的関係を指摘することができた。さらに、祭礼などを通じた大井関明神と根来寺の関係も確認してきた。前述したとおり、もちろんこの関係が根来寺の日根荘支配をそのまま意味するのではなく、日根野村の民衆も守護方・根来寺方さらには政基方の動向をつねに考慮して、自分たちの生活を守っている。しかし、このような政治的・軍事的緊張関係とは別のところで、日根野村と根来寺との密接な関係は構築されており、日根野村にとっては根来寺との関係が欠くことができないものになりつつあったと考えられるのである。

四　近世の大井関明神の別当寺

第二節第一項では、中世の大井関明神下之坊を検討し、下之坊は年貢収納などの公的な行事がおこなわれる場であり、村の重要事項が記録される場であったことを確認し、また無辺光院、戒躰院とともに日根荘支配に大きく関わり、根来寺の影響下にある構造が成立していた可能性を指摘した。また、第三節では日根野村そのものが、祭礼や経済において根来寺と密接な関係であったことを指摘した。一方で、第二節第二項において中之坊、上之坊については、その具体像を示す史料はほとんどなく、日根荘支配には「無関係」であった可能性を指摘した。それでは、これらの別当寺は近世にはどのような具体像を示すのであろうか。本節ではそれを検討していきたい。しかし、大井関明神別当寺の具体像を江戸時代をとおして検討することは、それが一つの大きな仕事であり、本稿のうえで、それをおこなうことは不可能である。そのため本節では、「岡部美濃守領分寺社改帳書抜写」(16)を中心に大井関明神の「別当寺」についてみていきたい。

史料の検討をおこなう前に、ここで取り上げる史料について、紹介しておきたい。この史料について元禄四年（一六九一）に作成された「岡部美濃守領分寺社改帳」の写しであり、天領であった岡本村（現、泉佐野市）の庄屋に伝わったものである。本史料では表紙に「岡部美濃守領分寺社改帳」と記されているが、寺社などに数多くの抜書や写、控が残されている「元禄四年寺社境内帳」と同類の史料と思われる。この「元禄四年寺社境内帳」は、残念ながら原本が伝来していないようで、その抜書や写、控に頼らざるを得ないが、その抜書や写、控の文言には多くの異同が見られ、注意を要する。この史料を翻刻・紹介したものもいくつかあるが(17)、それらを見てもその異同はあきらかであろう。そのなかで岡本村に伝来した「岡部美濃守領分寺社改帳書抜写」を選択したのは、奥書部分なども書写されていること、他の抜書や写と比較して情報に漏れが少なく、さらに多くの情報が載せられていることなどの理由があるからである。この史料は岡本村に伝来した史料ではあるが、抜書されているのは大井関明神に関わる部分のみであり、おそらく寛文四年（一六六四）から文政元年（一八一八）まで続いた「船岡山争論」(18)に関わって書写されたものと思われる。そのためであろうか、これまで筆者が目にしたもののなかでは、もっとも原本に忠実に書写されているように思われる。

まず、この史料が作成された背景として、奥書等より岸和田藩では延宝八年（一六八〇）、貞享二年（一六八五）、元禄元年（一六八八）にも寺社改がおこなわれており、延宝八年と元禄元年の寺社改帳に差異が見られるため、元禄四年に再度寺社改がおこなわれたことがわかる。[19]このうち、延宝八年と元禄元年の寺社改は現存しないようであるが、貞享二年の寺社改帳が残されている。[20]吉井敏幸はこの貞享二年の寺社改帳から、中之坊慈眼院は「開基知れ申さず候、延宝五丁巳年勢真代中興造営」とあり、前述した延宝五年の勢真による中興造営は史料的にも確認できること、寛文五年（一六六五）には大井関大明神に祭料一町歩が寄進されたことを指摘している。[21]「岡部美濃守領分寺社改帳書抜写」には、これらの事実は記載されていないが、除地として大井関明神に新田一町歩が、慈眼院に七畝歩が、貞享四年（一六八七）に岡部長泰より寄進されたことが記されている。吉井敏幸も指摘するとおり、寛文・延宝年間に堂舎の再興がおこなわれ、景観的にも大きく変化することになったのであろう。[22]

次に、大井関明神「別当寺」について、中世との変化に注目しつつ、「岡部美濃守領分寺社改帳書抜写」を見ていこう。慈眼院で注目されるのは、本寺や触頭がない理由を説明している部分である。

貞享二丑年・元禄元辰年帳面ニ無本寺ニ有之候ニ付、此度御改被遊候、当社之義泉州鎮守五社大明神之其一社ニ而、岸和田領之大社ニ而御座候、毎年四月二日神拝、同郡船岡山江神輿御渡、同日長滝村御休所へ御渡、従往古ゟ其儀式断絶無御座候、古へ者天子御幸之地ニ而御座候、慈眼院事往古ゟ明神之別当職相勤来慥成寺地ニ而御座候故、本寺触頭附申ニ不及、無本寺ニ而差置申候

和泉五社の一つであり、岸和田藩の大社であり、往古よりの祭礼を継続していると大井関明神の由緒を述べたうえで、その大井関明神の別当職を勤めてきたため、慈眼院には本寺や触頭が必要なく、無本寺とするとしている。一方、下之坊を見ると、「貞享二丑年・元禄元辰年帳面ニ無本寺与有之候故、此度御改被遊候に付、泉州日根野村慈眼院触

下ニ罷成、其段帳面ニ書記申候」と記されている。下之坊は貞享二年や元禄元年の寺社改では無本寺であったが、元禄四年の寺社改で、慈眼院の触下となったとしているのである。「無住」という理由もあったのであろうが、慈眼院（中之坊）と同じく中世より大井関明神の別当職を勤めてきた下之坊であったが、この元禄四年の寺社改以後、慈眼院の触下となるのである。

次に上之坊について注目される点を、やや長文になるが全文引用する。

但、延宝元年中興造営ゟ当未年迄十九年罷成候、開基年号之義此度御改ニ付吟味仕候得共、相知不申候、然共此寺之義、歳八十ニ罷成候日根野村百姓甚五郎、歳八十ニ罷成候同村百姓久左衛門与申者、六十五年已来古キ寺之由承伝候由申候、段々遂吟味候処、古地ニ紛無御座候ニ付書付差上候

但、此寺之義先帳面ニ者前へ書出し候得共、此度遂吟味候処、大井関明神境内除地凡六万五千四百弐拾坪余之内ニ有之候故、此所へ書記申候、右之通ニ候故境内坪数書記不申候

但、此寺往古者社僧寺之由申伝候得共、いつ頃ゟか禅寺ニ罷成、只今ハ社僧ニ而も無御座、又者借地ニ而も無御座候

上之坊については、慈眼院や下之坊に記されていない由緒につき、古老の証言をもとに、六五年以上の由緒を持つ古い寺院であることが記されている。また、その寺地が大井関大明神の境内除地にあるため、境内等については記さないことが記されている。そして、最後にもっとも注目される点として、往古は大井関明神の「社僧寺」であったが、いつ頃からか「社僧寺」ではなくなり、その境内も借地ではないことが記されている。

以上のように、「岡部美濃守領分寺社改帳書抜写」からは、元禄四年までは同じ無本寺であった慈眼院（中之坊）と下之坊であったが、元禄四年の寺社改の結果、慈眼院は大井関明神の別当寺であるという由緒から無本寺のままとされるのに対し、下之坊は同じ由緒を持ちながらも、慈眼院の触下となったこと、東方寺（上之坊）が大井関大明神の

別当寺ではなくなっていることが確認できるのである。

五　大井関明神別当寺の中世から近世―まとめと展望―

ここまで、第二節において、無辺光院、戒躰院、下之坊とも日根野村支配に関与する寺院で、根来寺（閼伽井坊）の影響下にある構造であった可能性を指摘する一方、中之坊・上之坊については、日根荘の支配には「無関係」であったと思われることを考察した。また、第三節では、政治的・軍事的緊張関係とは別のところで、日根野村と根来寺との密接な関係が構築されており、日根野村にとっては根来寺との関係が欠くことができないものになりつつあったことを指摘した。第四節では元禄四年（一六九一）までは同じ無本寺であった慈眼院（中之坊）と下之坊であったが、元禄四年の寺社改の結果、慈眼院は大井関明神の別当寺という由緒から無本寺のままとされるのに対し、下之坊は慈眼院の触下となったこと、東方寺（上之坊）が大井関明神の「社僧寺」ではなくなっていることを見てきた。

第二節、第四節での検討の結果、大井関明神別当寺の中世末から近世初頭への変化は以下のように考えられる。下之坊は、中世末では日根野村の政所であった無辺光院、戒躰院と密接な関係を有しており、日根野村西方支配に大きく関与していたが、近世初頭には慈眼院（中之坊）の触下となっている。中之坊は、下之坊とは異なり日根野村支配に「無関係」な別当寺であったが、近世初頭には院号が下され慈眼院となっている。上之坊も中世末の段階では中之坊と同じく日根野村支配に「無関係」であったと思われるが、近世初頭には大井関明神の「社僧寺」ではなくなり、大井関明神の境内除地に寺地を持つ独立した寺院となっており、泉光寺（岸和田藩主の菩提寺）の末寺となっている。以上のように、大井関明神の「別当寺」は、中世末から近世初頭にかけて、その具体像が大きく変質したことがわかるだろう。

さて、本稿の課題は「なぜ中之坊なのか」というものであった。ここでは、前述した大井関明神「別当寺」の中世末から近世初頭の変質をもとに、第三節の検討も含めながら、この問題を考えたい。

結論的なものから言えば、前述した大井関明神「別当寺」の変質は、秀吉の根来攻めによる根来寺の退転が大きな理由であると、筆者は考えている。第三節でもみたとおり、戦国時代前期には根来寺と日根野村の間には密接な関係が構築されており、その荘園経営の拠点たる政所についても根来寺との経済的な関係が構築されていた。このようななか、日根野村西方支配に大きく関与していた下之坊も根来寺との密接な関係が構築されていたと考えられる。このような状況が史料から、具体的に読み取れるのは「旅引付」の時代であるが、永正元年（一五〇四）以後は、このような状況がますます加速されていくであろう。永正元年には、根来寺は和泉両守護である細川家との戦いの結果、和泉国を制圧し、和泉国に「惣国半済」の徴収権を得ており、しかもその半済は根来寺が自立的に進退できる権限であったという。[23]このようななか、根来寺と日根野村の関係はより密接なものとなり、その支配に関与していた無辺光院や戒躰院、下之坊と根来寺の関係もより密接になっていたことは想像されよう。そして天正一三年（一五八五）、根来寺は和泉国の支配権をめぐり、秀吉政権と全山をあげての戦いとなる。この根来攻めにおける泉南地域の戦いでは、積善寺や沢など近木川ぞいに根来衆が配備されたことが著名であるが、[24]佐野などにも根来衆が配備されていたようである（『市史』四巻　戦織九九）。「旅引付」の時代には、佐野は下守護被官の多賀などが支配していたが、天正期には根来寺の勢力が伸張していたのである。この根来攻めに関し、日根野村での戦いなどは見られないが、大井関明神も根来寺の影響下にあったため、焼失したものと考えられる。

このように和泉国を制圧していた根来寺が退転した後、秀吉・家康などの統一政権により、新しい秩序が形成されていく。岸和田藩では小出・松井と藩主が変遷した後、寛永一七年（一六四〇）に岡部氏が入部し、岡部氏のもと新しい支配体制が形成されていく。岡部氏の支配体制のもと、大井関明神の新しい別当寺として、中之坊が慈眼院として再興され、根来寺と密接な関係を有し、日根野村支配に関わった下之坊はその触下となっていたのではないかと考えられるのである。このような岸和田藩による根来寺の影響下の寺院を廃除する傾向は、史料的にあきらかにすることは難しいが、伝承としては聞かれるものである。例えば、日根荘入山田村で、近世には大木村となった、泉佐野市大木地区では、もともとは真言宗の村であったが、根来攻めの結果、岸和田藩によって禅宗の村になったという伝承が残っている。また、泉南郡熊取町成合地区には「岸和田藩は紀州和歌山五十五万石と根来寺はなくなったが、粉河寺・高野山の謀反を警戒して、「紀州のおさえ」としておかれた。泉州でも紀州の国境は元々根来寺の勢力が強く、寺も住民も真言宗だった。熊取の庄屋の中家・降井家も根来寺と関係が深く、この成合村もその配下だった。岸和田藩は真言宗を改め、その境界の地域には、僧兵をもたず、むしろ旗を立てない、禅宗の寺院を配置した。」という伝承が残っている。[25]これらの伝承は、岸和田藩によって根来寺の影響下にあった寺院が廃除され、大木村には禅徳寺、成合には成合寺、西方寺という禅宗の寺が配置されたことに関わる伝承であろう。[26]禅宗と真言宗仁和寺末[27]という違いはあるが、中之坊が慈眼院として取り上げられ、下之坊が慈眼院の触下となっていくのは、このような岸和田藩の根来寺の影響下の寺院廃除という宗教政策によるものと考えられるであろう。また先の成合地区の伝承は上之坊の変質についても示唆をあたえてくれる。すなわち、上之坊が大井関明神別当寺から独立し、泉光寺の末寺、東方寺として大井関明神の境内に配置されたのは、根来寺の影響下にあった日根野村の監視という目的があった可能性も指摘できよう。泉光寺は岸和田藩主の菩提寺であり、岸和田藩とは緊密な関係にあったと推測される。そのような泉光寺の末寺として、東方寺が独立した寺院として大井関明神の境内に配置された理由は、根来寺の影響下にあった日根野村の監視と考えられるのである。

本稿では、中世末と近世初頭の大井関明神「別当寺」の具体像を見ていくことから、その変質に注目し、伝承等なども考慮にいれつつ、その変質の理由を根来寺の影響下にあった寺院の廃除を目的とした岸和田藩の宗教政策によるという結論をたてた。しかし、史料的制約から、推測の域を出ない部分も多々あることは承知している。岸和田藩の藩政史料が伝来していない以上、今後は、岸和田藩内の寺社史料などのさらなる調査・研究をとおした分析が必要となろう。

注

（1）「政基公旅引付」文亀二年八月一五日、九月一一～一二日条など参照。以下、本稿では「政基公旅引付」を示す場合は、「旅引付」と略記し、その日付を示す。また、「政基公旅引付」の引用は『政基公旅引付』（中世公家日記研究会編　和泉書院　一九九六年）本文編をもとに、同書影印編や『新修泉佐野市史』第五巻をもとに校訂を加えた。

（2）和泉五社の別当寺を取り上げた研究としては、『中世村落寺社の研究調査報告書』（元興寺文化財研究所　一九八九年）がある。

（3）『新修泉佐野市史』第四巻　平安時代前期　一〇〇号文書。以下、同書所収文書を示す場合、『市史』第四巻と略記し、同書の凡例に従い時代を略記し、文書番号を示す（例、『市史』四巻　平前一〇〇）。

（4）『新修泉佐野市史』第一三巻　図番1。以下、同書所収絵図を示す場合、『市史』第一三巻と略記し、図番を示す（例、『市史』一三巻　図番1）。

（5）中世・近世をとおしては大井関明神と呼ばれることが一般的であったようだが、史料によっては「日根大明神社」（『新修泉佐野市史』第6巻　口絵11）などと記されているものもあり、どちらが正式な名称などとは言えないようである。

（6）この問題については、すでに吉井敏幸の研究があり、その代表的なものとして、「近世の日根神社と慈眼院」（小山靖憲・平雅行編『歴史の中の和泉』和泉書院　一九九五年）がある。また、筆者も「泉佐野の歴史と今を知る会」でこの問題について報告したことがある（泉佐野の歴史と今を知る会『会報』二一一号　二〇〇五年）。

（7）吉井前掲論文、『新修泉佐野市史』第五巻、『新修泉佐野市史』第六巻など。

（8）吉井前掲論文。

（9）『新修泉佐野市史』第六巻　口絵11。

（10）小山靖憲「荘園村落の開発と景観」（小山靖憲・佐藤和彦編『絵図にみる荘園の世界』東京大学出版会、一九八七年）。また無辺光院の荘祈願寺としての機能については、本書坂本論文参照。本稿は坂本論文の指摘するような無辺光院等の機能を否定するものではなく、そのような機能を有しながらも、一六世紀初頭には根来寺との関係が形成されつつあったことを指摘している。

(11)『新修泉佐野市史』第五巻　参考史料一七。以下、本書の参考史料や補注を示す場合、『市史』五巻と略記し、参考史料、補注の区別とその番号のみを示す（例、『市史』五巻　参考史料一七）。

(12) 水藤真『戦国の村の日々』東京堂出版　一九九九年。

(13) 本書坂本論文が指摘するように、上之坊・中之坊が下之坊と同等の機能を有していたと考えることを否定しないが、日根荘支配という点においては、上之坊・中之坊と下之坊には差違があったと考えている。下之坊にくらべ、上之坊・中之坊が日根荘支配に関わることは、相対的に少なかったと考えているが、ここではその差違を明確にするため「無関係」と表記している。

(14) 井田寿邦「中世の村と葛城修験―犬鳴山と入山田村―」（第二六回日本山岳修験学会犬鳴山（泉佐野）大会報告　二〇〇五年）。

(15) 小山靖憲「中世根来寺の組織と経営」（『中世寺社と荘園制』塙書房　一九九八年）。

(16)『新修泉佐野市史』第六巻　第Ⅳ章　一二号文書。

(17)「泉佐野市の寺社（一）～（一三）　（元禄四年改社『寺社境内帳』より）」（泉佐野の歴史と今を知る会『会報』第44～67号　一九九一～一九九三年）など。

(18)「船岡山争論」については、『新修泉佐野市史』第13巻、安藤精一「近世宮座の展開1―泉佐野市域について―」（『泉佐野市史研究』第五号　一九九九年、後に『近世宮座の史的研究』吉川弘文館　二〇〇五年に収録）などを参照。

(19) 元禄期の寺社改については、杣田善雄「近世前期の寺社行政」（『幕藩権力と寺院・門跡』思文閣出版　二〇〇三年）を参照。

(20)『中世村落寺社の研究調査報告書』（元興寺文化財研究所　一九八九年）には、貞享二年七月一一日「日根野村堂社寺開基境内間数記写」が部分的に翻刻されているが、これが貞享二年の寺社改の記録であると思われる。

(21) 吉井前掲論文。
(22) 吉井前掲書論文。
(23) 廣田浩治「中世根来寺の戦争と武力」(『和歌山地方史研究』第五〇号　二〇〇五年)。
(24) 「貝塚御座所日記」(『寺内町研究』第二号) 天正一三年三月二一～二三日条などを参照。
(25) 北山理『百人の佐野物語第8集　食野・唐金あれこれ』(泉佐野の歴史と今を知る会資料集第四一号　泉佐野の歴史と今を知る会　二〇〇〇年)。
(26) 大木村禅徳寺の開基は、慶長八年(一六〇三)という。「泉佐野市の寺社二一(元禄四年改写『寺社境内改帳』より)」(泉佐野の歴史と今を知る会『会報』第六六号　一九九三年)。
(27) 豊臣政権期の事例ではあるが、仁和寺と統一政権の関係については、伊藤真昭「豊臣政権における寺社後援策」(『京都の寺社と豊臣政権』法蔵館　二〇〇三年)を参考にした。

〈付記〉筆者が本稿の執筆を決心したのは泉佐野市史編さん委員会中世部会の調査や議論に加えていただいたことによる。このことを明記し、小山靖憲先生への謝意を表したい。また、門外漢である筆者に、このような場をあたえてくださった本書編集担当の皆様にも、記して謝意を表したい。

第三部　周辺諸国と和泉国

和泉国上守護代宇高氏と興福寺官符衆徒棟梁古市氏

田中慶治

はじめに

和泉国上守護代であった宇高有光は、宝徳二年（一四五〇）六月に和泉上守護細川常有の誅伐を受け、大和国の国人古市胤仙を頼り、大和国に亡命をした。和泉国上守護代宇高氏については、岡田謙一氏による詳細な研究があり、この事件についても、岡田氏は詳しく触れておられる(1)。岡田氏の研究では、宇高氏の出自や細川氏との接点、その興隆と没落の要因を明らかにすることなどを目的とされているため、宇高有光が大和古市を亡命先に選んだ理由については、触れられていない。宇高有光の大和亡命の背景には、当時の大和や中央の情勢が深く関わっていたものと思われる。そこで本稿では、宇高有光が大和古市を亡命先として選んだ理由を検討してみたい。また有光の子息光成は、のちに和泉国上守護代として復活を果す。光成の復活についても当時の和泉や畿内の政治情勢が深く関わっていたものと思われる。この光成復活の理由についても検討してみたい。

一　宇高有光の大和古市への亡命

まず宇高有光の没落について、岡田氏の研究を参照しながら述べておく。宇高有光は和泉上守護細川持有・教春の二代にわたり、和泉上守護代として仕えていた。宇高氏は有光の父光勝の代から和泉上守護代を勤めており、世襲の守護代家として上守護家内でかなりの勢力を保持していた。ところが細川教春が病没し、新たに細川常有が上守護になると、宇高有光は、新守護常有の手により誅伐をうけ、没落を余儀なくされた。この常有の誅伐の理由は、世襲の守護代として大きな勢力を持っていた宇高氏に対し、上守護家の他の被官からの反発や、宇高氏の存在に新守護常有が脅威を覚えたことが理由であった。

宝徳二年（一四五〇）六月二七日に常有に誅伐をうけた宇高有光は、しばらくは行方不明であった。有光が再び姿を見せたのは、六月晦日のことであった。場所は大和国古市であった。『経覚私要鈔』宝徳二年六月晦日条では、次のように記す。

1細川刑部少輔（常有）和泉守護一方内者宇高（有光）憑古市落来了、就此有種々雑説、背主命如此云々、又傍輩沙汰云々、肝要去廿七日令夜打之処打漏了、仍於屋形焼了云々、始終之儀難知、先播州（古市胤仙）請取了、仍入宝樹庵了、其衆廿人計在之云々、

この記事では、主人細川常有の誅伐をうけた宇高有光一行が二〇人ばかりで、古市胤仙を頼み落ちてきたことを記している。ではなぜ有光は、大和国人である古市胤仙を頼り、亡命してきたのか。

理由の一つとして考えられるのが、宇高氏と古市氏の家格の釣り合いがとれていたという点である。宇高氏は先述したとおり、和泉国上守護代であった。これに対し古市胤仙は大和国の守護代ともいうべき官符衆徒棟梁であった。つまり宇高・古市両氏は、ともに守護代クラスの武士であったのである。

しかも両氏とも宝徳二年（一四五〇）六月末段階で、その地位を失っていた。宇高氏については先述したとおり、主人細川常有の誅伐を受けていた。一方、古市胤仙は官符衆徒棟梁の地位を、文安二年（一四四五）九月以来、宿敵筒井順永に奪われていた。[2]

このように宇高有光と古市胤仙は、家格的にも政治的にもほぼ同様の立場にいた。有光にとっては、古市はかっこうの亡命先であったのではないか。なお宇高氏が古市氏にその亡命を簡単に受け入れられていることから、両者の間

には以前から交流があったか、もしくは仲介をする人物がいたことが推測される。あるいは一五世紀中葉には、畿内近国では、守護代家同士によるネットワークが形成されていた可能性をも、この事件は示しているのかもしれない。

二　畠山持国と経覚・古市胤仙

何故宇高氏は大和国古市に亡命したのか。もちろん前節で述べた古市氏との家格の釣り合いがとれていたということもあろう。しかしそのこと以上に、当時の政治状況や人間関係が深く関わっていたはずである。そこで本節では、畠山持国と、経覚及び古市胤仙との関係を手がかりにして宇高有光の古市亡命を検討してみたい。

当時古市胤仙は前興福寺大乗院門跡の経覚を手中にしていた。経覚とは以下のような人物であった。九条経教の子として応永二年（一三九五）に誕生し、応永一七年（一四一〇）に大乗院門跡、応永三三年（一四二六）に興福寺別当に就任した。その後、永享一〇年（一四三八）に六代将軍足利義教の手により、大乗院を追放された。この時点で、大乗院門跡の地位は尋尊に移った。義教の横死後、経覚は大乗院に帰住した。大乗院帰住後に、経覚は古市胤仙とともに、「五ヶ関務代官」の地位を巡り、筒井氏と抗争を繰り広げた。その結果、文安二年（一四四五）九月、筒井氏との抗争に敗れた経覚は、再び大乗院を追われ、大和国葛上郡の安位寺に逃れた。その後、文安四年（一四四七）四月、古市胤仙の手により、なかば強引に古市に移住させられた(3)。

経覚は義教の手により、強制的に隠居をさせられたとはいえ、その権威、実力、人脈等は十分なものを持っていた。だからこそ古市胤仙は、経覚を手中にしたのである。経覚は幕閣内では、畠山持国と親しかった。以下、経覚と畠山持国の関係を検討する。

経覚と持国は、ともに義教により失脚させられた過去を持っていた。持国は義教の横死の後、畠山家督、次いで幕府管領に復した。持国はその頃から、経覚の復権に尽力している。嘉吉三年（一四四三）六月、持国の要請により南都から上洛した経覚は、自らの日記『経覚私要鈔』の六月一一日条に、次のように記している。

2 一自管領（畠山持国）申云、予門跡安堵事、度々承之間、為申沙汰、可有上洛之由申入了、仍今日令執奏之処、明日可被見参之由、御返答候、明日十二日、日中程室町殿（足利義勝）可被参申云々、仰本望之由了、

この記事から以下のことがわかる。経覚のもとに持国より連絡があった。経覚の大乗院門跡復帰の件を、持国が将軍足利義勝に執奏したところ、義勝より返事があったので、明日義勝と対面するようにと言ってきている。翌日義勝と対面した経覚はその後、持国邸に向い持国とも対面している。『経覚私要鈔』では、「一向管領《畠山》屋形、則対面了、（中略）懇便宜之題目不可有等閑之由契約了、」と記している。ここでも経覚は持国に対し、再度自身の門跡復帰を約束させている。

持国はなぜ、尋尊という歴とした大乗院門跡が存在するにも関わらず、経覚の門跡復帰を支援したのであろうか。その理由の一つは、持国自らが義教に追放された身であったからであろう。同じく追放された身である経覚を支援するということは、改めて自らの正当性を示すことにつながったものと思われる。また義教に追放された者同士という親近感を、経覚に対して抱いていたということもあろう。

この門跡復帰を持国に依頼したことにより、経覚と持国は親交を深めてゆくことになる。この一件の後、経覚と持国の間では、様々な品々のやりとりが『経覚私要鈔』のなかで見られるようになる。また経覚は、持国本人だけではなく、持国被官の隅田佐渡入道や木澤秀継なども品々をやりとりしている。

もちろん持国と経覚の関係は、贈答品のやりとりにとどまるものではなかった。『経覚私要鈔』文安四年（一四四七）七月二日条では、「一京都事、賀州介与安（富樫教家）高（泰）被中分之間、去廿六日令落居旨、自木澤（秀継）左近大夫方申給了、」と記されている。この記事にある「賀州介与安（富樫教家）高（泰）」の一件とは、加賀国の守護職をめぐる富樫兄弟の争いのことである。この事件で畠山・細川両管領家は、畠山持国が兄富樫教家を扶持し、細川勝元は弟の富樫泰高を扶持した。この争いは

川岡勉氏も指摘されるとおり、畠山氏と細川氏の対立構造を顕在化させる事件であった[4]。

それはともかく、ここで注目しておきたいのは、こうした重要な事件が解決したという第一報を、畠山持国被官の木澤秀継が、経覚にもたらしているということである。このことから、畠山持国と経覚の緊密な関係がうかがえる。古市に隠居していた経覚の有力な情報源の一つが、持国であったのである。

宝徳二年（一四五〇）九月には、越前国坪江郷の政所に、持国の推薦する人物を補任するようにとの依頼を、経覚は持国から受けている。坪江郷は大乗院にとって主要財源であり、大変重要な庄園であった。『経覚私要鈔』宝徳二年（一四五〇）九月一八日条では、「坪江政所事、承祐之ヲイ禅住房承操申旨、管領(畠山持国)執申、迷惑者也、」と記されている。持国から承操という人物の政所補任を依頼された経覚は、これを迷惑と記している。しかし結果的には、承操は政所に補任された。『経覚私要鈔』宝徳二年（一四五〇）九月二五日条では、次のように記されている。

3　一木阿下人了、坪江政所請口事仰談木澤(秀継)之処、令難渋之条、定不所存可存欤、且可為如何様哉之由申云々、難儀千万事也、然而彼禅門(畠山持国)事、代々厚恩之体也、取分愚身蒙恩了、可黙止之条、不知恩欤、無力今(度カ)□事ハ可領状之由思給者也、

坪江政所職について、経覚側では持国被官の木澤秀継と交渉を行なったが、折り合いがつかなかった。経覚は「難儀千万」と困り果てた。しかしながら持国のことを、「代々厚恩之体也、取分愚身蒙恩了、」と大変な恩人であると記し、その上で、持国の要望を聞き入れないことは、恩知らずだとして、持国の要望を聞き入れ、承操の政所職補任を、了承している。

この一件から、経覚の持国に対する好意的な感情がうかがえる。また大乗院にとって重要な庄園である坪江郷の政所職の補任を左右するくらい、経覚と持国が親しい間柄であったこともわかる。

経覚と持国は、経覚の大乗院門跡復帰運動を通じて親しくなり、品々のやりとりが行われたり、中央の重要な情報が持国から経覚にもたらされたりした。また持国は大乗院の中心的な庄園の庄官の補任を経覚に依頼したりした。

このように畠山持国とその被官たちとは、親しく付き合っていた経覚であったが、もうひとつの管領家細川家とは、ほとんど交渉を持っていなかった。交渉の例としてあげられるのは、嘉吉三年六月に経覚が門跡復帰運動のため上洛した際、細川勝元と対面していることと(5)、細川被官の香西氏に若干の品を贈っている程度である(6)。この香西氏に品を贈っていることについても、香西氏が坪江郷の請負代官をしていたからであると思われ、純粋に経済的関係のみと推測される。

経覚が細川氏と積極的に交渉を持とうとしなかった理由の一つとして、大和国内では、経覚の宿敵筒井氏が、細川氏と関係の深い武士であったことがあげられよう。

さて経覚が畠山持国と深く親交があったのと同様に、経覚を手中にしていた古市胤仙もまた、経覚を通じて、畠山持国と関わりを持っていた。

古市胤仙は、経覚の大乗院復帰の頃から、経覚に積極的に接近をはじめ、大乗院家坊人の中で特別扱いを受ける存在となっていった(7)。その特別扱いの結果の一つが、大和国の守護代ともいうべき、官符衆徒棟梁への古市胤仙の就任であった。この官符衆徒棟梁への就任には、経覚はもちろん、畠山持国も深く関わっていた。『大乗院日記目録』の嘉吉三年（一四四三）九月一六日条では、「奈良中雑務事、小泉重弘・豊田頼英・古市胤仙此三人、自前大僧正経―（覚）被仰合徳本（畠山持国）被仰付之了」と記されている。つまり古市胤仙の奈良中雑務（官符衆徒棟梁）就任は、経覚と畠山持国とが相談した結果であったのである。

また『経覚私要鈔』宝徳三年（一四五一）四月二七日条では、「自今日播州（古市胤仙）給状、昨日廿六日、七時分管領（畠山持国）対面、金□関二部給案堵（安）、其外馬・太刀以下拝領、施面目之由注進了、」と記されており、胤仙が持国より関所を安堵されていることがわかる。このことからも胤仙・持国両者の関係の深さがうかがえる。

先にも少し触れたが、当時古市氏は細川方の国人であった筒井氏と、大和国内の覇権をかけて激しい抗争を行っていた。古市氏は嘉吉二年（一四四二）頃から、筒井氏と「五ヶ関務代官」・「官符衆徒棟梁」の地位を争っていた。この争いは享徳二年（一四五三）六月の胤仙の死まで続けられた。

このように経覚を通じて持国に接近した胤仙は、大和国内での主導権を握るための筒井氏に対する軍事行動を、持国とともに起こすようになる。文安元年（一四四四）頃より、大和国の主導権を巡る経覚・古市氏と、筒井氏との間での抗争は、ますます激化していった。そのようななか、文安元年六月に、幕府管領畠山持国は、古市氏に加勢をするため出兵をしている。『大乗院日記目録』文安元年六月一三日条では、「自畠山徳本《（持国）》方令責高山奥、（中略）筒井勢以下高山合力之、」と記されており、筒井方の国人である高山氏を、持国が攻撃していることがわかる。

また文安四年（一四四七）には、持国と胤仙が共謀して馬借を煽動し、馬借一揆を起こした可能性がある[8]。この馬借一揆は、細川勝元や筒井氏を牽制するために起こしたものと思われる。

以上述べてきたように、経覚や経覚を擁する古市胤仙は、畠山持国と親しい関係にあった。宇高有光は、和泉国上守護細川常有のもとから逃亡してきていた。当時細川一族は管領家である惣領家を中心に、強力な同族連合体制をしいていた[9]。つまり同族連合体制の一員である上守護家より誅伐を受けるということは、細川惣領家の誅伐を受けるということをも意味していたといえるのではないか。管領家である細川惣領家に対抗できる人物は、同じ管領家であり、細川勝元と幕閣内で主導権争いをしていた畠山持国以外にはいなかったのではなかろうか。そして宇高有光は、大和国の古市胤仙や、彼が擁していた前大乗院門跡の経覚が、畠山持国と近い人物であることを熟知していたのであろう。あるいはそのことを有光に教唆した人物がいたのかもしれない。ゆえに宇高有光は、大和国古市に亡命をし、自身の身の安全と復活の機会を得ようと考えたのであろう。また古市胤仙は当時、官符衆徒棟梁の地位を、宿敵筒井順永に奪われており、立場的には宇高有光と同様に、いわば失脚中であったということも、宇高氏の古市亡命の理由の一つであったかもしれない。つまり細川氏・筒井氏とは、古市氏・宇高氏にとっては共通の敵であったともいえよう。

また当時古市氏と経覚が大和国内の主導権を巡り、細川方に近い筒井氏と抗争を繰り広げていた事も、宇高氏が古市を亡命先とした大きな理由であろう。古市の地は、細川氏の手から逃れてきた宇高有光にとっては、細川氏の手の届かない、かっこうのアジールであったのである。

三　古市亡命後の宇高氏

本節では、古市胤仙を頼り古市に亡命してきた宇高氏の大和での行動を見てみる。宝徳二年（一四五〇）六月晦日に、宇高有光とその一行は、古市に亡命してきた。その後の宇高氏とその被官たちの様子が、『経覚私要鈔』に記されている。以下『経覚私要鈔』の記事を中心に検討してみる。

宝徳二年七月二〇日条では、「一播州（古市胤仙）一族・若党・地下者共六七十人召寄、戌（戊）刻相撲在之、（中略）細川宇高（有光）若党打留沙汰了、」と記されている。この記事から古市で開催された相撲に、宇高氏やその若党が、胤仙の一族・被官や地下人とともに参加していることがわかる。

この相撲はただ単に、娯楽のためだけに行われたものではなかったと思われる。この相撲の行われた宝徳二年（一四五〇）の大和は、炎旱続きの天候であった。この相撲は楽しみというより、祈雨のために行われた可能性が高い。事実八月七日には、南都で祈雨のための相撲が行われている[10]。それはともかく、この相撲に動員された宇高氏は、おそらく経済的負担も負ったものと思われる。

宇高有光やその被官は、経覚にも奉仕している。『経覚私要鈔』宝徳二年八月一五日条では、「宇高（有光）立風呂招引、予入了、又及晩榼一双・髪籠二柿、石榴賜之、」と記されている。宇高有光は経覚のために風呂を用意し、なおかつ酒や果物を贈っているのである。前稿でも述べたことがあるが、経覚の接待をするというのは、古市氏やその一族・被官にとっては、義務であった。そしてこのような義務を果たすためには、経済的負担が必要であった。(11) 宇高有光もまた、古市氏やその一族・被官と同様に、このような経済的負担を負っていたのである。

宇高有光はこのような経済的負担だけでなく、軍事的奉仕も経覚に対して行っていた。『経覚私要鈔』宝徳二年八月二八日条では、「一亥刻当方々衆宗乗仙観房、・堯弘延浄房、・■《専》秀円蓮房、・頼秀善明房、播州(古市胤仙)一族・若党召仕者共、宇高勢(有光)十四五、合甲百余遣南都、高専春顕房、今度筆師下人家令破却、於即体者処重科□(了カ)、」と記している。この記事から、当時古市氏と同調し、筒井氏と敵対していた宗乗ら「古市止住六方衆」や古市氏が、高専の下人の家を破却するという軍事行動を起こした時、宇高氏とその若党も古市氏らとともに行動を起こしていることがわかる。

さてこの高専下人の家破却とは、どのような事件であったのであろうか。これは経覚・古市氏と筒井氏との抗争の一環として、起こった事件であった。

宝徳二年（一四五〇）七月二七日、経覚はかねてからの念願であった大僧正一座宣旨を受けることができた。これは大乗院信円以来、九代にわたり中絶しており、大変名誉なことであった。そこで経覚はそのことを氏神である春日社に報告するため、社参をすることにした。ところが経覚の社参は叶わなかった。『経覚私要鈔』宝徳二年八月八日条では、次のように記している。

4予社参事、衆中衆勘事也、可相支之由申送門跡(尋尊)旨申賜了、存外之至也、自宗規模之　宣下、奉忽諸之条、冥顕豈無其果利哉、自元彼(筒井)一類妬如此勝事、専自分之威勢者共なる間、毎度逢横災、悉以致犬死、乍見其為体、猶如此相振舞間、併招自滅者欤、但立合可社参之条、狂人走者不狂人走ニ相似之間、先可延引之由可相触者也、

経覚が春日社に社参をしようとしたところ、経覚は衆中（官符衆徒中）の衆勘を受けている身であるので、衆中がその社参を阻止しようとしているという連絡が、大乗院門跡尋尊より経覚にもたらされた。この時期、衆中の棟梁は

筒井順永であり、当然その構成員は、経覚が「彼一類」と呼ぶ筒井派で占められていた。つまりこの社参阻止は、筒井派の手によってなされたものであった。この社参阻止の報復として古市方から行われたのが、筒井方である高専の下人の家の破却であった。

この記事にでてくる「衆中衆勘」については、説明が必要であろう。前節で文安四年（一四四七）に、細川勝元と筒井氏を牽制するため、畠山持国と古市胤仙が共謀して馬借を煽動し、馬借一揆を起こした可能性があることを指摘した。この事件の時、官符衆徒棟梁であった筒井順永は、古市氏と経覚が馬借一揆の煽動をしたとして、古市氏と経覚に衆勘を加えたのである[12]。そしてその衆勘は、宝徳二年（一四五〇）七月段階でも解かれていなかった。つまり宝徳二年（一四五〇）八月二八日の古市氏による軍事行動は、単に古市氏対筒井氏の地域的抗争というだけでなく、畠山氏・経覚・古市氏対細川氏・筒井氏という、大きな枠組の抗争の中で起こった争いの一つだったのである。

それはともかく、宇高有光とその若党も経覚・古市方として、この軍事行動に参加していた。前述したように細川氏と近い関係にあった筒井氏と激しい抗争を繰り広げていた古市氏の本拠地古市は、宇高氏にとっては細川氏の手のとどかない、最も安全な地であったといえよう。だからこそ宇高有光は亡命中の不自由な身でありながら、古市において経済的な負担を背負い、筒井氏との抗争にも参加していったのである。このような宇高氏の行動は、彼自身の安全を保障するための行動でもあったのである。

このように経覚に奉仕したり、古市氏とともに軍事行動をおこしながら、復活の機会をうかがっていた宇高氏の身に変化が起こった。『経覚私要鈔』宝徳二年（一四五〇）九月二〇日条では、「宇高（有光）事、先管領細川（勝元）、可扶持之由申間、近日可罷帰云々、早速之儀太不審也、若有子細欤、如何、」と記している。宇高氏を細川惣領家の勝元が召し抱えるといってきたのである。経覚はあまりに早い宇高氏の復活を、おおいに不審に思っている。

しかし宇高氏は、この細川勝元からの申し出を、早速受け入れた。『経覚私要鈔』宝徳二年（一四五〇）九月二一日条では、「宇高（有光）□（今カ）日為上京都向河州云々、進退令落居□□□□□大河原毛・大刀、子息新三郎□□一疋出之云々、」と記されており、宇高有光とその子息新三郎が、河内経由で上洛したことがわかる。普通古市から上洛する場合は、まっすぐ北上し、南山城を経由するコースが一般的である。宇高父子はなぜ河内を経由したのであろうか。河内はいうまでもなく、畠山持国の分国である。わざわざ持国の分国河内を経由していることから、宇高氏と持国の間に何らかの関係があったとの想定もできよう。宇高氏は自らの上洛について、河内にいる持国被官の誰かと相談をしようとしたのかもしれない。あるいは宇高氏に古市亡命を勧めたのは、持国かあるいは持国周辺の人物、特に経覚や古市氏と深い親交のあった、隅田佐渡入道や木澤秀継であった可能性もあろう。もしそうであるならば、一節で述べた守護被官層によるネットワークが形成されていたのかもしれない。

それはさておき、経覚でさえおおいに不審に思うような細川勝元からの誘いに、宇高有光は何故簡単に応じたのであろうか。宇高氏の本貫の地は、岡田氏が明らかにされたように伊予国新居郡の宇高であった。宇高氏は本貫の地宇高を離れてからも、宇高に領地を持ちつづけていた。山内譲氏や藤田達生氏が明らかにされたように、新居郡の分郡守護は細川惣領家が握っていた[13]。これらのことから細川勝元と宇高有光の間には、何らかの関係が築かれていたと考えられよう。この以前から有していた関係により、宇高有光は何の不審も抱かず、勝元の誘いに応じたものと思われる。

また細川庶子家の内衆の一族が、細川惣領家に仕えるということも、細川同族連合体制のなかで、普遍的に行われていた[14]。このことも和泉上守護家の元被官である宇高有光が、細川惣領家の勝元の誘いに応じたことの理由の一つであったと思われる。

同族連合体制の下で、細川惣領家は強力なリーダーシップを発揮していた。細川惣領家の被官になり、惣領家の庇護下に入ることによって、庶子家である和泉上守護の追及をもかわせると、宇高有光は判断したのであろう。

その結果は、どうであったろうか。岡田氏も述べられているとおり、経覚が危惧したとおりの結果となった。『経覚私要鈔』宝徳二年（一四五〇）九月二七日条では、「酉下刻自京下者云、宇高《（有光）》今朝被打云々、如□《（案カ）》楚忽上洛比興事也、父子・若党等十六七人之由、先有其聞、不便之事也、後聞子息未無為云々、」と記されている。宇高有光とその被官は、上洛直後の九月二七日に処刑された。経覚は有光の上洛を、「如□《（案カ）》楚忽上洛比興事也」と批判している。経覚のように常に中央の情報を入手することのできる立場の者からすれば、明らかに危険の大きすぎる上洛であったのであろう。

さて宇高有光を処刑した人物は、誰であったのであろうか。岡田氏は和泉上守護細川常有であった可能性を指摘されておられる。おそらくその可能性は高いものと思われる。あるいは細川勝元であったかもしれない。有光を処刑した人物が常有であったにしろ、勝元であったにしろ、私は有光が細川一族の強力な同族連合体制の罠に陥り、滅ぼされたものと考える。有光を勝元が誘い出した時点で、勝元と常有の間には、有光処刑の話はできあがっていたのであろう。同族連合体制を頼って自らの保身をはかった宇高有光は、皮肉にも同族連合体制によって、その身を滅ぼされたのである。

宇高有光が大和古市を亡命先とした理由は、当時の大和と中央の政治情勢によるところが大きかった。強力な同族連合体制を持つ細川一族の手から逃れることは、宇高氏にとっては、至難のことであった。宇高氏は細川惣領家とならぶもうひとつの管領家であり、細川惣領家と対立していた畠山氏の影響下にある地、いいかえれば細川家の手の届かない地に亡命をする必要があった。そういう意味では大和古市はかっこうの地であった。古市氏も古市氏が擁していた経覚も、ともに畠山持国と親しい関係にあった。また当時古市氏と経覚は、大和国内で細川方の筒井氏と激しい抗争を繰り広げていた。古市の地は、細川一族の手の届かないかっこうのアジールであった。そこで細川一族では、甘言を弄して宇高有光を上洛させ、謀殺したのである。

四　宇高光成の復活

宝徳二年（一四五〇）九月に行われた宇高有光の謀殺によって、宇高氏は滅亡の危機に陥った。しかし『経覚私要鈔』宝徳二年（一四五〇）九月二七日条で「後聞子息未無為云々、」と記されているように、有光の子息新三郎（光成）は、謀殺の手から逃れ、生き残っていた。この有光子息の新三郎は、文明四年（一四七二）六月に和泉上守護代として、復活を果す。父有光が謀殺されてから、二二年の歳月が流れていた。

それではなぜ、宇高光成は和泉国上守護代として復活できたのであろうか。岡田氏は前守護代の大庭盛景没後、守護代となる人物がなく、かつて守護代であった宇高氏が用いられたのではないかと、指摘されておられる。私も岡田説は首肯できるものと考えている。ではなぜ、かつての守護代家の宇高氏以外に守護代となるべき人物がなく、宇高氏が守護代として登用されたのであろうか。

その理由の一つとして、当時の和泉国の政治状況があげられるのではないか。岡田氏も指摘されておられるとおり、宇高光成の守護代復活の前年、畠山義就勢の和泉侵攻により、上守護代大庭盛景が、討死をした。この結果、両守護による和泉国支配体制は崩壊の危機に瀕した。また文明五年（一四七三）には、畠山義就方の和泉侵攻という国の危機的状況に対して、和泉では国人たちが結集し「国一揆」を成立させている。(15)

このように宇高光成が上守護代に就任したころの和泉は、守護勢力にとって、政治的に危機的な状況が続いていた。だからこそ祖父の代からの世襲の守護代家であり、和泉国や和泉の国人たちを熟知し、かつては和泉国に強力な権力を維持していた宇高氏が守護代に起用されたのであろう。光成には祖父の代からの領国支配の手腕が期待されたものと思われる。

宇高氏が守護代に起用されたもう一つの理由として、畠山氏の存在があげられるのではなかろうか。以下に、そのことについて検討する。文明一五年（一四八三）八月段階でも、宇高光成は和泉国上守護代であった。

5 （後筆）「管領政長」
今度出陣誠本望候、殊長々之儀、一段祝着之至候、弥巳後之時宜憑入候、委細尚宇高大和守（光成）可被申候、恐々謹言、
八月廿四日　　政長（畠山）（花押）
日根野（景盛カ）五郎左衛門尉殿
（包紙）「日根野五郎左衛門尉殿　政長」
（包紙裏書）「畠山さへもんのかミ殿より出、
文明十五年八月廿四日」[16]

この文書は畠山政長から、和泉国人日根野氏に宛てて発給された感状である。岡田氏は、この史料から和泉上守護細川元有は、守護代宇高氏や被官人日根野氏を政長方として義就との合戦に参加させていたことが明らかとなる、とされた。

私はこの感状が畠山政長から発給され、それを取次いでいるのが、宇高光成である点に注目したい。光成が政長からの感状の取次ぎを行なっているということは、光成が政長の配下にあったことを示しているのではないか。少なくともこの感状から、文明一五年段階で、宇高光成は細川元有と畠山政長に両属していた可能性は指摘できるものと思われる。

岡田氏は明応七年（一四九八）段階で、宇高光成が畠山氏の和泉守護代であったことを示唆されている。あるいは文明一五年段階で、すでに宇高光成は、畠山政長の下での和泉守護代、あるいは管領被官であった可能性も指摘できよう。

末柄豊氏も指摘されるように、河内・紀伊という畠山家分国に囲まれた和泉国では、和泉守護家の動向は、畠山氏

の動向に左右された。時には和泉両守護家は、細川惣領家に逆らい、畠山氏と行動をともにすることすらあったのである。[17]また小谷利明氏が指摘されるように、和泉国人の草部氏・菱木氏などは、畠山基国の代から畠山氏の被官であったし、[18]持国の代には和泉国日根野庄の代官を持国被官が勤めていた。[19]このように和泉国は常に、畠山氏の影響を受ける国であった。

一節から三節にかけて検討したとおり、宇高有光・光成父子は畠山氏に近い存在である大和国古市氏のもとに亡命していた。宇高光成は畠山氏に比較的近い存在であったといえよう。文明年間、和泉守護両細川家では、「国一揆」のため和泉国支配が困難であった。また畠山義就の度々の和泉侵攻にも悩まされていた。河内を支配する義就を牽制するために、両守護家と畠山政長の思惑は一致したのであろう。この時、畠山氏に比較的近い存在であり、和泉国支配にも精通していた宇高氏が、細川氏・畠山氏の両者、あるいは畠山氏によって守護代に起用されたのではないか。このようにして宇高光成は、和泉国守護代として復活を果したのである。

おわりに

本稿では、和泉国上守護代宇高有光の大和古市亡命という一事件から、亡命の背景にあったと思われる中央や大和の情勢に関する若干の考察を行った。また有光の子息光成の復活についても、考察を行った。本稿で述べたことをまとめると、以下のようになろう。

宇高氏の大和古市亡命の一つとして考えられることに、宇高氏と古市氏が、ともに守護代クラスの家で家格の釣り合いがとれていたことがある。

前大乗院門跡経覚や経覚を擁する古市胤仙は、幕府管領家の畠山持国と親しい関係にあった。当時細川氏の同族連合体制に対抗できる人物は、幕閣内では畠山持国以外にはいなかった。そこで宇高有光は、持国と親しい関係にあった古市氏のもとに亡命をした。また細川氏に近い筒井氏と抗争を繰り広げていた古市氏が支配する古市の地は、細川氏の手の届かないかっこうのアジールであった。宇高有光は、大和国古市で自身の身の安全と復活の機会を得ようとした。

細川氏の手の届かない古市にとどまり、宇高氏自身の安全を保障するため、宇高氏は古市において、経済的負担を背負い、古市氏の宿敵である筒井氏との抗争にも参加した。

このように古市氏のもとで亡命していた宇高氏に対し、細川惣領家の細川勝元は甘言を弄して誘い出し、謀殺をした。

その後、謀殺をされた宇高有光の子息光成は、復活を果す。畠山氏に近い存在であった古市氏のもとに亡命をした経験を持つ宇高光成は、畠山氏に比較的近い存在であったといえる。文明年間、和泉守護両細川家では、「国一揆」のため和泉国支配が困難であった。また畠山義就の度々の和泉侵攻にも悩まされていた。河内を支配する義就を牽制するために、両守護家と畠山政長の思惑は一致したのであろう。この時、畠山氏に比較的近い存在であり、和泉国支配にも精通していた宇高氏が、細川氏・畠山氏の両者、あるいは畠山氏によって守護代に起用されたのではないか。

本稿で述べたことをまとめてみると、以上のようになろう。

注

（1）岡田謙一氏「和泉上守護代宇高氏についての基礎的考察」（『日本歴史』六二二、二〇〇〇年）。以下、岡田氏の見解はこの論文に拠る。
（2）拙稿「中世後期畿内国人層の動向と家臣団編成」（『日本史研究』四〇六、一九九六年）。
（3）前掲注（2）拙稿。
（4）川岡勉氏「室町幕府―守護体制の変質と地域権力」（『日本史研究』四六四、二〇〇一年）。

（5）『経覚私要鈔』嘉吉三年六月一二日条。
（6）『経覚私要鈔』嘉吉四年一月一四日条、文安四年一月一九日条など。
（7）前掲注（2）拙稿。
（8）拙稿「国人古市氏の馬借・関支配について」（『高円史学』一三、一九九七年）。
（9）小川信氏『足利一門守護発展史の研究』（一九八〇年　吉川弘文館）。
（10）『経覚私要鈔』宝徳二年八月七日条。
（11）拙稿「中世後期の若党に関する一考察」（『高野山史研究』六、一九九七年）。
（12）前掲注（8）拙稿。
（13）山内譲氏「室町時代の新居・宇摩郡と細川氏」（『西条史談』三七、一九九六年）、藤田達生氏『日本中・近世移行期の地域構造』（二〇〇〇年　校倉書房）。
（14）前掲注（13）藤田氏著書。
（15）廣田浩治氏「室町幕府―守護体制下の泉大津地域」（『泉大津市史』第一巻（上）、二〇〇四年）。
（16）「日根文書」。
（17）末柄豊氏「細川氏の同族連合体制の解体と畿内領国化」（石井進氏編『中世の法と政治』、一九九二年　吉川弘文館）。
（18）小谷利明氏「河内国守護畠山氏の領国支配と都市」（『鷹陵史学』二五、一九九九年）。
（19）小谷利明氏「室町前期の九条家第修理と日根庄代官草賀国宗」（『泉佐野の歴史と今を知る会会報』一四四、二〇〇〇年）。

畿内に出陣した紀州衆

弓倉弘年

はじめに

戦国期、畠山氏は度々河内から紀伊に没落した。畠山氏の河内回復に際して、重要な役割を果たしたのが、根来寺衆等紀伊の軍勢である。以下、本稿では戦国期に畿内で軍事行動を行った紀伊の軍勢を構成した、紀伊の諸勢力の内、湯河氏・雑賀衆・根来寺を紀州衆として記述を進める。

戦国期、畠山氏（政長流）が紀州衆を動員し得たのは、基本的には紀伊守護としての軍事動員権による[1]。また、奉公衆家の湯河氏の出陣にあたっては、幕府（将軍）の意向が大きく働いていた[2]。このように、畠山氏による紀州衆の動員に関しては、幕府―守護体制の枠組みで理解することが妥当と言えよう。

一方、紀州衆相互の人的関係に関しては、雑賀衆と根来寺の関係について、早くから言及が見られる[3]。これは雑賀衆と根来寺の関係が石山合戦の関係から研究されたことと、『信長公記』（奥野高広氏・岩沢愿彦氏校注・角川日本古典文庫本）に雑賀衆の土橋氏と根来寺の泉識坊の関係が記されることなど、よく知られた史料に記述されていることが、大きく作用していると見られる。

紀州衆相互の関係に関して、本格的に論究されたのは石田晴男氏である[4]。石田氏は、紀州衆相互の関係を、「惣国一揆」として説明しようとした。筆者の理解した範囲で、紀州衆の横の繋がりに関する石田氏の考えを要約すると、次のようになろう。

明応の政変後紀州衆は、湯河氏を除いて一体となって畠山尚順方として活動していた。永正十七年（一五二〇）、湯河氏を排除しようとした畠山尚順が紀伊から追放され、これを契機に紀南に湯河氏を中心とした国人一揆が形成された。天文三年（一五三四）、の畠山稙長の紀伊発向を契機に高野山領と奥熊野を除く紀伊で惣国一揆が成立した。それが天文十一年（一五四二）の畠山稙長の河内進攻に際し、紀伊一国規模の惣国一揆に発展した。以上が、筆者が理解した石田説である。

湯河氏を中心とした紀南国人一揆説は、それを示す良質の史料が存在しないことと、湯河氏とその他の国人とでは規模に差があり、国人一揆の原則である平等の原則が保てないことから成立しない(5)。また、紀伊一国規模の惣国一揆説であるが、紀伊の惣国が雑賀衆を指すことが論証されたことと、紀伊の諸勢力が常に一致して行動したわけではないので、現在では否定されている(6)。

だが、根来寺衆・雑賀衆・湯河氏等が、畠山氏滅亡後も連合して、畿内で軍事行動を行ったことも事実であり、そこには何らかの結合原理が働いている可能性が想起される。そこで本稿では、戦国期「一揆」と記されることがあった紀州衆について、紀州衆と畠山氏の人的関係、紀州衆相互の人的関係を軸に、若干の考察を試みたい。

一　紀州衆と畠山氏の関係

前述したように、畠山氏が紀州衆を動員し得たのは、守護の軍事動員権による。ただ実際に軍事動員を行うに際しては、何らかの方策無しには動員は難しかったと考えるのが自然であろう。本節では、守護家畠山氏と紀州衆の繋がりについて述べていきたい。

畠山氏（政長流）と紀州衆に関しては、天文年間に高野山の三宝院快敏が、畠山氏内衆として河内で活動している。

快敏は紀伊の国人で畠山氏内衆でもあった隅田氏一族の出身であった。紀伊国人の保田氏も、畠山氏内衆に登用され、天文年間になると、大和・河内での活動が見られる(7)。

畠山氏が紀伊から和泉・河内に軍勢を進めた際、諸記録・軍記物等に軍勢の中核として記されているのが根来寺衆である。明応の政変後、根来寺が畠山尚順方についたのは、泉南の支配権をめぐって、和泉守護細川氏と対立関係にあったことが大きい。根来寺は足利義材方守護の畠山尚順に与することで、和泉で公権力を振るえたのである(8)。

だが、根来寺が畠山尚順に与した理由は、それだけではなかった。『政基公旅引付』（中世公家日記研究会編、和泉書院、一九九六年）永正元年（一五〇四）九月十九日条に、「泉識ハ泉州ニハ雖無知行之在所、尾張守給分ヲ於紀州遣也」とあり、泉識坊が畠山尚順から紀伊で知行を宛行われていたことが分かる。泉識坊は守護家畠山氏と、主従関係を結んでいたのである。

「良尊一筆書写大般若経奥書集」天文二十一年（一五五二）二月十五日には、「当遊佐ハ前ノ遊佐殿ノ弟子コロノ松坊也」と記されている(9)。「前ノ遊佐殿」は遊佐長教、「子コロ」は「根来」であるから、遊佐長教の弟が根来寺に入っていたことが分かる。「松坊」であるが、根来寺の坊院に「松坊」の存在は知られていない。草書体で「松」は杉の異体字である「枩」と誤りやすいことから、「松坊」は「枩（杉）坊」であろう。杉坊は『政基公旅引付』にも、畠山尚順方として和泉に出陣したことが記されている、根来寺衆の有力な構成員であった。

畠山氏は根来寺の有力な坊院である泉識坊には知行宛行い、杉坊とは守護代家遊佐氏を介しての人的な関係を有していた。このような関係の存在が、根来寺衆が畠山氏の軍勢として畿内に出陣した一因であったと見てよい。

次に、紀伊の奉公衆家と畠山氏のかかわりについて見ていこう。本稿で対象とするのは、国人系奉公衆家の湯河氏・玉置氏・山本氏である。玉置氏・山本氏は畠山稙長が紀伊に在国していた時期、畠山稙長が発給した判物に対して添状を発給した。戦国期、奉公衆家の玉置氏・山本氏は、紀伊の守護権力を支える存在となっていた(10)。

湯河氏であるが、永禄年間に至っても将軍直属の奉公衆家であることを意識しており、守護家畠山氏の支配体制に組み込まれなかった。よって湯河氏が天文十一年（一五四二）や永禄年間に、守護家畠山氏とともに河内に出陣したのは、将軍からの要請によるものであった(11)。

さて、「湯河家文書・東京」（『和歌山県史』中世史料二）三〇号、（年不詳）九月二十九日付藤内大夫等連署起請文に、「湯河右馬充殿御被官丹下孫四郎」と見える。「丹下孫四郎」は、畠山氏の重臣丹下氏の一族と考えてよいだろう。畠山氏有力内衆の一族が、湯河氏一族の被官となっていたのである。「湯河右馬充」は戦国領主湯河氏の家中権力を構成する家臣化した一族である(12)。このことより、湯河氏と畠山氏の間に、家臣間の人的関係が形成されていたことが判明する。

畠山氏内衆と湯河氏家臣との間に人的関係は存在したが、畠山氏内衆の一族が湯河氏家中権力を構成する家臣となったのではない。そのため奉公衆家湯河氏は、守護家畠山氏の要請だけでは出陣せず、出陣には将軍の要請が必要だったのである。

二　紀州衆相互の人的関係

本節では、湯河氏・雑賀衆を中心とした、紀州衆の人的関係について考えてみたい。雑賀衆と根来寺衆の関係であるが、根来寺の泉識坊は雑賀衆の土橋氏持ちであった。これは「紀伊国旧家地士覚書」（『大日本史料』十一編之十四、天正十三年三月二十一日条）等近世の史料を根拠としているが、根来寺と土橋氏の関係は、『信長公記』天正十年（一五八二）年正月二十七日の記事に、「土橋平次子息根来寺千職坊（泉識）」とあることからも証明できよう。

湯河氏と雑賀衆の関係を、次の史料から見ていこう。

①　案文

敬白　起請文事

右意趣者、今度代替為礼儀、差越湊喜兵衛(尉)付候処、如先々不可有別儀旨、誓紙到来候、此方之儀茂、聊不可有疎意、若此旨儀申候者、日本国中大小神祇、八幡大菩薩・春日大明神、殊氏神可罷蒙御罰者也、仍起請文、如件、

永禄五年七月吉日　直(直春)

湯河左近大夫
湯河式部大夫
湯河右馬允
湯河治部大輔
湯河源衛門尉
湯河掃部助
湯河久兵衛
湊新五郎
津村式部丞

郷(口カ)郡
雑賀庄
中郷
十ヶ郷
三上
社家
御中(13)

文中に雑賀衆の「湊喜兵衛」が湯河直春の代替わりに際して、雑賀衆の使者として湯河方に派遣されたことが記されている。湯河氏家中にも「湊新五郎」がおり、雑賀衆の湊氏が湯河氏と雑賀衆との間を取り持っていることから、両者は同族の可能性が高い。以上のことから、雑賀衆と湯河氏家中は、湊氏を介して繋がっていたと見られる。

永禄五年（一五六二）七月に湯河直春が、雑賀衆と起請文を取り交わしたことは、史料①や「（東京）湯河家文書」二六号より判明する。これらの史料から、湯河氏と雑賀衆が同盟関係にあったと見られる。同様の事例を次に示し、検討してみよう。

②　今度対直春、別而忠節、於家中、忘置間敷候、

一両人同心之衆へ、彼一類、於在申事者、此方家中、不可放置候

一自然公事辺於有之者、十之物ヲ三ツ程、可令用捨候、

一三ヶ条咎人、其主一人迄、可被申付候、親にも子にも、被仰付間敷候、仍而後日証状、如件、

永禄六年九月朔日

湊孫九郎　教親（花押）

湊新五郎　親宗（花押）

湯河掃部助　春頼（花押）

湯河右馬丞　弘春（花押）

湯河式部大輔　教春（花押）

崎山蔵人入道殿

花光善兵衛殿

御宿所(14)

史料②は、湯河氏家中が在地領主の崎山氏・花光氏に宛てた契状であり、湯河氏と崎山氏・花光氏が同盟関係にあったことが分かる。湯河氏家中が崎山氏・花光氏の当主に宛てていること、湯河氏家中が「申付」ていることから、湯河氏優位の同盟であることが分かる。ここで問題となるのは、明応二年（一四九三）には海部郡衣奈荘の下司職・衣奈八幡宮神職を安堵するだけの権力を有した湯河氏が[15]、なぜ雑賀衆や在地領主の崎山氏・花光氏と、起請文や契状を発給しなければならなかったかである。

史料①は永禄五年（一五六二）、史料②は永禄六年（一五六三）である。史料①の文中に「今度代替」とあり、湯河直春が家督を継承したことが分かる。これは湯河直春が、永禄五年（一五六二）五月二十日の河内教興寺合戦で、湯河直光が戦死したことを受けて家督を継承したからである。湯河氏にとって教興寺合戦の意味を考えたい。

永禄四年（一五六一）から五年にかけて、畠山高政は三好長慶に奪われた河内を奪回すべく、和泉・河内に出陣した。これは単に畠山氏と三好氏の抗争でなく、幕府を二分した天下の戦いであり、湯河直光は将軍方（具体的には大覚寺義俊）からの働きかけによって、畠山高政方として出陣した[16]。

畠山軍は永禄五年（一五六二）三月五日、三好義賢（実休）を和泉久米田合戦で討ち取っている。その際、湯河左衛門大夫春定が名草郡大野郷の小領主である尾崎道悦に対し、一族の「弥介・ゑひそうす」の戦功を、「いまにはしめさるはたらき満足此事候」と讃える書状を発給している[17]。この書状は内容的には感状であり、湯河春定がそのような書状を発給できたのは、湯河氏の勢力がこの地に及んでいたからであろう。大野郷は雑賀五組を構成する南郷に属しており、湯河氏の勢力が雑賀に及んでいたことが分かる。

大野は応仁の乱の頃まで守護所が置かれるなど、事実上守護領であった。湯河氏は永禄二年（一五五九）に畠山高政の河内復帰を援助した行賞として、畠山中務少輔家の名跡を与えられていた[18]。守護家一族の名跡を得たことが、紀伊の領主等に感状を発給できる立場を湯河氏に与えたと考えられる。湯河直春は教興寺合戦の敗北によって、このような雑賀衆との関係が変わることを恐れて、史料①等の起請文となったのであろう。

永禄五年（一五六二）五月の教興寺合戦は、当主湯河直光の戦死による湯河氏内部の混乱と、直光の戦死が合戦の敗北を招いたことによる湯河氏の紀州衆内での力関係の低下と言う、二重の打撃を湯河氏に与えることとなった。これが湯河氏内部では家中権力の形成となり、対外的には雑賀衆や在地領主との関係の再確認となったのであろう。教興寺合戦の敗北と湯河直光の戦死は、湯河氏優位を基本とした在地関係を動揺させることとなったのである。

根来寺・雑賀衆・湯河氏は、雑賀衆を連接点とする人的関係を形成していた。この三者の関係は、規約等が存在しないことから、三者相互の規制等の存在しない、緩やかな関係であったと見られる。したがって、守護家畠山氏が顕在である限りは、畠山氏抜きで根来寺・雑賀衆・湯河氏が互いに連携して畿内に出陣することはなかった。

三　信長・秀吉と紀州衆

雑賀衆を連接点とした、根来寺・雑賀衆・湯河氏の関係は、織田信長上洛以降も存続した。だがこの関係は、元亀四年（一五七三）の室町幕府と守護家畠山氏滅亡によって、雑賀五組が本願寺方に、根来寺衆が織田信長方についたことで、一時消滅した。雑賀五組では、天正八年（一五八〇）、本願寺と織田信長が講和した後、信長と結ぶ鈴木孫一が反信長戦線に留まろうとした土橋氏を追放し、鈴木孫一が事実上雑賀の支配者となるなど、大きく状況が変化した。

このような情勢を一変させたのが、天正十年（一五八二）六月に発生した本能寺の変である。本能寺の変によって雑賀では、織田信長と結んでいた鈴木孫一が失脚し、反信長方で四国の長宗我部氏と近かった土橋平尉が復権した。土橋氏は明智光秀方に与し、光秀が倒れた後も、柴田勝家や徳川家康と結び、羽柴秀吉と対立した。一方、根来寺は、和泉の所領を巡って、秀吉と対立関係にあった。前述の如く、土橋氏と根来寺泉識坊は一蓮托生の関係にあり、根来寺と雑賀衆が、反秀吉で結びつくこととなった。

ただし、雑賀衆がすべて土橋平尉の方針を支持したわけではなかった。天正十三年（一五八五）三月、羽柴秀吉が紀伊を攻めた際、鷺森寺内・宇治・岡は「別儀」無しであったが、湊・中嶋等は「内輪」から放火されている。「別儀」無しと記された鷺森・宇治・岡は秀吉方、放火された湊・中嶋は反秀吉方と見ることができよう。反秀吉方の湊衆は、土橋平尉とともに土佐に逃れようとしていることから、湊衆も長宗我部氏と近かったと見られる[19]。

さて、湯河氏であるが、「宇野主水日記」によれば、天正十一年（一五八三）十一月、湯河直春は和泉に出陣している。前述の如く、湊衆と湯河氏の間には、人的関係が存在しており、再び湯河氏・雑賀衆・根来寺が、雑賀衆を連接点として結びつくこととなったが、すでに雑賀衆は分裂していた。

さて、湯河氏であるが、天正十一年（一五八三）の時点で、雑賀衆からの働きかけがあったとしても、それだけで秀吉と対立までして和泉に出陣しなければならない理由が見当たらない。ただ、当時、秀吉と和解したとは言えない足利義昭は、京都を追放された後も、湯河直春に対して度々御内書を発給していた。このことから、あえて想像を逞しくすれば、湯河氏出陣の背景には、足利義昭の働きかけがあったのかも知れない。この想像が許されるのであれば、湯河氏・雑賀衆・根来寺は、足利義昭の要請を受けて行動していたことになろう[20]。

おわりに

戦国期紀伊では、湯河氏・雑賀衆・根来寺の間に、雑賀衆を連接点とする人的関係が存在していたが、湯河氏と根来寺の直接の接点はなかった。この関係は、湯河氏と雑賀衆では、湯河氏が雑賀衆の構成員に感状を与えるなど、湯河氏優位の関係であった。ただ、湯河氏・雑賀衆・根来寺の間に人的関係は存在しても、共通の規制事項は存在せず、惣国とは言えない緩やかな関係であった。

天文十一年（一五四二）や永禄五年（一五六二）に紀州衆は大挙して河内に出陣したが、それに際しては、守護家や幕府（将軍）からの要請が存在していた。湯河氏・雑賀衆・根来寺の関係は、このような外部からの要請があって出陣する際に機能するものであって、自己の判断で連合して出陣するものではなかった。

天正十三年（一五八五）、羽柴秀吉は紀伊を平定した。その際、武力で征服された湯河氏・雑賀衆・根来寺は、秀吉軍の前に各個撃破され、あっけなく敗北している。これは秀吉が大軍を一挙に投入したことによろうが、湯河氏・雑賀衆・根来寺の関係が、強固なものでなかったことも関係していると見てよい。

天正十年（一五八二）以降、和泉に出陣した紀州勢について、『多聞院日記』（増補続史料大成）天正十二年（一五八四）三月二十二日条、『兼見卿記』（史料纂集）同二十三日条では「一揆」と記している。しかし、「宇野主水日記」には、「下和泉ノ一揆」と和泉衆を「一揆」と記した記載はあっても（天正十二年三月二十一日条）、紀州衆を「一揆」と記した記載は無い。奈良や京都に居住し、伝聞で日記に記した人物から見れば一揆であっても、身近（貝塚）で和泉の状況を見ていた本願寺の宇野主水にとって、湯河氏・雑賀衆・根来寺は、揆を一にした集団とは映らなかったのであろう。これが、戦国期紀州衆の実態であった。

註

（1）矢田俊文氏「戦国期の守護家」（『日本中世戦国期権力構造の研究』第二章第三節、塙書房、一九九八年、初出一九九一年）。
（2）拙稿「戦国期紀州湯河氏の立場」（『田辺市史研究』一四号、二〇〇二年）。
（3）伊東多三郎氏「近世封建制成立過程の一形態―紀州藩の場合―」（同氏著『近世史の研究』第四冊、吉川弘文館、一九八四年、初出一九四一年）。
（4）同氏「守護畠山氏と紀州『惣国一揆』―一向一揆と他勢力の連合について―」（『歴史学研究』四四八号、一九七七年）、後に峰岸純夫氏編『本願寺・一向一揆の研究』（『戦国大名論集』一三、吉川弘文館、一九八四年）に所収。

（5）拙稿「戦国期紀州湯河氏の動向」（『南紀徳川史研究』六号、一九九七年）。
（6）紀伊の惣国が雑賀衆であることに関しては、先学諸兄が種々論考を発表されているが、特に、小山靖憲氏「雑賀衆と根来衆―紀州『惣国一揆』説の再検討―」（同氏著『中世寺社と荘園制』第二部第八章、塙書房、一九九八年、初出一九八三年）が、基本となる論考として重要である。また、紀伊の諸勢力の活動については、拙稿「紀州惣国をめぐって」（『和歌山地方史研究』三四号、一九九八年）を参照されたい。
（7）三宝院快敏に関しては、拙稿「天文年間の畠山氏」（『和歌山県史研究』一六号、一九八九年）、保田氏に関しては拙稿「織田信長と畠山氏家臣」（『和歌山地方史研究』二二号、一九九二年）を参照されたい。
（8）小谷利明氏「畿内戦国期守護と室町幕府」（『日本史研究』五一〇号、二〇〇五年）によって、和泉における根来寺の公権力化が論証された。
（9）本稿では、稲城信子氏著『日本中世の経典と勧進』史料編一（塙書房、二〇〇五年）によった。
（10）拙稿「奉公衆家山本氏に関する一考察」（『和歌山地方史研究』四三号、二〇〇二年）。
（11）註（2）拙稿参照。
（12）矢田俊文氏「戦国期の奉公衆家」（同氏前掲書第二章第五節、初出一九八六年）。
（13）「湯河家文書・東京」二五号。
（14）「崎山家文書」（『和歌山県史』中世史料二）二号。
（15）矢田俊文氏註（12）前掲論文参照。
（16）註（2）拙稿、及び小谷利明氏註（8）前掲論文による。
（17）（永禄五年）三月八日付、湯河春定書状（「海南市・尾崎家文書」『御坊市史』第三巻史料編Ⅰ・文書編中世一六号）。
（18）註（2）拙稿参照。
（19）「宇野主水日記」（北西弘氏編『真宗史料集成』第三巻―一向一揆―、同朋舎、一九七九年）天正十三年（一五八五）三月二十四日条。
（20）土橋氏が足利義昭と繋がりをもっていたことは、（天正五年カ）八月十五日付土橋若大夫宛槙木島昭光・一色昭秀連署状

「真乗寺旧蔵文書（末永雅雄氏所蔵）」（『和歌山市史』第四巻、戦国時代三六八号）で、足利義昭の側近が土橋氏に書状を発給していることから証明できる。なお、本能寺の変後の土橋氏と足利義昭の関係に関しては、藤田達生氏「織田政権から豊臣政権へ──本能寺の変の歴史的背景──」（『年報中世史研究』二一号、一九九六年）参照。

十河一存と三好氏の和泉支配

天野忠幸

はじめに

戦国時代末期の和泉地域は、それまで守護権力として和泉国を支配してきた細川氏や畠山氏に代わり、堺の会合衆と結び(1)、畿内に勢力を伸ばした阿波の三好氏の支配下に入った。三好氏は室町幕府の克服を志向する一方(2)、山城・摂津・河内・和泉・大和の五畿内に加え、丹波や播磨東部、海を隔てて淡路・阿波・讃岐・伊予東部に及ぶ広範な地域を支配する権力であった。三好長慶は堺の後背地である和泉に、三弟の十河一存を配して、敵対する畠山氏や根来寺に備えたが、どのように和泉を支配していたのか、不明な点が多い。そこで三好氏の和泉支配を、畿内から四国東部・瀬戸内に及ぶ広域支配の中で捉え直したい。

戦国期の畿内から東瀬戸内海地域については、細川京兆家を中心とする同族連合体制の維持により、一体的な広域支配が戦国末期まで継続され、三好政権の基盤となったとする説がある。藤田達生氏は、細川氏一門の間の重層的な所領支配や家臣の登用により一体性が維持され、三好氏への政権交代はこの一体化した地域の守護代層が、三好氏に結合した結果であるとする(3)。しかし、なぜ三好氏に結合するのか、細川氏の同族連合体制と三好氏の支配体制の違いが不明である。また三好氏による広域支配については、三好長慶が自分の兄弟や重臣の松永兄弟を国単位に城主として配置し、一国内の支配を任せたとされてきた。しかし、その支配原理について、今谷氏が後北条氏のような支城制を想定するのに対し、[4]藤田氏は守護代層の編成ととらえ、[5]定説をみない。これは三好氏研究が幕府との関係の分析を中心とする政権論に限定される一方で、その地域支配が十分明らかにされていないことに起因している。また、当該期の大名権力が、単純に一つの支配方式を領国全体に貫徹させることは難しく、地域差を考えることも必要であろう。

そこで、まず三好氏の支配地域を、編入された経緯から分類しよう。三好長慶の勢力拡大は永禄元年（一五五八）頃を境にしてその性格を変える。それ以前（Ⅰ期）は主に旧細川氏分国を支配下に組み込む過程であり、永禄元年以後（Ⅱ期）には河内の畠山氏や紀伊の根来寺、若狭の武田氏に対する拡大戦争が始まり、その結果、河内・大和を占領する。Ⅰ期でも、①型…三好氏の従来からの本国で、長慶の長弟の三好実休が支配した阿波、②型…細川晴元から自立した三好長慶が芥川城に本拠地を置き、判物を発給して直轄支配した山城・摂津、③型…長慶がまだ晴元の配下であった段階で、長慶の弟が養子入りした安宅冬康の淡路と十河一存の讃岐、④型…長慶が晴元に対して挙兵した後に、支配下に入った内藤氏の丹波（松永長頼、後の内藤宗勝が後見）と松浦氏（十河一存が後見）の和泉に分類できよう。[6]

本稿では、三好氏の勢力拡大によって新たに支配下に組み込まれた事例として、Ⅰ期③型とⅠ期④型が重なる和泉国の支配を領主編成の側面から明らかにし、三好氏にとっての和泉支配の意味を三好氏権力全体の中で位置づけたい。和泉国には三好氏と密接に結びついた会合衆のいた堺も含まれることから、三好氏の広域支配構造の縮図になっているといえよう。

第1章　三好氏の広域支配の類型

第1節　淡路と安宅冬康

まずⅠ期③型の事例として、淡路と安宅冬康をとりあげる。阿波を本国とする三好氏が、阿波守護家を出自とする細川澄元を擁して、畿内政局に関与するようになって以後、最初に三好氏の権力基盤として編入されたのが淡路である。三好之長は永正十四年（一五一七）に淡路に侵攻し、同十六年には淡路守護の細川尚春を滅ぼした。

大永七年（一五二七）に三好元長が、祖父之長の菩提のために阿波勝瑞の見性寺に寄進した得分の中に、「淡州柿寺之内竹内新兵衛尉方知行分」(7)がある。山城西岡の国人である竹内新兵衛尉為信に対して、三好氏は西岡だけでなく、(8)淡路においても知行を与えていたのである。また、淡路守護の尊崇の厚かった賀集八幡宮の護国寺は、三好氏により知行が安堵されており、(9)三好氏の淡路支配が進んでいったことがわかる。

しかし、三好氏に対する淡路国人の反発も顕在化してくる。

【史料1】(10)

今度安宅次郎三郎企謀反候所（処）、島田遠江守依被随、遂（ママ）無別心入城、無比類（脱アルカ）不可過之候也、然者、為恩賞、本知之事、如元返付訖、早令領知、弥此刻可被抽武功者也、

大永八

四月十一日　　元長（花押）

蓑浦藤次殿

元長は安宅氏の謀反に際して、同調しなかった蓑浦藤次に恩賞を与えることを約束している。畿内での事例と異なり、元長は主人である細川晴元の意を奉じることなく文書を発給して、恩賞を約束しており、淡路において強力な権力を振るっていたことがわかる。元長の三男冬康は後に安宅氏を継ぐが、この安宅次郎三郎の反乱が養子入りの契機であったと考えられる。そもそも安宅氏は、守護代に就くなど、守護支配に関与する存在ではなく、水軍力や大阪湾の流通に立脚した存在であった。安宅氏の本拠地である由良（洲本市）は、『兵庫北関入船納帳』によると、榑や材木

の中継地として栄え、その都市としての発展は淡路守護所である養宜（南あわじ市）を圧倒していた[11]。

冬康を迎えて三好氏に服属した安宅氏の淡路支配については、冬康自身の発給文書が非常に少なく、また淡路には残されていないため不明な点が多い。しかし、冬康が知行していた摂津榎並の代官として、菅若狭守、梶原三河守、住路清兵衛[12]が配置され、冬康の子信康の頃の家臣としては、安宅石見守、菅平右衛門、庄久右衛門、梶原越前守[13]が確認される。彼らが安宅氏権力の有力構成員であったのだろう。之長段階で三好氏に服属した三原郡沼島の梶原氏[14]を始めとして、豊臣秀吉の朝鮮出兵の際に水軍として活動する津名郡山田原の菅氏[15]や、由良・洲本の安宅一族など、室町期以来の淡路の水軍衆の繋がりを安宅氏が取り込むことで権力編成が行われていたことがわかる。

第2節　讃岐と十河一存

Ｉ期③型の事例として、讃岐と十河一存の例もあげることができる。

元長の四男一存が十河氏に養子入りした経緯は不明であるが、十河氏の本拠地である山田郡（高松市）は、戦国期の三好氏の本拠地である阿波国美馬郡（美馬市）の北側に位置することから、十河氏は讃岐国人の中では地理的に三好氏に最も近い位置にいた。十河氏も守護代職などに補任されなかったが、多度津の香川氏や宇多津の安富氏と同様に、関銭免除特権を持つ国領船の船籍地である方本と庵治を管理しており[16]、流通拠点を掌握する存在であった。特に多度津や宇多津が備讃瀬戸の西側に位置するのに対して、方本と庵治は東側にあり、三好氏が重視した大阪湾に近かった。

十河一存もその発給文書を讃岐で見出すことはできないが、畿内における荘園の違乱などに際して、十河氏の被官が現れる[17]。そこでは、「下代」である矢野山城（守）、三谷喜介、岡七郎兵衛（尉）重長、窪又衛門（後に三河守）存重を始めとして、十河亀介、窪佐渡（守）[18]や十河重吉、福家長顕[19]などの名が見られる。このうち、窪六郎左衛門、大谷亀介、岡重長、窪存重は「十河民部大夫家中之者共」と呼ばれていた。[20]三谷・岡氏はそれぞれ讃岐国山田郡三谷城、香東郡岡城の領主と考えられ[21]、一存は十河一族やその本拠地周辺の在地領主層を被官化して、十河家中を形成していたことが窺える。

さらに十河一存は畿内において、京都近郊の山城竹田三ヶ庄[22]、西九条縄[23]と石井民部跡[24]や、淀の塩合物過料銭[25]、堺五ヶ庄[26]を押領し知行していた。十河家中の一人である岡氏は、摂津欠郡の天王寺に屋敷を持っており[27]、「十河方衆」や「十河方与力」と呼ばれた飯沼氏は摂津国豊島郡の春日社領の御供米の未進を重ねるなど[28]、一存の被官も畿内各地に権益を有していた。一存は他の兄弟にくらべて、京都・淀・天王寺・堺といった畿内の都市ないしその周辺に、より強固に経済基盤を形成していたのである。

第3節　丹波と内藤宗勝

次にⅠ期④型の事例として、丹波について確認したい。

丹波は細川京兆家が守護職を、内藤氏が守護代職を掌握している国であった。しかし、永正二年（一五〇五）より内藤貞正が判物を発給し、天文三年（一五三四）を最後に幕府から丹波守護代宛に発給された史料がみえなくなるなど[29]、内藤氏は守護代職に頼らず細川晴元から自立するようになった。そのため丹波では、内藤氏と、新たに晴元に重用されるようになった波多野氏の対立が始まり、それぞれが細川氏綱・三好長慶方と細川晴元方に属しての抗争に発展した。しかし、天文二十二年（一五五三）に内藤国貞が戦死するという事態が発生する。

【史料2】[30]

内藤跡目事、備前国貞雖契約松永甚介候、長頼以分別、息千勝相続上者、如先々、相談内藤、忠節肝要候、猶三好筑前守（長慶）可被申候、謹言、

（天文二十三年）
三月廿日　　　　　　　　　　　　　　　　　　　　　　　　　　氏綱（花押）

片山右近丞とのへ

千勝は前年に「松永甚介息被定置千勝[31]」と現れるので、内藤家督は国貞の遺志として、松永久秀の弟甚介長頼の息子千勝が継ぐことが、細川氏綱と三好長慶によって、片山・出野・桐村・栗野氏ら丹波国人に一斉に通告された。しかし、翌月には龍源軒紹堅が「当家督之儀付而、被成　御書、御下知三筑副状幷長頼以書状被申候、既国貞契約之以筋目、甚介在城候、同名年寄共、各無別令馳走候条、向後之儀前々ニ不相替、御馳走肝要ニ存候[32]」と片山右近丞に伝えている。結局は長頼が内藤氏の居城八木城に入り、同名年寄の忠節を取り付け、事実上の内藤氏家督におさまり、この後、内藤宗勝と改名した。

長慶は丹波国人の大芋一族中に「対宗勝馳走」することを命じるなど[33]、丹波国人に対する軍事指揮権を内藤宗勝に与えた。内藤宗勝も天田郡の国人を「天田郡御馬廻衆」という自らの親衛隊に編成するなど国人の軍事編成を強化し[34]、宗勝段階から内藤氏は禁制を発給するようになる[35]。また、敵対する波多野氏の一族である波多野秀親を服属させ[36]、さらに『細川両家記』永禄九年（一五六六）二月二十六日条によると、波多野氏の本拠の八上城を占領し、親族の松永孫六を入れていたことが明らかになるなど、内藤氏は細川氏の守護代であった時期よりも、その権限を強化していた。やがて宗勝は弘治末年から永禄初年にかけて、若狭や丹後に進攻し、三好氏による日本海側への領国拡大を主導する役割を担うことになる[37]。

小括

Ⅰ期③型に分類される安宅氏や十河氏は、もともと守護代職には就かず、細川氏が守護であった時代にその支配機構の中に位置づけられない一方、守護所に匹敵する経済拠点を把握する存在であった。そうした一族に養子として入った安宅冬康は水軍衆を、十河一存は山田郡・香東郡の領主を編成していった。しかし、安宅冬康が淡路、十河一存が讃岐のそれぞれ一国全体の国人を編成していた訳ではない。淡路・讃岐両国の領主編成の責任者は、長慶の長弟で阿波にいた三好実休と考えられる。実休は讃岐西部で反三好方の香川氏を攻撃し[38]、阿波と南淡路の領主を率いて河内に進攻するなど[39]、四国東部地域における領主編成の頂点に位置し軍事行動を行った。特に一存の場合、『細川両家記』によると、天文二十二年の阿波守護細川持隆の殺害に関与し、翌年の洲本での長慶兄弟の会議にも、実休と共に阿波から参加しており、この頃まで阿波に在住していた。すなわちI期③型の支配は、三好氏の本拠地である阿波の美馬郡脇町を中心として、上洛路を確保し、北からの脅威を除くという、長慶兄弟の父三好元長段階の構想の一環であった。

これに対してI期④型は、長慶が摂津に本拠地を移して以後、晴元に敵対する挙兵に参加した各国の守護代クラスの領主を、対等な相互関係から如何に従属化してゆくかを課題にしていた。I期③型とI期④型に共通していたのは、安宅氏の反乱の失敗や内藤氏当主の戦死といった当該武家の存続の危機にあたって、三好氏による家督の保障や後見が行われたことである。内藤氏が守護代職に頼らず自立しつつあったことや、十河氏や河内の遊佐氏[40]が家中を形成していたことから、天文年間は、守護代職への就任よりも家権力としての結集・確立が重視される時期であったといえよう。このため守護代を補任する権利を持たなくても、家督や家の存続を保障してくれる三好長慶に領主は結集した。こうした三好氏の領主編成のあり方が、細川氏に代わり畿内を制する一因となったのである。そして、長慶は内藤宗勝支配下の丹波の土佐将監と、十河家中である窪存重の被官吉岡氏の相論を本拠地の芥川城で裁許するなど[41]、畿内における領主編成の最上位に位置した。

第2章　三好氏の和泉支配

第1節　和泉支配の前提

戦国期の和泉国では、細川氏の和泉守護家が戦国末期まで在京を貫くのに対して、十六世紀前半より守護代の松浦氏が、堺に拠点を置き在地で勢力を拡大した。岸和田氏や玉井氏を「内者」にする和泉守護家に対して、松浦氏も日根野氏などを「内衆」としており、両者は天文年間には同様の権力組織を形成していた。細川高国滅亡後、単独の和泉守護となった細川元常は、京兆家の晴元の力を背景に被官を再編成する。天文十二年（一五四三）には、晴元側近の三好宗三が松浦守に対して、旧高国派の多賀常直が元常に被官として出仕することを通告している。また長慶の挙兵に際しては、岸和田兵衛大夫に対して、元常だけではなく細川晴元やその縁戚である近江の六角定頼より軍勢催促がおこなわれた。『厳助往年記』天文二十年七月十四日条によると、岸和田氏は丹波より洛中に進入した晴元方に属して三好氏と戦っている。

これに対して、松浦氏は享禄二年（一五二九）に用水相論を裁許するなど、地域住民から権利の保護者として認知されつつあった。天文十七年（一五四八）、細川晴元に対して三好長慶が挙兵すると、和泉国内における守護家と守護代家の対立は、晴元と長慶の対立に直結し、松浦守は河内の遊佐長教、丹波の内藤国貞と共に長慶と同盟を結び、和泉守護からの自立を果たしていった。

第2節　十河一存と岸和田城

天文二十年代になると、河内の遊佐長教、丹波の内藤国貞、和泉の松浦守など、長慶の同盟者の死が相次いだ。三好氏はこれに乗じて、それまで対等な関係にあったこれらの武家を従属化させる動きを示した。

【史料3】[46]

泉州事、従養父周防（岸和田）代幷一存（十河）被申付、以前自無相違、可有存知候、為其以一札申候、恐々謹言、

卯月廿三日　　長慶（花押）

松浦萬満殿

史料3は、松浦守の死に際して長慶が発給したものと考えられる。また、のちに掲げる史料5から養父周防は、岸和田周防守のことと推測される。長慶はこの岸和田周防守と十河一存に和泉支配を命じた。丹波の内藤氏の場合と異なるのは、細川氏綱を介さず、長慶単独の意思で松浦氏の継嗣に介入している点である。天文末年には、長慶は独自に裁許制度を構築し、氏綱から完全に自立して畿内支配を展開するが[47]、長慶が自らの意思のみで和泉支配を十河一存らに命じたのも、こうした三好氏の畿内支配の進展の結果といえる。松浦萬満の後見となった十河一存は、京都周辺や摂津欠郡（大阪市）に多くの権益を有していたため、和泉支配を担当することになったのであろう。

松浦氏と敵対していた岸和田氏の服属は、従来の和泉支配の体制に大きな変化をもたらすことになった。

【史料4】[48]

尚々西谷（根来寺）・小谷不慮候、取相（合）人にも当谷（菩提谷カ）之儀者、無別儀候間、可御心安候、快誉も寺住候、御うハさ（噂）のミにて候、春はかならす（必）〳〵参会、相積候御物かたり（語）可申承候、此外不申候、

近日者、不申通候、御床敷存候、一存岸和田入城旁御大慶候、寺内（根来寺）儀者、可被成御察候、知行等相渡間敷候哉、内々申事候、雖然当年儀者、大方相済候て肝要存候、拙者儀、松田（左衛門尉カ）別而被懸御目候間、只今儀者、然候与知音無之候間、毎事御取成所仰候、富石（富上宗俊）於于今無別儀候、自然御用儀候者、可承候、将又去年代物之利平弐貫四百文請

取申候、先主かた《方》へ渡申候、何様重而可申承候間、不能一二候、恐々謹言、

十二月十二日　　浄心院
快栄（花押）

多美《多賀浄光》
御宿所

史料4は岸和田城の史料上の初見であるが、『細川両家記』永禄元年九月六日条には「十民《十河民部大夫一存》は泉州へ御帰候」とあることから、遅くとも弘治三年（一五五七）までには、岸和田城が築城され、長慶の命により一存が入城し、三好方の和泉支配の拠点となっていた。三好氏の後見の下で従来敵対していた岸和田氏が松浦家中に包摂されたことにより、岸和田城が成立したと考えられる。

三好氏の支配がこのように和泉に及んでくる事態に直面して、泉南に勢力を拡大させていた根来寺の浄心院快栄は、和泉国人の多賀浄光に対して一存へ根来寺領を渡さないように要請している。和泉支配を任された一存は根来寺と対立姿勢を強め、泉南も含めた和泉一国の支配をめざした。

【史料5[49]】

尚々委申度候へ共、書中之儀候間、委細之段、盛音仁申聞候、何と候ても爰許之様躰承候仁、十河手ニ可入存候、御祈禱も被成候て可然存候、

態注進令申候、仍此方目出以之外仕合難調存候、就其去廿七日仁従十河方御納所之儀、相被押候、様躰者、岸和田周防守殿へ被申事仁、九条殿・法隆寺分知行可有子細在之間、其御意得可被成由、達而被申候、子細有而、於可被□候き、兎も角も不存由、返事佐藤《信吉》如此候、一度武家之手に渡候て、向後之儀、不可然存候而、下用拙者致登城《岸和田城》雖申分候、調不申候、寺家《法隆寺》之御儀を得可致候へ共、日数相延候へハ、如何存候て少樽銭入申候共、寺田《弘家》殿に

御馳走被成候て可給之由、頼申候処、其筋目以馳走被成候て、可被見由候、従寺家も周防殿幷寺田殿へ御馳走可被頼由、懇之御状被遣候而、可然存候、十河殿へも無承引迄も御状被遣候へ者、国之聞可然候哉、不慮之申事出来候て、迷惑仕候、委細者盛音可申候、恐々謹言、

九月廿九日　　　　　　　　　　　印清（花押）

（奥折封上書）

「――

年会五□(師)御坊　　　乗源

御同宿中　　　印清」

これは和泉に下向中の法隆寺の印清が、大和にいる年会五師御坊と連絡を取り合っている史料である。九条殿知行分の日根荘、法隆寺知行分の珍南荘からの年貢収納について、十河方より違乱が行われていた。このため印清が岸和田城に登城して、松浦氏の四人の年寄の一人である寺田弘家と交渉するが難航したため、岸和田周防守や寺田弘家に礼銭を送るよう法隆寺に伝えている。その結果、「国之守護代幷寺田(弘家)方以此間色々扱申分」けたため、十月九日には「無事返事」を獲得することができたので、十一日には堺において十河方や松浦方に礼銭を納入している(50)。

ここからは、佐野上方給人衆の一人である佐藤氏(51)が松浦家中で健在であり、一存は日根荘に進出するなど、三好方が日根郡など泉南地域を実効支配していたことが明らかになる。そして、岸和田城には十河一存だけではなく、一存と共に長慶より和泉支配を任された岸和田周防守や寺田氏ら松浦氏の年寄たちが在城しており、岸和田城が和泉一国の政庁として機能していた。すなわち、和泉支配を一次的に行うのは、十河家中ではなく、松浦家中であった。十河一存と松浦萬満はそうした松浦家中の高次に位置し、高額の礼銭を受け取っていた。礼銭が高額な十河氏や松浦氏当主への支払いは、松浦家中と同じ岸和田ではなく、堺で行われたことから、岸和田が和泉一国の政治・経済の中心と

なったのではなく、堺がより高次の経済的機能を有していたといえるだろう。[52]

一存は、和泉国内の合戦において感状を発給していた。

【史料6】[53]

於山直郷（南郡）稲葉合戦、貴所之被官又八郎合戦、討捕林孫六郎首、無比類働、尤神妙候、弥可抽戦功由、可被申聞事、

肝要候、恐々謹言、

七月廿八日　　一存（花押）

福田九郎左衛門尉殿

宛先の福田氏は岸和田城に近い南郡尾生の国人である。和泉の国人の軍勢催促や感状の発給、恩賞給与などは一存によって行われていたと考えられよう。

第3節　長慶・久秀と堺

戦国期、大阪湾における最大の港湾都市である堺は、国際貿易港として栄え、自治都市の典型として知られている。堺は和泉の守護所であるだけではなく、足利将軍家が信仰を寄せる相国寺の崇寿院領となったり、細川京兆家内衆による代官支配が行われたりしている。さらには松浦氏の拠点もおかれたが、三好氏の勢力拡大に伴い、これらの勢力は追い出された。三好氏支配下の堺では、天王寺屋津田宗達・宗及、今井宗久、千利休、油屋常言など会合衆と推測される豪商が、茶の湯を通じて三好氏と結び付き、等恵や辻玄哉といった堺の連歌師や茶人が、長慶の連歌会に出席していた。[54]三好氏の政策において、彼ら堺衆はどのような役割をはたしていたのであろうか。

【史料7】[55]

九州探題職幷大内家督事、任先例、不可有別儀候、就夫料所等之儀申付之、可運上之旨、内々宗可（若狭屋）申通、尤神妙

候、仍対久秀（松永）入魂之由可然候、猶大覚寺門跡（義俊）・愚庵（久我宗入）可被仰候也、

御判

十一月九日（永禄二年・一五五九）

大友新太郎（義鎮）とのへ

将軍足利義輝が豊後の大友氏に対して、九州探題と山口の大内氏の家督を認めた史料であるが、その仲介に入っている宗可と三好長慶の重臣松永久秀に注目したい。宗可は久我宗入が大友義鎮へ、段子・金の返礼に茶湯一見のため罷下る旨を伝えた際にも現れることから(56)、堺の豪商で茶人でもあった若狭屋宗可であろう。宗可は永禄四年正月に築城開始直後の大和多聞山城における松永久秀の茶会に出席して以後、永禄六年正月の多聞山城の茶会にも、興福寺の成福院、京衆の医者である曲直瀬道三、奈良の豪商の松屋久政、久秀の奉行人の竹内秀勝と共に列席している。宗可はまた永禄八年正月の多聞山城の茶会では茶頭を務めており(57)、松永久秀と懇意であった。

すなわち、大友氏に九州探題や大内氏家督を授与するにあたって、松永久秀と若狭屋宗可が大きな役割を果たしており、三好氏の意向が働いていた可能性を考えねばならない。永禄元年ないし二年には、三好実休が瀬戸内海の水軍の村上氏や来島氏と結び、香川氏を討つために讃岐西部に出兵し、備前児島への影響を懸念する毛利氏との間で緊張が高まっていた(58)。こうした状況下で、北九州における軍事行動の大義名分を獲得した大友氏は、毛利氏との戦争を開始した。すなわち史料7は、備前・讃岐方面で毛利氏と対立する三好氏が、毛利氏包囲網の外交政策のため義輝を動かし、北九州で毛利氏と対立する大友氏に栄典を授与したものであった。

【史料8】(59)

雖未申通候、拙翁斎被談候条令啓候、仍具足二両金糸毛進之候、御音心斗候、上辺御用之儀候者可承候、猶宗可可

被申候、恐々謹言、

十月廿九日　　久秀（花押）

村上出雲守殿《来島通康》
進之候

右の文書に見えるように、松永久秀と伊予河野氏の重臣の村上（来島）通康との交渉においても、宗可は仲介の役割を果たしている。発給年代は不明であるが、永禄五年に三好長逸が河野通宣に対して、「上辺相当之御用」は長慶の息子の義興に申し聞かすと伝えていることから[60]、右の文書も同時期のものと考えられる。史料８は三好氏と河野氏の交渉の下準備として行われた重臣同士の音信であったのであろう。

このように若狭屋宗可は三好氏と大友氏、河野氏との間を取り結ぶ使者となって動いていた。宗可はおそらく瀬戸内海を商圏とする豪商で、茶道など文化的な側面からも沿岸の大名と繋がりを持っていたのであろう。三好氏が畿内を軍事的に従えるだけではなく、勢力を伸ばし遠国（特に西国）の大名と外交交渉を行うには、瀬戸内海沿岸の大名と経済的文化的な繋がりを持つ堺衆のような存在が必要であった。

後に豊臣政権と大友氏の外交交渉で仲介役となった千利休[61]もまた、堺の豪商で茶人であり、戦国期の堺は地方大名との人的交流の要でもあった。

また、堺の顕本寺は、大阪湾の港湾都市である兵庫津や尼崎の都市共同体を主導するような寺院と法華宗日隆門流のネットワークを構成しており、そのネットワークは三好実休の支配する讃岐国宇多津や、安宅氏の淡路国釜口へと広がりを持っていた。このため三好氏は日隆門流のネットワークと密接な関係を形成した[62]。このように堺は大阪湾、瀬戸内海東部の港湾都市を繋ぐ要港でもあった。

三好長慶はこうした個々の豪商や寺院と結びつくだけではなく、「堺南庄中」という都市共同体宛に直接文書を発給するなど[63]、都市そのものの把握に努め、堺を十河一存の和泉支配から切り離し、自ら掌握しようとした。

三好氏の拠点としては、長慶の父の元長段階の本拠地である阿波の美馬郡脇町や守護所勝瑞、長慶の畿内支配の政庁である摂津の越水・芥川や河内の飯盛山などがある。しかし、堺はこれらと違って、三好一族の宗教的な聖地、祭祀の場としても位置づけられていた。

天文の一向一揆で長慶兄弟の父である三好元長が自害した顕本寺は、元長の「位牌所」として規定され、長慶・之虎（実休）・冬康より軍勢の寄宿免除の特権を受けた(64)。『細川両家記』によると、弘治二年（一五五六）六月十五日には、元長の二十五回忌の法要として千部経の読経が行われるなど、三好氏にとって重要な寺院となっていた。南宗寺も同年、元長の菩提のため長慶により建立された。南宗寺には元長の霊を祀る三好神廟が設置され、松永久秀も亡妻のためにその内に勝善院を建立した(65)。このように三好氏が堺を、一族やその家臣も含めた宗廟の地、祭祀の場としたことは、度々南宗寺で茶会を開いた堺商人はもちろん、織田信長など堺を訪れた諸国の大名に対しても(66)、三好氏の威勢を知らしめることになったであろう。

第4節　一存死後の和泉支配

永禄四年（一五六一）四月、和泉を支配していた十河一存が死去した。『伊勢貞助記』永禄四年五月一日条には「義長《三好義興》就十民《十河一存》死去之儀、出仕無之」と見える。また堺の南宗寺にある一存の宝篋印塔には同年四月二十三日の日付が刻まれていることから、四月末に死んだことは確かである。当時和泉は畠山氏との戦争の最前線であったことから、長慶はこの急変への対応に迫られた。

【史料9】(67)

なを〳〵しゆんなり事とも申やうことも御たつね《尋》あるへく候、まきれ申事候ましく候、

まこ六郎《孫六郎》殿、まんミつ《萬満》殿の事、いつれもミんふの大夫《十河一存》とき《時》に、あいか《相》ハら《変》すちそう《馳走》申へきよし《由》、とうミやう《同名》としより《年寄》にも申きけ《聞》候、その御心へ《得》なされひいきへん《最屓偏頗》はなく御いけん《意見》かんよう《肝要》ニ候、まきれ事候ハヽ、我々よ

り上け候へく候、いさゝか御とうかん（等閑）候ましく候、そのためニ一ふて（筆）申候、又々かしく

（永禄四年）五月六日　なか慶（三好長慶）（花押）

（切封）
しゆり（修理）の太夫　長慶

御ち（乳）の人まいる　申給候

一存の死後、長慶は一存の息子である孫六郎（後の三好義継）[68]と松浦萬満の後ろ盾になり、一存の生前に変わらぬ忠節を同名年寄に求め、十河・松浦両氏による和泉支配を維持しようとしていることがわかる。しかし、畠山氏や根来寺との軍事的緊張が増す中、幼主では松浦家中を統率することができない状況となった。そこで、新たに松浦氏の後見となったのが、河内の高屋城に在城していた三好実休である。

【史料10[69]】

八上郡黒山之内浄福寺領家分、丹北郡由上内半枡分、長原内太井入地、重時名小山之内国符所但除諸課役、幷関銭之内拾貫文・切銭拾貫文進之候、恐々謹言、

永禄四　（附箋）「あわのミよしとの」

八月廿六日　実休（花押）

日根野孫七郎殿

実休は一存の死による松浦家中の動揺を防ぐため、松浦氏内衆の日根野氏に対して知行を宛行った。知行の内訳は実休が直接支配していた南河内の土地で、和泉国人にとっては実休に属しない限りその知行宛行は意味を成さず、実

休への求心性を作り出すことを目的としていたといえよう。

その実休も翌年三月には久米田の戦いで畠山氏と根来寺の連合軍に敗れ、戦死してしまう。その後、『長享年後畿内兵乱記』や『畠山記』によると、和泉は安宅冬康の支配となったと伝えられるが、冬康は永禄七年には謀殺されるので、その活動を示す一次史料は管見の限り見当たらない。この後、永禄末年には、三好氏の和泉に対する関与は、堺周辺に縮小していった(70)。

一方、十河一存と三好実休という庇護者を失った松浦氏では、年寄四人衆の一人である冨上宗俊が、「日根野下方分・内畑政所分・我孫子明石分」を失った日根野孫七郎に対して「天下本知行半分」を替地として与え、根来寺と和談の場合以外は本領を返付することを伝えるなど(71)、三好方として松浦家中の結束を図った。その一方で教興寺の戦いでは、松浦氏の一部（孫八郎か）が畠山方として参戦しており(72)、三好氏の後見を失った松浦家中は三好方と畠山方に分裂し始めていた。永禄九年（一五六六）には、「国衆」と年寄の「四人之者」が三好方と和睦すべきと松浦孫八郎に申し入れた(73)。しかし、孫八郎は翌年、畠山方から戦功を褒められ、河内十七箇所の支配を認められていることから(74)、三好方の年寄や国衆と、畠山・根来寺方に属した松浦孫八郎に松浦氏は分裂してしまったと判断できるだろう。

小括

和泉は天文末年から弘治年間にかけて、三好氏の支配に入ることになった。三好氏支配下の松浦氏は、従来敵対関係にあった岸和田氏の本拠地を奪い、その一族である岸和田周防守らを服属させ、地域支配を強化した。三好氏は松浦氏の後見を通して、勢力を浸透させることになるが、これは、長慶単独の命令で行われている。天文二十三年頃から、長慶は氏綱に頼らず、独自の裁許体制を構築し、権力を拡大させたためである。

従来、裁許などに際して、松浦氏は「御屋形様」（和泉守護）が上洛の折に正式に安堵や再度訴訟するという姿勢をとり、和泉守護から自立した裁許体制を構築することができないでいた。細川氏から自立した裁許体制を構築した三好氏に服属することで、松浦氏は和泉守護細川氏から自立したといえる。[75]

一方、三好氏によって従来の和泉の支配体制は大きく改変させられた。和泉守護細川氏段階には、和泉支配のための守護所が堺や大津、府中、佐野におかれていた。しかし、三好氏は和泉支配の新たな拠点として、岸和田を整備し、紀州方面に対する軍事拠点とした。岸和田城には十河一存の後見の下、松浦家中がおかれた。和泉支配は十河家中ではなく松浦家中が一次的に管掌したが、その上位には十河一存が位置し、和泉国人の軍事編成を行った。一存は根来寺と対立し、泉南も含めた和泉一国の支配を志向した。三好長慶はこうした和泉支配から堺を切り離し、「堺南庄中」など都市共同体を自ら把握し、畿内や四国で活動する三好一族や松永氏などの宗教的精神的紐帯とした。そして、瀬戸内海で活動する一部の堺衆を三好氏の外交政策の中に位置付けた。

一存死後の和泉では、三好実休により、松浦家中への求心力の保持が図られた。しかし、実休の戦死により三好氏の後見を失った松浦氏は、一部の松浦一族と家中・国衆に分裂し、三好氏の和泉支配は弱体化することになった。

おわりに

三好氏の支配は、今谷明氏が指摘したような均一な国単位の支城制ではなく、地域の実情に応じて、少なくとも二つの支配方式から成り立っていた。

Ⅰ期③型は、Ⅰ期①型の本拠地であった阿波国美馬郡脇町（後に板野郡勝瑞へ移る）を中心として、その防衛や上洛路の確保を目的に、讃岐・淡路の有力国人家に養子を送り込んで乗っ取るという方式である。この方式は、元長段階に構想され、実休へ継承された。Ⅰ期④型は、Ⅰ期②型の越水・芥川城を本拠地とする摂津国を中心に、細川氏から自立しようとする長慶が、自らの挙兵に参加した畿内の領主を後見しつつ従属化させるという支配方式であった。

こうした過程で三好氏は、藤田達生氏がいうように単に守護代層と結合するのではなく、家中形成に基盤を移しつつあった各領主の家督を保障して領主編成を進めることに成功した。

畿内の支配方式であるⅠ期④型のもとで、兵庫・西宮・尼崎・堺など、大阪湾岸の港湾都市の支配を重要視する長慶は、[76]和泉に自らの兄弟を配置した。これは、家臣を配置した丹波にくらべて、和泉をより重視していることの表れである。しかし、和泉は、長慶が松浦氏の家督を後見・保障することで支配下に入ったため、長慶の兄弟である十河一存の家中による直接支配が実現せず、松浦家中による支配が継続した。これは、長慶が直接軍事的に占領したⅡ期の大和を松永（久秀）家中により支配させたのにくらべると徹底性に欠けるといえよう。[77]

三好氏は、和泉の地域編成に二つの大きな改編を加えた。

一つは岸和田城を和泉の地域支配の政庁として新たに設置したことである。岸和田城では、三好氏の後見・保障により十河一存の下、細川氏段階にくらべてより拡大した松浦家中による地域支配が行われた。ここには、松浦一族、年寄（「四人之者」）、「内衆」に編成された国衆だけでなく、かつて松浦氏と敵対関係にあった岸和田氏も含まれる。一存は根来寺と対立し、泉南も含めた和泉の統一をめざしたため、岸和田城は紀州方面に対する軍事拠点としての性格もあわせもった。こうして岸和田城に、和泉一国の武家領主が結集し、その政治的軍事的重要性を高めたことは、その後の豊臣政権の和泉支配（中村一氏・小出秀政の入城）を規定していくことになった。ただ、松浦家中は十河一存や三好実休の死によって三好氏の保障を失うと、その一国規模に拡大した家中を維持できない限界性を有していた。

もう一つは、それまで和泉国の守護所であった堺を、和泉の地域支配から切り離したことである。その上で長慶は、堺が瀬戸内海において有する経済的・文化的中心性や、大阪湾の港湾都市ネットワークを利用した。さらに、父元長に由緒を持つ寺院を堺に整備することで、[78]畿内（Ⅰ期②・④型、Ⅱ期）と四国東部（Ⅰ期①・③型）で異なる支配方式を推進した弟たちや重臣にとって、堺が文化面や信仰面における精神的な結合の紐帯となるようにしむけた。

このような三好氏の和泉支配のあり方は、単なる一地域支配の方式を示すに留まらず、従来の守護支配を根本的に克服する新しい方向性を先進的に反映していたのである。

注

(1) 豊田武『豊田武著作集　四　封建都市』(吉川弘文館、一九八三)など。
(2) 今谷明『室町幕府解体過程の研究』(岩波書店、一九八五)。
(3) 藤田達生『日本中近世移行期の地域構造』(校倉書房、二〇〇〇)。
(4) 今谷明『戦国三好一族』(新人物往来社、一九八五)。
(5) 藤田達生「織田政権と尾張」(『織豊期研究』一、一九九九)。
(6) 天野忠幸「三好氏の畿内支配とその構造」(『ヒストリア』一九八、二〇〇六)。
(7) 『見性寺文書』「三好元長寄進状」大永七年二月二日付(『徳島県史』二)。
(8) 野田泰三「西岡国人土豪と三好氏—三好長慶政権成立の前提—」(東寺文書研究会編『東寺文書にみる中世社会』東京堂出版、一九九九)。
(9) 『護国寺文書』「三好長尚折紙」年未詳四月十八日付(『兵庫県史』史料編中世一)。
(10) 『阿波国徴古雑抄』「三好元長感状写」大永八年四月十一日付(『兵庫県史』史料編中世九)。この史料は淡路国浦壁城主島田遠江守の子孫である蓁浦島田氏の所蔵と伝えられる。
(11) 小川信「淡路・讃岐両国の守護所と守護・守護代・国人」(『国立歴史民俗博物館研究報告』八、一九八五)。
(12) 『天文御日記』天文二十一年九月十三日条(『真宗史料集成』三、同朋舎出版)。
(13) 「今井宗久書札留」「今井宗久書状案」永禄十二年九月四日付(『堺市史』続編五)。
(14) 『宣胤記』永正四年八月十三日条。
(15) 『妙勝寺文書』「菅元重田地寄進状」弘治三年二月六日付(『兵庫県史』史料編中世一)。

(16) 注(11)。
(17)『鹿王院文書』「等偉書状」天文十九年十月三十日付(鹿王院文書研究会編『鹿王院文書の研究』思文閣出版、二〇〇〇)、実名は『東寺文書』(六芸之部射二〇—二)「岡重長・窪存重連署書状」年未詳十月十七日付により判明。
(18)『天文御日記』天文二十二年三月十七日条(『真宗史料集成』三、同朋舎出版)。
(19)『東寺百合文書』(ト函・ム函)「岡重長・福家長顕連署書状」年未詳十月二十一日付、『東寺百合文書』(て函)「十河一存書状案」年未詳十一月五日付。
(20)『天文御日記』天文二十年二月十五日条(『真宗史料集成』三、同朋舎出版)。
(21) 香川県教育委員会編『香川県中世城館跡詳細分布調査報告』(二〇〇三)。
(22) 注(17)。
(23)『大日本古文書　蜷川家文書』(一)「伊勢貞孝并被官等知行目録」年月日未詳、『今井宗久書札留』「今井宗久書状案」永禄十二年十二月二十七日付(『堺市史』続編五)。
(24)『九条家文書　二』「勝国書状」天文十八年十二月十五日付。
(25)『今井宗久書札留』「今井宗久書状案」永禄十二年八月十二日付、同十三年四月四日付(『堺市史』続編五)。
(26)『今井宗久書札留』「今井宗久書状案」永禄十二年八月十七日付、同年八月二十九日付、同年九月十四日付、同十三年四月四日付(『堺市史』続編五)。
(27)『天文御日記』天文二十三年三月十七日条(『真宗史料集成』三、同朋舎出版)。
(28)『今西家文書』「春日社御供米未進注文」天文十九年付、「南都代官方算用状」永禄四年十二月二十七日付(豊中市教育委員会編『春日大社南郷目代今西家文書』二〇〇四)。
(29) 今谷明「室町・戦国期の丹波守護と土豪」(同『守護領国支配機構の研究』法政大学出版局、一九八六)。
(30)『片山家文書』「細川氏綱書状」天文二十三年三月二十日付(『新修亀岡市史』資料一)。同内容で宛先のみが異なる「細川氏綱書状」が『桐村家文書』(『福知山市史』資料一)、『湯浅文書』(東京大学史料編纂所影写本)にもある。
(31)『野間建明家文書』「細川氏綱奉行人奉書」天文二十二年十一月十五日付(『和知町誌』史料編一)。

(32)『片山家文書』「龍源軒紹堅書状」年未詳四月二十一日付（『新修亀岡市史』資料一）。
(33)『大芋文書』「三好長慶書状」年未詳二月十一日付（『丹波志』）。
(34)『夜久文書』「内藤宗勝書状」年未詳六月十四日付（『兵庫県史』中世三）。
(35)内藤氏が発給した禁制は、『安国寺文書』「内藤宗勝禁制」弘治三年二月二十六日付（『綾部市史』史料編）が管見の限り最も古いものである。
(36)『波多野家文書』「内藤宗勝領知宛行状写」永禄二年十二月十一日付（『新修亀岡市史』資料編一）。
(37)『大成寺文書』「逸見経貴書状」永禄三年七月二十日付（『福井県史』資料編九）、『金剛心院文書』「内藤宗勝禁制」永禄三年九月付（『宮津市史』一）。
(38)『村上文書』「三好実休書状」年未詳十二月二十日付（東京大学史料編纂所所蔵）。
(39)『己行記』（『堺市史』四）。
(40)小谷利明「畿内戦国期守護と室町幕府」（『日本史研究』五一〇、二〇〇五）。
(41)「三好長慶書状」年未詳九月七日付、『土佐文書』「内藤宗勝書状」年未詳十一月一日付（木村徳衛『土佐文書解説』一九三五）。なお木村氏は「長慶」を「長俊」とよみ「諏訪長俊」としているが誤読である。注（2）参照。
(42)戦国期和泉研究については、矢田俊文『日本中世戦国期権力構造の研究』（塙書房、一九九八）、『岸和田市史』第二巻（同氏執筆分）、廣田浩治「中世中後期の和泉国大津・府中地域」（『市大日本史』八、二〇〇五）、『泉大津市史』第一巻上（同氏執筆分）に詳しい。
(43)『板原家文書』「三好政長書状」天文十二年十月二十七日付（『資料館紀要』一六）。
(44)『足利季世記』「六角定頼書状写」天文十八年正月十三日付。
(45)『岸和田市立郷土資料館所蔵文書』「松浦肥前守下知状写」享禄二年五月二十九日付（『岸和田市史』三）。
(46)『九条家文書』「三好長慶書状」年未詳四月二十三日付（『和泉市史』一）。
(47)注（6）。
(48)『板原家文書』「根来寺浄心院快栄書状」年未詳十二月十二日付（『資料館紀要』一六）。

(49)『法隆寺文書』「法隆寺乗源印清書状」年未詳九月二十九日付（『新修泉佐野市史』四）。
(50)『法隆寺文書』「法隆寺乗源印清書状」年未詳十月十三日付（『泉大津市史』第一巻上）。
(51)『藤田家文書』「佐野上方給人衆連署上方開納所売券」永禄十年十二月十八日付（『新修泉佐野市史』四）。
(52)法隆寺は織田信長に対する矢銭の金策も、堺で行っている（『法隆寺文書』「松永久秀書状」年未詳（永禄十一年）十月二十七日付（奥野高廣『増訂織田信長文書の研究』上、吉川弘文館、一九八八）。
(53)『伽李素免独語』「十河一存感状写」年未詳七月二十八日付（『大阪府史蹟名勝天然記念物』四、『拾遺泉州志』）。
(54)泉澄一『堺　中世自由都市』（教育社、一九八一）、鶴崎裕雄「「瀧山千句」と三好長慶」（『中世文学』三四、一九八九）。
(55)『大友家文書録』「足利義輝御内書写」年未詳（永禄二年）十一月九日付（『大分県史料』三二）。
(56)『大友家文書録』「久我宗入書状写」年未詳（永禄二年）十一月二十日付（『大分県史料』三二）。
(57)「松屋会記」『茶道古典全集』第九巻（淡交社、一九五七）。
(58)土居聡明「東京大学史料編纂所所蔵「村上文書」について」（『四国中世史研究』八、二〇〇五）。『思文閣古書資料目録』百五十五号所収「毛利元就書状」年未詳（元就の「右馬頭」という官途から永禄二年以前）六月二十四日付（『新修倉敷市史』二）。
(59)『村上文書』「松永久秀書状」年未詳十月二十九日付（東京大学史料編纂所所蔵）。
(60)『臼杵稲葉河野文書』「三好長逸書状写」年未詳（永禄五年）七月三日付（『愛媛県史』資料編古代中世）。
(61)播磨良紀「豊臣政権と豊臣秀長」（三鬼清一郎編『織豊期の政治構造』吉川弘文館、二〇〇〇）。
(62)天野忠幸「大阪湾の港湾都市と三好政権　―法華宗を媒介に―」（『都市文化研究』四、二〇〇四）、『本妙寺文書』「篠原盛家書状」天文十年七月十七日付（『香川県史』八）、『妙勝寺文書』「菅元重田地寄進状」弘治三年二月六日付（『兵庫県史』史料編中世一）。
(63)『萬代家文書』「三好長慶書状」年未詳七月四日付（『山口県史』資料編中世二）。
(64)『顕本寺文書』「安宅冬康書状」天文二十四年二月二日付（『堺市史』四）。
(65)『南宗寺文書』「特賜正覚普通国師塔銘」（『堺市史』四）。

(66)『信長公記』、『厳助往年記』永禄二年三月条。
(67)『九条家文書』「三好長慶書状」年未詳五月六日付（『和泉市史』一）。
(68)『大日本古文書　大徳寺文書　二』「三好重存義継書状」年未詳（永禄八年カ）二月六日付）には「孫六郎重存」と見える。
(69)『日根文書』「三好実休知行宛行状」永禄四年八月二十六日付（『泉大津市史』第一巻上）。
(70)フロイスの『日本史』永禄九年条によると、三好三人衆の一人である三好長逸の邸宅が堺にあり、三好実休の子の長治の家臣である加地権介久勝が「堺奉行」として在住していた。また安宅冬康の子の信康が堺南庄を領有していた（『今井宗久書札留』「今井宗久書札留」年未詳（永禄十二年）九月付、安宅神太郎（信康）宛『堺市史』続編五）。
(71)『日根文書』「冨上宗俊書状」永禄五年五月九日付（『泉大津市史』第一巻上）。
(72)弓倉弘年「教興寺合戦をめぐって」（『和歌山県史研究』一八、一九九一）。
(73)『九条家文書』「松浦孫八郎起請文案」永禄九年七月九日付（『図書寮叢刊　九条家文書』五）。
(74)『九条家文書』「畠山氏家中奉書」永禄十年十二月五日付（『大阪狭山市史』二）。
(75)『田代文書』「松浦守書状」年未詳六月十七日・二十一日付（『高石市史』二）。
(76)注（6）。
(77)注（6）。
(78)父元長に対する意識として、三好長慶が堺では引接寺（四条道場）を御座所としていたこともあげられよう（『開口神社文書』「瓦林長親・寺町通昭連署状」年未詳五月八日付、引接寺年預御中宛）。引接寺は元長が擁立した「堺大樹」足利義維の在所であった。

織田信長の東瀬戸内支配

藤田達生

問題の所在

戦国期において、諸国の門徒を組織する大坂本願寺や、国際貿易都市である和泉堺や摂津兵庫を擁する東瀬戸内地域—小稿ではおもに摂津・和泉・淡路・讃岐・阿波という環大坂湾諸国をさす—は、管領家細川氏[1]のちにはその家宰三好氏[2]を支える領国として、当該期の政治史をリードする要地であった。

永禄十一年（一五六八）九月に足利義昭を推戴して入京した織田信長は、三好三人衆—三好長逸・三好政康・岩成友通—を退けて畿内をひとまず平定した。翌十月に義昭は、将軍に任官して室町幕府を復活させた。しかし彼の幕府が独自に機能し始めると、たちまち信長との間に対立が発生した[3]。

元亀元年（一五七〇）に表面化したこの対立は、天正十年（一五八二）六月の本能寺の変まで継続する。東瀬戸内地域は、その全期間を通じて両者の戦争に巻き込まれる。この現職将軍・義昭—将軍相当者・信長間の戦争を時期区分するならば、次の三期となるであろう。

第一期は、元亀元年に大坂本願寺が決起してから、天正三年に信長と講和するまで。この時期には、大坂本願寺と三好氏を軸に、浅井氏・朝倉氏そして亡命中の六角氏・斎藤氏らが信長包囲網を形成する。これに連携した武田信玄は、元亀三年に上洛をめざした。

第二期は、天正四年に毛利氏に支えられた義昭の「鞆幕府」が成立してから、天正八年に信長と大坂本願寺宗主顕如が正親町天皇の仲介で講和するまで。この期間を通じて、義昭の指揮のもと丹波の波多野氏・赤井氏、播磨の別所氏・小寺氏、摂津の荒木氏らが、大坂本願寺や毛利氏と連携して包囲網を形成した。

第三期は、天正八年に勅命講和に抵抗した顕如子息教如が大坂本願寺に留まってから、天正十年に本能寺の変が勃発するまで。天正九年には、信長が従来の四国政策を転換したことへの軍事的対応として、長宗我部氏と毛利氏を中心とする反信長連合が成立した。

小稿は、これまでほとんど看過されてきた織田—三好両氏の関係に着目して、信長の元亀元年から天正十年までの東瀬戸内支配の推移を明らかにし、そこから織田政権崩壊に至る動きを読み解くことを課題とするものである。

図①三好氏略系図

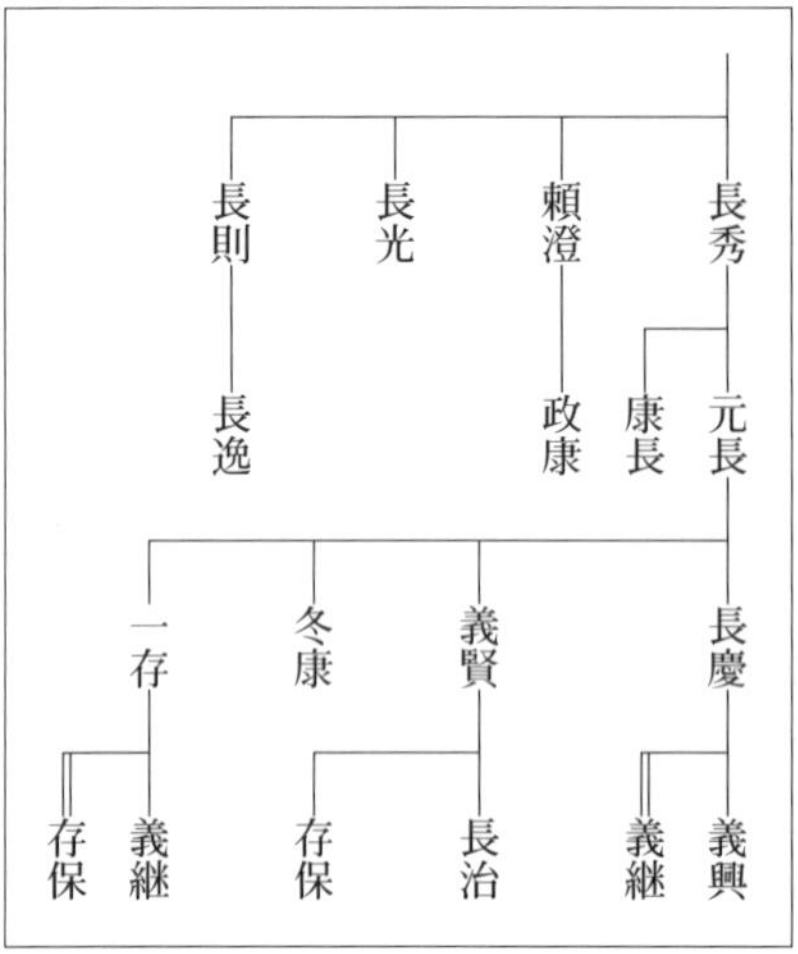

一　東瀬戸内を支配した三好氏

（一）三好氏の分裂

永禄七年七月における三好長慶の死去によって、畿内の三好氏権力は分裂する。家督となった義継の求心力が弱く、松永久秀と三好三人衆との対立を克服することができなかったのである。やがて信長が上洛すると、義継と久秀はその麾下に属し、将軍足利義栄を擁した三好三人衆は本国阿波に逃亡した。

三好三人衆は、永禄十二年正月に入京して将軍足利義昭を本圀寺に襲撃するが、織田勢の反撃に遭い失敗した。しかし上洛ののち一年余りで義昭と信長が決裂すると、三好三人衆は義昭に与する。

元亀三年から、義昭の反信長闘争が開始される。その前提は、元亀元年における三好三人衆と大坂本願寺との同盟であった。当該期における信長包囲網に関連する新史料を、次に掲げる。

史料①（「藤野氏所蔵文書」）

越州敦賀表織田(信長)敗北必定候、然者此節阿州衆於渡海者本意眼前候、其段数度雖申候于今無其働候、当表儀者北申談三上・三雲至于国中取出日之及行候、然間敵退路堅固相留候、如此候条弥其口出張可被相催事此砌候、自桑但最前以十乗院此表火急之儀在之者、淡州へ可打越由候、愛茂於可有同道者可越之旨被申付之間、有直談可然様に才覚肝要候、於愛可申候、恐々謹言

(元亀元年)五月五日　(六角)義治（花押）

(六角)承禎（花押）

片岡善介殿

元亀元年四月に信長は朝倉氏攻撃に向かうが、遠征の途中で浅井氏の離反に遭い京都に逃げ帰った。浅井氏の軍事行動の前提としては、本書状の差出者である六角氏承禎・義治父子や「阿州衆」すなわち三好三人衆との連携があった。本史料において六角氏は、「北申談」つまり浅井氏と相談しているので、信長の京都から岐阜への「退路」を襲撃するよう片岡善介（長島一向一揆に参陣した伊勢堺城主片岡氏の一族か）に要請したのである。

この頃、六角氏は亡命先の北伊賀から近江甲賀郡に復帰して活発に軍事行動を開始していた。しかし同年六月四日には、柴田勝家・佐久間信盛と野洲川で戦い敗退した。これによって、三雲父子・高野瀬氏・水原氏などの六角氏側近が討死する。

『信長公記』には、「伊賀・甲賀衆究竟の侍七百八十討つとり、江州過半相静り」と記されており、この戦争によっ

て甲賀郡中惣や伊賀惣国一揆の構成員の多くが討死を遂げ、近江南部から伊賀にかけての治安が回復したことがわかる。

同年八月には、大坂本願寺の支城野田・福島両城に三好一族を中心とする反信長勢力が結集した。そのメンバーは、『信長公記』によると細川昭元・三好長逸・三好康長・安宅甚太郎・十河存保・篠原長秀・岩成友通・松山新介・香西・三好政勝・斎藤龍興・長井隼人であった。

ここに細川管領家を継承した細川昭元のもと、三好三人衆方の有力メンバーが勢揃いしたのである。『細川両家記』には、「阿波・讃岐相残人数催」と両国を挙げて出陣したことが記されている。彼らと連携した大坂本願寺は、伊勢長島や近江金森などの一向一揆を蜂起させた。この動きに乗じて、浅井・朝倉連合軍が近江を南下し、信長を封じ込めようとしたのであった。

このように信長は、東西の敵対勢力から同時に攻撃を受け、近江宇佐山城で籠城するという苦境に陥ったため、同年十二月に朝廷を介して大坂本願寺・三好三人衆と和睦した。こののちも摂津・河内・和泉では、大坂本願寺・三好三人衆が有利な情勢であった。

元亀三年には、義昭を推戴する畿内周辺の反信長勢力が、武田信玄の上洛にあわせて一斉に蜂起しようとした。ところが翌天正元年二月、信玄が三河野田城で没したことから、形勢が逆転した。義昭は同年七月に宇治槇島城で決起するが、信長の軍勢に攻められ、河内若江城主で妹婿だった三好義継を頼って落ち延びていった。

同年十一月、毛利氏の使僧安国寺恵瓊は、義昭の処遇をめぐる交渉のために和泉堺に来た。義昭も到着しており、信長方の羽柴秀吉らを交えて会談がもたれた。この席上、信長は毛利氏の意向を受けて義昭の帰洛を認めていたが、義昭が信長に対して人質を出すように要求したため、交渉は決裂してしまった。[4]

上方での交渉を終えた恵瓊が国許に宛てた（天正元年）十二月十二日付書状のなかで、信長から直々に、来春の年頭儀礼は義昭の子息にするべきであるといわれたと報告している。この子息とは、信長が槇島城開城の際に人質として義昭から取った、わずか二歳の幼児（後の義尋）のことであり、年頭儀礼とは、それまで将軍に対してなされてきたものだった。

これ以後、信長は「大樹若君」として義昭の子息を庇護し、幕府体制の存続を印象づけることに努めている。これによって、反信長勢力に決起する名分を与えないようにしたのである。したがって、義昭との交渉が不調に終わった時点においても、信長が室町幕府体制をまったく否定していたとはいえない。

交渉決裂後、義昭は紀伊に向かい、有田郡の宮崎氏のもとに立ち寄った後、(5)同国由良の熊野法燈派寺院・興国寺に逗留した。そして天正元年十二月十一日には、近隣の紀伊亀山城に拠る幕府奉公衆湯河直春に対して、忠節を尽くすように命じている。(6)義昭の紀伊動座は、湯河氏を頼ってのものだった。のちには、湯河氏の支城であった紀伊泊城に逗留したとする指摘もある。(7)

この時期、義昭は精力的に行動した。天正二年二月六日付で、熊野の本宮衆徒中や那智大社に向けて、協力を促す同文の御内書を発給している。(8)熊野三山―熊野本宮・同新宮・那智社―に一斉に出したものであろうが、本宮衆徒中のものには側近真木島昭光の同日付添状も伝来する。(9)また同年六月には、和泉堺に出向いたことが確認される。(10)

義昭の紀伊動座によって、鈴木氏・土橋氏らの有力土豪をリーダーとする雑賀一揆や幕府奉公衆湯河氏、高野山・根来・粉河の三カ寺、そして熊野三山をはじめとする同国南部の諸勢力が緩やかに連合した反信長戦線―紀州惣国一揆―が成立した。それまでこれらの勢力は紀伊守護畠山氏を支えていたが、元亀四年六月に当主昭高が殺害されて畠山氏が滅亡した後は、義昭を奉じて大坂本願寺や三好康長に呼応したのであった。

義昭は、動座直後から信長包囲網を強化することに努めた。そのために、紀伊国内の諸勢力に対して協力を要請したばかりか、上杉謙信・武田勝頼・北条氏政の軍事同盟の締結に向けて全力を傾けた。

当該期の信長は、将軍追放をきっかけにした反信長勢力の一斉蜂起を懸念しており、とりわけ友好関係にあった謙信の離反を恐れていた。旧著でも指摘したように、信長が深雪を冒して、狩野永徳が描いた絢爛豪華な洛中洛外図屏風（山形県米沢市所蔵、国宝）を、天正二年三月に越後春日山城まで搬送させ、謙信に贈呈した背景もここにあった。

天正三年は、義昭にとって苦渋に満ちた年となった。同年四月に和泉堺近郊の新堀城で合戦があり、『信長公記』によると三好方の「香西越後・十河因幡・十河越中・十河左馬允・三木五郎大夫・藤岡五郎兵衛・東村大和・東村備後」をはじめとして討死している。それを受けて、河内高屋城主だった三好康長が信長に降伏した。

同年五月に武田勝頼が長篠の戦いで織田・徳川連合軍に惨敗し、八月に越前一向一揆が解体され、十月に大坂本願寺が信長と和議を結んだのである。このような戦局の悪化が、義昭に毛利氏領国への退去、すなわち備後鞆の浦への移座を決意させることになった。

なお畿内に残った三好一族のリーダー三好康長は信長に属することになったが、阿波・讃岐の三好氏は依然として反信長勢力であったから、三好氏一族の分裂は依然として解消されないままであった。

（二）羽柴―三好同盟

天正四年に「鞆幕府」が誕生し、毛利輝元が副将軍に位置づけられるや[11]、義昭の命令を受けた毛利氏の軍隊は、「公儀」軍の中核部隊として積極的に軍事行動を開始する[12]。最初の戦闘は、同年七月におこなわれた大坂本願寺への物資補給戦たる木津川河口の戦いであった。毛利氏は、信長方の水軍を打ち破って勝利するが、この戦争の目的は、公儀の一翼に属している本願寺の「警固」だった。

天正五年から、義昭の上洛戦は本格化した。この年、信長は制海権の確保のため紀伊雑賀攻撃を仕掛けた。これに対して小早川隆景は、同年三月十三日付書状で、紀伊新宮の堀内氏に毛利氏の雑賀出陣について触れ、「上意」すなわち義昭の命令に従って雑賀の救援に向かうように指示している[13]。

信長は、このような動きを警戒して、三月十五日付で雑賀衆の赦免を一方的に宣言し、急いで帰陣した(14)。義昭は、三月二十七日付の上杉謙信宛御内書などで、信長方が「失軍利引退候(15)」と伝えている。赦免された鈴木孫市をはじめとする雑賀の土豪層は、早くも同年八月から信長方勢力との戦闘を再開しているから、信長の雑賀攻撃は失敗だったといってよい。

義昭の上洛戦は、毛利氏を中核に、大坂本願寺と上杉氏の連携のもとに進められていた。その前提は、義昭が天正四年に実現した上杉・武田・北条三氏間の停戦である。毛利氏においては、小早川氏が山陽方面を担当して畿内・四国の戦況を監視し、吉川氏は山陰方面の攻撃にあたった。

天正五年閏七月、毛利氏は讃岐・阿波両国に侵入し、信長に属していた国衆の掃討をおこなう。この元吉合戦ののち、阿波三好氏と毛利氏との間で交渉がもたれ、義昭の裁定によって、讃岐国衆の長尾氏・羽床氏から人質を取り、講和が成立した。毛利氏の軍事行動は、あくまでも「公方様御供奉」のためのものであり、将軍義昭の上洛戦の前提となる東瀬戸内地域における制海権の掌握をめざしていた。

そして毛利氏のもとに亡命していた讃岐西半国守護代家香川氏が、同年八月までに本城讃岐天霧城に帰還した。それを義昭が、「香川《(信景)》入国之儀、最可然候(16)」と支持したように、鞆の対岸に位置する讃岐の掌握は重要課題であった。天正六年は、義昭にとって一進一退の年となった。天正四年正月以来、丹波八上城主波多野秀治は同国黒井城主赤井直正とともに信長に抵抗していたが、天正六年二月に播磨三木城主別所長治も同調して義昭に与同する。波多野・別所両氏間には、婚姻関係が重ねられており、それが影響したのだろう(17)。

これらの動きと上杉謙信の上洛戦は、密接に関係していた。謙信は、天正四年以来、義昭の命令を受けて、毛利氏と連携して信長を退けようとしていた。天正四年六月には、義昭の仲介で加賀の一向一揆と和睦し、上洛戦の準備を開始する。天正五年九月には、能登七尾城を落とし、さらに加賀手取川の戦いで柴田勝家を撃破した。しかし謙信は、天正六年三月に死去してしまう。

これに対して信長は、同年六月に九鬼嘉隆に建造を命じた甲鉄船を投入して大坂湾の制海権を掌握する。そこで義昭は、信長の重臣に接近する。奉行人小林家孝を摂津花熊城まで派遣し、同国有岡城主の荒木村重を説得したのである。その結果、同年九月までに村重が義昭を奉じて大坂本願寺や毛利氏の陣営に与したことが判明する。（天正六年）九月十一日付荒木村重書状によると、小早川氏重臣乃美宗勝に宛てて花熊城まで進軍するように依頼しているからである。(18)

これまで述べてきた天正四年から同六年にかけての東瀬戸内地域における戦闘は、従来は毛利氏などの単独の軍事行動とみなされてきた。また荒木村重の反乱も、個人的な問題として理解されてきた。しかし、いずれも義昭の上洛戦の一環に位置づけられるのである。

また看過してならないのは、この時期の義昭が自らの外交能力によって大名間の停戦を実現し、その軍勢を動員していたことである。義昭は、将軍権限を依然として行使しえたのであった。毛利氏も、義昭を推戴して信長と対抗することで、中国地域から北四国・北九州まで及ぶ、巨大な勢力圏を形成・維持することができたのである。この頃、羽柴秀吉は三好秀次に宛てて次の書状を与えた。

史料②（「福尾猛市郎氏所蔵文書」）

尚以其方事、兵庫ニ残候て、政道已下堅可申付候、三田へハ人を可遣候、

兵庫城・三田城両城可請取之由、得其意候て塩成遣候て早々可請取候、猶追而可申越候、恐々謹言

十一月廿五日　　筑前守
　　　　　　　　秀吉（花押）

三好孫七郎（秀次）殿

本史料を紹介した福尾猛市郎氏は、「五月廿五日」と判読され、[19]天正十一年五月に池田恒興が摂津尼崎から美濃大垣へ転封したことによって、秀次が恒興の支城兵庫城と三田城を請取ることになったと解釈し、本史料を天正十一年に比定された。ただし福尾氏は、秀次による三田城請取は撤回されたとみる。当時、山崎片家が三田城主として摂津有馬郡二万三千石を領有していたからである。

しかし私は、福尾論文の収録写真から「五月」とは読めず「十一月」と判読する。「廿五日」の「五」の崩しとは、明らかに異なっているからである。そうすると、本史料は天正十一年とは違った年次の可能性が出てくる。

前述のように池田恒興の転封は天正十一年五月のことであって、三田城は天正十年冬から同十九年まで山崎氏が居城しており、[20]天正十一年十一月に兵庫・三田両城の請取命令が出たとするのは不自然となるからである。私は、秀吉が両城郭を同時に請取った時期を、荒木村重の本城摂津有岡城が開城した天正七年十一月十九日の直後のことと考える。

たとえば、両城の中間に存在する播磨淡河城が落城した直後の天正七年六月二十八日付羽柴秀吉禁制[21]で、秀吉は淡河市庭の再興を図っている。また同年十一月に三田城近郊の有馬郡道場河原の住民に対して、秀吉とその家臣が還住を促す史料が伝来している。[22]『寛政重修諸家譜』には、この年の冬に三田城主荒木重堅が秀吉に降伏したと記されているから、この還住令は三田開城に関係する措置とみるべきであろう。

私は、天正七年十一月に三田・兵庫両城が開城し、この地域の荒木方勢力の掃討を担当していた秀吉が、甥の三好秀次に城請取りを命じたとみるべきと考える。この天正七年説で最大の問題点は、兵庫城をどのように理解するかということになる。荒木方の城郭として花熊城に程近い兵庫に城郭があったのなら、『信長公記』をはじめとする諸史料に登場しないというのも合点がゆかない。

これについては、兵庫城が戦時に築かれる陣城だったと考えることで解決されるのではなかろうか。確かに、当城が恒常的な城郭として花熊城と並立した可能性は低い。花熊城は西国街道を取り込んで築城されており、瀬戸内海とは接していなかった。毛利氏方からの物資の補給は、兵庫津を介しておこなわれたから、そこに陣城を築いて確保せねば、花熊での籠城は不可能だった。

雑賀衆関係史料には、花熊城に援軍として出陣したことを示すものがある。たとえば、（天正七年）正月二十日付荒木重綱書状には、「鈴木《（孫市）》国へ御帰付、花熊ニ御入候由、方々御大儀候、先日花熊へ御帰候儀、雑賀衆も申候」と記されている[23]。

後に岡山藩が藩祖池田輝政を顕彰するために制作した岡山大学所蔵「摂津国花熊城図」にも、兵庫の築島寺（現在の来迎寺）の部分に「雑賀《（鈴木）》孫市宿所仮屋」と記され、孫市の陣所だったことがうかがわれる。

ここでは、かつて摂津守護所のひとつとして存在した兵庫島の寺院（築島寺か）を改修することで、花隈城を支える陣城としての兵庫城が存在したと考える。以上から、史料②が発給されたのは天正七年十一月であったと判断する。三田・兵庫両城は、有岡落城に連動して開城したのであろう。

そうすると、史料②は現時点における三好秀次の初見史料となる。秀次は永禄十一年に誕生し、宮部継潤の養子となり、そののち三好康長の養子となった[24]。最初の養子入りは、小谷城攻撃を担当した秀吉が、浅井氏の家臣であった継潤に目を付けたことによると思われる。

従来の研究において、一次史料で「三好孫七郎」が確認される初見史料は、天正十年十月二十二日付下間頼廉宛秀吉書状とされてきた。しかし比較的良質な軍記物である「長元物語」や「南海通記」には、本能寺の変以前から秀次が三好家へ養子入していたことが記されている。

天正七年十一月以前に三好氏に養子入りしていたとすると、天正五年から秀吉が担当した中国攻めとの関係からの措置とみることができる。この点については、次章でふれることにしたい。

本章では、三好氏の動向を中心に東瀬戸内の政治状況を概観した。信長の上洛後も、三好氏は畿内にも一定の勢力を確保し続けた。この時期に畿内の三好氏のリーダーだった三好康長は、天正三年以降は信長に属し、天正七年五月までに秀吉の甥秀次を養子に迎えていた。しかし阿波・讃岐の十河存保をはじめとする三好一族は、一貫して反信長勢力であり足利義昭方に属していたのである。

二　信長重臣の派閥抗争

（一）明智—長宗我部同盟

ここでは、三好氏に対抗して四国統一をめざした長宗我部元親の動向をみてゆく。

天正三年七月、元親は土佐一国を統一した。引き続き三好勢力の攻略に着手するが、遠交近攻策を採用して、天下の実権を掌握しつつあった信長に接近する。同年十月二十六付信長朱印状[25]からは、信長が嫡子の烏帽子親となって偏諱を授かり、信親という実名を得たことがわかる。

烏帽子親とは、武家の男子が元服の際、父親にかわって烏帽子をかぶらせた人物のことで、将来を託すべき有力者に依頼するのが普通であった。細川晴元から偏諱を授かったといわれる元親であるが、彼は細川京兆家に替わる実力者として信長を頼りにしたのである。また居城土佐岡豊城に和泉堺で焼いた瓦を葺いて、織田系の城郭へと改修している。

ここで注目したいのは、信長への取次が一貫して明智光秀によってなされたことである。図②からわかるように、これは光秀の重臣斎藤利三の義理の妹が、元親の正室であったことによる。彼女は、斎藤利三の実兄石谷頼辰の妹である。この石谷氏は、幕府奉公衆の家柄であり、また美濃土岐氏の庶流であったことから、同族である光秀もなんらかの面識があったに違いない。

図②長宗我部氏・石谷氏・斎藤氏・明智氏略系図

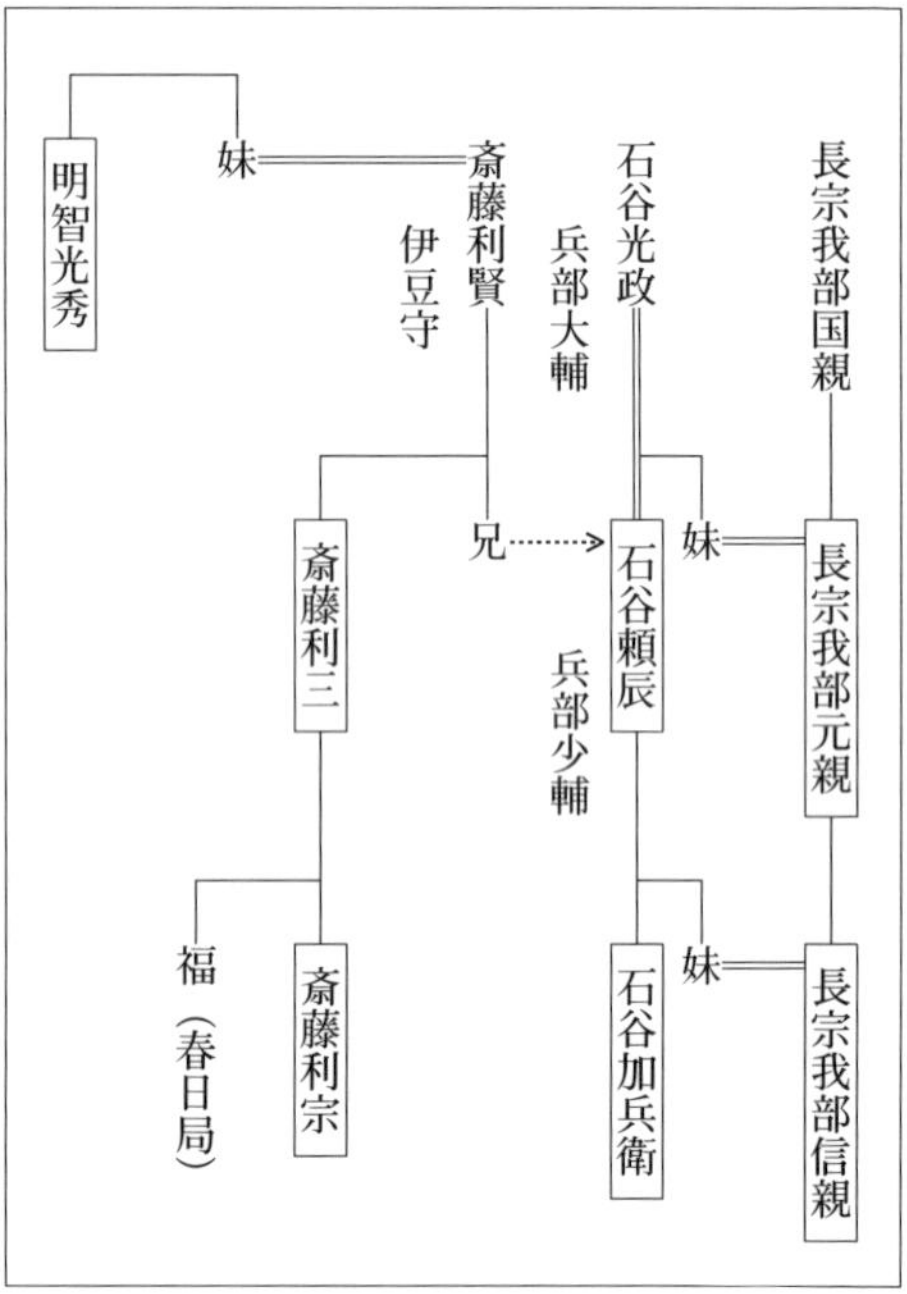

元親が結婚したのは、永禄六年といわれる。それ以来、彼は石谷氏と深く交流している。たとえば『言継卿記』永禄九年八月二十七日条には、元親の依頼を受けて、石谷頼辰が山科家を訪問したことがみえる。さらに元親の嫡男信親が、頼辰の息女を正室としたことからも、長宗我部氏―石谷氏―斎藤氏の関係は、相当に親密であったといえる[26]。

信長が元親と友好関係を結んだのは、阿波・讃岐で抵抗を続ける三好一族や、瀬戸内海の制海権を掌握しつつあった毛利氏に備えるためであった。これに応えて元親は、急速に勢力を伸張し、天正九年までに三好一族の所領を除く両国の大半を勢力圏とし、伊予へも度々軍兵を送るようになった。

ここで、この時期の元親と秀吉との関係がうかがわれる史料を紹介しよう。長文ながらきわめて重要な内容なので全文を掲げる。

史料③（東京大学史料編纂所架蔵「吉田文書」）

雖度々令啓達候、向後之儀猶以可得御内証、

態以使者申入候、

一、六月十九日之御返札八月中旬遂拝見候、又九月朔日御報去月中旬下着、毎篇御懇報畏存候、殊更此方申次第可預御加勢旨、外聞実儀致満足候、必可申入条、其節御合力所仰候、

一、其御隣国属御存分之段無其隠候、殊最前御行次第被顕御一書、被懸御意悉以炳焉之至乍勿論御名誉不及言語候、其後打続数ケ国被任御本意由尤珍重存候、様体弥承度存候、

一、先度従在陣中如令注進候、讃州十河・羽床両城取詰両落居半、大坂を逃下牢人共紀州・淡州相催、阿州勝瑞へ被渡及再籠、一宮之城を取巻候之条、十河・羽床搦手にハ対陣付置、一宮為後巻至阿州馳向候処、此方備まちうけす敵即敗北候、追而可及一戦処、阿州南方に在之新開道善と申者をはしめ雑賀之者に令同心、大都敵心之輩依在之軍利難計、先謀叛之輩共或者令誅伐或令追討、勝瑞一所に責縮、方角要要害・番手等堅固申付、一旦休汗馬候、敵方手成於武篇者手ニ取同心究申間、可御心易候、

一、先度之御報に紀州者阿州無競望様ニ可被仰上之旨、尤大慶存候、既今度彼等謀略之状懸御目候、殊四国行之段御朱印頂戴仕旨、厳重申洩依致蜂起、万一如何様仁被成　御下知候哉と一先戦中加遠慮候迚之儀詳に被仰上、委曲之御報所仰候、

一、阿・讃於平均者、雖為不肖身上西国表御手遣之節者、随分相当之致御馳走可詢粉骨念願計候、

一、三好山城守(康長)近日讃州至安富館下国必定候、子細口上可申分候、

一、淡州野口方ノ所来、其元馳参被成御許容候由候、此比淡州之儀如何可被仰付候、御模様候哉承度存候、紀州之儀被押置候者、阿・讃両国即時上及行可相果候条、於其上者淡州之義被仰下次第可致心懸候哉、

一、善悪之御助言奉頼外無他子(ママ)候、無二可抽戦忠覚悟迄連々懸存候通斎藤内蔵助(利三)方まて申登候間、自然之時者可被得貴意候、万端口上含候、可得御意候、恐惶謹言、

長宗我部宮内少輔

元親

霜月廿四日（天正八年）

羽柴筑前守殿（秀吉）

人々御中

本史料の年次を天正八年と判断したのは、第一条に記されている「六月十九日」付の元親宛秀吉書状写が『紀伊続風土記』第三輯に収録されており、それには天正八年の三木城落城から因幡鳥取城攻撃に至る状況を詳しく記していることによる。

本史料において注目されるのが、第三条の「大坂を逃下牢人共」の動きである。天正八年閏三月に顕如は正親町天皇の仲介による信長との講和を受諾し、大坂本願寺から紀伊雑賀鷺森本願寺に退去した。そして同年八月には、徹底抗戦を主張した教如も鷺森めざして落ち延びていった。

本願寺方の牢人は、紀伊や淡路の反信長方勢力とともに、阿波の勝瑞・一宮両城を攻撃した。讃岐出陣中の元親は、急遽阿波に向かい彼らと対戦した。またこのような状況に、敵方になびく富岡城主新開道善などの阿波南部の国衆もいたようだ。ここで重要なのは、この時期三好氏の本城勝瑞城や重要拠点一宮城も含む阿波一円が、信長に属した長宗我部氏の勢力圏となっていたことである。

天正八年正月、元親は一宮城を勢力下に収めた。かかる事態に、天正六年正月に和泉堺から勝瑞に入城し三好氏の家督を継承していた十河存保（「三好存保」とする史料もあるが、小稿では一般的な十河姓を使用する）が、本城を捨て讃岐十河城に逃亡していたからである。元親が十河・羽床両城を攻撃していたのは、存保掃討のためであった。

第一条では、元親の要請次第、秀吉が加勢することを申し出ていることがわかる。また第五条では、阿波・讃岐を統一したならば、元親が信長の「西国表御手遣」すなわち毛利氏攻撃に参陣することを約束している。具体的にこれは、毛利氏の一族となっていた伊予守護河野氏への攻撃をさすのであろう。

史料③からは、当時の元親と秀吉との関係は良好だったとみられる。秀吉としても、十河存保が依然として足利義昭側にあり、阿波奪回のために再び紀伊や淡路の反信長方勢力と手を組む可能性もあったことから、元親との連携を維持せねばならなかったのである。

(二) 毛利―長宗我部同盟

天正八年十二月二十五日付で元親は、本願寺の大坂退去を祝して、信長に「伊予鶏《鷂カ》」を献上しており[27]、織田―長宗我部間に友好関係が維持されていたことがわかる。ところが天正九年六月十二日付で、信長から思いもよらぬ朱印状[28]がもたらされた。

書中で信長は、元親に対して三好康長の子息式部少輔を援助して、阿波の支配をおこなうようにと伝えたのである。その添状を認めた康長は、今後とも若輩である式部少輔を教導願いたいと依頼している[29]。

康長は、史料③第六条で元親が危惧したように天正九年三月に渡海して讃岐に入り、さらには阿波岩倉城に到着し、子息式部少輔を信長に帰属させた。したがって先の朱印状は、信長の四国政策の変更を端的に示している。天正三年以来、元親は四国の最大勢力であった三好氏の掃討に取り組んでおり、信長もそれを承認していた。ところが、三好康長の巻き返しにあい、長宗我部氏は苦境に立たされるのである。

四国政策変更の本質的な原因は、信長の重臣間で発生した派閥抗争というべき対立にあった。当時の重臣層は、信長の一門・近習と親密になろうとしたり、与力大名や外様大名を与党に引き込むことに懸命で、相互に合従連衡を繰り返すようになっていた。

天正八年閏三月、信長は大坂本願寺と講和して懸案の一向一揆問題を解決すると、同年八月には重臣を次々と粛正していった。それが、佐久間信盛や林秀貞（通勝）らの追放であった。以後、織田家を支える有力重臣は、柴田勝家と滝川一益、および光秀と秀吉という顔ぶれとなった。

図③本能寺の変直前の派閥抗争

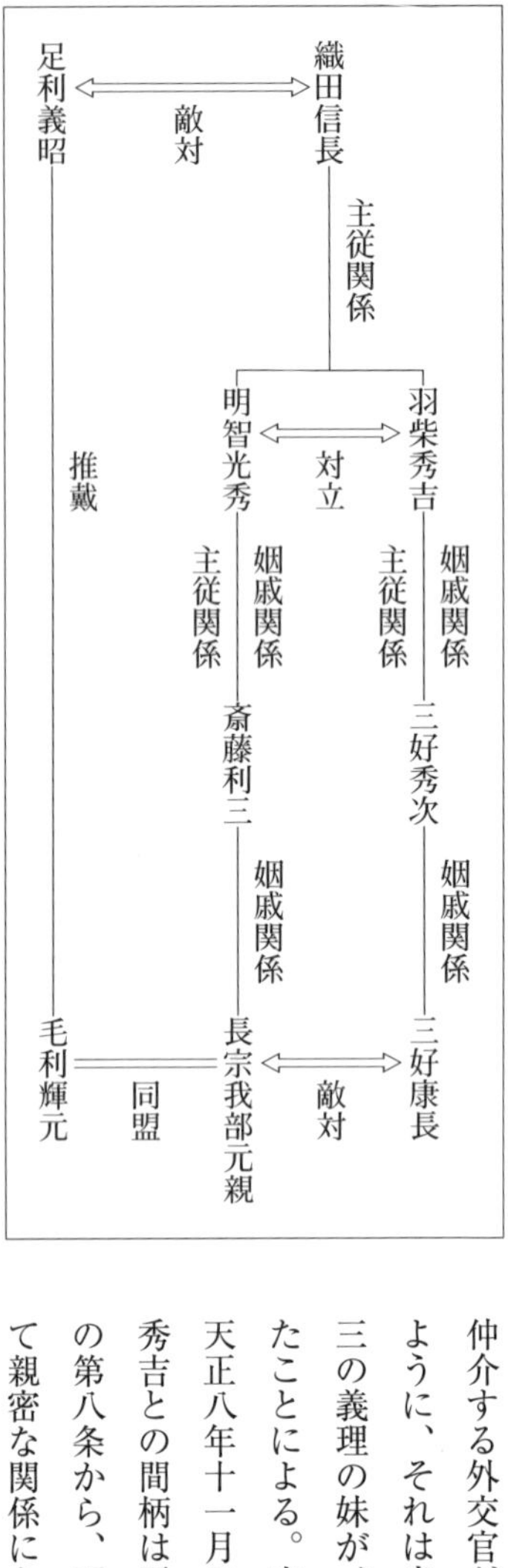

光秀は、信長と長宗我部元親を仲介する外交官だった。前述したように、それは光秀の重臣斎藤利三の義理の妹が、元親の正室だったことによる。史料③によると、天正八年十一月の段階では元親と秀吉との間柄は悪くなかった。その第八条から、両者が利三を介して親密な関係にあったことがうかがわれるからである。

しかし秀吉が、天正七年十一月までに甥の秀次を三好康長の養子としていたことを忘れてはならない。山陽地域での平定戦を本格的に進めるためには、瀬戸内海の制海権を掌握する必要があったからであろう。

独自の水軍を持たない秀吉には、毛利氏の村上水軍に対抗するために、三好氏の水軍力が不可欠だった。康長は、天正六年には一族で淡路水軍を束ねる安宅信康に働きかけて、信長に属させた[30]。秀吉が秀次を養子入りさせたのは、このような前提もあってのことと考える。

やがて秀吉は、康長が切望した本国阿波を中心とする旧領の奪還に助勢し、長宗我部方勢力の排除をめざすことになる。そのために、信長に対して四国政策の変更を巧みに働きかけ、天正九年六月にはそれに成功したのである。

元親は、信長と断交した直後の天正九年七月二十三日付で伊予新居郡の実力者金子元宅と起請文を交わして軍事同盟を締結する[31]。さらには、次の史料にみえるように、同年八月までには仇敵関係にあった毛利氏と讃岐天霧城で同盟を結び、戦争に向けての態勢を整えた。

史料④（東京大学史料編纂所架蔵「乃美文書」）

先度至天霧御両使被差渡、其始末可被仰聞旨尤得其意、即此者進之置候、自今以後儀別而御取成所希候旨趣口上申含候、仍太刀一腰・馬一疋進覧之候、万賀縷々可申述候、恐々謹言

（天正九年）八月七日　　元親（花押）

乃美兵部丞（宗勝）殿

御宿所

天霧城主香川信景は、かつて三好氏の侵入に耐えかねて亡命し毛利氏に庇護されたが、元吉合戦直後の天正五年八月には帰国していた。信景が仲介役となって、長宗我部・毛利同盟が実現したのである。元親が、「自今以後儀別而御取成所希候」と祝った同盟は、管見の限り天正十二年の小牧・長久手の戦いの時期まで維持されている。

なお本史料を天正九年に比定したのは、天正十年八月では既に毛利氏が長宗我部氏と敵対する秀吉と講和しているから可能性が低いこと、また後述する（天正十年）六月十七日付香宗我部親泰宛義昭御内書で、長宗我部・毛利両氏が将軍を介して「相談」しうる間柄だったことが確認できることによる。この同盟締結ののち、香川信景の息女を娶っていた元親の次男親和が、香川家を継ぐべく讃岐天霧城に入城する。

本同盟は、伊予守護河野氏の処遇と密接に関係した。これについては、天正十年もしくは同十一年と推測される十二月十九日付金子元宅宛小早川隆景書状[32]が興味深い。書中「元親此方之儀是非無心疎候間、与・土両国出入之儀少事候間、偏申調度候、御支度被存候」と、河野氏と長宗我部氏との領土協定を実現するため、隆景が元宅に依頼しているのである。

天正九年末以降、伊予の水軍来島通総が信長に通じて反乱をおこしていたことから、毛利方としては長宗我部氏との対立を避けたかったのだろう。また書中「去年以来被対湯付《（築）》御入魂之儀、淵底令存知儀候」とも記されており、長宗我部・毛利同盟を受けて長宗我部方だった金子氏が河野氏と和睦したこともうかがわれる。

このような動きに対して鳥取城攻撃中の秀吉は、天正九年九月に黒田孝高や仙石秀久らを出兵させ、さらに十一月には池田元助の協力を得て、長宗我部氏の勢力下にあった淡路・阿波両国に攻撃を仕掛けた。これによって、淡路一国と阿波の過半が信長の勢力圏に包摂され、十河存保も勝瑞城を回復した[33]。この年、中国・四国地域の勢力地図は一変したのである。

かかる事態を打開すべく、天正十年一月に光秀は元親に対して利三の実兄石谷頼辰を派遣して、信長の命に服すよう説得に努めたが、不調に終ってしまう[34]。同年二月九日付で、信長は武田氏攻撃に関わる指令書を発給するが、それには三好康長に対する四国出陣の命令が記されている[35]。信長は、武田氏を滅亡させたのち、長宗我部氏への最終的な掃討をおこなうことを決意したのである。

天正十年五月七日付で信長は、四国攻撃軍の最高指揮官神戸信孝（信長三男）に対して四国国分案を発表し、戦後に信孝を讃岐国主に、康長を阿波国主にすることを伝えた[36]。光秀や元親にとって理不尽な外交政策の転換も、信長にとっては若い信孝を活躍させるチャンスと位置づけていたのである。

当時の信長は、来るべき天下統一後をにらんで若い一門・近習を有力大名として畿内近国に配置し始めていたが[37]、信孝の処遇もその一環に位置づけることができよう。また信長が、三好氏家督を十河存保から秀吉の人脈に属する康長へと実質的に変更したこともうかがわれる。

織田政権内における四国政策をめぐる派閥抗争が激化してゆくなか、光秀は秀吉に敗北してしまうわけにはいかなかった。それは、織田家随一の重臣からの転落に直結したからである。そこで状況打開のために、斎藤利三が光秀を動かしてゆき、最終的には本能寺の変が勃発するのであった(38)。

結語

天正十年六月二日未明に発生した本能寺の変の情報が大坂に伝わると、そこに結集していた四国攻撃軍はたちまち混乱し、当日に予定されていた渡海は不可能となった。それによって、先陣として阿波に渡って戦闘していた三好康長の軍隊は孤立した。さらに淡路も、長宗我部方の水軍菅平右衛門が洲本城を占拠することによって確保された。

「元親記」には、四国攻撃軍の出陣を前にして、斎藤利三が妹婿の元親が滅亡の危機に瀕していることを心配しており、それを配慮した光秀がクーデターの準備を早めたことが記されている。また『言経卿記』天正十年六月十七日条には、利三のことを「今度謀反随一也」と表現しており、当時の人々も利三が本能寺の変において最重要の役割を演じたと認識していたことがわかる。

光秀が本能寺の変を起こした理由の一つとして、長宗我部氏が滅亡の危機に瀕していることがあった。それを救おうと決起したのは、クーデターのち政権を維持するために元親の軍事力を恃んだからであろう。上方に通じる淡路の確保は、この点と密接に関係する。それがなければ、家康が和泉堺から帰洛してからのほうが効果的だった。

光秀のクーデターの正当性は、（天正十年）六月十二日付で雑賀衆の反信長派のリーダーである土橋重治に宛てた書中で「（平出）御入洛之事、即御請申上候(39)」と、義昭の上洛戦への与同を表明していることからうかがわれる。当時の光秀にとって旧主義昭は、主殺しを正当化し、かつ反信長方勢力を糾合するため必要不可欠な存在だった。しかも同史料には「委細為（闕字）上意、可被仰出候条、不能巨細候」と記されており、この段階で義昭に主導権があったことも読み取りうるのである。

光秀方の動きに呼応して、元親方も機敏に四国統一のための軍事行動を開始した。同年六月、元親は東伊予・西讃岐の国衆に出陣を命じ、天正八年に築城していた讃岐西長尾城に集結させた。香川親和を総大将とする長宗我部軍は、三好氏の勢力圏であった讃岐の那珂・鵜足郡に向けて出陣し、聖通寺城の奈良太郎兵衛を敗走させ、藤尾城の香西佳清は降伏した(40)。

この時期の元親も義昭を推戴していた。元親の実弟で長宗我部氏の外交を担当した香宗我部親泰に宛てた（天正十年）六月十七日付義昭御内書(41)には、「先度元親帰洛之事、可抽忠功由言上条、悦喜之通申遣候、弥芸州相談馳走候様可申聞」（傍線藤田）と記されている。

本史料の傍線部では、義昭が元親に対して毛利輝元と協議して帰洛のために忠節を尽くすように命じている。六月十七日という日付からは、天正十年もしくは同十一年が妥当であるが、天正十一年では賤ケ岳の戦いが同年四月に終了していることから、本能寺の変直後の蓋然性が高いと判断し天正十年に比定した。

本御内書からは、既に元親が義昭の帰洛のために奔走することを言上していたことがわかる。もちろんこれは義昭からの命令を受けてのことであろうが、備後鞆―土佐岡豊間は瀬戸内海と峻険な山岳で隔たっており、往復日数や長宗我部氏が判断に要する時間などを考慮すると、元親が義昭与同を決意したのは本能寺の変と関係することは確実である。

また天正九年もしくは同十年に推定される八月十七日付元親書状（和歌山市個人蔵）からは、元親が「上意」すなわち義昭の命令に服して、反信長派雑賀衆の加太乗慶に特権を付与していたことが確認される(42)。

元親は、天正十年八月に阿波中富川で十河存保を打ち破り、九月には勝瑞城を落城させた。このように元親は本能寺の変と連動して軍事行動をおこない、短期間で四国統一を実現しようとした。やはり、光秀にとって秀吉の「中国大返し」は最大の誤算であった。

信長の東瀬戸内支配は、三好氏旧領の編成を必要とした。その画期は、大坂本願寺が紀伊に退去した天正八年とすべきであろう。これによって播磨・摂津・和泉における反信長勢力は最終的に掃討され、阿波・讃岐の反信長勢力であった十河存保をはじめとする三好氏も大きく力を減じた。

しかし天正九年における信長の四国政策の転換によって、中国・四国に義昭を推戴する巨大な反信長同盟が出現し、境目となった東瀬戸内地域の支配も再び再編を強いられた。そのために信長は、天正十年六月に中国・四国を同時に攻撃しようとた。本能寺の変は、このような動向のなかで勃発したのであった。

註

（1）細川氏の同族支配体制については、小川信「足利一門守護細川氏の成立・発展」（同氏『足利一門守護発展史の研究』吉川弘文館、一九八〇年）、末柄豊「細川氏の同族連合体制の解体と畿内領国化」（石井進編『中世の法と政治』吉川弘文館、一九九二年）、拙稿「戦国期守護支配の構造—和泉国細川氏—」（拙著Ａ『日本中・近世移行期の地域構造』校倉書房、二〇〇〇年）を参照されたい。

（2）三好氏については、今谷明『室町幕府解体過程の研究』（岩波書店、一九八五年）・『守護領国支配機構の研究』（法政大学出版局、一九八六年）・『戦国三好一族』（新人物往来社、一九八五年）を参照されたい。

（3）義昭とその幕府については、久野雅司「足利義昭政権と織田政権」（『歴史評論』六四〇、二〇〇三年）、蕪木宏幸「足利義昭研究序説—義昭の花押を中心に—」（『書状研究』一六、二〇〇三年）、拙著Ｂ『謎とき本能寺の変』（講談社新書、二〇〇三年）を参照されたい。

（4）『吉川家文書』六一〇。

（5）「立神社記録」。前述十二月十二日付恵瓊書状中にも「公方様ハ上下廿人之内外にて、小舟ニ被召候て、紀州宮崎之浦と申所へ御忍候」と記されている。宮崎浦を含む宮崎荘には在地領主宮崎氏がおり、その子孫は和歌山藩の地士となっている。

（6）『後鑑』。

（7）大野治「足利義昭と紀州滞留」（『あかね』二四、御坊文化財研究会、一九九七年）。

（8）「熊野本宮大社所蔵文書」、「米良文書」。

（9）「熊野本宮大社所蔵文書」。
（10）「永禄以来年代記」。
（11）『石見吉川家文書』一〇三。
（12）義昭の「鞆幕府」については、長谷川博史「中世の湊町鞆の浦をさぐる」（『鞆の浦の歴史　福山市鞆町の伝統的町並に関する調査研究報告書Ⅰ』福山市教育委員会、一九九九年）が大変参考になる。
（13）「音無里見文書」。
（14）（天正十年）三月十五日付鈴木重秀宛信長朱印状（「土橋文書」）、『信長公記』。
（15）『上杉家文書』一一一九。
（16）（天正五年）八月朔日付義昭御内書（『吉川家文書』七五）。
（17）八上城研究会編『戦国・織豊期城郭論―丹波国八上城遺跡群に関する総合研究―』（和泉書院、二〇〇〇年）を参照されたい。
（18）「乃美文書」（『新熊本市史　史料編二』）。小林家孝の調略については、（天正六年）十月十四日付小林家孝書状写（『萩藩閥閲録』一二八）や（天正六年）十二月二十三日付毛利輝元書状写（「古簡雑載」七）、荒木村重と大坂本願寺との同盟は、（天正六年）十月十七日付本願寺光佐起請文（「京都大学所蔵文書」）によって明らかになる。
（19）福尾猛市郎「羽柴秀吉と兵庫・三田両城―秀次宛秀吉書状をめぐって―」（『兵庫県の歴史』一〇、一九七三年）。
（20）『寛政重修諸家譜』の山崎片家の項による。
（21）神戸市北区淡河町歳田神社所蔵。本史料については、木村修二・村井良介「淡河の羽柴秀吉制札」（『ヒストリア』一九四、二〇〇五年）参照。
（22）（天正七年）霜月十七日付仙石秀久書状、同日付桑原次右衛門尉書状、天正七年十一月二十六日付羽柴秀吉判物（以上「道場河原町文書」）。
（23）「中村家文書」。
（24）堀越祐一「文禄期における豊臣蔵入地―関白秀次蔵入地を中心に―」（『国史学』一七七、二〇〇二年）参照。

(25)「土佐国蠹簡集」。
(26)朝倉慶景「長宗我部元親の縁辺についての一考察」(『高知の研究二　古代・中世編』清文堂出版、一九八二年)や拙著Bを参照されたい。
(27)「土佐国蠹簡集」。
(28)「香宗我部家伝証文」。
(29)「古証文」七。
(30)(天正六年)六月十八日付信長黒印状(「釈文書」)。
(31)「金子文書」。
(32)「金子文書」。本史料を『愛媛県史　資料編　古代・中世』は「永禄十二年カ」とするが、その当時長宗我部氏は土佐を統一しておらず成立しない。また桑名洋一氏は天正七年に比定されるが、長宗我部氏が信長と良好な時期に領土協定はありえないと考える(同氏「天正期伊予における『境目』領主についての一考察—新居郡国人領主金子氏の動態について—」、『四国中世史研究』八、二〇〇五年)。
(33)『黒田家文書』五〇〜五三、『信長公記』。
(34)「元親記」「南海通記」。
(35)『信長公記』。
(36)「寺尾菊子氏文書」。
(37)谷口克広『信長の親衛隊』(中公新書、一九九八年)参照。
(38)これについては、拙著Bを参照されたい。
(39)「森家文書」。年代比定については、前掲拙著を参照されたい。
(40)「南海通記」。この点については、山本大『長宗我部元親』(吉川弘文館、一九六〇年)や橋詰茂「長宗我部氏の讃岐侵攻と西讃武士」(『高瀬町史　通史編』)参照。
(41)「香宗我部家伝証文」。

(42) 本史料については、野本亮「長宗我部元親の書状は語る」(『土佐史談』二二〇、二〇〇二年)参照。ただし野本氏は本史料を天正五・六年に比定されるが、長宗我部氏が反信長方雑賀衆と結んでいることから成立しない。また天正十一年以降に義昭を推戴していたことが確認できないことから、天正九年もしくは同十年と推定する。

付編

和泉国地域公権力受発給文書一覧

【内　容】以下は和泉国で公権を行使した地域権力の発給・受給した文書の一覧である。
和泉守護・守護代・奉行・被官を中心に、室町幕府・国人一揆・府中在庁・根来寺・河内紀伊守護畠山氏・三好氏・織豊政権の文書を掲載した。
ここでいう「受給」には文面上（形式上）の宛所になっている文書も含む。
そのため地域公権力者が実質的に受給したのではない文書も掲載した。

【期　間】南北朝合体の明徳三（一三九二）年から羽柴秀吉による根来攻めの天正一三（一五八五）年までとした。

【項　目】西暦・和暦年月日・文書名・差出・宛先・出典・刊本・備考とした。

【配　列】有年紀文書および年紀の判明する無年紀文書を編年順に配列した。無年紀文書の推定年紀は（　　）で示した。年紀の推定できない無年紀文書はその後に月日順に配列し、無月日文書は最後に配した。

【文書名】文書名の命名は典拠とした刊本ごとに異なっているが、ここでは文書名を適宜変更し、できる限り統一した。

【差　出】永正五年以後、細川両京兆家の分裂時期における和泉守護は、上守護・下守護の呼称でなく高国派・澄元派（晴元派）の表記を用いた。

【宛　先】守護・守護代・地域権力が形式上の宛所に過ぎない文書も含めている。

【典　拠】出典・刊本はすべてを掲載していない。
また典拠とした著書・論文は次のとおりである。

岡田謙一「統源院殿春臺常繁小考」（「ヒストリア」一六七号、一九九九年）
岡田謙一「和泉上守護代宇高氏についての基礎的考察」（「日本歴史」六二三号、二〇〇〇年）
岡田謙一「細川高国派の和泉守護について」（「ヒストリア」一八二号、二〇〇二年）
小谷利明「畿内戦国期守護と室町幕府」（「日本史研究」五一〇号、二〇〇五年）
藤田達生『日本中・近世移行期の地域構造』（校倉書房、二〇〇〇年）
藤田達生『日本近世国家史の研究』「渡り歩く武士」（校倉書房、二〇〇一年）

【守護・守護代・奉行・被官の受給・発給文書】
守護方と思われる人物には、判明する限りでその旨を項目に記した。不明な人物の受給・発給した文書もあるが敢えて掲載した。

【国人一揆・根来寺・畠山氏・三好氏・織豊政権に関わる文書】
和泉守護関係の文書と区別する意味で、その旨を項目に記した。
根来寺僧に関わる売券史料は「中家文書」（『熊取町史』史料編）をはじめ膨大にあるので掲載しなかった。

【全国政権・広域政権の文書】
幕府（堺幕府含む）・細川氏・三好氏・織田氏の文書については和泉国の広域支配権を示す文書や国内の地域権力に発給された文書などを掲載するにとどめた。

【その他】本文書一覧の作成に当たっては、泉佐野市図書歴史課市史編さん係（歴史館いずみさの内）の収集した史料カードを閲覧利用させていただいた。本文書一覧は各執筆者の意見をふまえて廣田浩治が編集した。

宛先	出典	刊本	備考
和田慶松	和田文書	群書類従	和田荘下司職内五十貫
杉備中守	秋田藩採集文書	茨城県史料	鶴原荘
	久米田寺文書	岸和田市史	久米田寺敷地菜園
	田代文書	高石市史	成田氏　信太郷地頭職
大鳥社禰宜	光明院文書	堺市史続編・高石市史	大鳥社
久米多寺	久米田寺文書	岸和田市史	久米多寺
	淡輪文書	阪南市史	淡輪荘下司職
南都学侶御中	長専日記抜書	堺市史	応永の乱　関東公方
	田代文書	高石市史	田代氏
	田代文書	高石市史	田代氏
田代源次郎	田代文書	高石市史	田代氏　大鳥荘
田代源次郎	田代文書	高石市史	田代氏
遊佐豊後入道(長護)	醍醐寺文書	大日本古文書	大伝法院領　守護使
仁木兵部少輔(義員)	尊経閣文庫文書	新修泉佐野市史	嘉祥寺領日根荘
久米多寺	小谷氏所蔵文書	岸和田市史	勘料
光用因幡入道	醍醐寺文書	大日本古文書	根来寺　信達荘
仁木兵部少輔(義員)	醍醐寺文書	大日本古文書	根来寺　信達荘
光用因幡入道	石清水八幡宮菊大路文書	大日本古文書	岸和田荘
仁木兵部少輔(義員)	石清水八幡宮菊大路文書	大日本古文書	岸和田荘
仁木兵部少輔(義員)	久米田寺文書	岸和田市史	久米田寺
大伝法院	醍醐寺文書	大日本古文書	信達荘加納
仁木兵部少輔(義員)	尊経閣文庫文書	新修泉佐野市史	嘉祥寺領日根荘
赤堀五郎左衛門尉	醍醐寺文書	大日本古文書	信達荘加納
和泉国惣官・田所中	淡輪文書	阪南市史	淡輪荘下司公文両職
ひさえだ(久枝)どの	日根野文書	新修泉佐野市史	上之郷下村　禅興寺別当職
	日根野文書	新修泉佐野市史	上之郷下村　禅興寺別当職
牧新左衛門入道(秀知)	醍醐寺文書	大日本古文書	信達荘三方加納　下男
犬原入道	醍醐寺文書	大日本古文書	信達荘三方加納　下男
犬原三郎左衛門入道	醍醐寺文書	大日本古文書	信達荘
(細川刑部大輔頼長)	細川家文書	細川家文書中世篇ほか	和泉半国守護　細川頼長
細川兵部大輔(基之)	秋田藩採集文書	茨城県史料	鶴原荘
細川刑部大輔(頼長)	秋田藩採集文書	茨城県史料	鶴原荘
念仏寺々僧等中	開口神社文書	開口神社史料	大鳥郡開口村　堺南荘
念仏寺々僧等中	開口神社文書	開口神社史料	大鳥郡開口村　堺南荘
宇高大蔵左衛門尉(光勝)	秋田藩採集文書	茨城県史料	鶴原荘

No.	西暦	和暦年月日	文書名	差出
1	1392	明徳３年７月10日	守護大内義弘知行宛行状写	左京権大夫(大内義弘)
2	1393	明徳４年４月８日	守護大内義弘遵行状写	左京権大夫(大内義弘)
3	1393	明徳４年11月28日	守護大内義弘安堵状	邦重・上使沙弥
4	1395	応永２年６月　日	和泉国々人等目安案	和泉国々人等
5	1396	応永３年５月13日	守護大内義弘奉行人奉書	(有馬)義連
6	1396	応永３年６月　日	杉備中守禁制	備中守
7	1396	応永３年８月22日	和泉国地頭御家人等紛失連署状	取石正勝ら11名
8	1399	(応永６年)10月28日	守護大内義弘書状写	義弘
9	1399	応永６年11月20日	守護大内義弘奉行人証状	(有馬)義連
10	1399	応永６年11月20日	守護大内義弘奉行人証状	(有馬)義連
11	1399	応永６年11月21日	守護大内義弘奉書	(杉)重明
12	1399	応永６年11月21日	守護大内義弘奉行人打渡状	(有馬)義連
13	1400	応永７年３月15日	管領畠山基国奉書案	沙弥(畠山基国)
14	1400	応永７年３月21日	管領畠山基国奉書	沙弥(畠山基国)
15	1400	応永７年５月11日	守護仁木義員奉行人奉書	沙弥・沙弥
16	1400	応永７年６月12日	守護仁木義員施行状案	兵部少輔(仁木義員)
17	1400	応永７年９月28日	管領畠山基国奉書	沙弥(畠山基国)
18	1400	応永７年10月２日	守護仁木義員遵行状	兵部少輔(仁木義員)
19	1400	応永７年11月７日	管領畠山基国奉書	沙弥(畠山基国)
20	1401	応永８年５月12日	管領畠山基国奉書	沙弥(畠山基国)
21	1403	応永10年８月７日	守護仁木義員遵行状案	兵部少輔(仁木義員)
22	1403	応永10年８月27日	管領畠山基国奉書	沙弥(畠山基国)
23	1403	(応永10年)10月８日	守護仁木義員代光用因幡入道打渡状案	沙弥(光用因幡入道)
24	1403	応永10年12月15日	管領畠山基国奉書	沙弥(畠山基国)
25	1407	応永14年11月12日	守護方浄観書下写	浄観(牧秀忠)
26	1407	(応永14年)11月12日	頼久打渡状写	頼久
27	1408	応永15年７月20日	守護奥御賀丸奉行人連署奉書案	常秀・誠喜
28	1408	応永15年７月22日	守護奥御賀丸守護代打渡状案	善興(牧秀知)
29	1408	応永15年７月25日	守護奥御賀丸守護代打渡状案	善興(牧秀知)
30	1408	応永15年８月29日	将軍足利義持御判御教書	御判(足利義持)
31	1408	応永15年10月２日	管領斯波義重奉書	沙弥(斯波義重)
32	1408	応永15年10月２日	管領斯波義重奉書	沙弥(斯波義重)
33	1408	応永15年11月24日	上守護代生石家光寄進状	家光
34	1408	応永15年11月24日	下守護代斎藤玄霖寄進状	沙弥(斎藤玄霖)
35	1409	応永16年12月12日	上守護細川頼長遵行状写	刑部大輔

宛先	出典	刊本	備考
斎藤勘解由左衛門入道	秋田藩採集文書	茨城県史料	鶴原荘
(建仁寺永源庵)	細川家文書	細川家文書中世篇ほか	日根荘入山田村
細川兵部大輔(基之)	尊経閣文庫文書	新修泉佐野市史	嘉祥寺領日根荘
細川刑部大輔(頼長)	醍醐寺文書	大日本古文書	信達荘半済・加納
細川兵部大輔(基之)	醍醐寺文書	大日本古文書	信達荘半済・加納
細川刑部大輔(頼長)	醍醐寺文書	大日本古文書	信達荘加納
細川兵部大輔(基之)	醍醐寺文書	大日本古文書	信達荘加納
細川刑部大輔(頼長)・細川兵部大輔(基之)	醍醐寺文書	大日本古文書	信達荘加納
細川刑部大輔(頼長)	醍醐寺文書	大日本古文書	信達荘
細川兵部大輔(基之)	醍醐寺文書	大日本古文書	信達荘
細川刑部大輔(頼長)	醍醐寺文書	大日本古文書	信達荘　三方加納　上男・下男
細川兵部大輔(基之)	醍醐寺文書	大日本古文書	信達荘　三方加納　上男・下男
宇高大蔵左衛門尉(光勝)	醍醐寺文書	大日本古文書	信達荘
斎藤勘解由左衛門入道(玄霖)	醍醐寺文書	大日本古文書	信達荘
天部五郎左衛門尉	醍醐寺文書	大日本古文書	信達荘
石川四郎左衛門入道	醍醐寺文書	大日本古文書	信達荘
(細川九郎持有)	細川家文書	細川家文書中世篇	阿波讃岐伊予三国所領
天部五郎左衛門入道	永源師檀紀年録	永源師檀紀年録	和泉国入山田
細川阿波守(基之)	醍醐寺文書	大日本古文書	信達荘三方加納　上男下男
細川九郎(持有)	醍醐寺文書	大日本古文書	信達荘
細川阿波守(基之)	醍醐寺文書	大日本古文書	信達荘三方加納　上男下男
細川九郎(持有)	醍醐寺文書	大日本古文書	信達荘
給人御中	日根野文書	新修泉佐野市史	上之郷下村　禅興寺別当職
	永源師檀紀年録	永源師檀紀年録	建仁寺永源庵領
当庵(永源庵)塔主	永源師檀紀年録	永源師檀紀年録	建仁寺永源庵領
(細川九郎持有)	細川家文書	細川家文書中世篇	和泉国国衙職半分
(建仁寺永源庵)	細川家文書	細川家文書中世篇	日根荘入山田村半分ほか
	建仁寺霊洞院文書	新修泉佐野市史	式目　寺領庄主
細川阿波守(基之)	九条家文書	図書寮叢刊	日根荘
細川刑部少輔(持有)	九条家文書	図書寮叢刊	日根荘
永源庵侍衣禅師	細川家文書	細川家文書中世篇	日根荘入山田村半分ほか
入山田庄主御方	永源記	新修泉佐野市史	入山田棟別
(九条家)	九条家文書	図書寮叢刊	日根荘

No.	西暦	和暦年月日	文書名	差出
36	1409	応永16年12月12日	下守護細川基之遵行状写	(花押影)
37	1410	応永17年９月９日	上守護細川頼長寄進状	刑部大輔頼長
38	1410	応永17年９月17日	管領畠山満家奉書	沙弥(畠山満家)
39	1410	応永17年９月18日	管領畠山満家奉書案	沙弥(畠山満家)
40	1410	応永17年９月18日	管領畠山満家奉書案(抄案)	沙弥(畠山満家)
41	1410	応永17年10月８日	管領畠山満家奉書案	沙弥(畠山満家)
42	1410	応永17年10月８日	管領畠山満家奉書案(抄案)	沙弥(畠山満家)
43	1410	応永17年10月８日	管領畠山満家奉書案	沙弥(畠山満家)
44	1410	応永17年10月８日	管領畠山満家奉書案	沙弥(畠山満家)
45	1410	応永17年10月８日	管領畠山満家奉書案(抄案)	沙弥(畠山満家)
46	1410	応永17年10月26日	管領畠山満家奉書案	沙弥(畠山満家)
47	1410	応永17年10月26日	管領畠山満家奉書案(抄案)	沙弥(畠山満家)
48	1410	応永17年12月18日	上守護細川頼長遵行状案	刑部大輔(頼長)
49	1410	応永17年12月18日	下守護細川基之遵行状案	兵部大輔(基之)
50	1410	応永17年12月23日	上守護代宇高光勝遵行状案	(宇高)光勝
51	1410	応永17年12月23日	下守護斎藤玄霖遵行状案	(斎藤)玄霖
52	1411	応永18年８月21日	将軍足利義持御判御教書	(花押)
53	1412	応永19年４月23日	上守護代宇高通光奉書写	(宇高)通光
54	1412	応永19年５月28日	管領細川満元奉書案	沙弥(細川満元)
55	1412	応永19年５月28日	管領細川満元奉書案(抄案)	沙弥(細川満元)
56	1412	応永19年８月４日	管領細川満元奉書案	沙弥(細川満元)
57	1412	応永19年８月４日	管領細川満元奉書案(抄案)	沙弥(細川満元)
58	1412	応永19年12月３日	共盛(ヵ)書下写	共盛(ヵ)
59	1412	応永19年12月26日	将軍足利義持御判御教書写	内大臣源朝臣
60	1413	応永20年６月15日	管領細川満元奉書写	沙弥(細川満元)
61	1415	応永22年11月10日	将軍足利義持御判御教書	(花押)
62	1417	応永24年10月23日	上守護細川持有寄進状	刑部少輔持有
63	1417	応永24年10月23日	永源庵式目	刑部少輔持有・塔主通恕
64	1419	応永26年９月２日	管領細川満元奉書	沙弥(細川満元)
65	1419	応永26年９月２日	管領細川満元奉書	沙弥(細川満元)
66	1420	応永27年12月21日	上守護細川持有書下	持有
67	1421	応永28年６月18日	那須春資配符写	那須次郎左衛門尉春資
68	1421	応永28年12月24日	日根荘年貢送文案	斎藤勘解由左衛門尉(玄霖ヵ)

宛先	出典	刊本	備考
造太新太夫入道・佐竹九郎左衛門尉	永源師檀紀年録	永源師檀紀年録	入山田所務職
御奉行所	薬師寺文書	泉大津市史	和泉国講師職相論
田所殿・惣官殿	薬師寺文書	泉大津市史	和泉国講師職相論
御奉行所	薬師寺文書	泉大津市史	和泉国講師職相論
久枝新九郎	薬師寺文書	泉大津市史	和泉国講師職相論
杭全彦左衛門尉	薬師寺文書	泉大津市史	和泉国講師職相論
	九条家文書	図書寮叢刊	日根荘日根野村
	九条家文書	図書寮叢刊	日根荘日根野村
入江九郎衛門	日根野文書	新修泉佐野市史	日根野・上郷内下村上津村
細川阿波入道(基之)	壬生文書	図書寮叢刊	和泉国役人別
細川刑部少輔(持有)	壬生文書	図書寮叢刊	和泉国役人別
(九条家)	九条家文書	図書寮叢刊	日根荘
	九条家文書	図書寮叢刊	日根荘
佐藤長門介(光信)	日根野文書	新修泉佐野市史	上之郷上村
日根野加賀入道	日根野文書	新修泉佐野市史	上之郷上村
(建仁寺永源庵)	細川家文書	細川家文書中世篇	阿波国高越荘
細川阿波入道(基之)	松尾寺文書	泉大津市史	和泉国講師職相論
細川阿波入道(基之)	松尾寺文書	泉大津市史	和泉国講師職相論
細川刑部少輔(持有)	松尾寺文書	泉大津市史	和泉国講師職相論
久枝蔵人助(久盛)	九条家文書	図書寮叢刊	日根野・入山田村
宇高安芸入道(通光)	九条家文書	図書寮叢刊	日根野・入山田村
松尾将監入道	九条家歴世記録	図書寮叢刊	日根野・入山田村
佐藤長門守(光信)	九条家歴世記録	図書寮叢刊	日根野・入山田村
久枝蔵人助(久盛)	松尾寺文書	泉大津市史	和泉国講師職相論
宇高安芸入道(通光)	松尾寺文書	泉大津市史	和泉国講師職相論
(建仁寺永源庵)	細川家文書	細川家文書中世篇	讃岐国臼井
久枝蔵人助(久盛)	日根野文書	新修泉佐野市史	日根野職式内
佐藤長門入道(慈満)	日根野文書	新修泉佐野市史	日根野職式内
松尾将監入道	日根野文書	新修泉佐野市史	日根野職式内
日根野加賀入道	日根野文書	新修泉佐野市史	日根野職式内
久枝蔵人助(久盛)	九条家文書	図書寮叢刊	日根野・入山田村
宇高安芸入道(通光)	九条家文書	図書寮叢刊	日根野・入山田村
両守護代(宇高通光・久枝久盛)	御前落居奉書	室町幕府引付史料集成	北野社領八田荘
宇高安芸入道(通光)	永源記　御寄附状	永源師檀紀年録	永源庵領入山田
片山孫太郎	永源師檀紀年録	永源師檀紀年録	阿波国高越荘海老名跡

No.	西暦	和暦年月日	文書名	差出
69	1422	応永29年４月13日	共盛奉書写	共盛
70	1426	応永33年３月23日	和泉国在庁連署起請文案	在庁田所公景・在庁惣官秀景
71	1426	応永33年３月29日	神於寺三綱注進状案	山門末寺神於寺三綱
72	1426	応永33年３月30日	和泉国在庁中原貞住起請文案	在庁新図書助中原貞住
73	1426	応永33年４月９日	下守護奉行人斎藤基祐遵行状案	基祐
74	1426	応永33年４月９日	下守護奉行人斎藤周防常照遵行状案	沙弥常照
75	1426	応永33年５月18日	日根野村年貢送文案	阿州代(斎藤)基祐
76	1426	応永33年５月18日	日根野村年貢送文案	細川刑部代(宇高)通光
77	1426	応永33年10月29日	下守護代久枝久盛書下写	(久枝)久盛
78	1427	応永34年10月15日	管領畠山満家奉書	沙弥(畠山満家)
79	1427	応永34年10月15日	管領畠山満家奉書	沙弥(畠山満家)
80	1428	正長１年８月25日	和泉両守護代請文案	斎藤基祐・宇高通光(光勝)
81	1428	正長１年９月26日	日根荘年貢送文案	(斎藤)基祐
82	1428	正長１年11月13日	上守護代宇高通光遵行状写	(宇高)通光
83	1428	正長１年11月13日	上小守護代佐藤光信(慈満)打渡状写	佐藤長門介
84	1428	正長１年10月28日	上守護細川持有安堵状	刑部少輔(持有)
85	1428	正長１年12月21日	管領畠山満家奉書	沙弥(畠山満家)
86	1429	永享１年12月24日	管領斯波義淳奉書	左兵衛佐(斯波義淳)
87	1429	永享１年12月24日	管領斯波義淳奉書	左兵衛佐(斯波義淳)
88	1429	永享１年12月27日	下守護細川基之遵行状案	判
89	1429	永享１年12月27日	上守護細川持有遵行状案	判
90	1429	永享１年12月29日	下守護代久枝久盛遵行状案	久枝蔵人助久盛
91	1429	永享１年12月29日	上守護代宇高通光遵行状案	宇高安芸入道(通光)
92	1429	永享１年12月30日	下守護細川基之遵行状	(花押)
93	1429	永享１年12月30日	上守護細川持有遵行状	刑部少輔(持有)
94	1430	永享２年５月25日	上守護細川持有寄進状	刑部少輔(持有)
95	1430	永享２年10月13日	下守護奉行人斎藤基祐奉書写	(斎藤)基祐
96	1430	永享２年10月13日	上守護代宇高通光遵行状写	(宇高)通光
97	1430	永享２年10月13日	下守護代久枝久盛遵行状写	(久枝)久盛
98	1430	永享２年10月17日	上小守護代佐藤慈満(光信)打渡状写	(佐藤)慈満
99	1432	永享４年10月21日	下守護奉行人斎藤基祐遵行状案	(斎藤)基祐
100	1432	永享４年10月21日	上守護奉行人宇高有光遵行状案	(宇高)有光
101	1432	永享４年11月６日	室町幕府奉行人奉書写	為種
102	1434	永享６年４月19日	上守護奉行人宇高有光奉書写	(宇高)有光
103	1436	永享８年２月18日	上守護奉行人宇高有光奉書写	(宇高)有光

宛先	出典	刊本	備考
細川九郎(教春)	細川家文書	細川家文書中世篇	阿波讃岐伊予三国所領
細川九郎(教春)	細川家文書	細川家文書中世篇	和泉半国守護職
	阿波国古文書	阿波国徴古雑抄	川田八幡
細川九郎(教春)	開口神社文書	開口神社史料	堺南荘　念仏寺領
宇高安芸入道(通光)	開口神社文書	開口神社史料	堺南荘　念仏寺領
斎藤河内守(基実)	開口神社文書	開口神社史料	堺南荘　念仏寺領
九郎(教春)	細川家文書	細川家文書中世篇	播州発向　軍勢催促
九郎(教春)	細川家文書	細川家文書中世篇	播州出陣(嘉吉の乱)
細川九郎(教春)	細川家文書	細川家文書中世篇	播州出陣(嘉吉の乱)
九郎(教春)	細川家文書	細川家文書中世篇	播州人丸堺合戦
九郎(教春)	細川家文書	細川家文書中世篇	播州出陣(嘉吉の乱)
九郎(教春)	永源師檀紀年録	永源師檀紀年録	赤松教祐殺害
九郎(教春)	細川家文書	細川家文書中世篇	播磨城山落城(嘉吉の乱)
九郎(教春)	細川家文書	細川家文書中世篇	兵庫着陣(嘉吉の乱)
細川九郎(教春)	細川家文書	細川家文書中世篇	播州下向(嘉吉の乱)
細川九郎(教春)	細川家文書	細川家文書中世篇	摂津国堺(嘉吉の乱)
	細川家文書	細川家文書中世篇	勲功宛行
細川九郎(教春)	細川家文書	細川家文書中世篇	播州発向　下知状
細川九郎(教春)	細川家文書	細川家文書中世篇	播州落居　参洛
山名兵部少輔	細川家文書	細川家文書中世篇	恩賞宛行
長塩備前入道(宗永)	細川家文書	細川家文書中世篇	恩賞宛行
治部少輔・刑部少輔(細川教春)・阿波(基之)	細川家文書	細川家文書中世篇	感状(嘉吉の乱)
細川九郎(教春)	永源師檀紀年録	永源師檀紀年録	堺南荘
	開口神社文書	開口神社史料	堺　三村宮　連歌田　両殿
	開口神社文書	開口神社史料	三村宮　連歌田　両殿
寺々御中	東寺百合文書	東寺百合文書展図録『東寺の造営』	東寺勧進
宇高安芸入道(通光)	東寺百合文書	大日本古文書	東寺大勧進下向の勘過
	久米田寺文書	岸和田市史	久米田寺殺生禁断
守護代	建内記	大日本古記録	春日社領和泉国所々段銭
細川刑部大輔(教春)	細川家文書	細川家文書中世篇	日根荘入山田
宇高三郎左衛門尉(有光)	細川家文書	細川家文書中世篇	日根荘入山田
細川阿波入道(基之)	九条満家公引付	図書寮叢刊	入山田
	久米田寺文書	岸和田市史	久米田寺殺生禁断
永源庵侍衣禅師	細川家文書	細川家文書中世篇	日根荘入山田
森加賀入道	永源師檀紀年録	永源師檀紀年録	日根荘入山田

No.	西暦	和暦年月日	文書名	差出
104	1438	永享10年９月17日	室町将軍足利義教御判御教書	(花押)
105	1438	永享10年９月17日	室町将軍足利義教御判御教書	(花押)
106	1439	永享11年４月16日	阿波国川田八幡神社棟札	源朝臣教春
107	1441	嘉吉１年４月15日	管領細川持之奉書	右京大夫(細川持之)
108	1441	嘉吉１年６月８日	上守護奉行人宇高有光奉書	有光
109	1441	嘉吉１年６月８日	下守護細川基之遵行状	沙弥(基之)
110	1441	(嘉吉１年)７月20日	管領細川持之書状	持之
111	1441	(嘉吉１年)８月12日	管領細川持之書状	持之
112	1441	(嘉吉１年)８月19日	管領細川持之書状	持之
113	1441	嘉吉１年９月５日	管領細川持之奉書	右京大夫(細川持之)
114	1441	(嘉吉１年)９月６日	管領細川持之書状	持之
115	1441	(嘉吉１年)９月14日	管領細川持之書状	持之
116	1441	(嘉吉１年)９月16日	管領細川持之書状	持之
117	1441	(嘉吉１年)後９月１日	管領細川持之書状	持之
118	1441	(嘉吉１年)後９月９日	管領細川持之書状	持之
119	1441	(嘉吉１年)後９月15日	管領細川持之書状	持之
120	1441	(嘉吉１年)後９月16日	室町幕府下知状	右京大夫源朝臣(持之)
121	1441	(嘉吉１年)後９月18日	管領細川持之書状	持之
122	1441	(嘉吉１年)後９月18日	管領細川持之書状	持之
123	1441	嘉吉１年10月５日	管領細川持之奉書	右京大夫(持之)
124	1441	(嘉吉１年)10月５日	管領細川持之書下	(花押)
125	1441	(嘉吉１年)11月11日	管領細川持之奉書	(細川)持之
126	1441	嘉吉１年11月16日	管領細川持之奉書写	右京大夫(持之)
127	1442	嘉吉２年11月　日	両守護代連歌田寄進状	(斎藤)河内守基実・(宇高)沙弥通光
128	1442	嘉吉２年11月　日	両守護寄進連歌田本役注文	(斎藤)河内守基実・(宇高)沙弥通光
129	1444	(文安１年)６月17日	両小守護代道泉・基朝廻文	道泉・基朝
130	1444	文安１年８月４日	上守護奉行人宇高有光奉書案	有光
131	1447	文安４年10月８日	下守護代斎藤基実禁制	河内守(斎藤基実)
132	1447	文安４年10月20日	室町幕府奉行人連署奉書案	真妙・永祥
133	1447	文安４年12月６日	管領細川勝元奉書	右京大夫(勝元)
134	1447	文安４年12月６日	上守護細川教春直状	刑部大輔(教春)
135	1447	文安４年12月20日	九条満家書状案	判
136	1447	文安４年　月　日	上守護奉行人宇高有光禁制	左衛門尉有光
137	1449	文安６年４月20日	上守護細川教春直状	教春
138	1449	文安６年４月20日	上守護奉行人宇高有光奉書写	(宇高)有光

宛先	出典	刊本	備考
日向大外記	壬生家文書	図書寮叢刊	五ヶ畑御公用　赤沢
細川弥九郎(常有)	細川家文書	細川家文書中世篇	和泉半国守護職
(細川弥九郎常有)	細川家文書	細川家文書中世篇	舎兄教春本新所領
田中次郎左衛門尉	久米田寺文書	岸和田市史	山直郷中村荘
片山修理進	久米田寺文書	岸和田市史	山直郷東方荘
珠大書記(永源庵)	細川家文書	細川家文書中世篇	信太郷善法寺
永源庵侍者中	細川家文書	細川家文書中世篇	摂津呉庭荘祐禅寺
当社目代・守護代	開口神社文書	開口神社史料	堺南荘念仏寺　住吉社段米
両守護代	開口神社文書	開口神社史料	堺南荘念仏寺　守護段銭
	永源師檀紀年録	永源師檀紀年録	中尾寺後之山
細川弥九郎(常有)	紀伊続風土記五	紀伊続風土記	近木荘　守護役
守護代	開口神社文書	開口神社史料	念仏寺領
細川弥九郎(常有)	旧行人方一派文書	高野山文書	近木荘段銭　守護役　伝馬
山名相模守(教之)	細川家文書	細川家文書中世篇	常有領備前国宇治郷
	細川家文書	細川家文書中世篇	阿波国高越荘海老名跡
(建仁寺永源庵)	細川家文書	細川家文書中世篇	阿波国高越荘海老名跡
細川弥九郎(常有)殿代	細川家文書	細川家文書中世篇	和泉国吉見荘
大庭五郎左衛門尉	永源師檀紀年録	永源師檀紀年録	泉州入山田
	日根文書	新修泉佐野市史	国人契約　一味同心
建仁寺永源庵琮蔵主	永源師檀紀年録	永源師檀紀年録	泉州日根野村秋段銭
大庭五郎次郎	永源師檀紀年録	永源師檀紀年録	泉州日根野村秋段銭
和田殿	和田文書	群書類従	義就退治　近国軍勢　私奉書
細川刑部少輔(常有)	石清水八幡宮菊大路家文書	大日本古文書	岸和田(荘)
斎藤河内入道(基実)	石清水八幡宮菊大路家文書	大日本古文書	岸和田(荘)
淡輪次郎左衛門尉	淡輪文書	阪南市史	畠山義就退治
建仁寺永源庵妙性軒	細川家文書	細川家文書中世篇	和泉国日根郡新家荘極楽寺
高槻弥四郎	永源師檀紀年録	永源師檀紀年録	新家荘極楽寺
高槻向井殿	永源師檀紀年録	永源師檀紀年録	新家荘極楽寺
斎藤民部丞・守護代	開口神社文書	開口神社史料	念仏寺領　塩穴下条
和田殿	和田文書	群書類従	在陣　泉州御勢　公方
細川阿波守(頼久)	田代文書	高石市史	波多野出雲入道知行大鳥上条
細川刑部少輔(常有)	田代文書	高石市史	波多野出雲入道知行大鳥上条
永源庵	永源師檀紀年録	永源師檀紀年録	讃岐国東本山内功米
大庭平左衛門尉(盛景)	久米田寺文書	岸和田市史	久米田寺　祈祷所

No.	西暦	和暦年月日	文書名	差出
139	1450	宝徳２年１月７日	下守護代久枝晟祐書状	(久枝)晟祐
140	1450	宝徳２年４月29日	管領畠山持国奉書	沙弥(畠山持国)
141	1450	宝徳２年４月29日	室町幕府下知状	沙弥(畠山持国)
142	1450	宝徳２年８月19日	上守護奉行人有次奉書	有次
143	1450	宝徳２年８月29日	上守護細川常有下知状	源常有
144	1450	宝徳２年９月15日	上守護細川常有書下	源常有
145	1450	宝徳２年９月15日	上守護細川常有書状	源常有
146	1450	宝徳２年９月16日	室町幕府奉行人奉書	貞元・貞基
147	1450	宝徳２年９月26日	室町幕府奉行人奉書	永祥・貞元
148	1450	宝徳２年11月13日	上守護代信太忠俊証状写	信太遠江守忠俊
149	1451	宝徳３年11月３日	室町幕府御教書写	欠
150	1451	宝徳３年12月17日	室町幕府奉行人奉書	永祥・貞元
151	1451	宝徳３年12月26日	管領畠山持国奉書	沙弥(畠山持国)
152	1453	享徳２年５月７日	管領細川勝元奉書	右京大夫(細川勝元)
153	1453	享徳２年６月12日	上守護細川常有寄進状	常有
154	1453	享徳２年７月10日	上守護細川常有寄進状	常有
155	1453	享徳２年９月14日	室町幕府奉行人連署奉書	左衛門尉・沙弥
156	1454	享徳３年12月17日	上守護奉行人香川景次奉書写	(香川)景次
157	1457	康正３年６月26日	和泉国日根郡国人契約状	鳥取光忠ら９名
158	1458	長禄２年４月10日	上守護奉行人香川景次奉書写	(香川)景次
159	1458	長禄２年９月26日	上守護奉行人香川景次奉書写	(香川)景次
160	1458	長禄２年９月30日	畠山政長守護代連署奉書写	(神保)長誠・(遊佐)長直
161	1459	長禄３年11月10日	管領細川勝元奉書	右京大夫(細川勝元)
162	1459	長禄３年12月６日	下守護細川頼久遵行状	阿波守(頼久)
163	1460	長禄４年12月12日	上守護細川常有感状	刑部少輔(常有)
164	1461	寛正２年７月10日	上守護細川常有寄進状	刑部少輔(常有)
165	1461	寛正２年７月10日	景忠書状写	景忠
166	1461	寛正２年７月10日	高槻伊久施行状写	高槻弥四郎伊久
167	1461	寛正２年９月12日	室町幕府奉行人奉書	貞秀・之種・之親
168	1461	寛正２年11月１日	河内紀伊守護畠山政長書状写	政長
169	1462	寛正３年５月26日	将軍足利義政御教書案	右京大夫(細川勝元)
170	1462	寛正３年５月26日	将軍足利義政御教書案	右京大夫(細川勝元)
171	1462	寛正３年６月13日	景忠書状写	景忠
172	1462	寛正３年７月28日	上守護細川常有下知状	刑部少輔(常有)

宛先	出典	刊本	備考
斎藤河内入道(基実)	田代文書	高石市史	波多野出雲入道知行大鳥上条
大庭平左衛門尉(盛景)	田代文書	高石市史	波多野出雲入道知行大鳥上条
泉州堺南荘顕本寺	顕本寺文書	堺市史	顕本寺
和田備前守	和田文書	群書類従	国代官　久枝筑前
片山修理進・宇高民部	永源師檀紀年録	永源師檀紀年録	入山田段銭
飯尾左衛門尉・両守護使	御代々寄附状	永源師檀紀年録	入山田村御譲位段銭
片山修理進・宇高民部丞	御代々寄附状	永源師檀紀年録	入山田段銭
日根野五郎	日根文書	新修泉佐野市史	国役引替申分
日根野五郎	日根文書	新修泉佐野市史	一条大宮合戦(応仁の乱)
淡輪次郎左衛門尉	淡輪文書	阪南市史	一条大宮合戦(応仁の乱)
和田備前守	和田文書	山城郷土資料館報	京都合戦(応仁の乱)
日根野五郎	日根文書	新修泉佐野市史	京都時宜
和田備前守	和田文書	山城郷土資料館報	大内勢堺南荘着岸
多賀美濃守	板原家文書	府立総合資料館紀要	本免段銭
和田備前守	和田文書	山城郷土資料館報	大内勢摂津中島乱入　堺南荘
久米多寺雑掌	小谷氏所蔵文書	岸和田市史	寺家雑掌
片山修理進	永源師檀紀年録	永源師檀紀年録	入山田内大木・菖蒲
和田左近将監	天竜寺真乗院文書	大阪狭山市史	国々忩劇
	諸寺文書纂	岡田謙一「統源院殿春臺常繁小考」	祈願寺　寺領
斎藤々右衛門尉(久和)	小谷氏所蔵文書	岸和田市史	久岐筑前入道
久米多寺雑掌	小谷氏所蔵文書	岸和田市史	久岐筑前入道
	多和文庫所蔵文書	藤田達生『日本中・近世移行期の地域構造』	御屋形　御厩物方　小守護代
和田左近将監	天竜寺真乗院文書	大阪狭山市史	国に於いて敵出張
和田左近将監	和田文書	山城郷土資料館報	蜂ヶ峯逆瀬川合戦
和田左近将監	和田文書	山城郷土資料館報	毛須東退治
和田左近将監	和田文書	群書類従	御料所堺南荘　春行坊　代官
妙性軒(永源庵)	細川家文書	細川家文書中世篇	泉州入山田大木・菖蒲
妙性軒琮蔵主侍者御中	永源記御寄附状	永源師檀紀年録	泉州入山田大木・菖蒲
細川刑部少輔(常有)	細川家文書	細川家文書中世篇	泉州　敵討捕
九郎(細川頼常ヵ)	細川家文書	細川家文書中世篇	上原合戦
衆徒中	開口神社文書	開口神社史料	堺南荘念仏寺
衆徒中	開口神社文書	開口神社史料	堺南荘念仏寺
片山遠江入道	北野社家日記	北野社家日記	泉州八田荘

No.	西暦	和暦年月日	文書名	差出
173	1462	寛正３年10月５日	下守護細川頼久遵行状案	阿波守(頼久)
174	1462	寛正３年10月17日	上守護細川常有遵行状案	刑部少輔(常有)
175	1464	寛正５年３月16日	上守護細川常有禁制	刑部少輔源朝臣(常有)
176	1464	寛正５年９月16日	下守護細川常繁(頼久)書状写	常繁
177	1464	寛正５年11月10日	上守護奉行人(中沢ヵ)之貞奉書写	之貞
178	1464	寛正５年11月10日	室町幕府奉行人連署奉書写	直秀・為衡
179	1465	寛正６年10月８日	上守護奉行人(中沢ヵ)之貞奉書写	之貞
180	1467	応仁１年４月８日	上守護代大庭盛景書状写	大庭盛景
181	1467	応仁１年５月27日	上守護細川常有感状写	常有
182	1467	応仁１年５月27日	上守護細川常有感状	常有
183	1467	(応仁１年)６月11日	下守護細川常繁(頼久)書状	常繁(頼久)
184	1467	(応仁１年)７月５日	上守護方常弘書状写	常弘
185	1467	(応仁１年)７月20日	下守護細川常繁(頼久)書状	常繁(頼久)
186	1467	応仁１年９月９日	下守護代斎藤久和奉書	(斎藤)久和
187	1467	応仁１年11月26日	下守護細川持久書状	持久
188	1468	応仁２年４月３日	上守護奉行人(中沢ヵ)之貞奉書	之貞
189	1468	応仁２年９月18日	上守護奉行人(中沢ヵ)之貞奉書写	之貞
190	1469	応仁３年２月５日	下守護細川常繁(頼久)書状	常繁
191	1469	応仁３年３月27日	下守護細川持久書下写	民部大輔(細川持久)
192	1469	応仁３年３月27日	下守護奉行人多賀基永奉書	基永
193	1469	応仁３年３月27日	下守護奉行人多賀基永奉書	基永
194	1469	応仁３年４月８日	下守護方御祈願寺入目散用状	雑掌憲豪(久米田寺僧)
195	1469	応仁３年４月22日	下守護細川常繁(頼久)感状	常繁
196	1469	(文明１年)４月25日	上守護細川九郎(政有ヵ)感状	九郎(細川政有ヵ)
197	1469	文明１年６月12日	下守護細川持久感状	持久
198	1469	文明１年10月14日	室町幕府奉行人連署奉書写	之種・貞基
199	1469	文明１年11月11日	上守護細川常有寄進状	常有
200	1469	(文明１年)12月６日	上守護方玄成奉書写	玄成
201	1471	(文明３年)６月27日	将軍足利義政御内書	(花押)
202	1471	(文明３年)６月28日	上守護細川常有感状	常有
203	1472	文明４年６月24日	下守護代斎藤久和遵行状	藤衛門殿　久和
204	1472	文明４年６月24日	上守護代宇高光成遵行状	宇高殿　光成
205	1473	文明５年８月19日	上守護奉行人有景奉書	有景

宛先	出典	刊本	備考
泉州堺南荘顕本寺	顕本寺文書	堺市史	顕本寺
泉州堺南荘引接寺	引接寺文書	堺市史	引接寺
上泉之内包近名主百姓中	葛川明王院文書	葛川明王院史料	上泉郷包近名
上泉内包近百姓中	葛川明王院文書	葛川明王院史料	上泉郷包近名
	葛川明王院文書	葛川明王院史料	上泉郷包近名
	葛川明王院文書	葛川明王院史料	包近名　助松方　国兵粮米
片山遠江入道	永源師檀紀年録	永源師檀紀年録	信太郷中尾寺
多賀美濃守	板原家文書	府立総合資料館紀要	佐野一切辺人足検断寄船
斎藤々右衛門尉(久和)	板原家文書	府立総合資料館紀要	佐野一切辺人足検断寄船
	葛川明王院文書	葛川明王院史料	上泉郷包近名
入江九郎左衛門入道(清源)	板原家文書	府立総合資料館紀要	佐野一切辺人足検断寄船
真壁兵庫	板原家文書	府立総合資料館紀要	佐野一切辺人足検断寄船
国々面々	和田文書	群書類従	近木荘　三宝院　神前方
丹三郎左衛門尉	永源師檀紀年録	永源師檀紀年録	阿波麻植郡高越寺三社
和田左近将監	和田文書	山城郷土資料館報	天王寺合戦
守護代	惣官家旧記	三重県史	太神宮領鳥取荘
根来寺衆徒中	惣官家旧記	三重県史	太神宮領鳥取荘
守護代	惣官家旧記	三重県史	太神宮領鳥取荘
根来寺氏人中	惣官家旧記	三重県史	太神宮領鳥取荘
細川五郎(元有)	細川家文書	細川家文書中世篇	坂本郷荘　大鳥下条
和田筑後守	和田文書	群書類従	上神基興　鉾楯
日根野五郎左衛門尉	日根文書	新修泉佐野市史	出陣　宇高大和守
両守護代	九条家文書	図書寮叢刊	日根野・入山田村
細川阿波入道(持久)・細川五郎(元有)	九条家文書	図書寮叢刊	日根野・入山田村
土肥六郎右衛門尉(畠山政長被官)	九条家文書	図書寮叢刊	日根野・入山田村
日根野殿	日根文書	新修泉佐野市史	日根野村真せん庵
永源庵主禅師	永源師檀紀年録	永源師檀紀年録	吉見荘御領分
両守護代	九条家文書	図書寮叢刊	日根野・入山田村
日根野五郎左衛門尉	日根文書	新修泉佐野市史	土丸合戦　入山田荘
唐橋殿(在数)	九条家文書	新修泉佐野市史	国一揆　兵粮米賦課
永源庵	永源師檀紀年録	永源師檀紀年録	助松馬場闕所
両守護代	永源師檀紀年録	永源師檀紀年録	日根野入山田半分
大伝法院行人衆中	永源師檀紀年録	永源師檀紀年録	日根野入山田半分
両守護代(宇高光成・斎藤頼実)	北野社家日記	北野社家日記	大鳥下条
斎藤彦右衛門尉(頼実)	板原家文書	府立総合資料館紀要	春木右京進跡・小塩闕所

No.	西暦	和暦年月日	文書名	差出
206	1473	文明５年９月　日	下守護代斎藤久和禁制	右衛門尉(斎藤久和)
207	1473	文明５年９月　日	下守護代斎藤久和禁制	右衛門尉(斎藤久和)
208	1473	文明５年10月３日	和泉国人一揆兵粮米連署配符案	判・判
209	1473	文明５年11月２日	和泉国人一揆兵粮米請取案	欠
210	1473	文明５年11月30日	和泉国人一揆兵粮米請取案	判
211	1473	文明５年11月　日	和泉国人一揆兵粮米請取案	(富秋)盛忠
212	1474	文明６年12月19日	上守護奉行人有重(有景ヵ)奉書写	有重(有景ヵ)
213	1475	文明７年９月６日	下守護奉行人連署奉書	基藤・浄欽
214	1475	文明７年９月６日	下守護奉行人連署奉書	基藤・浄欽
215	1475	文明７年９月14日	和泉国人一揆兵粮米散用状案	(富秋)盛忠
216	1475	文明７年12月２日	下守護代斎藤久和打渡状	(斎藤)久和
217	1475	文明７年12月２日	下守護被官入江清源施行状	(入江)清源
218	1476	文明８年８月24日	高野山年預澄遍書状写	年預澄遍
219	1477	文明９年６月２日	上守護奉行人中沢有貞奉書写	(中沢)有貞
220	1477	(文明９年)10月３日	下守護細川持久感状	持久
221	1479	文明11年３月10日	室町幕府奉行人連署奉書案	貞秀・長秀
222	1479	文明11年３月10日	室町幕府奉行人連署奉書案	貞秀・長秀
223	1479	文明11年５月９日	室町幕府奉行人連署奉書案	貞秀・長秀
224	1479	文明11年５月９日	室町幕府奉行人連署奉書案	貞秀・長秀
225	1482	文明14年10月20日	室町将軍足利義政御教書	(花押)
226	1483	文明15年６月29日	室町幕府奉行人連署奉書写	為規・元連
227	1483	文明15年８月24日	管領畠山政長感状写	(畠山)政長
228	1483	文明15年９月20日	室町幕府奉行人奉書案	英基・元連
229	1483	文明15年９月20日	室町幕府政所執事伊勢貞宗書状案	伊勢守貞宗
230	1483	文明15年９月20日	室町幕府政所執事伊勢貞宗書状案	伊勢守貞宗
231	1484	文明16年２月14日	竹内成祐・森久次連署書下写	竹内成祐・森久次
232	1484	文明16年８月12日	上守護奉行人中沢有貞奉書写	中沢五郎左衛門尉有貞
233	1484	文明16年９月20日	室町幕府奉行人連署奉書案	英基・元連
234	1484	文明16年12月７日	上守護代宇高光成奉書写	(宇高大和守)光成
235	1484	文明16年12月21日	根来寺北谷明俊書状案	明俊
236	1484	文明16年12月24日	上守護奉行中沢有貞奉書写	有貞
237	1485	文明17年２月23日	室町幕府奉行人奉書写	数秀・英基
238	1485	文明17年２月23日	室町幕府奉行人奉書写	数秀・英基
239	1485	文明17年閏３月16日	室町幕府奉行人連署奉書写	英基・元連
240	1485	文明17年５月３日	下守護奉行人連署奉書	盛徳・壬有

宛先	出典	刊本	備考
斎藤彦右衛門尉(頼実)	板原家文書	府立総合資料館紀要	春木右京進跡
若林源六(実延)	板原家文書	府立総合資料館紀要	春木右京進跡
加守郷春木御百姓中	板原家文書	府立総合資料館紀要	春木右京進跡
田代源次郎	田代文書	高石市史	当国牢人乱入　起請文
田代源次郎	田代文書	高石市史	当国牢人乱入　起請文
和田又八	和田文書	山城郷土資料館報	去十七日　上神合戦
和田次郎左衛門尉	和田文書	山城郷土資料館報	去十七日　上神合戦
(建仁寺永源庵)	細川家文書	細川家文書中世篇	讃岐国鴨部荘　源締喝食
建仁寺永源庵	細川家文書	細川家文書中世篇	和泉国草部下条内助松氏跡
永源庵侍者禅師	細川家文書	細川家文書中世篇	和泉国吉見　民部大輔
	永源師檀紀年録	永源師檀紀年録	讃岐国鴨部荘　源締料所
両守護代	九条家文書	図書寮叢刊	日根野・入山田村
細川民部大輔(基経)	北野社家日記	北野天満宮史料	坂本郷荘　吉井
城左衛門	拾遺泉州志	和泉志	岸和田根形城　本文書疑問
斎藤彦右衛門尉(下守護代ヵ)	北野社家引付	大日本史料	坂本郷荘
細川民部大輔(基経)・同五郎(元有)	北野社家日記	北野天満宮史料	坂本郷荘
細川五郎(元有)	細川家文書	細川家文書中世篇	六角高頼退治
惣実房(根来寺真福院)	中家文書	熊取町史	熊取　野田　相論解決
大伝法院衆徒中	九条家文書	図書寮叢刊	日根野・上郷堺相論
大伝法院行人中	九条家文書	図書寮叢刊	日根野・上郷堺相論
大伝法院行人中	九条家文書	図書寮叢刊	日根野・上郷堺相論
大伝法院三綱中	九条家文書	図書寮叢刊	日根野・上郷堺相論
大伝法院三綱中	九条家文書	図書寮叢刊	日根野・上郷堺相論
大伝法院衆徒中	九条家文書	図書寮叢刊	日根野・上郷堺相論
代官衆三人中(根来寺僧)	九条家文書	図書寮叢刊	日根野・上郷堺相論
大伝法院行人中	九条家文書	図書寮叢刊	日根野・上郷堺相論
永源庵侍者禅師	細川家文書	細川家文書中世篇	山直郷加祢ちか一分
久枝新九郎(通忠)	板原家文書	府立総合資料館紀要	佐野井原段銭
岸和田兵庫助(元氏)	板原家文書	府立総合資料館紀要	佐野荘内井原御段銭
佐野荘内井原御百姓中	板原家文書	府立総合資料館紀要	佐野荘内井原御段銭
細川民部大輔(基経)・刑部大輔(元有)	北野社家日記	北野天満宮史料	坂本郷荘　守護陣夫
永源庵侍司	細川家文書	細川家文書中世篇	河田荘内高越別当職
多賀楠鶴丸	板原家文書	府立総合資料館紀要	春木荘

No.	西暦	和暦年月日	文書名	差出
241	1485	文明17年５月３日	下守護奉行人連署奉書	盛徳・壬有
242	1485	文明17年５月３日	下守護代斎藤頼実打渡状	(斎藤)頼実
243	1485	文明17年５月３日	下小守護代若林実延施行状	(若林)実延
244	1485	(文明17年) ６月26日	上守護細川元有感状	元有
245	1485	(文明17年) ６月26日	下守護細川基経感状	基経
246	1485	(文明17年)10月20日	下守護細川基経感状	基経
247	1485	(文明17年)10月20日	下守護細川基経感状	基経
248	1487	文明19年４月19日	上守護細川元有寄進状	元有
249	1487	文明19年４月22日	上守護細川元有寄進状	元有
250	1487	(文明19年)11月18日	上守護細川元有書状	元有
251	1487	文明19年12月24日	上守護奉行人中沢有貞奉書写	有貞
252	1487	長享１年閏12月21日	室町幕府奉行人連署奉書案	清房・為規
253	1488	長享２年４月２日	室町幕府奉行人連署奉書案	丹後守・前加賀守
254	1488	長享２年５月21日	根来寺大法師定書写	根大法師
255	1488	(長享２年) ８月21日	金山貞実奉書案	金山貞実
256	1489	延徳１年10月２日	室町幕府奉行人奉書案	前丹後守・散位
257	1491	延徳３年４月21日	室町幕府奉行人奉書	加賀守・散位
258	1491	延徳３年５月15日	根来寺行人方快長・惣分代官衆中勢算連署証文	行人方熊取快長・惣分代官衆中勢算
259	1491	延徳３年７月11日	室町幕府奉行人連署奉書案	左衛門尉・沙弥
260	1491	延徳３年７月11日	室町幕府奉行人連署奉書案	左衛門尉・沙弥
261	1491	延徳３年７月12日	醍醐寺山下奉行某経光奉書案	山下奉行経光
262	1491	延徳３年７月12日	聖護院権大僧都某施行状案	権大僧都
263	1491	延徳３年７月12日	醍醐寺山下奉行某経光奉書案	山下奉行経光
264	1491	延徳３年８月６日	管領細川政元書状案	政元
265	1491	延徳３年８月７日	九条家家僕連署書状案	(冨小路)俊通・(唐橋)在数
266	1491	(延徳３年) ８月10日	管領細川政元書状案	政元
267	1491	(延徳３年)11月28日	上守護細川元有寄進状	元有
268	1492	明応１年９月23日	下守護奉行人篠元基信奉書	基信
269	1492	明応１年９月23日	下守護代久枝通忠打渡状	(久枝)通忠
270	1492	(明応１)年９月23日	岸和田元氏施行状	岸和田兵庫助元氏
271	1493	明応２年３月27日	室町幕府奉行人連署奉書案	前丹後守・前信濃守
272	1495	(明応４年) ５月７日	上守護細川元有書状	刑部少輔元有
273	1496	明応５年２月５日	下守護奉行人連署奉書	(西村)通宗・篠元(基信)

宛先	出典	刊本	備考
信濃小路宮内少輔(長盛)・石井左衛門尉(在利)	九条家文書	図書寮叢刊	日根荘
	九条家文書	図書寮叢刊	日根荘
信濃小路宮内少輔(長盛)・石井左衛門尉(在利)	九条家文書	図書寮叢刊	日根荘
信濃小路宮内少輔(長盛)・石井左衛門尉(在利)	九条家文書	図書寮叢刊	日根荘
永源庵侍者御中	御代々寄附状	永源師檀紀年録	阿波国香美公事
大木村・菖蒲村御百姓中	九条家文書	図書寮叢刊	日根荘
青山左京亮	九条家文書	図書寮叢刊	日根荘
大伝法院衆徒中・大伝法院預中	九条家文書	図書寮叢刊	日根荘
閼伽井坊(明舜)	九条家文書	図書寮叢刊	日根荘
信濃小路宮内少輔(長盛)・石井左衛門尉(在利)	九条家文書	図書寮叢刊	日根荘
青山左京亮	九条家文書	図書寮叢刊	日根荘
青山殿(左京亮)	九条家文書	図書寮叢刊	日根荘
東智院(慶算)	九条家文書	図書寮叢刊	日根荘
井上兵庫助・青山左京亮	九条家文書	図書寮叢刊	日根荘
	細川家文書	細川家文書中世篇	断簡
信濃小路宮内少輔(長盛)・石井左衛門尉(在利)	九条家文書	図書寮叢刊	日根荘
永源庵侍者禅師	細川家文書	細川家文書中世篇	御下向　歴代追善
永源庵侍者御中	永源師檀紀年録	永源師檀紀年録	代々追善　曽祢光隆寺
永源庵侍者禅師	御代々寄附状	永源師檀紀年録	御下向　代々追善
(閼伽井坊秀尊)	九条家文書	図書寮叢刊	日根荘
信濃小路宮内少輔(長盛)・石井左衛門尉(在利)	九条家文書	図書寮叢刊	日根荘
閼伽井坊(秀尊)	九条家文書	図書寮叢刊	日根荘
御奉行所(九条家奉行所)	九条家文書	図書寮叢刊	日根荘
日根野又五郎	日根文書	新修泉佐野市史	土生重長跡　本文書年紀要検討
唐橋殿(在名)	九条家文書	図書寮叢刊	御家門領(日根荘)
唐橋殿(在名)	九条家文書	図書寮叢刊	御本所領(日根荘)
松浦殿(守)・中沢殿(重貞)	九条家文書	図書寮叢刊	日根野・入山田村
斎藤彦三郎殿・久枝殿(久盛)	九条家文書	図書寮叢刊	日根野・入山田村
日根野領家御百姓中	九条家文書	図書寮叢刊	日根野・入山田村

No.	西暦	和暦年月日	文書名	差出
274	1496	(明応５年)12月18日	根来寺閼伽井坊明舜書状	明舜
275	1496	(明応５年)月日欠	根来寺僧某書状断簡	欠
276	1497	(明応６年)７月11日	根来寺権大僧都明業書状	権大僧都明業
277	1497	(明応６年)８月６日	根来寺閼伽井坊明舜書状	明舜
278	1497	明応６年８月21日	上守護被官香川景長奉書写	景長
279	1497	明応６年９月23日	建仁寺永源庵東岫永遼書下案	永源庵　永遼
280	1497	(明応６年ヵ)9月30日	根来寺東智院慶算書状	慶算
281	1497	明応６年10月２日	前関白九条政基御教書案	宮内少輔(信濃小路長盛)・散位
282	1497	(明応６年ヵ)10月２日	九条家家僕連署書状案	(石井)在利・(信濃小路)長盛
283	1497	(明応６年ヵ)10月９日	根来寺閼伽井坊明舜書状	明舜
284	1497	(明応６年ヵ)10月12日	根来寺東智院慶算書状	慶算
285	1497	(明応６年ヵ)10月22日	根来寺僧政秀書状	政秀
286	1497	(明応６年ヵ)10月24日	九条家家僕源太国利書状草案	源太国利
287	1497	(明応６年ヵ)12月２日	根来寺僧筒井坊・清算書状	筒井坊・清算(遍知院ヵ)
288	1497	明応６年12月２日	室町将軍足利義澄御教書断簡	左馬頭
289	1497	(明応６年)12月22日	根来寺閼伽井坊明舜書状	明舜
290	1498	(明応７年)３月16日	上守護細川元有書状	元有
291	1498	明応７年３月16日	上守護方松浦盛奉書写	盛(守護代ヵ)
292	1498	(明応７年)３月28日	上守護細川元有書状写	元有
293	1499	明応８年10月６日	前関白九条政基補任奉書	宮内少輔(信濃小路長盛)
294	1499	(明応８年)11月10日	根来寺閼伽井坊秀尊書状	秀尊
295	1499	(明応８年)11月19日	九条家家僕連署書状案	欠
296	1500	(明応９年)７月16日	根来寺閼伽井坊秀尊書状	秀尊
297	1500	(明応９年)８月６日	上守護被官盛奉書写	盛(松浦ヵ)
298	1500	(明応９年)10月22日	下守護奉行人篠元基信書状案	(篠元)基信
299	1500	(明応９年)10月23日	下守護細川政久書状案	政久
300	1500	(明応９年)11月10日	京兆内衆秋庭元重書状案	(秋庭)元重
301	1500	(明応９年)11月10日	京兆内衆秋庭元重書状案	(秋庭)元重
302	1501	(明応10年ヵ)1月10日	さしき(狭敷)忠書状	さしき忠

宛先	出典	刊本	備考
ひねの領家番頭中	九条家文書	図書寮叢刊	日根野・入山田村
細川弥九郎(政久)	政基公旅引付	和泉書院・図書寮叢刊	日根野・入山田村
安富筑後(元家)	九条家文書	図書寮叢刊	日根野・入山田村
信濃小路(長盛)・石井左衛門大夫(在利)	政基公旅引付	和泉書院・図書寮叢刊	日根野・入山田村
湯浅新兵衛尉(有弘)・西村新右衛門尉(通宗)	九条家文書	図書寮叢刊	日根野・入山田村
(根来寺)閼伽井坊(秀尊)	政基公旅引付	和泉書院・図書寮叢刊	日根野・入山田村
湯浅新兵衛尉(有弘)・西村新右衛門尉(通宗)	政基公旅引付	和泉書院・図書寮叢刊	日根野・入山田村
両守護代	政基公旅引付	和泉書院・図書寮叢刊	日根野・入山田村
入山田四ヶ村	政基公旅引付	和泉書院・図書寮叢刊	入山田村
閼伽井坊(秀尊)	九条家文書	図書寮叢刊	日根荘
細川五郎(元常)・弥九郎(政久)	政基公旅引付	和泉書院・図書寮叢刊	日根野・入山田村
両守護代	政基公旅引付	和泉書院・図書寮叢刊	日根野・入山田村
斎藤備後守(勝実)・松浦五郎次郎(守)	政基公旅引付	和泉書院・図書寮叢刊	日根野・入山田村
篠元日向守(基信)	政基公旅引付	和泉書院・図書寮叢刊	佐野市　井原　上郷　日根荘
細川弥九郎(政久)	政基公旅引付	和泉書院・図書寮叢刊	日根野・入山田村
西村新右衛門尉(通宗)	政基公旅引付	和泉書院・図書寮叢刊	日根野・入山田村
信濃小路宮内大輔(長盛)・石井左衛門大夫(在利)	政基公旅引付	和泉書院・図書寮叢刊	日根野・入山田村
中沢左京進(重貞)	政基公旅引付	和泉書院・図書寮叢刊	日根野・入山田村
閼伽井坊(秀尊)	九条家文書	図書寮叢刊	日根野・入山田村
斎藤大和守(元右)	政基公旅引付	和泉書院・図書寮叢刊	日根野・入山田村
斎藤大和守(元右)	政基公旅引付	和泉書院・図書寮叢刊	日根野・入山田村
大木・入山田・土丸御百姓中	政基公旅引付	和泉書院・図書寮叢刊	日根野・入山田村

No.	西暦	和暦年月日	文書名	差出
303	1501	(明応10年ヵ)1月14日	上守護被官日根野光信書状	日根野光信
304	1501	(文亀1年)4月5日	前関白九条政基書状案	(花押)
305	1501	(文亀1年)4月5日	上守護代松浦守書状	五郎次郎(松浦守)
306	1501	(文亀1年)4月10日	両守護奉行人連署書状案	湯浅新兵衛尉(有弘)・西村新右衛門尉(通宗)
307	1501	(文亀1年)4月10日	九条家家僕連署書状案	(石井)在利・(信濃小路)長盛
308	1501	(文亀1年)4月24日	九条家家僕連署書状案	(石井)在利・(信濃小路)長盛
309	1501	(文亀1年)4月24日	九条家家僕連署書状案	(石井)在利・(信濃小路)長盛
310	1501	文亀1年4月24日	室町幕府奉行人連署奉書案	左衛門尉・豊前守
311	1501	文亀1年5月17日	根来寺泉定坊明秀書状案	泉定　明秀
312	1501	文亀1年6月5日	九条家家僕石井在利書状案	在利
313	1501	文亀1年6月16日	室町幕府奉行人連署奉書案	左衛門尉・豊前守
314	1501	文亀1年6月16日	室町幕府奉行人連署奉書案	為完・頼亮
315	1501	文亀1年6月17日	京兆内衆斎藤元右書状案	(斎藤)元右
316	1501	文亀1年6月18日	九条家家僕石井在利書状案	(石井)在利
317	1501	文亀1年6月21日	前関白九条政基書状案	(花押)
318	1501	文亀1年6月21日	九条家家僕連署書状案	(石井)在利・(信濃小路)長盛
319	1501	文亀1年6月22日	上守護奉行人中沢重貞書状案	(中沢)重貞
320	1501	文亀1年6月27日	九条家家僕連署書状案	(石井)在利・(信濃小路)長盛
321	1501	文亀1年6月30日	九条家家僕連署書状案	(石井)在利・(信濃小路)長盛
322	1501	文亀1年閏6月3日	下守護代斎藤勝実書状案	勝実
323	1501	文亀1年閏6月3日	上守護代松浦守書状案	五郎次郎(松浦守)
324	1501	文亀1年閏6月10日	大塚信吉書状案	大塚五郎右衛門尉信吉

宛先	出典	刊本	備考
大伝法院惣分沙汰所	政基公旅引付	和泉書院・図書寮叢刊	日根野・入山田村
閼伽井坊(秀尊)	政基公旅引付	和泉書院・図書寮叢刊	日根野・入山田村
閼伽井坊(秀尊)	政基公旅引付	和泉書院・図書寮叢刊	日根野・入山田村
信濃小路宮内大輔(長盛)・石井左衛門大夫(在利)	九条家文書・政基公旅引付	和泉書院・図書寮叢刊	日根野・入山田村
御使　御両所中	政基公旅引付	和泉書院・図書寮叢刊	日根野・入山田村
	東京大学法学部法制史資料室・政基公旅引付	中世法制史料集第四巻・和泉書院・図書寮叢刊	細川分国の法
入山田大木村菖蒲村御百姓中	政基公旅引付	和泉書院・図書寮叢刊	日根野・入山田村
中沢殿(重貞)	政基公旅引付	和泉書院・図書寮叢刊	日根野・入山田村
松浦五郎次郎(守)	九条家文書	図書寮叢刊	日根野・入山田村
日根野領家方御百姓中	政基公旅引付	和泉書院・図書寮叢刊	日根野・入山田村
土丸番頭衛門	政基公旅引付	和泉書院・図書寮叢刊	日根野・入山田村
両守護代	九条家文書	図書寮叢刊	日根野・入山田村
(建仁寺)永源庵	後慈眼院殿雑筆	図書寮叢刊	日根野・入山田村
奉行衆(九条家奉行)	政基公旅引付	和泉書院・図書寮叢刊	日根野・入山田村
御奉行所(九条家奉行所)	政基公旅引付	和泉書院・図書寮叢刊	日根野・入山田村
薬師寺備後守(元長)	政基公旅引付	和泉書院・図書寮叢刊	日根野・入山田村
土丸百姓中	政基公旅引付	和泉書院・図書寮叢刊	日根野・入山田村
長法寺(照)	政基公旅引付	和泉書院・図書寮叢刊	日根野・入山田村
筒井坊(勢秀)	政基公旅引付	和泉書院・図書寮叢刊	日根野・入山田村
筒井坊(勢秀)	九条家文書	図書寮叢刊	日根野・入山田村
信濃小路宮内大輔(長盛)・石井左衛門大夫(在利)	九条家文書・政基公旅引付	和泉書院・図書寮叢刊	日根野・入山田村
遍知院(慶算)	政基公旅引付	和泉書院・図書寮叢刊	日根野・入山田村

No.	西暦	和暦年月日	文書名	差出
325	1501	文亀１年閏６月20日	前関白九条政基御教書案	(竹原)定雄
326	1501	文亀１年閏６月20日	九条家家僕連署書状案	(信濃小路)長盛・(石井)在利
327	1501	文亀１年閏６月20日	九条家家僕連署書状案	(信濃小路)長盛・(石井)在利
328	1501	文亀１年閏６月22日	根来寺閼伽井坊秀尊書状	閼伽井坊(秀尊)
329	1501	文亀１年閏６月22日	根来寺閼伽井坊秀尊書状案	閼伽井坊(秀尊)
330	1501	文亀１年閏６月　日	細川政元式条案	判(右京兆)
331	1501	文亀１年７月28日	上守護奉行人中沢重貞書状案	(中沢)重貞
332	1501	文亀１年７月30日	九条家家僕信濃小路長盛書状案	長盛
333	1501	(文亀１年)８月２日	京兆内衆薬師寺元長書状案	(薬師寺)元長
334	1501	(文亀１年)８月４日	上守護被官日根野光盛書状案	日根野(実名欠)
335	1501	(文亀１年)８月６日	守護被官西村秀次書状案	西村小太郎秀次
336	1501	文亀１年８月12日	室町幕府奉行人連署奉書案	為完・頼亮
337	1501	文亀１年８月12日	室町幕府奉行人連署奉書案	為完・頼亮
338	1501	(文亀１年)８月22日	根来寺喜多坊明尊書状案	明尊
339	1501	(文亀１年)９月３日	根来寺閼伽井坊秀尊書状案	秀尊
340	1501	(文亀１年)９月８日	上守護代松浦守書状案	五郎次郎(松浦守)
341	1501	(文亀１年)９月13日	守護被官西村秀次書状案	西村小太郎秀次
342	1501	(文亀１年)９月19日	根来寺筒井坊勢秀書状案	勢秀
343	1501	(文亀１年)９月20日	九条家家僕連署書状案	(信濃小路)長盛・(石井)在利
344	1501	(文亀１年)９月29日	九条家家僕連署書状案	欠
345	1501	(文亀１年)10月５日	根来寺遍知院慶算書状案	慶算
346	1501	(文亀１年)10月９日	九条家家僕連署書状案	(信濃小路)長盛・(石井)在利

宛先	出典	刊本	備考
閼伽井坊(秀尊)	政基公旅引付	和泉書院・図書寮叢刊	日根野・入山田村
閼伽井坊(秀尊)	九条家文書	図書寮叢刊	日根野・入山田村
(根来寺)喜多坊(明尊)	九条家文書	図書寮叢刊	日根野・入山田村
信濃小路宮内大輔(長盛)・石井左衛門大夫(在利)	九条家文書	図書寮叢刊	日根野・入山田村
御奉行所(九条家奉行所)	政基公旅引付	和泉書院・図書寮叢刊	日根野・入山田村
筒井坊(勢秀)・遍知院(慶算)御同宿中	政基公旅引付	和泉書院・図書寮叢刊	日根野・入山田村
日根野領家番頭中	政基公旅引付	和泉書院・図書寮叢刊	日根野・入山田村
大伝法院惣分沙汰所	政基公旅引付	和泉書院・図書寮叢刊	根来寺の入国
(根来寺)閼伽井坊	政基公旅引付	和泉書院・図書寮叢刊	根来寺の入国
(根来寺)西谷真福院・泉定坊	政基公旅引付	和泉書院・図書寮叢刊	根来寺の入国
(根来寺)南室坊	政基公旅引付	和泉書院・図書寮叢刊	根来寺の入国
信濃小路宮内大輔(長盛)	政基公旅引付	和泉書院・図書寮叢刊	惣国半済
閼伽井坊(明尊)	政基公旅引付	和泉書院・図書寮叢刊	日根野・入山田村
大伝法院行人方宿老中	政基公旅引付	和泉書院・図書寮叢刊	根来寺の入国
日根野領家方番頭御百姓中	政基公旅引付	和泉書院・図書寮叢刊	日根野・入山田村
入山田百姓中	政基公旅引付	和泉書院・図書寮叢刊	日根野・入山田村
大伝法院惣分沙汰所	九条家文書	図書寮叢刊	日根野・入山田村
永源庵侍者禅師	細川家文書	細川家文書中世篇	歴代追善　塩穴　光隆寺分
永源庵侍者禅師	御代々寄附状	永源師檀紀年録	光龍寺　塩穴北面
永源庵侍者禅師	永源師檀紀年録	永源師檀紀年録	歴代追善　塩穴　光隆寺分
吉井殿(貞祐)	政基公旅引付	和泉書院・図書寮叢刊	日根野・入山田村
入山田庄沙汰人	政基公旅引付	和泉書院・図書寮叢刊	日根野・入山田村
大伝法院惣分御沙汰所	政基公旅引付	和泉書院・図書寮叢刊	日根野・入山田村

No.	西暦	和暦年月日	文書名	差出
347	1501	(文亀１年)10月24日	九条家家僕連署書状案	(信濃小路)長盛・(石井)在利
348	1501	(文亀１年)11月12日	九条家家僕連署書状案	欠
349	1501	(文亀１年ヵ)	某書状案	欠
350	1501	(文亀１年)11月13日	根来寺閼伽井坊秀尊書状	秀尊
351	1502	(文亀２年)１月13日	根来寺筒井坊勢秀・遍知院慶算書状案	勢秀・慶算
352	1502	(文亀２年)１月14日	九条家家僕長法寺照書状案	照
353	1502	(文亀２年)６月１日	下守護被官冨野永氏書状案	とミの永氏
354	1502	文亀２年７月21日	前関白九条政基御教書案	(竹原)定雄
355	1502	(文亀２年)７月21日	九条家家僕信濃小路長盛奉書案	(信濃小路)長盛
356	1502	(文亀２年)７月21日	九条家家僕信濃小路長盛奉書案	(信濃小路)長盛
357	1502	文亀２年７月21日	前関白九条政基御教書案	(竹原)定雄
358	1502	(文亀２年)７月21日	根来寺閼伽井坊明尊書状案	明尊
359	1502	(文亀２年)７月21日	九条家家僕信濃小路長盛書状案	(信濃小路)長盛
360	1502	文亀２年７月23日	前関白九条政基御教書案	(竹原)定雄
361	1502	(文亀２年)７月27日	守護被官上郷忠光書状案	上郷次郎左衛門尉忠光
362	1502	(文亀２年)８月10日	上守護被官吉井貞祐書状案	吉井貞祐
363	1502	(文亀２年)８月11日	九条家家僕竹原定雄奉書案	(竹原)定雄
364	1502	文亀２年８月12日	上守護細川元常書状	元常
365	1502	文亀２年８月12日	上守護方頼次奉書写	頼次
366	1502	文亀２年８月12日	上守護奉行小河五郎九郎守春書下写	小河五郎九郎守(春)
367	1502	(文亀２年)８月13日	九条家家僕信濃小路長盛書状案	(信濃小路)長盛
368	1502	(文亀２年)８月22日	七宝滝寺別当根来寺真福院真海書状案	真福院
369	1502	(文亀２年)８月22日	入山田庄沙汰人書状案	入山田庄沙汰人

宛先	出典	刊本	備考
(入山田庄)	九条家文書・政基公旅引付	和泉書院・図書寮叢刊	日根野・入山田村
入山田庄御百姓中	九条家文書・政基公旅引付	和泉書院・図書寮叢刊	日根野・入山田村
細川五郎(元常)・弥九郎(政久)	後慈眼院殿雑筆	図書寮叢刊	日根野・入山田村
日根野御百姓中	九条家文書	図書寮叢刊	日根野・入山田村
かいた院(戒躰院)	九条家文書	図書寮叢刊	日根野・入山田村
松浦五郎次郎(守)・斎藤備後守(勝実)	後慈眼院殿雑筆	図書寮叢刊	日根野・入山田村
吉井殿(貞祐)	後慈眼院殿雑筆	図書寮叢刊	日根野・入山田村
日根野領家番頭御百姓中	九条家文書	図書寮叢刊	日根野・入山田村
安富筑後守(元家)	政基公旅引付	和泉書院・図書寮叢刊	日根野・入山田村
安富筑後守(元家)	政基公旅引付	和泉書院・図書寮叢刊	日根野・入山田村
日根野領家方番頭百姓中	九条家文書	図書寮叢刊	日根野・入山田村
斎藤備後守(勝実)	政基公旅引付	和泉書院・図書寮叢刊	日根野・入山田村
りやうけはんとう(日根野村領家方番頭)	九条家文書	図書寮叢刊	日根野・入山田村
細川弥九郎(政久)	政基公旅引付	和泉書院・図書寮叢刊	日根野・入山田村
斎藤備後守(勝実)	政基公旅引付	和泉書院・図書寮叢刊	日根野・入山田村
日根野領家分百姓中	政基公旅引付	和泉書院・図書寮叢刊	日根野・入山田村
入山田百姓中	政基公旅引付	和泉書院・図書寮叢刊	日根野・入山田村
日根野領家方番頭中・御百姓中	九条家文書・政基公旅引付	和泉書院・図書寮叢刊	日根野・入山田村
日根野領家番頭御百姓中	九条家文書・政基公旅引付	図書寮叢刊	日根野領家無辺光院
日根野領家番頭衆	九条家文書・政基公旅引付	和泉書院・図書寮叢刊	日根野・入山田村
満福寺名主百姓中	永源師檀紀年録	永源師檀紀年録	佐野満福寺
山田将監(重久)	政基公旅引付	和泉書院・図書寮叢刊	御家門より贈答
山田将監(重久)	政基公旅引付	和泉書院・図書寮叢刊	御家門より贈答

No.	西暦	和暦年月日	文書名	差出
370	1502	文亀２年９月７日	根来寺行人若衆沙汰所勢尊・老衆沙汰所秀算連署禁制案	大伝法院行人若衆沙汰所勢尊・老衆沙汰所秀算
371	1502	文亀２年９月７日	根来寺行人老衆沙汰所秀算書状案	大伝法院老衆沙汰所秀算
372	1502	文亀２年10月８日	室町幕府奉行人連署奉書案	左衛門尉・豊前守
373	1502	文亀２年10月10日	上守護被官吉井貞祐内又三郎等書状	吉井内又三郎・辰巳
374	1502	文亀２年10月10日	上守護被官吉井貞祐内又三郎等書状	又三郎・たつミ
375	1502	文亀２年10月11日	京兆内衆安富元家書状案	(安富)元家
376	1502	文亀２年10月11日	京兆内衆安富元家書状案	(安富)元家
377	1502	文亀２年10月13日	下守護被官冨野永氏書下	とミの永氏
378	1502	文亀２年10月25日	上守護代松浦守書状案	(松浦)守
379	1502	文亀２年10月25日	下守護代斎藤勝実書状案	(斎藤)勝実
380	1502	文亀２年10月28日	下守護被官多賀氏内者板原定秀書下	多賀内板原与四郎定秀
381	1502	文亀２年11月13日	京兆内衆安富元家書状案	(安富)元家
382	1502	文亀２年(月日欠)	守護被官はかた内者又三郎等書状	はかた内又三郎・吉井殿内たつミ
383	1503	文亀３年７月19日	前関白九条政基書状案	(花押)
384	1503	文亀３年７月19日	前関白九条政基書状案	(花押)
385	1503	文亀３年７月26日	上守護被官日根野光盛書状案	日根野光盛
386	1503	文亀３年７月26日	上守護被官日根野光盛書状案	日根野光盛
387	1503	文亀３年10月23日	守護被官はかた内者又三郎等書状	はかた内又三郎・吉井内むこ
388	1503	文亀３年10月28日	下守護小守護代若林勝延書状	若林勝延
389	1503	文亀３年10月29日	守護被官はかた内者又三郎等書状	はかた内又三郎・吉井内二平秀久・田中孫左衛門重時
390	1504	文亀４年３月20日	上守護被官小河守春書下写	小河五郎九郎守(春)
391	1504	永正１年閏３月21日	下守護代久枝久盛書状案	(久枝)久盛
392	1504	永正１年閏３月22日	下小守護代松坂景量書状案	(松坂)景量

宛先	出典	刊本	備考
久枝左京亮(久盛)	政基公旅引付	和泉書院・図書寮叢刊	守護代拝任
松坂次郎左衛門尉(景量)	政基公旅引付	和泉書院・図書寮叢刊	守護代拝任
永源庵侍者禅師	細川家文書	細川家文書中世篇	摂津県庭・武庫　満福寺
入山田庄御百姓中	政基公旅引付	和泉書院・図書寮叢刊	日根野・入山田村
御奉行所(九条家奉行所)	政基公旅引付	和泉書院・図書寮叢刊	日根野・入山田村
入山田四ヶ村御百姓中	政基公旅引付	和泉書院・図書寮叢刊	日根野・入山田村
筒井坊(勢秀)・遍知院(慶算)	政基公旅引付	和泉書院・図書寮叢刊	日根野・入山田村
御奉行所(九条家奉行所)	政基公旅引付	和泉書院・図書寮叢刊	日根野・入山田村
長法寺(照)	政基公旅引付	和泉書院・図書寮叢刊	日根野・入山田村
	政基公旅引付	和泉書院・図書寮叢刊	日根野・入山田村
日根野領家分御百姓中	政基公旅引付	和泉書院・図書寮叢刊	信太城要害竹木賦課
長法寺(照)	政基公旅引付	和泉書院・図書寮叢刊	日根野・入山田村
龍生院(勢秀)	政基公旅引付	和泉書院・図書寮叢刊	日根野・入山田村
松坂次郎左衛門尉(景量)	政基公旅引付	和泉書院・図書寮叢刊	入山田村　神於寺
御奉行所(九条家奉行所)	九条家文書・政基公旅引付	和泉書院・図書寮叢刊	日根野・入山田村
筒井坊(勢秀)・遍知院(慶算)	政基公旅引付	和泉書院・図書寮叢刊	日根野・入山田村
閼伽井坊(明尊)	政基公旅引付	和泉書院・図書寮叢刊	日根野・入山田村
筒井坊(勢秀)・遍知院(慶算)	政基公旅引付	和泉書院・図書寮叢刊	日根野・入山田村
龍生院(勢秀)	政基公旅引付	和泉書院・図書寮叢刊	日根野・入山田村
戒躰院(日根野村)	政基公旅引付	和泉書院・図書寮叢刊	日根野・入山田村
日根野村三番頭中	九条家文書・政基公旅引付	和泉書院・図書寮叢刊	日根野・入山田村

No.	西暦	和暦年月日	文書名	差出
393	1504	永正１年閏３月23日	九条家家僕竹原定雄書状案	竹原兵部少輔定雄
394	1504	永正１年閏３月23日	九条家家僕長法寺照書状案	長法寺照
395	1504	（永正１年）４月３日	上守護細川元常寄進状	元常
396	1504	（永正１年）４月13日	根来寺筒井坊勢秀・遍知院慶算書状案	筒井坊勢秀・遍知院慶算
397	1504	（永正１年）６月３日	根来寺筒井坊勢秀・遍知院慶算書状案	勢秀・慶算
398	1504	（永正１年）６月３日	根来寺筒井坊勢秀・遍知院慶算書状案	勢秀・慶算
399	1504	（永正１年）６月６日	九条家家僕竹原定雄書状案	定雄
400	1504	（永正１年）６月18日	根来寺筒井坊勢秀・遍知院慶算書状案	勢秀・慶算
401	1504	（永正１年）６月18日	根来寺龍生院勢秀書状案	勢秀
402	1504	（永正１年）６月18日	九条家家僕信濃小路長盛書状案	長盛
403	1504	（永正１年）７月３日	両守護方百田・今平配符案	百田・今平
404	1504	（永正１年）７月４日	根来寺龍生院勢秀書状案	勢秀
405	1504	（永正１年）７月４日	九条家家僕長法寺照書状案	照
406	1504	（永正１年）７月17日	九条家家僕信濃小路長盛書状案	長盛
407	1504	（永正１年）７月18日	根来寺筒井坊勢秀・遍知院慶算書状	勢秀・慶算
408	1504	（永正１年）７月18日	九条家家僕信濃小路長盛書状案	長盛
409	1504	（永正１年）７月20日	九条家家僕信濃小路長盛書状案	長盛
410	1504	（永正１年）７月25日	九条家家僕信濃小路長盛書状案	長盛
411	1504	（永正１年）７月25日	九条家家僕長法寺照書状案	照
412	1504	（永正１年）７月25日	根来寺岩坊永政書状案	岩坊　永政
413	1504	（永正１年）７月25日	根来寺岩坊永政書状	岩坊　永政

宛先	出典	刊本	備考
信濃小路宮内大輔(長盛)	政基公旅引付	和泉書院・図書寮叢刊	日根野・入山田村
信濃小路宮内大輔(長盛)	政基公旅引付	和泉書院・図書寮叢刊	日根野・入山田村
閼伽井坊(明尊)	政基公旅引付	和泉書院・図書寮叢刊	日根野・入山田村
	政基公旅引付	和泉書院・図書寮叢刊	日根野・入山田村
大伝法院行人御沙汰所	政基公旅引付	和泉書院・図書寮叢刊	日根野・入山田村
閼伽井坊(明尊)	政基公旅引付	和泉書院・図書寮叢刊	日根野・入山田村
	政基公旅引付	和泉書院・図書寮叢刊	日根野・入山田村
閼伽井坊(明尊)	政基公旅引付	和泉書院・図書寮叢刊	日根野・入山田村
長法寺(照)	九条家文書・政基公旅引付	和泉書院・図書寮叢刊	日根野・入山田村
閼伽井坊(明尊)	政基公旅引付	和泉書院・図書寮叢刊	日根野・入山田村
信濃小路宮内大輔(長盛)	政基公旅引付	和泉書院・図書寮叢刊	日根野・入山田村
蔵春軒(永源庵)	細川家文書	細川家文書中世篇	摂津国呉庭
蔵春軒(永源庵)	細川家文書	細川家文書中世篇	今度之儀種々走舞
御奉行所(九条家奉行所)	政基公旅引付	和泉書院・図書寮叢刊	日根野・入山田村
長法寺(照)	政基公旅引付	和泉書院・図書寮叢刊	日根野・入山田村
筒井坊(勢秀)・遍知院(慶算)	政基公旅引付	和泉書院・図書寮叢刊	日根野・入山田村
遍知院(慶算)	政基公旅引付	和泉書院・図書寮叢刊	日根野・入山田村
日根野村御百姓中	九条家文書・政基公旅引付	和泉書院・図書寮叢刊	日根野・入山田村
閼伽井坊(明尊)	政基公旅引付	和泉書院・図書寮叢刊	日根野・入山田村
信濃小路(長盛)	九条家文書・政基公旅引付	和泉書院・図書寮叢刊	日根野・入山田村
信濃小路宮内大輔(長盛)	九条家文書・政基公旅引付	和泉書院・図書寮叢刊	日根野・入山田村
信濃小路宮内大輔(長盛)	九条家文書・政基公旅引付	和泉書院・図書寮叢刊	日根野・入山田村

No.	西暦	和暦年月日	文書名	差出
414	1504	(永正１年) ７月26日	根来寺閼伽井坊明尊書状案	明尊
415	1504	(永正１年) ７月26日	根来寺閼伽井坊明尊書状案	明尊
416	1504	(永正１年) ７月27日	九条家家僕信濃小路長盛書状案	長盛
417	1504	(永正１年) ７月　日	九条家家僕冨小路俊通書状案	欠
418	1504	(永正１年) ７月　日	入山田村百姓中書状案	入山田村御百姓中
419	1504	(永正１年) ８月２日	九条家家僕信濃小路長盛書状案	長盛
420	1504	(永正１年) ８月２日	九条家家僕信濃小路長盛書状案	長盛
421	1504	(永正１年) ８月12日	九条家家僕長法寺照書状案	照
422	1504	(永正１年) ８月12日	根来寺閼伽井坊明尊書状	明尊
423	1504	(永正１年) ９月２日	九条家家僕信濃小路長盛書状案	長盛
424	1504	(永正１年) ９月２日	根来寺閼伽井坊明尊書状案	明尊
425	1504	(永正１年) ９月３日	上守護細川元常書状	元常
426	1504	(永正１年) ９月３日	上守護細川元常書状	元常
427	1504	(永正１年) ９月11日	根来寺筒井坊勢秀・遍知院慶算書状案	勢秀・慶算
428	1504	(永正１年) ９月11日	根来寺遍知院慶算書状案	慶算
429	1504	(永正１年) ９月11日	九条家家僕信濃小路長盛書状案	長盛
430	1504	(永正１年) ９月11日	九条家家僕長法寺照書状案	照
431	1504	(永正１年) ９月13日	根来寺閼伽井坊明尊書状	閼伽井坊明尊
432	1504	(永正１年) ９月14日	九条家家僕信濃小路長盛書状案	長盛
433	1504	(永正１年) ９月14日	根来寺閼伽井坊明尊書状	明尊
434	1504	(永正１年) ９月14日	根来寺閼伽井坊明尊書状	明尊
435	1504	(永正１年) ９月14日	根来寺閼伽井坊明尊書状	明尊

宛先	出典	刊本	備考
閼伽井坊(明尊)	政基公旅引付	和泉書院・図書寮叢刊	日根野・入山田村
閼伽井坊(明尊)	政基公旅引付	和泉書院・図書寮叢刊	日根野・入山田村
閼伽井坊(明尊)	政基公旅引付	和泉書院・図書寮叢刊	日根野・入山田村
当所(入山田村)名主百姓中	政基公旅引付	和泉書院・図書寮叢刊	日根野・入山田村
信濃小路宮内大輔(長盛)	九条家文書・政基公旅引付	和泉書院・図書寮叢刊	日根野・入山田村
持明院(明顕)	九条家文書・政基公旅引付	和泉書院・図書寮叢刊	日根野・入山田村
信濃小路宮内大輔(長盛)	九条家文書・政基公旅引付	和泉書院・図書寮叢刊	日根野・入山田村
持明院(明顕)	政基公旅引付	和泉書院・図書寮叢刊	日根野・入山田村
閼伽井坊(明尊)	政基公旅引付	和泉書院・図書寮叢刊	日根野・入山田村
信濃小路宮内大輔(長盛)	九条家文書	図書寮叢刊	日根野・入山田村
(根来寺)慶泉坊	政基公旅引付	和泉書院・図書寮叢刊	日根野・入山田村
御奉行所(九条家奉行所)	九条家文書・政基公旅引付	和泉書院・図書寮叢刊	日根野・入山田村
閼伽井坊(明尊)	政基公旅引付	和泉書院・図書寮叢刊	日根野・入山田村
信濃小路宮内大輔(長盛)	九条家文書・政基公旅引付	和泉書院・図書寮叢刊	日根野・入山田村
閼伽井坊(明尊)	政基公旅引付	和泉書院・図書寮叢刊	日根野・入山田村
閼伽井坊(明尊)	政基公旅引付	和泉書院・図書寮叢刊	日根野・入山田村
信濃小路宮内大輔(長盛)殿人々御中	政基公旅引付	和泉書院・図書寮叢刊	日根野・入山田村
御奉行所(九条家奉行所)	政基公旅引付	和泉書院・図書寮叢刊	日根野・入山田村
宮内少輔(信濃小路長盛)	政基公旅引付	和泉書院・図書寮叢刊	日根野・入山田村
	政基公旅引付	和泉書院・図書寮叢刊	日根野・入山田村
(根来寺)岩坊(永政)	政基公旅引付	和泉書院・図書寮叢刊	日根野・入山田村

No.	西暦	和暦年月日	文書名	差出
436	1504	(永正１年) ９月15日	九条家家僕信濃小路長盛書状案	長盛
437	1504	(永正１年) ９月26日	九条家家僕信濃小路長盛書状案	長盛
438	1504	(永正１年) ９月26日	九条家家僕信濃小路長盛書状案	長盛
439	1504	(永正１年)10月７日	河内紀伊守護畠山尚順奉行人書状案	伊地知盛秋
440	1504	(永正１年)10月16日	根来寺持明院明顕書状	明顕
441	1504	(永正１年)10月17日	九条家家僕信濃小路長盛書状案	長盛
442	1504	(永正１年)10月25日	根来寺持明院明顕書状	明顕
443	1504	(永正１年)10月25日	九条家家僕信濃小路長盛書状案	長盛
444	1504	(永正１年)10月27日	九条家家僕信濃小路長盛書状案	長盛
445	1504	(永正１年)10月27日	根来寺閼伽井坊明尊書状	明尊
446	1504	(永正１年)10月27日	九条家家僕長法寺照書状案	長法寺照
447	1504	永正１年11月５日	根来寺閼伽井坊明尊日根荘代官請文	閼伽井坊明尊
448	1504	(永正１年)11月５日	九条家家僕信濃小路長盛書状案	宮内大輔(長盛)
449	1504	(永正１年)11月７日	根来寺閼伽井坊明尊書状	閼伽井坊明尊
450	1504	(永正１年)11月７日	九条家家僕信濃小路長盛書状案	信濃小路宮内大輔(長盛)
451	1504	(永正１年)11月７日	九条家家僕信濃小路長盛書状案	長盛
452	1504	(永正１年)11月８日	根来寺閼伽井坊明尊書状案	明尊
453	1504	(永正１年)11月24日	根来寺閼伽井坊明尊書状案	明尊
454	1504	(永正１年)11月24日	根来寺閼伽井坊明尊書状案	明尊
455	1504	(永正１年)11月25日	九条家家僕信濃小路長盛契状案	長盛
456	1504	(永正１年)11月25日	九条家家僕信濃小路長盛書状案	長盛

宛先	出典	刊本	備考
龍生院(勢秀)	政基公旅引付	和泉書院・図書寮叢刊	日根野・入山田村
信濃小路宮内大輔(長盛)	政基公旅引付	和泉書院・図書寮叢刊	日根野・入山田村
閼伽井坊(明尊)	政基公旅引付	和泉書院・図書寮叢刊	日根野・入山田村
(九条家)	九条家文書	図書寮叢刊	日根野・入山田村
当所名主百姓中	土屋家文書	枚方市史	泉州石津内勝俣
土屋孫次郎	土屋家文書	枚方市史	泉州石津内勝俣
金體寺領名主百姓中	永源師檀紀年録	永源師檀紀年録	永源庵寄進領
大光寺領名主百姓中	御代々寄附状	永源師檀紀年録	永源庵寄進領
佐野中庄満福寺名主百姓中	御代々寄附状	永源師檀紀年録	永源庵寄進領
新家下方極楽寺名主百姓中	御代々寄附状	永源師檀紀年録	永源庵寄進領
(九条家)	九条家文書	図書寮叢刊	日根野・入山田村
(九条家)	九条家文書	図書寮叢刊	日根野・入山田村
細川刑部少輔	多田院文書	大日本史料	摂津中島　細川元常か疑問
	高野春秋	高野春秋編年輯録	新在家村　久米田池
多賀蔵人	板原家文書	府立総合資料館紀要	加守郷春木跡
和田左近将監	天竜寺真乗院文書	大阪狭山市史	今度出張
(賀茂社)正祝	賀茂別雷神社文書	賀茂別雷神社文書	深日・箱作荘
	離宮八幡宮文書	大山崎町史	禁制
勝田左兵衛尉	賀茂別雷神社文書	本論集岡田謙一論文	徳政　賀茂一揆中
	広橋家記録	岡田謙一「細川高国派の和泉守護について」	大神宮領伊予丹生河保
三木左京進	阿波国古文書	大日本史料	官途吹挙
永源庵	御代々寄附状	永源師檀紀年録	河田荘
	阿波国古文書	大日本史料	高越寺
賀茂社祝	賀茂別雷神社文書	岬町の歴史	深日・箱作吉松
斎藤彦次郎(国盛)	板原家文書	府立総合資料館紀要	檀波羅蜜寺　井原荘棟別
両所番頭御百姓中	板原家文書	府立総合資料館紀要	檀波羅蜜寺　井原荘棟別
庄備中守(盛資)	板原家文書	府立総合資料館紀要	佐野荘内檀波羅蜜寺
斎藤彦右衛門尉(国盛)	板原家文書	府立総合資料館紀要	佐野荘内檀波羅蜜寺

No.	西暦	和暦年月日	文書名	差出
457	1504	(永正１年)11月28日	九条家家僕信濃小路長盛書状案	長盛
458	1504	(永正１年)12月２日	根来寺閼伽井坊明尊書状案	法印明尊
459	1504	(永正１年)12月２日	九条家家僕信濃小路長盛書状案	長盛
460	1504	(永正１年)12月　日	根来寺僧日根野・入山田村代官職請文	欠
461	1505	永正２年10月３日	河内紀伊守護畠山尚順奉行人連署奉書	(伊地知)盛秋・胤資
462	1505	永正２年10月３日	河内紀伊守護畠山尚順奉行人連署奉書	(伊地知)盛秋・胤資
463	1506	永正３年４月12日	上守護奉行人連署奉書写	江村香藤・穴吹有隆
464	1506	永正３年４月12日	上守護奉行人連署奉書写	江村香藤・穴吹有隆
465	1506	永正３年４月12日	上守護奉行人連署奉書写	江村香藤・穴吹有隆
466	1506	永正３年４月12日	上守護奉行人連署奉書写	江村香藤・穴吹有隆
467	1506	永正３年12月13日	日根野・入山田村領家方年貢散用状	御代官衆中明尊(根来寺閼伽井坊)
468	1508	永正５年３月７日	日根野村領家方年貢散用状	御代官衆中明尊(根来寺閼伽井坊)
469	1508	永正５年９月18日	室町幕府奉行人連署奉書	信祐・貞運
470	1509	永正６年３月17日	畠山尚順被官池田光遠奉書	欠
471	1509	永正６年８月17日	高国派守護奉行人庄盛資奉書	(庄)盛資
472	1510	(永正７年)11月５日	守護細川元常書状	元常
473	1510	永正７年12月13日	根来寺弥勒院永算等年貢請負証状	根来寺弥勒院永算・同寂浄院長算・同大桂院明算・同中坊盛算
474	1511	永正８年８月15日	澄元派守護細川元常禁制	元常
475	1511	(永正８年)８月20日	澄元派守護細川元常・細川政賢連署書状	政賢・元常
476	1512	永正９年６月18日	高国派守護細川高基願文	弥九郎高基
477	1512	永正９年８月８日	澄元派守護細川元常書状	元常
478	1512	(永正９年)９月26日	澄元派守護細川元常奉行人連署奉書写	江村香藤・穴吹有隆
479	1514	永正11年４月10日	阿波国高越寺蔵王権現棟札	刑部大輔源朝臣元常
480	1514	(永正11年)５月28日	河内紀伊守護畠山稙長奉行人連署書状	三宅兵部入道道三・曽我平五郎山崇
481	1514	永正11年11月３日	高国派守護奉行人庄盛資奉書	(庄備中守)盛資
482	1514	永正11年11月15日	高国派守護被官井上助重書状	井上与三左衛門助重
483	1517	(永正14年)６月３日	高国派守護被官豊政書状	豊政
484	1517	(永正14年)６月７日	高国派守護奉行人庄盛資書状	(庄)盛資

宛先	出典	刊本	備考
多蔵(多賀蔵人)	板原家文書	府立総合資料館紀要	井原村引替
	施福寺文書	和泉市史紀要6	横山荘　畠山家奉行人
細川民部大輔(高基)	北野神社文書	史料纂集	大鳥荘下条
和田太郎次郎(助高)	和田文書	大日本史料	和田内原跡　新御恩
和田太郎次郎(助高)	和田文書	山城郷土資料館報	原跡職　上神左京亮
多賀蔵人助	板原家文書	府立総合資料館紀要	春木村上方半済寺方分
くわんしき・りやうくわん	中家文書	熊取町史	大垣内石橋屋敷
波々伯部民部丞	波々伯部文書	大日本史料	淡州移座　御入洛
八田北一族中	波々伯部文書	大日本史料	御入洛
大方との	板原家文書	府立総合資料館紀要	神領年貢　化粧料
井上四郎左衛門尉(長吉)	板原家文書	府立総合資料館紀要	井原夏段銭
信濃小路大膳大夫(長盛)	九条家文書	図書寮叢刊	日根荘
和田宮市	和田文書	群書類従	菱木合戦　香西元盛
日根野五郎左衛門尉	日根文書	新修泉佐野市史	泉州菱木合戦
日根野又次郎	日根文書	新修泉佐野市史	泉州菱木合戦
和田宮千代	和田文書	山城郷土資料館報	菱木合戦　太郎次郎戦死
信濃小路大膳大夫(長盛)	九条家文書	図書寮叢刊	日根荘
井上四郎左衛門尉(長吉)	板原家文書	府立総合資料館紀要	池田　和田　綾井　公用
永源庵	永源師檀紀年録	永源師檀紀年録	大鳥荘内長勝寺
竹元九郎左衛門	板原家文書	府立総合資料館紀要	上寺　同母　阿弥陀講　行人
	中家文書	熊取町史	信達荘　私年号
永源庵蔵春軒	御代々寄附状	永源師檀紀年録	御寺領吉見
日根野加賀入道	日根文書	新修泉佐野市史	内畑　新恩
神前三郎次郎	日根文書	新修泉佐野市史	近木荘内馬上免
信濃小路大膳大夫(長盛)	九条家文書	図書寮叢刊	日根荘
大山崎惣中	離宮八幡宮文書	大山崎町史	五郎在陣　松浦肥前守
細川九郎(勝基)	秋田藩採集文書	茨城県史料	鶴原荘
蔵春軒(永源庵)	細川家文書	細川家文書中世篇	満福寺上方　一条屋敷
八木加守池郷中	岸和田市立郷土資料館蔵	岸和田市史	久米田池　八木　加守　多治米
	中家文書	熊取町史	佐野荘　林氏方
(千楠)	中家文書	熊取町史	飯室　日根野村　立庭
	中家文書	熊取町史	飯室　日根野村　立庭
	阿波国徴古雑抄	本論集岡田謙一論文	川田八幡

No.	西暦	和暦年月日	文書名	差出
485	1517	(永正14年) 6月13日	高国派守護奉行人庄盛資奉書	(庄)盛資
486	1518	永正15年6月17日	河内紀伊守護畠山稙長奉行人連署書状	曽我山祟・長少将連栄
487	1518	永正15年6月26日	室町幕府奉行人連署奉書	貞連・基雄
488	1518	永正15年9月10日	河内紀伊守護畠山稙長奉行人連署書状	(曽我)山祟・順正
489	1518	(永正15年) 9月10日	河内紀伊守護畠山稙長奉行人林堂山樹書状	山樹
490	1518	永正15年12月13日	大和盛富書状	大和五郎兵衛尉盛富
491	1519	永正16年4月11日	高国派守護被官行松鶴松書状	行松鶴松
492	1521	(永正18年) 4月3日	晴元派守護細川元常書状	元常
493	1521	永正18年4月25日	晴元派守護細川元常書状	元常
494	1522	大永2年6月28日	高国派守護被官多賀永政等連署請文	多賀十郎永・南禅院永秀
495	1523	大永3年5月27日	井原夏段銭散用状案	多賀十郎永(永政)
496	1523	大永3年11月28日	根来寺僧日根荘代官勢長書状	勢長
497	1524	(大永4年) 10月7日	香長・長家連署書状写	香長・長家
498	1524	(大永4年) 10月11日	晴元派守護細川元常感状写	元常
499	1524	(大永4年) 10月11日	晴元派守護細川元常感状写	元常
500	1524	(大永4年) 11月2日	高国派守護細川晴宣感状	晴宣
501	1524	大永4年11月28日	根来寺僧日根荘代官勢長書状	勢長
502	1525	大永5年閏11月5日	池田和田分公用散用状案	守信
503	1526	(大永6年) 8月5日	晴元派守護奉行人連署奉書写	俊重・宗廣
504	1526	大永6年11月5日	根来寺実相院盛□書状	実相院盛□
505	1526	大永6年11月　日	信達荘納帳	新屋真宗
506	1527	(大永7年) 5月29日	晴元派守護代松浦守書状	(松浦)守
507	1527	大永7年8月1日	高国派守護被官多賀常直奉書	常直
508	1527	(大永7年) 10月21日	佐藤久信書状写	佐藤佐渡守久信
509	1527	(大永7年) 12月20日	根来寺僧日根荘代官勢長書状	勢長
510	1527	大永7年12月20日	晴元派守護細川元常書状	元常
511	1528	大永8年2月19日	室町幕府奉行人連署奉書	散位・河内守
512	1529	(享禄2年) 5月20日	晴元派守護細川元常寄進状	元常
513	1529	享禄2年5月29日	晴元派守護代松浦守書状	肥前守(守)
514	1529	享禄2年10月　日	佐野荘林方公事銭注文	根来寺菩提谷宮内公
515	1529	享禄2年12月25日	晴元派守護代松浦守飯室料頭宛行状	(松浦)守
516	1530	享禄3年2月14日	晴元派守護代松浦守飯室料頭宛行状	(松浦)守
517	1533	天文2年2月12日	阿波国川田八幡神社再興棟札	播磨守元常

宛先	出典	刊本	備考
多賀左近大夫(常直)	板原家文書	府立総合資料館紀要	城米請取
行宗縫殿助	行宗文書	岡田謙一「細川高国派の和泉守護について」	土佐大忍荘　公用
上らふ(臈)の□中	秋田藩採集文書	茨城県史料	佐竹殿　鶴原荘　八瀬御局
海老名備中守(高助)	秋田藩採集文書	茨城県史料	佐竹殿　鶴原荘
水間寺目代御房	井手家文書	貝塚市史	三ヶ山道樹　水間寺
上らふ(臈)の□中	秋田藩採集文書	茨城県史料	木沢喧嘩　海老名方　近衛殿
細川播磨守(元常)	証如上人書札案	石山本願寺日記	上野法橋
細川五郎(元常子息)	証如上人書札案	石山本願寺日記	上野法橋
松浦肥前守	証如上人書札案	石山本願寺日記	上野
海老備(海老名高助)	秋田藩採集文書	茨城県史料	八瀬　佐竹知行　井上民部
和泉守護	証如上人書札案	石山本願寺日記	新春之吉兆
細川播磨守(元常)	証如上人書札案	石山本願寺日記	京都之儀
細川播磨守(元常)	証如上人書札案	石山本願寺日記	公方様渡御右京大夫殿
和田雅楽佐	和田文書	群書類従	林三郎右衛門跡職
	中家文書	熊取町史	中庄・瓦屋・熊取
	輯古帖	本論集岡田謙一論文	国之錯乱
和田太郎次郎(助高)	和田文書	大阪狭山市史	横山在陣　玉井三河守
多賀左近大夫(常直)	板原家文書	府立総合資料館紀要	御被官之儀
多賀左近大夫(常直)	板原家文書	府立総合資料館紀要	御被官之儀　松肥面目
日根野・成真院(根来寺)殿御両人	中家文書	熊取町史	日根野殿御米
多賀左近大夫(常直)	板原家文書	府立総合資料館紀要	大夫殿入御　秋山彦三郎
多賀左近大夫(常直)	板原家文書	府立総合資料館紀要	鯛進物
たか(多賀)との	板原家文書	府立総合資料館紀要	御足　銭
真光院	北野神社文書	北野天満宮史料	刑部
岸和田兵衛大夫	足利季世記	岸和田市史	松浦肥前守　根来寺
井福院	板原家文書	府立総合資料館紀要	大鳥上条政所分半済
	板原家文書	府立総合資料館紀要	戦占
	拾遺泉州志・山下潤一所蔵史料	新修泉佐野市史	長滝荘領家方
永宋侍者(永源庵玉峯永宋)	細川家文書	細川家文書中世篇	和泉守護屋敷分
旧地下代中ほか	御代々寄附状	永源師檀紀年録	根本和泉守護知行
堺南庄顕本寺	顕本寺文書	堺市史第４巻	位牌所　長慶　之虎
中左近・(根来寺)成真院	中家文書	熊取町史	五ヶ畑
	板原家文書	府立総合資料館紀要	書札

No.	西暦	和暦年月日	文書名	差出
518	1536	天文５年閏10月10日	高槻知久城米請取状	高槻弥兵衛尉知久
519	1536	(天文５年)閏10月27日	高国派守護細川勝基宛行状	勝基
520	1537	(天文６年)３月５日	守護細川元常書状	はりま(播磨)　もと常
521	1537	(天文６年３月５日)	井上民部丞氏□書状写	(井上民部丞)氏
522	1537	天文６年12月13日	守護代松浦守宛行状	肥前守(松浦守)
523	1537	(天文６年ヵ)	守護細川元常仮名書状写	はりま　もと常
524	1538	(天文７年)２月11日	本願寺証如書状案	欠
525	1538	(天文７年)２月11日	本願寺証如書状案	欠
526	1538	(天文７年)２月11日	本願寺証如書状案	欠
527	1538	(天文７年７月27日)	橘某書状写	橘
528	1539	(天文８年)１月16日	本願寺証如書状案	欠
529	1539	(天文８年)７月22日	本願寺証如書状案	欠
530	1539	(天文８年)	本願寺証如書状案	欠
531	1541	天文10年６月５日	常盛知行宛行状写	常盛
532	1542	天文11年閏３月　日	根来寺成真院落地注文	欠
533	1542	天文11年７月19日	守護細川元常願文	播磨守元常
534	1543	(天文12年)２月22日	河内紀伊守護畠山稙長書状	稙長
535	1543	(天文12年)６月４日	半隠軒宗三(三好政長)書状	宗三(三好政長)
536	1543	(天文12年)10月27日	半隠軒宗三(三好政長)書状	宗三(三好政長)
537	1544	天文13年10月19日	田幸田ヒウタトウ契状	田幸田ヒウタトウ
538	1544	(天文13年)閏11月３日	守護細川元常書状	元常
539	1544	(天文13ヵ年)12月26日	波々伯部元継書状	元継
540	1545	(天文14年11月)	某書状	□□
541	1546	天文15年３月　日	守護細川元常書状	はりまのかみ元常
542	1549	(天文18年)１月13日	近江守護六角定頼書状	定頼
543	1549	天文18年11月８日	赤沢景存書状	赤沢掃部助景存
544	1552	天文21年３月30日	多賀永政戦占伝授文書	多賀十郎永政
545	1553	天文22年８月　日	根来寺惣分代官長滝荘領家方枡	惣分代官　勢算
546	1554	天文23年６月７日	守護細川元常寄進状	播磨守元常
547	1554	天文23年12月29日	秀雄・俊郷証状写	秀雄・俊郷
548	1555	天文24年２月２日	安宅冬康書下	冬康
549	1555	天文24年２月10日	五ヶ畑米銭借用状	伊重ほか計５名
550		天文□年５月２日	多賀永政書札伝授文書	永政

宛先	出典	刊本	備考
左京公	中家文書	熊取町史	料足之事
成真院(根来寺)	中家文書	熊取町史	鶴原
多美(多賀美濃守浄光)	板原家文書	府立総合資料館紀要	十河一存岸和田入城
多美(多賀美濃守浄光)	板原家文書	府立総合資料館紀要	中条流兵法
多美(多賀美濃守浄光)	板原家文書	府立総合資料館紀要	中条流兵法
多美(多賀美濃守浄光)	板原家文書	府立総合資料館紀要	中条流兵法
多美(多賀美濃守浄光)	板原家文書	府立総合資料館紀要	中条流兵法
(根来寺)菩提七番成真院	中家文書	熊取町史	木嶋　教興寺
奥将監	奥家文書	泉佐野市史	久米田合戦　本文書疑問
藤田十郎大夫	藤田家文書	新修泉佐野市史	佐野浦銭
御ちの人々	九条文書	和泉市史	松浦同名　十河一存
日根野孫七郎	日根文書	新修泉佐野市史	河内八上郡黒山　丹北郡由上
日根野孫七郎	日根文書	新修泉佐野市史	日根野下方　内畑　我孫子
日根野孫七郎	日根野文書	新修泉佐野市史	日根野本知　根来寺和談
天下谷極楽寺	吉野保家文書	岸和田市史	軍勢狼藉停止
遊佐河内守・遊佐美作守(安見宗房)	九条家文書	図書寮叢刊	国衆　四人之者　八木　池田
松浦孫八郎	九条家文書	大阪狭山市史	十七ヶ所　三好方　家中
(根来寺)成真院	中家文書	熊取町史	盛吉大夫の時　野田宮
	中家文書	熊取町史	近木荘
多賀左近大夫	板原家文書	府立総合資料館紀要	三好三人衆出陣　堺　根来
松浦総八郎(孫八郎ヵ)	今井家文書	織田信長文書の研究	毛利大友和睦　　塩飽舟寺田
	泉穴師神社所蔵	おほつ研究一号	穴師神社　宮講
	中家文書	熊取町史	近木荘
	中家文書	熊取町史	近木荘
住坊・滝室坊	拾遺泉州志	和泉志	尾生池郷相論　滝室坊
金剛峯寺奥院衆中	旧行人方一派文書	高野山文書	近木麻生惣分代官中
多賀左京進(永清)	板原家文書	府立総合資料館紀要	大坂表　高松吉政
	岸和田池一件	岸和田市史	岸和田池
	岸和田池一件	岸和田市史	水論　水利慣行
岸和田荘	岸和田池一件	岸和田市史	岸和田池　水論　水利慣行
泉州五社府中神主	泉井上神社文書	和泉市史	五社大明神領

No.	西暦	和暦年月日	文書名	差出
551	1558	弘治4年6月3日	根来寺宝蔵院料足請取状	宝蔵院
552	1558	永禄1年8月16日	根来寺宝蔵院勢算料足請取状	宝蔵院勢算
553	1558	永禄1年12月12日	根来寺浄心院快栄書状	浄心院快栄
554	1559	永禄2年2月29日	庄厳太郎義某兵法相伝起請文	庄厳太郎義
555	1559	永禄2年2月29日	真鍋吉満兵法相伝起請文	真鍋吉満
556	1559	永禄2年2月29日	祐寿兵法相伝起請文	祐寿
557	1559	永禄2年2月29日	四宮孫太郎・岡八郎兵法相伝起請文	四宮孫太郎・岡八郎
558	1559	永禄2年12月　日	天源左衛門尉郡栄米銭借用状	天源左衛門尉郡栄
559	1560	永禄3年3月15日	河内紀伊守護畠山高政感状写	高政
560	1560	永禄3年8月10日	根来寺覚安院明算等連署安堵状	幸福院永正・西蔵院秀賀覚安院明算
561	1561	(永禄4年)2月3日	三好長慶仮名書状	しゅり大夫長慶
562	1561	永禄4年8月26日	三好実休知行宛行状写	(三好)実休
563	1562	永禄5年5月9日	松浦家家老富上宗俊書状写	富上石見守宗俊
564	1562	永禄5年5月9日	松浦家家老富上宗俊書状写	富上石見守宗俊
565	1566	永禄9年8月　日	松浦虎禁制	松浦肥前守(虎)
566	1566	永禄9年7月9日	松浦孫八郎起請文	判
567	1566	(永禄9年)12月28日	河内紀伊守護畠山家家中奉書	走井盛秀・恩知定成・野尻宗泰・藤田重・遊佐(安見)宗房
568	1568	永禄11年3月20日	大浦衛門太郎証状	大ラ衛門太郎
569	1568	永禄11年12月3日	近木荘根来寺成真院分散用状	(黒印)
570	1568	(永禄11年)12月29日	竹元季元書状	季元
571	1569	(永禄12年)10月26日	今井宗久・跡□弘政・梶原越前守連署状写	今井彦右衛門入道宗久・跡□孫一弘政・梶原越前守
572	1569	永禄12年11月22日	穴師神社尼御前上葺棟札	寺田越中守弘家・同新左衛門・門村飛騨守俊重ほか
573	1570	永禄13年11月13日	近木荘根来寺成真院分散用状	(黒印)
574	1571	元亀2年11月25日	近木荘根来寺成真院分散用状	(黒印)
575	1572	元亀3年11月17日	松浦光起請文写	肥前守光
576	1574	(天正2年)4月7日	根来寺花上院清算書状	清算
577	1575	(天正3年)2月3日	津田信張書状	(津田)信張
578	1575	天正3年2月9日	松浦光書下写	肥前守光
579	1575	天正3年3月24日	寺田生家奉書写	寺田生家
580	1575	天正3年4月　日	松浦光掟書写	肥前守光
581	1575	天正3年10月20日	織田信長朱印状	信長(印)

宛先	出典	刊本	備考
松浦肥前守(光)	松浦文書類	織田信長文書の研究	上洛　進物　細六(昭元)
佐藤(信吉)・多賀(永政)	藤田家文書	新修泉佐野市史	佐野荘　多賀　藤田
間部主馬兵衛・田中遠江守	田中家文書	泉大津市史	石山城　本文書疑問
日根野孫二郎	日根文書	新修泉佐野市史	天王寺合戦
日根野孫次郎	日根野文書	新修泉佐野市史	真鍋主馬兵衛　御同名衆
沼間任世・寺田又右衛門・松浦安大夫・佐野在城衆中	冨田仙助所蔵文書	織田信長文書の研究	大坂出馬　佐久間信盛
	中家文書	熊取町史	近木荘
金剛峯寺惣分沙汰所御坊	高野山文書	高野山文書	雑賀成敗　上様(信長)
中嶋坊	大阪歴史博物館所蔵	岸和田市立郷土資料館『戦乱の中の岸和田城』	信長人数　坊主衆
中嶋坊	大阪歴史博物館所蔵	岸和田市立郷土資料館『戦乱の中の岸和田城』	佐久右　羽柴・荒摂
(淡輪)徹斎	淡輪文書	新修泉佐野市史	安土　根来寺衆
泉州松尾寺	松尾寺文書	和泉市史	禁制
沼間越後入道(任世)	養教寺文書	織田信長文書の研究	在陣　住吉城普請
柴田修理亮(勝家)	畠山義昭所蔵文書	織田信長文書の研究	和泉一国一揆寺内破却
淡輪大和守・(淡輪)徹斎	淡輪文書	新修泉佐野市史	土丸雨山要害　雑賀
湊・雑賀・岡・松江・嘉祥寺・吹井・加太・其外警固衆中	鷺森別院文書	和歌山市史	嘉祥寺・吹井・警固衆
湊・雑賀・岡・松江・嘉祥寺・吹井・加太・其外警固衆中	鷺森別院文書	和歌山市史	嘉祥寺・吹井・警固衆
泉州極楽寺御坊	岸和田市極楽寺文書	岸和田市立郷土資料館『戦乱の中の岸和田城』	禁制
多賀左京亮(永清)	板原家文書	府立総合資料館紀要	進物
板原与七郎(多賀氏内者)	板原家文書	府立総合資料館紀要	進物
谷輪・吹井・嘉祥寺　警固中	鷺森別院文書	和歌山市史	谷輪・吹井・嘉祥寺
淡輪大和守・(淡輪)徹斎	淡輪文書	織田信長文書の研究	勢州警固　其の浦　安土
寺田又右衛門・松浦安大夫	佐藤行信所蔵文書	織田信長文書の研究	大坂雑賀表御動座　御船
真豊(真鍋豊後守)	日根野文書	新修泉佐野市史	佐野浦・雑賀警固　九鬼舟

375　和泉国地域公権力受発給文書一覧

No.	西暦	和暦年月日	文書名	差出
582	1575	(天正３年)12月13日	織田信長書状写	信長
583	1576	天正４年２月29日	氏人中佐野荘惣借米日記	氏人中(根来寺氏人ヵ)
584	1576	(天正４年)５月13日	佐久間信盛書状	右衛門信盛
585	1576	(天正４年)６月18日	堀秀政書状写	堀久太郎秀政
586	1576	(天正４年)６月20日	日根野弘就書状	日根野道犬斎弘就
587	1576	天正４年７月９日	織田信長朱印状	信長(朱印)
588	1576	天正４年11月20日	近木荘成真院分散用状	(黒印)
589	1577	(天正５年)２月18日	根来寺老衆中・書意衆中・快宥書状案	老衆中・書意衆中・快宥
590	1577	(天正５年)３月６日	根来寺泉識坊快□書状	泉識坊快□(快厳ヵ)
591	1577	(天正５年)３月18日	根来寺泉識坊快□書状	泉識坊快□(快厳ヵ)
592	1577	(天正５年)３月26日	津田信張書状	(津田)信張
593	1577	天正５年３月　日	織田信長禁制	(朱印)
594	1577	(天正５年)４月17日	織田信長黒印状	信長(黒印)
595	1577	(天正５年)４月22日	織田信長朱印状	信長(朱印)
596	1577	(天正５年)７月11日	佐野在城衆中休算書状	在城衆中休算
597	1577	(天正５年)９月26日	本願寺顕如書状	顕如
598	1577	(天正５年)９月26日	下間頼廉書状	刑法頼廉
599	1577	(天正５年)10月29日	根来寺泉識坊快厳・岩室坊禁制	泉識坊(快厳)・岩室坊
600	1578	(天正６年)３月８日	菅屋長頼書状	菅屋九郎右衛門尉長頼
601	1578	(天正６年)３月11日	菅屋長頼与力平古種吉書状	平古弥伝次種吉
602	1578	(天正６年)６月19日	常楽寺証賢・下間頼廉書状	刑法頼廉・常楽寺証賢
603	1578	(天正６年)７月15日	佐久間定栄(信栄)書状	佐甚九定栄(信栄)
604	1578	(天正６年)８月14日	佐久間定盛(信盛)・定栄(信栄)連署状	佐久間甚九郎定栄(信栄)・佐久間右衛門定盛(信盛)
605	1578	(天正６年)９月２日	佐久間信盛・信栄連署状	佐右信盛・佐甚九信栄

宛先	出典	刊本	備考
佐久間右衛門尉(信盛)・宮内卿法印御房(松井友閑)	本願寺文書	新編真宗大系	本願寺門跡　御赦免(信長と本願寺の和睦)
泉州諸侍中	尊経閣文庫文書	織田信長文書の研究	佐久間父子誅伐　堀秀政
	板原家文書	府立総合資料館紀要	安土馬揃
多左(多賀永清)	板原家文書	府立総合資料館紀要	指出(知行改)
	板原家文書	府立総合資料館紀要	佐野　神領分　多賀
多左(多賀永清)	板原家文書	府立総合資料館紀要	知行改　根来寺衆　堺　薬師
多左(多賀永清)	板原家文書	府立総合資料館紀要	綾井　槙尾山破却
多左(多賀永清)	板原家文書	府立総合資料館紀要	御煩　替地
多左(多賀永清)	板原家文書	府立総合資料館紀要	御くすり　北村殿
真鍋次郎(貞成)	藩中古文書	藤田達生『日本近世国家成立史の研究』	岸和田城
蜂屋兵庫助(頼隆)	大阪市栄照寺文書	大阪市立博物館『大坂の町と本願寺』	岸和田入城　路次往還
	板原家文書	府立総合資料館紀要	多賀跡職　井原　馬屋原塩穴
多左(多賀永清)	板原家文書	府立総合資料館紀要	江月斎　立津
多左(多賀永清)	板原家文書	府立総合資料館紀要	近日罷下懸御目
多□(多賀永清)	板原家文書	府立総合資料館紀要	井野方　任世　真豊　女房衆
多□(多賀永清)	板原家文書	府立総合資料館紀要	樫井　岸和田
多左(多賀永清)	板原家文書	府立総合資料館紀要	庄孫　高松　安土　馬揃え
多□(多賀永清)	板原家文書	府立総合資料館紀要	御朱印筆銭　替地衆　綾井
多□(多賀永清)	板原家文書	府立総合資料館紀要	安土　庄牛満　替地　上津
多左(多賀永清)	板原家文書	府立総合資料館紀要	御知行替地　大津
多左(多賀永清)	板原家文書	府立総合資料館紀要	御知行替地　任世　御城代衆
右	藩中古文書	藤田達生『日本近世国家成立史の研究』	堺上下舟役　真鍋甚三郎
和泉国大津	藩中古文書	藤田達生『日本近世国家成立史の研究』	大津
沼間任世・寺又右・松安大・真次	古文書纂	大日本史料	泉州へ出馬
和泉国貝塚寺内	願泉寺文書	貝塚寺内町遺跡　貝塚寺内町関係資料集	貝塚寺内
万代百姓中	高林誠一文書	堺市史第4巻	国役　(中村)一氏
河毛源二郎(重次)	鳥取県立博物館所蔵	岸和田市立郷土資料館『戦乱の中の岸和田城』	泉州北三郡　頼子中

No.	西暦	和暦年月日	文書名	差出
606	1580	天正８年６月吉日	根来寺杉之坊照算・泉識坊快厳連署起請文	杉之坊照算・泉識坊快厳
607	1580	（天正８年）９月５日	織田信長朱印状写	御朱印
608	1581	（天正９年）１月23日	織田信長安土馬揃触状写	御朱印
609	1581	（天正９年）３月３日	沼間任世書状	（沼間兵庫亮）任世
610	1581	（天正９年）３月　日	佐野荘多賀神領方所持分指出	欠
611	1581	（天正９年）４月21日	沼間任世書状	（沼間兵庫亮）任世
612	1581	（天正９年）５月８日	沼間任世書状	（沼間兵庫亮）任世
613	1581	（天正９年）５月26日	沼間任世書状	（沼間兵庫亮）任世
614	1581	（天正９年）５月26日	樫井源右衛門定書状	樫井源右衛門定
615	1581	天正９年６月28日	織田信長朱印状写	（朱印）
616	1581	天正９年７月５日	本願寺顕如書状	顕如
617	1581	（天正９年）７月８日	多賀氏跡職定書	欠
618	1581	（天正９年）７月10日	下勘兵衛成書状	成
619	1581	（天正９年）７月12日	根来寺西坊明春書状	西坊明春
620	1581	（天正９年）７月12日	沼間源左衛門氏某書状	沼間源左氏
621	1581	（天正９年）７月19日	樫井源右衛門定某書状	かし源右定
622	1581	（天正９年）７月19日	秋際清治書状	清治
623	1581	（天正９年）７月20日	沼間任世書状	（沼間）任世
624	1581	（天正９年）７月22日	沼間任世書状	（沼間）任世
625	1581	（天正９年）７月23日	玉井秀相書状	玉壱（玉井壱岐守）秀相
626	1581	（天正９年）７月23日	沼間任世書状	（沼間）兵庫允任世
627	1582	（天正10年）５月16日	織田信長黒印状写	（黒印）
628	1583	天正11年閏１月　日	羽柴秀吉禁制	筑前守
629	1583	（天正11年）２月７日	羽柴秀吉書状	秀吉
630	1583	天正11年５月　日	羽柴秀吉禁制	筑前守
631	1583	天正11年７月29日	河毛重次国役免状折紙	河毛源二郎重次
632	1583	天正11年８月21日	中村一氏判物	中村孫平次一氏

宛先	出典	刊本	備考
生駒甚介(親正)	生駒家宝簡集	大日本史料	和泉表　根来・雑賀　一戦
(淡輪)鉄斎・淡輪大和守	淡輪文書	岬町の歴史	秀吉出馬
卜半斎	大阪歴史博物館所蔵	岸和田市立郷土資料館『戦乱の中の岸和田城』	惣分　筑州今日出勢
貝塚寺内	願泉寺文書	貝塚寺内町遺跡　貝塚寺内町関係資料集	出馬　寺内陣取
三十郎(新川盛政)	新川家文書	新修泉佐野市史	感状　一戦　檀波羅蜜
貝塚寺内中	大阪歴史博物館所蔵	岸和田市立郷土資料館『戦乱の中の岸和田城』	当寺内陣取
真鍋主馬大夫(貞成)	藩中古文書	藤田達生『日本近世国家成立史の研究』	其表一戦(根来攻め)
尺禅寺(積善寺)連判衆中	紀伊続風土記一	紀伊続風土記	御出馬　起請文言
沢入城衆中	紀伊続風土記一	紀伊続風土記	御出馬　起請文言
泉州佐野郷之浦	藤田家文書	泉佐野市史	禁制
明算(根来寺覚安院)	中家文書	熊取町史	岡山普請　大田之城
成真院(根来寺)	中家文書	熊取町史	寺田兄弟　上二郡　下二郡
多賀左近大夫	板原家文書	府立綜合資料館紀要	新春
神前三郎次郎	日根文書	新修泉佐野市史	高槻入城　松浦肥前守
奥将監	奥家文書	泉佐野市史	根来諸大将　本文書疑問
	池辺家文書	和泉市史	谷中之野山　きりさかの城番手衆
氷上別当御房	山口県立図書館所蔵	和泉市史	泉州に妙見を勧請
和田備前守	色川氏所蔵和田文書	忠岡町史	宇多荘沙汰人百姓還住
田代(道徳)	田代文書	高石市史	真鍋主馬兵衛　女房衆
民部少輔(高国派守護カ)	細川家文書	細川家文書中世篇	三好筑前守　故右京兆
木屋平新左衛門尉	阿波国徴古雑抄	阿波国荘園史料集	阿州西郎山合戦
玉公知蔵禅師	御代々寄附状	永源師檀紀年録	慈雲院様御異見　泉州之儀
和田又八	和田文書	山城郷土資料館報	大鳥虎口合戦
細川九郎	細川家文書	細川家文書中世篇	鳥取和泉入道・安野井討伐
細川五郎(元有)	細川家文書	細川家文書中世篇	被官人春木退治　南方
	淡輪文書	岬町の歴史	紀州表
弾正正弼(六角定頼)	古今消息集	本論集岡田謙一論文	参洛
寺田又右衛門尉	神戸市長橋大輔所蔵文書	岸和田市立郷土資料館『戦乱の中の岸和田城』	其表一戦　孫平次
細川九郎	細川家文書	細川家文書中世篇	上神若狭入道の事

No.	西暦	和暦年月日	文書名	差出
633	1584	天正12年４月12日	羽柴秀吉感状	秀吉
634	1584	(天正12年)6月22日	中村一氏書状	中村孫平次一氏
635	1584	(天正12年)8月12日	根来寺僧連署書状	監物・南蔵院・清斎
636	1584	(天正12年)10月27日	羽柴秀吉禁制	秀吉
637	1584	天正12年11月　日	根来寺修生院空知行宛行状	修生院空
638	1585	天正13年３月９日	羽柴秀吉禁制	筑前守秀吉
639	1585	(天正13年)３月21日	羽柴秀吉感状	筑前守秀吉
640	1585	(天正13年)３月22日	羽柴秀長誓詞写	美濃守秀長写
641	1585	(天正13年)３月23日	羽柴秀長誓詞写	羽柴美濃守秀長写
642	1585	天正13年４月10日	羽柴秀長禁制	美濃守秀長
643	1585	(天正13年)４月26日	宗俊書状	次右衛門尉宗俊
644	1585	(天正13年)５月23日	大和入道書状	やまと入
645		1月４日	高国派守護奉行人庄浄蓮書状	(庄)浄蓮(盛資)
646		1月15日	晴元派守護細川元常書状写	元常
647		1月16日	河内紀伊守護畠山高政書状写	高政
648		1月18日	寺田又右衛門・沼間任世等連署状	沼間任世・久　　重雄・大炊助氏清・家　・(寺田)又右衛門
649		1月29日	守護大内義弘書状	義弘
650		2月15日	下守護細川常繁(頼久)書状写	常繁
651		2月28日	高勝書状	高勝
652		3月５日	阿波守護細川道空(成之)書状	道空(成之)
653		3月８日	上守護細川常有感状	常有
654		3月９日	等春書状写	等春
655		3月16日	下守護細川基経感状	基経
656		3月16日	室町将軍足利義教御内書	(花押)
657		3月18日	室町将軍足利義教御内書	(花押)
658		3月22日	津田信張書状	信張
659		3月23日	細川晴貞書状写	晴貞
660		3月26日	羽柴秀吉感状	筑前守秀吉
661		4月10日	室町将軍足利義教御内書	(花押)

宛先	出典	刊本	備考
多賀蔵人助・庄備中守(盛資)	板原家文書	府立総合資料館紀要	京都　平井方　当村
和田雅楽助	和田文書	山城郷土資料館報	松村紀太郎跡職
(高野山)奥院衆	興山寺文書	高野山文書	我孫子下条燈炉田
宇高安芸入道(通光)	永源師檀紀年録	永源師檀紀年録	永源庵領入山田
竹元彦九郎	板原家文書	府立総合資料館紀要	高屋没落　和田跡　多治未跡
河毛宗左衛門尉	鳥取県立博物館所蔵	岸和田市立郷土資料館『戦乱の中の岸和田城』	木嶋谷放火　当城
松浦万満	九条文書	和泉市史	泉州　養父周防守　十河一存
木村左衛門尉	熊本県立美術館所蔵	熊本県立美術館所蔵品目録Ⅱ	阿州　天下静謐
源猷	細川家文書	細川家文書中世篇	学問
松浦安大夫	安土城考古博物館所蔵	岸和田市立郷土資料館『戦乱の中の岸和田城』	進物　堀久太郎
引接寺年預	開口神社文書	開口神社史料	当寺之事
(河毛)宗左衛門尉	鳥取県立博物館所蔵	岸和田市立郷土資料館『戦乱の中の岸和田城』	木嶋口
多賀楠鶴	板原家文書	府立総合資料館紀要	庄又二郎跡
多賀楠鶴	板原家文書	府立総合資料館紀要	庄又二郎跡
多賀殿	板原家文書	府立総合資料館紀要	御当銭　近木　大津　庄備
東岫座元禅師	細川家文書	細川家文書中世篇	源諦　永梏　東岫　一山
斎藤彦次郎(国盛)・多賀蔵人庄備中守(盛資)	板原家文書	府立総合資料館紀要	彼方働　尾州進発　香西
多賀楠鶴丸	板原家文書	府立総合資料館紀要	久米田寺城
林新四郎	板原家文書	府立総合資料館紀要	久米田寺城
源猷	御代々寄附状	永源師檀紀年録	かんニ伝言之由
淳(順)首座侍者	永源師檀紀年録	永源師檀紀年録	入山田棟別　享禄2年か
(河毛)宗左衛門尉	鳥取県立博物館所蔵	岸和田市立郷土資料館『戦乱の中の岸和田城』	木嶋谷　首二討捕
玉井三河守	円光寺文書	大阪の歴史と文化財4	堺舳松　信太　今度一乱
多賀蔵人助	板原家文書	府立総合資料館紀要	五社御代官参
根来寺行人沙汰所	山科家文書	泉大津市史	大津　粉河寺　典厩
多賀(蔵人助)	板原家文書	府立総合資料館紀要	五社御代官参
板原久兵衛	板原家文書	府立総合資料館紀要	玉井善十郎　槙尾山

No.	西暦	和暦年月日	文書名	差出
662		4月11日	毛穴盛基書状	毛穴又六基盛
663		4月12日	某清判物	清
664		4月14日	下守護細川政久寄進状写	細川弥九郎政久
665		4月19日	上守護奉行人宇高有光奉書写	(宇高)有光
666		4月21日	常保書状	常保
667		4月22日	中村一氏書状	中孫
668		4月23日	三好長慶書状	長慶
669		4月26日	守護細川元常書状	元常
670		5月1日	上守護細川常有書状	常有
671		5月5日	織田信長黒印状	(黒印)
672		5月8日	瓦林長親・寺町通昭連署書状	(瓦林)長親・(寺町)通昭
673		5月9日	中村一氏書状	孫平次一氏
674		5月10日	下守護細川基経書状	基経
675		5月10日	下守護奉行人西村通宗奉書	(西村)通宗
676		5月12日	高国派守護被官井上長吉書状	井上四郎左衛門尉長吉
677		5月13日	上守護細川元有書状	元有
678		5月19日	高国派守護細川高基書状	高基
679		5月20日	下守護細川基経感状	基経
680		5月20日	下守護細川基経感状	基経
681		5月21日	上守護細川常有書状写	常有
682		5月21日	上守護被官常弘書状	常弘
683		5月21日	中村一氏書状	孫平次一氏
684		5月22日	守護代松浦守奉書	肥前守(守)
685		5月23日	高国派守護被官横越基清書状	(横越与次郎)基清
686		5月26日	河内紀伊守護畠山尚順奉行人連署奉書	直賢・滋春
687		5月26日	下守護被官原源三郎勝□書状	原源三郎勝□
688		5月28日	守護細川元常感状写	元常

宛先	出典	刊本	備考
板原久兵衛	板原家文書	府立総合資料館紀要	玉井善十郎　槙尾山
板原久兵衛	板原家文書	府立総合資料館紀要	玉井善十郎　槙尾山
和田備前守	和田文書	群書類従	京都合戦　国々物謂
国々面々	和田文書	群書類従	熊取町合戦　国役面々
永源庵住持珠大首座	細川家文書	細川家文書中世篇	海老名跡　河田荘
永源庵	御代々寄附状	永源師檀紀年録	国之儀不慮成立候
永源庵	御代々寄附状	永源師檀紀年録	泉州不慮　松浦、寺に在
和田筑後守	和田文書	山城郷土資料館報	熊取庄合戦
田代源次郎	田代文書	高石市史	用水相論　野々井方
細川五郎(元有)	細川家文書	細川家文書中世篇	南方凶徒蜂起
田代殿	田代文書	高石市史	松浦注進　畠山次郎淡州下向
大伝法院行人衆中	山科家文書	忠岡町史	泉州和気村　片山修理亮
細川九郎	細川家文書	細川家文書中世篇	畠山義就　河内国進発
(野々井方)	田代文書	高石市史	用水相論　野々井方　御屋形
多賀蔵人助	板原家文書	府立総合資料館紀要	春木村・北加守相論
九郎(細川教春)	細川家文書	細川家文書中世篇	泉州にて敵討ち取り
念仏寺御同宿中	開口神社史料	開口神社史料	御料所上郷
和田左近将監	和田文書	山城郷土資料館報	信太城合戦
中少路五郎	細川家文書	細川家文書中世篇	敵の泉州乱入(応仁の乱)
堺南庄中	万代家文書	山口県史	土手方　堺南庄
多左(多賀永清)	板原家文書	府立総合資料館紀要	津田信張
多賀楠鶴	板原家文書	府立総合資料館紀要	信太城合戦
板原三郎	板原家文書	府立総合資料館紀要	大窪藤田嶋口
多左(多賀永清)	板原家文書	府立総合資料館紀要	北村殿　松村　津田信張
田所大和守	泉井上神社文書	和泉市史	巻尾寺　松肥(松浦守)
多左(多賀永清)	板原家文書	府立総合資料館紀要	庄牛満　堀久太郎
田代殿	田代文書	高石市史	大鳥方と水論
多左(多賀永清)	板原家文書	府立総合資料館紀要	岸和田　我等身上
多左(多賀永清)	板原家文書	府立総合資料館紀要	松村　津田信張
永源庵侍者禅師	細川家文書	細川家文書中世篇	御下向　永源庵焼香
多左(多賀永清)	板原家文書	府立総合資料館紀要	津田信張　養生
永源庵	細川家文書	細川家文書中世篇	高越　泉州辺寺領　梅津
多左(多賀永清)	板原家文書	府立総合資料館紀要	津田信張　養生
珠大書記(永源庵)	永源師檀紀年録	永源師檀紀年録	泉州篠田中尾寺

No.	西暦	和暦年月日	文書名	差出
689		5月28日	守護細川晴貞感状写	晴貞
690		5月29日	守護被官多賀常直感状写	(多賀)常直
691		6月11日	下守護細川常泰(持久)感状写	常泰
692		6月11日	下守護細川常泰(持久)感状写	常泰
693		6月12日	上守護細川常有書状	常有
694		6月16日	上守護方松浦盛書状写	松浦五郎次郎盛(守護代ヵ)
695		6月16日	岩室坊勢誉書状写	岩室坊勢誉
696		6月17日	下守護細川常泰(持久)感状	常泰(持久)
697		6月17日	晴元派守護代松浦守書状	松浦守
698		6月19日	室町将軍足利義政御判御教書	(花押)
699		6月20日	晴元派守護細川元常書状	元常
700		6月20日	河内紀伊守護畠山尚慶(尚順)書状	尚慶
701		6月21日	室町将軍足利義政御教書	(花押)
702		6月21日	晴元派守護代松浦守書状	(松浦守)
703		6月22日	高国派守護奉行斎藤国盛・基祐(ヵ)連署書状	斎藤三郎左衛門尉基祐(ヵ)・斎藤彦右衛門尉国盛
704		6月26日	管領細川勝元書状	勝元
705		6月26日	森忠勝・佐野国長連署書状	森忠勝・佐野国長
706		6月27日	下守護細川持久感状	持久
707		6月29日	下守護細川持久書状	持久
708		7月4日	三好長慶書状断簡	長慶
709		7月7日	郷成満書状	郷飛入成満
710		7月8日	下守護細川基経感状	基経
711		7月9日	盛秀感状写	(多賀ヵ)盛秀
712		7月12日	玉井秀相書状	秀相
713		7月13日	河内紀伊守護代遊佐長教書状	長教
714		7月13日	沼間任世書状	任世
715		7月16日	当番衆貞基・遠氏連署書状	当番衆貞基・遠氏
716		7月17日	鳥取行忠書状	鳥隼(鳥取隼人)行忠
717		7月18日	玉井秀相書状	秀相
718		7月19日	上守護細川元有書状	元有
719		7月19日	林丹綱某書状	林丹綱
720		7月20日	上守護細川元常書状	元常
721		7月21日	下勘兵衛成某書状	下かんひやうへ成
722		7月22日	上守護奉行人片山有弘奉書写	有弘

宛先	出典	刊本	備考
福田九郎左衛門尉	拾遺泉州志	和泉志	山直郷内稲葉合戦
五社中	伊藤磯十郎所蔵文書	大和古文書聚英	田楽禄　和泉五社
空誓	円光寺文書	大阪の歴史と文化財4	石津松原　成田久助
貞近・近木惣御中	貝塚善正寺文書	新修泉佐野市史	鶴原寺内　一揆
大伝法院行人衆中	尊経閣文庫文書	小谷利明「畿内戦国期守護と室町幕府」	神於寺　岸和田
五社中	伊藤磯十郎所蔵文書	大和古文書聚英	田楽禄物　五社中
在庁衆	伊藤磯十郎所蔵文書	大和古文書聚英	田楽禄　和泉五社　在庁中
在庁衆	伊藤磯十郎所蔵文書	大和古文書聚英	田楽禄　和泉五社　田楽中
(高野山)奥院衆	興山寺文書	高野山文書	奥院　我孫子下条長泉
(高野山)奥院衆	興山寺文書	高野山文書	奥院　我孫子下条長泉
庄又二郎	板原家文書	府立総合資料館紀要	佐野井原領主段銭
寺田越中入道・長曽根安芸守	今井家文書	堺市史	古肥州　(松浦)孫八郎
田代源次郎	田代文書	高石市史	七月廿七日河内山之陣
蔵春軒侍司(永源庵)	永源師檀紀年録	永源師檀紀年録	摂津呉庭　土生一跡
永源庵侍者禅師	永源師檀紀年録	永源師檀紀年録	呉庭荘祐禅寺　池田修理亮
(河毛)宗左衛門尉	鳥取県立博物館所蔵	岸和田市立郷土資料館『戦乱の中の岸和田城』	積善寺前
多賀楠鶴丸	板原家文書	府立総合資料館紀要	宮小次郎城合戦
庄牛松	板原家文書	府立総合資料館紀要	庄又二郎一跡
細川五郎(元有)	細川家文書	細川家文書中世篇	義就退治　守護代派遣
寺田越中入道・長曽根安芸守	今井家文書	堺市史	和州表出陣
佐藤五郎左衛門尉	永源師檀紀年録	永源師檀紀年録	新家荘極楽寺
細川五郎(元有)	細川家文書	細川家文書中世篇	義就退治　河内橘島
(田代)道徳	田代文書	高石市史	泉州調略
(高野山)奥院衆	興山寺文書	高野山文書	燈明田　宝生院
河宗左(河毛宗左衛門尉)	鳥取県立博物館所蔵	岸和田市立郷土資料館『戦乱の中の岸和田城』	頚三討捕
蔵春軒(永源庵)	細川家文書	細川家文書中世篇	御祈祷　国之儀
田代源次郎	田代文書	高石市史	入国　大鳥毛穴馬場跡
多賀楠鶴	板原家文書	府立総合資料館紀要	多賀蔵人一跡
多賀楠鶴	板原家文書	府立総合資料館紀要	路次　音羽　人数
板原久兵衛	板原家文書	府立総合資料館紀要	岸和田根来衆　松浦肥前守
板原善次郎	板原家文書	府立総合資料館紀要	岸和田根来衆　松浦肥前守
和田太郎次郎(助高)	和田文書	山城郷土資料館報	原次郎四郎跡職

No.	西暦	和暦年月日	文書名	差出
723		7月28日	十河一存感状写	一存
724		8月３日	上守護方松浦盛書状	(左衛門大夫)盛
725		8月３日	守護代松浦守奉書	肥前守(松浦守)
726		8月５日	本願寺顕如印書	少進法印仲康(下間)
727		8月６日	河内紀伊守護畠山尚慶(尚順)書状	尚慶
728		8月６日	上守護方松浦盛書状	松浦左衛門大夫盛
729		8月13日	松浦家家老連署状写	富上宗俊ら４名
730		8月13日	松浦家家老連署状写	富上宗俊ら４名
731		8月14日	上守護代松浦守書状	肥前守(松浦守)
732		8月14日	上守護代松浦守書状	肥前守(松浦守)
733		8月16日	下守護細川基経書状	基経
734		8月17日	今井宗久書状案	—
735		8月19日	上守護細川元常書状	元常
736		8月21日	上守護方某奉書	不明
737		8月21日	斎藤方右(元右ヵ)奉書	方右(元右ヵ)
738		8月22日	中村一氏感状	孫平次一氏
739		8月22日	下守護細川基経感状	基経
740		8月23日	下守護細川基経書状	基経
741		8月23日	室町将軍足利義政御判御教書	(花押)
742		8月23日	今井宗久書状案	—
743		8月28日	上守護方玄成書状写	玄成
744		8月30日	室町将軍足利義政御判御教書	(花押)
745		9月３日	岬雲斎恕朴(篠原長房)書状	恕朴
746		9月６日	上守護細川元有書状	元有
747		9月７日	中村一氏感状	孫平次一氏
748		9月９日	細川晴貞書状	刑部大輔晴貞
749		9月９日	道保書状	道保
750		9月10日	下守護細川基経書状	基経
751		9月10日	下守護細川基経書状	基経
752		9月10日	守護細川元常感状写	元常
753		9月10日	守護細川元常感状写	元常
754		9月11日	河内紀伊守護畠山稙長方林堂山樹書状	山樹

宛先	出典	刊本	備考
永源庵	細川家文書	細川家文書中世篇	在陣　中山掃部助
被官百姓中	田代文書	高石市史	御屋形様淡州渡海　入国
岸和田豊前守	板原家文書	府立総合資料館紀要	御両所加守郷
細川五郎(元有)	細川家文書	細川家文書中世篇	義就退治　牧之合戦
引接寺年行事	正法寺文書	堺市史	御見舞
(未明)	興福院文書	岡田謙一「細川高国派の和泉守護について」	塩穴左京進
奥院衆	興山寺文書	高野山文書	燈明田
多賀左京亮(永清)	板原家文書	府立総合資料館紀要	御普請(二条御所)
巻尾寺三綱坊	施福寺文書	和泉市史紀要 6	御屋形　横山跡　　父鬼跡
和田殿	和田文書	群書類従	家督出仕　義就　合力　敵方
和田太郎次郎(助高)	天竜寺真乗院文書	大阪狭山市史	連々申分通
細川九郎	細川家文書	細川家文書中世篇	畠山義就　天王寺合戦
大伝法院行人衆沙汰所御坊	尊経閣文庫文書	小谷利明「畿内戦国期守護と室町幕府」	泉州寺社本所領　天下　加守
和田宮一	和田文書	群書類従	親父討死　同名御下官衆
松浦左衛門大夫(守)	秋田藩採集文書	茨城県史料	拙者跡職(鶴原荘)
日根野又次郎	日根文書	新修泉佐野市史	土生一族衆跡職　御屋形上洛
和田太郎次郎(助高)	和田文書	山城郷土資料館報	和田内五郎四郎分
長安(長曽根安芸守・寺越(寺田越中入道)	今井家文書	堺市史	勢州之儀
和田又八	和田文書	山城郷土資料館報	和田荘内竹元氏知行分
泉州府中在庁田所	泉井上神社文書	旧和泉郡黒鳥村関係古文書調査報告書	原田備中守　辻村方
多賀左近允(永清)	板原家文書	府立総合資料館紀要	佐野表　坊主衆　上様
和田又八	和田文書	山城郷土資料館報	家原寺合戦
細川弥九郎(常有ヵ)	細川家文書	細川家文書中世篇	山名宗峯入道退治
細川弥九郎(常有ヵ)	永源師檀紀年録	永源師檀紀年録	山名宗峯入道退治
多賀蔵人助	板原家文書	府立総合資料館紀要	春木村
信濃小路殿(長盛)	九条家文書	図書寮叢刊	日根荘
田代源二郎	田代文書	高石市史	長々堪忍　今度出張　馳走
田代源二郎・綾井助六・取石八郎・成福寺・馬場	田代文書	高石市史	大鳥在城　御屋形様　阿州
信濃小路刑部卿(長盛)	九条家文書	図書寮叢刊	日根荘
信濃小路刑部卿(長盛)	九条家文書	図書寮叢刊	日根荘
永源庵	細川家文書	細川家文書中世篇	御寺領散木

No.	西暦	和暦年月日	文書名	差出
755		9月13日	澄元派守護細川元常書状	元常
756		9月19日	晴元派上守護代松浦守書状	守
757		9月21日	守護代松浦守書状案	松浦肥前守
758		9月23日	室町将軍足利義政御判御教書	(花押)
759		9月24日	松浦安大夫書状	松浦安大夫家
760		9月25日	高国派守護細川勝基書状	勝基
761		9月26日	上守護細川元有書状	元有
762		9月26日	津田信張書状	(津田)信張
763		9月27日	檜山賢久書状	賢久
764		9月29日	河内紀伊守護畠山政長書状写	政長
765		10月2日	某清判物	清
766		10月3日	室町将軍足利義政御判御教書	(花押)
767		10月3日	河内紀伊守護畠山尚順奉行人連署奉書	直賢・(斎藤)基守
768		10月4日	香西元盛書状写	香西四郎左衛門元盛
769		10月6日	佐竹澄常書状写	(佐竹)澄常
770		10月7日	守護代松浦守書状写	松浦守
771		10月13日	某清判物	清
772		10月13日	今井宗久書状	—
773		10月20日	下守護細川基経感状	基経
774		10月20日	昨間敬久書状	昨間左兵衛敬久
775		10月23日	津田信張書状	(津田兵衛佐)信張
776		10月30日	下守護細川常泰(持久)感状	常泰(持久)
777		11月3日	室町将軍足利義政御教書	(花押)
778		11月3日	某直状写	在判
779		11月3日	下守護奉行人斎藤国盛書状	斎藤彦右衛門尉国盛
780		11月5日	根来寺閼伽井坊明尊書状	明尊
781		11月5日	守護細川元常書状	元常
782		11月6日	晴元派守護代松浦守書状	(松浦左衛門大夫)守
783		11月6日	根来寺僧日根荘代官勢長書状	勢長
784		11月9日	根来寺僧日根荘代官勢長書状	勢長
785		11月9日	守護細川元常書状	元常

宛先	出典	刊本	備考
被官衆中	日根文書	新修泉佐野市史	松浦相談　入国　上意　上洛
治部少輔・刑部少輔（細川持有）	永源師檀紀年録	永源師檀紀年録	軍勢催促
細川楠王丸	九条家文書	図書寮叢刊	日根野・入山田村
信濃小路宮内大輔（長盛）	九条家文書	図書寮叢刊	日根野・入山田村
日根野孫次郎	日根野文書	新修泉佐野市史	音信
日根野孫次郎	日根野文書	新修泉佐野市史	佐二右
大伝法院行人方沙汰所	佐藤行信所蔵文書	岡田謙一「和泉上守護代宇高氏についての基礎的考察」	今度敵没落之儀
	賀茂別雷神社文書	岬町の歴史	深日・箱作荘
	永源師檀紀年録	永源師檀紀年録	吉見辺　馬場跡　井上
宇高大和守	古今采輯	富山県史	宇高大和守光成か
御奉行所（九条家奉行所）	九条家文書	図書寮叢刊	日根野・入山田村
日根野・入山田御代官中	九条家文書	図書寮叢刊	日根野・入山田村
大書記	細川家文書	細川家文書中世篇	建仁寺永源庵　永琮喝食
信濃小路大膳大夫（長盛）	九条家文書	図書寮叢刊	日根野・入山田村
田豊入（田代豊前入道・道徳ヵ）	田代文書	高石市史	御調略
多賀殿	板原家文書	府立総合資料館紀要	
日根野孫次郎	日根文書	新修泉佐野市史	御本地事
御奉行所（九条家奉行所）	九条家文書	図書寮叢刊	日根野・入山田村
（高野山）奥院衆	興山寺文書	高野山文書	我孫子下条長泉
永源庵床下	永源師檀紀年録	永源師檀紀年録	下々和泉守護分
永源庵床下	永源師檀紀年録	永源師檀紀年録	下々和泉守護分
河宗左（河毛宗左衛門尉）	鳥取県立博物館所蔵	岸和田市立郷土資料館『戦乱の中の岸和田城』	鳥羽　一戦　天主
（多賀永清）	板原家文書	府立総合資料館紀要	天下　富久右　加守郷　庄牛満
日根野孫七郎	日根文書	新修泉佐野市史	日根野入山田　綾井　大津
多左（永清）	板原家文書	府立総合資料館紀要	九万里方　下代　河端分
多賀左近大夫	板原家文書	府立総合資料館紀要	進物
久米多寺	久米田寺文書	岸和田市史	寺領　和田対馬守
和田宮千代	天竜寺真乗院文書	大阪狭山市史	京都一左右　進発　持地院
永源庵床下	永源師檀紀年録	永源師檀紀年録	和泉守護分
日根野五郎左衛門尉	日根文書	新修泉佐野市史	堺南口合戦
	九条家文書	図書寮叢刊	九条家領日根荘　佐竹
	板原家文書	府立総合資料館紀要	六日番

No.	西暦	和暦年月日	文書名	差出
786		11月 9 日	守護細川元常書状写	元常
787		11月11日	管領細川持之奉書写	持之
788		11月17日	九条家家僕冨小路俊通書状案	(冨小路)俊通
789		11月18日	根来寺閼伽井坊明尊書状	明尊
790		11月20日	堀秀政書状	秀政
791		11月20日	堀秀政側近江陽軒当以書状	江陽軒当以
792		11月21日	上守護細川元有書状	元有
793		11月26日	河内紀伊守護畠山尚順奉行人連署奉書	田屋秀綱・中村正行
794		11月28日	上守護細川元有書状写	元有
795		11月28日	河内紀伊守護畠山尚慶(尚順)書状	尚慶
796		11月29日	根来寺閼伽井坊明尊書状	明尊
797		11月　日	某覚書案	欠
798		12月 2 日	上守護細川教春書状	教春
799		12月 4 日	根来寺僧日根荘代官勢長書状	勢長
800		12月 4 日	三好康長・岬雲斎恕朴(篠原長房)連署書状	三山入康長・岬雲斎恕朴
801		12月11日	泉之二位快友書状	泉之二位快友
802		12月13日	堀秀政書状写	秀政
803		12月14日	根来寺閼伽井坊明尊書状	明尊
804		12月15日	上守護細川元有去渡状	元有
805		12月17日	三淵藤英書下写	三淵大和守藤英
806		12月17日	一色藤長書下写	一色式部少輔藤長
807		12月19日	中村一氏書状	孫平次一氏
808		12月20日	沼間任世書状	(沼間兵庫亮)任世
809		12月21日	松浦孫五郎虎書状写	松浦孫五郎虎
810		12月23日	沼間任世書状	(沼間兵庫亮)任世
811		12月26日	波々伯部元継書状	元継
812		12月16日	畠山晴熈判物	晴熈
813		12月27日	高国派守護細川晴宣書状	晴宣
814		12月27日	沼田統兼書下写	沼田弥七郎統兼
815		12月28日	守護細川元常書状写	元常
816		欠	根来寺泉識坊申状案	欠
817		欠	六日番交名	欠

宛先	出典	刊本	備考
寺田又左衛門尉・松浦安大夫	岡田家系図	織田信長文書の研究	在陣　火矢
	拾遺泉州志	和泉志	高井城　本文書要検討
泉州門徒中	顕如上人文書纂	金龍静『一向一揆論』(吉川弘文館)	岸(岸和田)・佐(佐野)
	細川家文書	細川家文書中世篇	上守護家系図

No.	西暦	和暦年月日	文書名	差出
818		欠	織田信長朱印状写	信長印
819		欠	根来寺惣分定	惣分
820		欠	本願寺顕如消息写	欠
821		欠	細川家系図	

住吉社
摂津国
堺北荘
堺
（堺南荘）
万代
大鳥荘
家原寺
深井
大鳥郡
大津
綾井城
信太
珍南荘
府中
岸和田
八木
池田
和田
上神谷
河内国
久米田寺
和泉郡
天野
金胎寺
土生
近木荘
南郡
松尾寺
金剛寺
観心寺
天下谷
槙尾山
神於寺
水間寺
横山谷
熊取谷
日根野村
根福寺城
土丸城
入山田村
犬鳴山
紀伊国
粉河寺

戦国期の和泉国地図

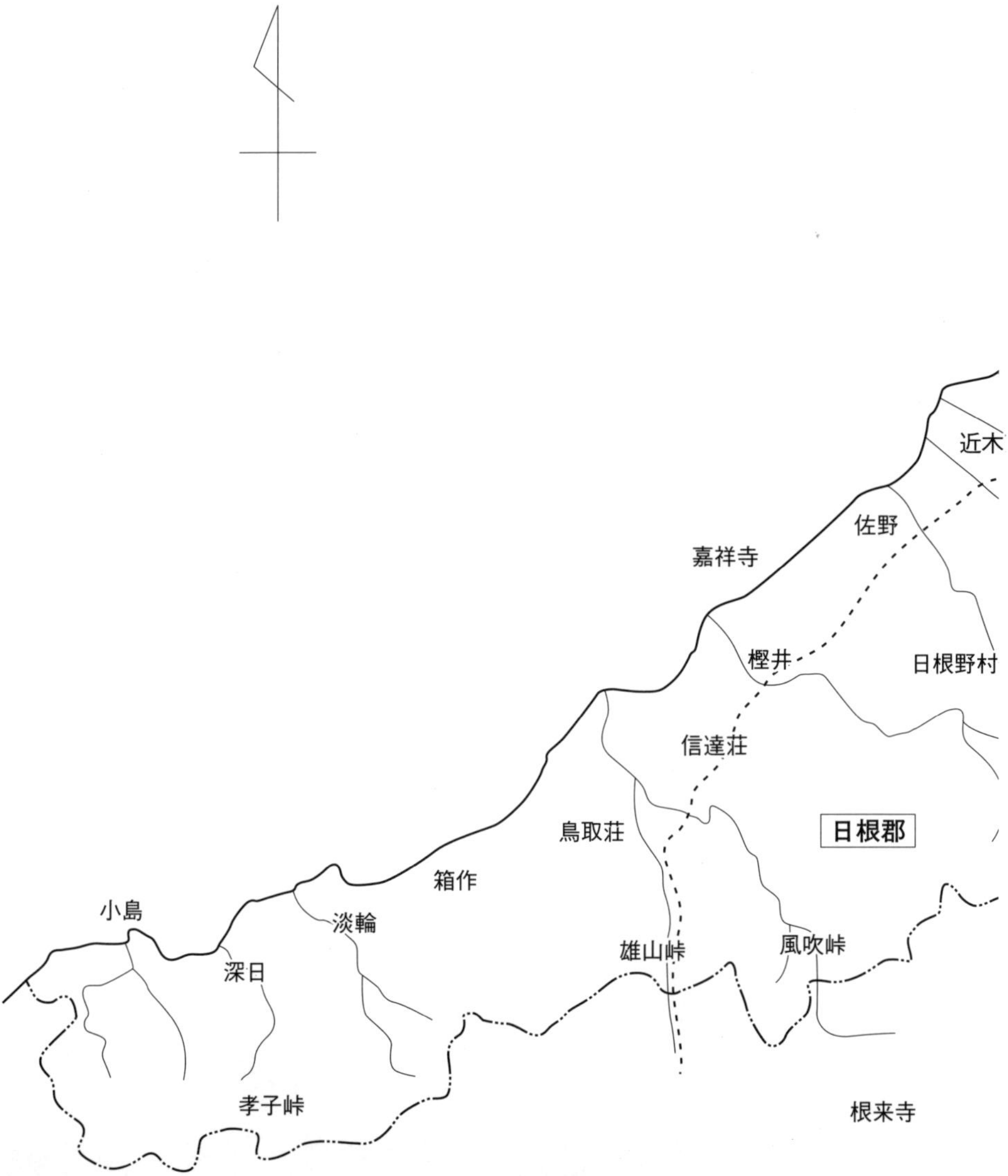
近木
佐野
嘉祥寺
樫井
日根野村
信達荘
日根郡
鳥取荘
箱作
小島
淡輪
深日
雄山峠
風吹峠
孝子峠
根来寺

編集後記

和泉国を対象とした論集の作成の声が初めてあがったのは、二〇〇一年頃、大阪府泉佐野市某所であったと記憶している。当時は『新修泉佐野市史』古代中世史料編Ⅰの編纂作業の真っ最中であったが、その過程で、編集上の事情からどうしても和泉守護関係史料を割愛せざるを得なくなることが判明した。泉佐野市では、すでに二〇〇一年に『新修泉佐野市史』中世史料編Ⅱ（政基公旅引付）を刊行していたが、有名な『政基公旅引付』を併せて参照し、戦国期を中心とする時代の和泉国の社会を理解するのに、守護関係史料を欠いてしまうのは痛恨の極みであった。

こうした状況を鑑み、当時の市史中世史部会の構成員から、せっかく収集した守護関係史料を何とか世に問うべきではないかとの声があがった。諸般の事情から泉佐野市史紀要といった形態での刊行も許されない状況となっていた。これをうけ、当時市史中世史部会長であった故小山靖憲氏と、専門委員の森田恭二氏を呼びかけ人として、市史関係者を中心に研究者が集い、和泉守護関係史料の扱いについて議論することとなった。

二〇〇三年五月頃に最初の会合がもたれた。そこではせっかく多くの研究者が集ったのであるから、和泉守護関係史料のみならず、戦国期の和泉地域を中心とした社会や政治構造を総覧できるような論集を作ったらどうか、という意見が出され、論集作成を目指すこととなった。具体的な活動としては、二〇〇四年三月、『新修泉佐野市史』古代中世史料編Ⅰが刊行されたのと前後して研究会が開催されるようになり、二ヶ月に一度程度の頻度で研究報告をしながら、論集の方向性を議論してきた。

ところが二〇〇五年三月、会の呼びかけ人であった小山靖憲氏が思いがけず入院され、同年五月一四日、残念ながら帰らぬ人となってしまった。残された者の衝撃は大きかったが、小山氏が意欲を燃やされていた本論集を刊行することが研究者としての学問的責任であると意見が一致し、論集の完成を急ぐことにした。幸いなことに奥様の光子様より、小山靖憲編として論集を刊行することにご快諾いただくことができた。

本論集の執筆者は、先にも述べたように、泉佐野市史中世史部会の関係者を中心に小山氏のもとへ集った研究者たちである。小山氏は和泉を中心とする畿内の政治社会構造研究のリーダー的存在であった。小山氏と共に学んだ成果をここに論集としてまとめた。論題にも和泉守護と支配体制についてだけではなく、寺社や文化を含む戦国期の和泉の地域と社会についての諸問題、また和泉国と深い関係を持つ河内や紀伊、および大和といった周辺諸国との問題など、多様な視点からの論考を得ることが出来た。執筆いただいた諸氏には深く感謝をするところである。また当初の目的であった和泉守護関係史料については、史料集として刊行することはできなかったが、松浦氏や根来寺など地域権力の受発給文書も広く加えて「和泉国地域公権力受発給文書一覧」として巻末に付すことにした。本論集が和泉国の社会・政治のみならず、畿内および国内の戦国期の地域研究に幾ばくかの寄与ができれば望外の幸せである。

呼びかけ人の小山氏が亡くなったことをうけ、森田氏を代表とし、発行者は小山靖憲編『戦国期畿内の政治社会構造』刊行委員会とした。また編集については廣田浩治と古野貢が担当した。

最後に困難な出版事情のなか、本論集の出版を快く引き受けてくださった和泉書院の廣橋研三氏にお礼を申し上げ、擱筆することとしたい。

二〇〇六年五月一四日　　小山靖憲氏ご逝去より一周年の日に

『戦国期畿内の政治社会構造』刊行委員会

執筆者一覧（50音順）

天野忠幸　1976年生まれ　日本学術振興会特別研究員（21 COE）

大利直美　1969年生まれ

岡田謙一　1966年生まれ　渋谷区郷土博物館・文学館学芸員

坂本亮太　1976年生まれ　帝塚山大学考古学研究所特別研究員

田中慶治　1962年生まれ　葛城市歴史博物館主査・学芸員

廣田浩治　1967年生まれ　歴史館いずみさの学芸員

藤田達生　1958年生まれ　三重大学教育学部教授

古野　貢　1968年生まれ　武庫川女子大学文学部講師

宮田克成　1971年生まれ　泉佐野市教育委員会図書歴史課市史編さん係非常勤嘱託員

森田恭二　1944年生まれ　帝塚山学院大学文学部教授

山中吾朗　1961年生まれ　岸和田市教育委員会郷土文化室担当長（主査）・学芸員

弓倉弘年　1958年生まれ　和歌山県立向陽高等学校教諭

■編者紹介

小山靖憲（こやま　やすのり）

一九四一年兵庫県生まれ。

一九七一年東京教育大学大学院文学研究科博士課程単位取得満期退学。

和歌山大学助手・同助教授・同教授を経て、一九九五年和歌山大学名誉教授。同年より帝塚山大学教授。

著書に『中世村落と荘園絵図』（東京大学出版会）、『中世寺社と荘園制』（塙書房）、『熊野古道』（岩波新書）、『中世史雑抄』（私家版）、『世界遺産　吉野・高野・熊野をゆく　霊場と参詣の道』（朝日新聞社）。

二〇〇五年五月一四日　逝去。

日本史研究叢刊　16

戦国期畿内の政治社会構造

二〇〇六年五月一四日初版第一刷発行

（検印省略）

編者　小山靖憲

発行者　廣橋研三

印刷所　亜細亜印刷

製本所　渋谷文泉閣

発行所　有限会社 和泉書院

大阪市天王寺区上汐五―三―八

〒五四三―〇〇〇二

電話　〇六―六七七一―一四六七

振替　〇〇九七〇―八―一五〇四三

ISBN4-7576-0374-6　C3321

- 日本史研究叢刊 11　日本中世の説話と仏教　追塩千尋 著　九四五〇円
- 日本史研究叢刊 12　戦国・織豊期城郭論　丹波国八上城遺跡群に関する総合研究　八上城研究会 編　九九七五円
- 日本史研究叢刊 13　中世音楽史論叢　福島和夫 編　八四〇〇円
- 日本史研究叢刊 14　近世畿内政治支配の諸相　福島雅藏 著　八四〇〇円
- 日本史研究叢刊 15　寺内町の歴史地理学的研究　金井年 著　七三五〇円
- 日本史研究叢刊 16　戦国期畿内の政治社会構造　小山靖憲 編　八四〇〇円
- 和泉選書 95　歴史の中の和泉　古代から近世へ　日根野と泉佐野の歴史1　小山靖憲・平雅行 編　二五四八円
- 和泉選書 96　荘園に生きる人々　『政基公旅引付』の世界　日根野と泉佐野の歴史2　小山靖憲・平雅行 編　二五四八円
- 大阪叢書 1　大阪の佃　延宝検地帳　末中哲夫 解説編集　見市治一 翻刻　中尾堅一郎 企画編集　八九二五円
- 大阪叢書 2　難波宮から大坂へ　栄原永遠男・仁木宏 著　六三〇〇円

（価格は5％税込）